高等职业教育“十二五”规划教材

高职高专市场营销类教材系列

网络营销

王志瑛 主编

王 戈 刘 凯 李力峰 副主编

科学出版社

北 京

内 容 简 介

本书主要介绍网络营销的基础知识和基本方法。全书共分10章，主要内容包括网络营销概述、网上市场营销信息的搜集与整理、网上客户购买行为分析、网络目标市场、网络营销的方法、网络社区营销方法、网络营销宣传与策划方法、网络营销组合方法、企业网站建设基础、网络营销效果评价与分析。

本书适合高职高专电子商务与市场营销专业作为教材，也可以作为企业在职人员学习网络营销知识的参考书。

图书在版编目(CIP)数据

网络营销/王志瑛主编. —北京：科学出版社，2008
（高等职业教育"十二五"规划教材·高职高专市场营销类教材系列）
ISBN 978-7-03-022764-5

Ⅰ.网… Ⅱ.王… Ⅲ.电子商务-市场营销学-高等学校：技术学校-教材 Ⅳ.F713.36

中国版本图书馆CIP数据核字（2008）第123420号

责任编辑：朱大益 / 责任校对：赵 燕
责任印制：吕春珉 / 封面设计：耕者设计工作室

科学出版社出版
北京东黄城根北街16号
邮政编码：100717
http://www.sciencep.com
骏杰印刷厂印刷
科学出版社发行 各地新华书店经销
*
2008年9月第 一 版 开本：787×1092 1/16
2014年7月第二次印刷 印张：21 1/2
字数：490 000

定价：45.00元

（如有印装质量问题，我社负责调换〈骏杰〉）
销售部电话 010-62134988 编辑部电话 010-62138978-2018（VF02）

高职高专市场营销类教材系列

编 委 会

序

随着我国市场经济的发展与成熟，全球经济一体化步伐的加快，市场营销在我国经济与社会生活中发挥着日益重要的作用。为市场营销培养实用人才的高职高专市场营销专业发展迅速，已成为我国财经类在校生规模最大的专业之一，同时，该专业也肩负着深化改革、更好地适应职业需要的重要使命。在全国多所高职高专院校教师深入研讨市场营销职业特点与市场营销专业的培养目标、总结各校乃至全国教学改革经验、探索教材模式创新的基础上，科学出版社策划与组织出版了本系列教材。

一、市场营销的职业特点与市场营销专业的培养目标

职业教育的生命力在于其所培养的人才与职业需要相吻合，衡量职业教育质量的首要尺度是学生就业后对职业岗位的适应能力。因此，研究市场营销专业改革与教材建设，首先就要研究市场营销的职业特点，并相应确定市场营销专业的培养目标。

市场营销职业的特点主要如下:

1. 工作的创新性。市场犹如一匹脱缰的野马，驰骋千里，瞬息万变。商场如战场，竞争激烈，机会随处可见，风险无处不在，成败有时就在旦夕之间。而且，营销人员又大多是人自为战，要独立面对与把握复杂多变的商机。市场营销既有规律可循，又无“长胜”秘诀可依，唯一的取胜之道就是创新。

2. 过程的沟通性。营销的本质是沟通。从表面上看，营销就是卖东西，而营销的实质却是人与人之间的沟通。在信息传播过程中，卖者掌握买的信息，买者掌握卖的信息；在认知与心理沟通过程中，实现买卖双方的互信与双赢；成功的沟通结束了，成功的交易也就实现了。就营销的本质而言，商家卖的不是商品，“卖”的是信息、信誉、情感。成功的营销员首先必须是个沟通高手。

3. 知识的艺术性。营销既是科学，又是艺术，而且主要是艺术。营销是有规律可循的，因此，在大量实践的基础上，创建一整套市场营销科学理论体系，对于指导营销实践具有极为重要的作用。但同时，由于市场营销工作的创新性与过程的沟通性，这就决定了营销不可能按图索骥，照搬理论，“照章”营销，而更多的是在理论的指导下，针对千变万化的市场情景，标新立异，出奇兵制胜。只“啃”书本，“熟记”营销理论，不谙营销实务，在商战中只是纸上谈兵，必败无疑。

4. 技能的心智性。高职高专多数专业都强调培养学生的动作技能，而市场营销专业则不然，强调的是心智技能的培养。固然，市场营销工作实践中有大量的程序化的业务操作，有的还有较高的技术要求，但营销的本质是创

新、是沟通、是艺术；这样，衡量一个营销人员素质与水平的核心标准就是其心智技能，如观察力、思维力、表达力、应变力、创新力等。

基于上述分析，笔者以为，高职高专市场营销专业的培养目标应为：培养具有创新精神，掌握必要理论，熟悉营销实务，以沟通能力见长的高素质营销人才。

要适应市场营销的职业需要，有效地实现上述培养目标，就必须深化市场营销专业教学改革，而改革的核心与关键就是课程的改革与建设。

二、高职高专市场营销课程的改革与建设

在教学内容结构改革上，要树立“应用整体性”理念，探索建立工作过程驱动、职业能力导向的教学内容体系。教学内容结构设计的指导思想要从学科系统性转为应用整体性。在传统的学科导向结构设计中，通常是把现实职业中鲜活的、整体化的知识人为地分解为若干学科或知识单元，教师抽象性讲授，学生“线”性理解；学生到岗位后，还需要把分散学到的知识按实际岗位职责进行重新整合，从而大大增加应用中的转换成本。在现代的应用导向结构设计中，以就业岗位应用的整体性为指导思想，以职业岗位的工作过程（业务流程）为主线设计教学内容体系，加强实务训练，注重技能培养，从而达到了解营销流程、熟悉营销实务、掌握营销技能的目标，使学生立体理解职业过程，能将所学直接运用于实际工作中，构建整体性的职业意识与职业能力结构，从而，最大限度地实现教学过程与职业过程的吻合与对接。具体可选用业务流程模式、工作任务模式、能力单元模式、岗位职责模式等。

在教学模式改革上，树立“以学生为中心”的理念，探索建立校企合作、商学结合、教学做合一等富有职教特色的模式。这就要求在教学中要实现“五个转变”：

1. 教学转为学习，即从教师教为主转变为学生学为主。

2. 从以教师为中心转变为以学生为中心，即教师从学生学习的监督者变为指导者、服务者，学生从被监督者变为学习的主人、教师与学校的服务对象。

3. 课堂教学从单向传播转变为师生互动、双向沟通、双边活动，彻底打破“一言堂”、“满堂灌”的局面。

4. 从以教师讲为主转变为以学生练为主，使学生按照营销业务流程开展实训，接触实务，训练技能。

5. 从以教师组织教学为主转变为鼓励学生组成学习团队，自我控制，师生和谐组织教学。

同时，要与企业深度合作，联手再造以理论教学为支撑的、以实训为主体的、全新的高技能人才培养过程，实现在做中学，使学生在营销中学营销，真正做到教学做合一。

三、本系列教材的特色

本系列教材在策划与编写中形成以下特色:

1. 结构流程化,应用整体性。在教材内容的选择与结构的设计上,坚持应用导向,以营销业务实际流程或环节为主线设计全书总体结构,彻底打破学科导向、按理论条目的逻辑顺序排列的老套路,并注意吸收最新理论前沿知识,总结改革实践新鲜经验。在具体内容设计与选择上,最大限度地贴近营销岗位实际业务,所学要尽可能联系或直接对应所用。同时,注意所用内容的层次定位。所选择的内容一定是高职学生这一特定层次能用得上,而且是必须用的。本系列教材研究的重点,是从企业宏观转为岗位微观、从战略转为实务、从理论知识转为职业技能。

2. 情景渗透,行动导向。打破传统教材一贯到底的知识叙述型编写模式,构建情景渗透、理实穿插的多元化、栏目式编写模式,以更好地服务于行动导向教学的需要。在教材中设置知识点、技能点、案例导入、工作描述、知识拓展、案例分析、实训项目、小结、复习思考题等栏目。并结合知识内容插入营销案例、故事、游戏等。在实训教材中,创建"营销业务流程+典型工作任务"的综合实训模式。具体内容设计从"说"实训(许多高职实训教材仍是停留在复述知识要点的"说"实训状态)转变成"做"实训,即教材主体内容是具体安排学生实际动手、动脑去做训练项目。为保证"做"实训目标的实现:一是校企合作、商学结合,即综合训练必须选择一个合作企业,要与企业一道组织实施;二是实训系列化,所有单元一贯到底地使用同一产品进行训练,使学生体验并实践营销全程。以营销实务训练为载体,以实际营销技能与素质培养为根本。

3. 教材系列化,资源集成化。为更好地服务于市场营销专业教学改革的目标,我们打造了一个系列化的教材群,并建立了集成化的教学资源服务系统。本系列教材分为三个子系列,即营销基本业务系列、专项业务系列、非营销专业系列。作为立体化教材精品建设工程,本系列教材还包括与之配套的辅助教学资源,包括课程教学大纲、实训指导大纲、电子教案、教学参考资料、试题库等。

本系列教材的作者主要是来自全国部分高职院校的有较为丰富教学经验和写作水平的教师,并有部分企业管理者和营销业务骨干参与编写。

由于高职高专的改革任重道远,课程改革与建设更是改革的重点与难点,加之作者水平所限,本系列教材难免存在不足,尚有心到而手不到之处。敬请广大读者批评指正。

单凤儒
2008 年 9 月于渤海大学

前　言

Internet 的普及深刻地改变了这个世界，给企业的市场营销开辟了一个广阔的空间。网络营销是电子商务的重要组成部分和主要体现形式，是信息经济时代研究和企业实践的热点。本书按照高职高专学生的培养目标，组织网络营销的理论和实训操作，分别从网络营销概述、网上市场营销的信息搜集与整理、网上客户购买行为分析、网络目标市场、网络营销的方法、网络社区营销方法、网络营销宣传与策划方法、网络营销组合方法、企业网站建设基础、网络营销效果评价与分析 10 个方面概述了适合高职高专学生学习的网络营销基本理论和实践操作。

本书的内容以高职高专电子商务、市场营销专业所必须掌握的网络营销技能为主线，突出学生基础理论的掌握和动手能力的培养，实用性很强。本书的内容有三大特色：

1．按照企业网络营销的实践所必需的知识来组织理论体系和实际操作训练，学习目标明确，利于学生动手能力的培养。每一章开头均概括了该章的学习目标，知识点和技能点，之后加入导入案例来引导学生自主学习并使之产生学习的兴趣，每章后都有小结，以利于学生对本章要点的掌握。为强化学生对网络营销内容的理解和应用，每章后均设有案例分析、思考题和实训项目，为学生课后消化理解本章内容提供了很好的练习。因而本书不仅能增强学生对网络营销内容的理解，也为学生实践能力的提高提供了基础的训练。

2．书中配置了很多网络营销相关图片，并通过生动、通俗的语言与之结合使全书内容易学、易懂。全书介绍了多种网络营销方法，以打造超人气的企业网络营销框架、创造积极客户体验为主线，介绍了网络营销业务的基本内容，力图让读者在最短的时间内领悟网络营销的精髓。

3．本书阐述了基于网络的营销思想，由浅入深，有理有据，且行文流畅、通俗易懂。各章结构严谨，介绍充分，既讲解了网络的基础知识，又阐述了网络营销的精髓。全书穿插了很多诸如“小观点”、“小提示”、“知识拓展”、“补充知识”、“注意”等内容，使内容条理清晰、主题明确、逻辑性强、结构合理，更便于阅读和理解。

沈阳职业技术学院的王志瑛编写第 2 章的第一节和第二节，第 3 章，第 4 章，第 5 章的实训项目 3，各章的导入案例，第 9、第 10 章的案例分析、部分穿插小资料、实训项目，并最后将本书统纂成稿。其他部分的编写分工如下：辽宁科技学院的王戈编写第 1 章、第 2 章的第三节、第 5 章；渤海大学高职学院的刘凯编写第 7 章和第 8 章；沈阳职业技术学院的李力峰编写第 9 章和第 10 章；辽宁金融职业学院的徐超编写第 6 章。

本书参考了国内外专家的著作，在此向相关作者表示衷心的感谢！

由于网络营销是一个不断发展的学科，知识更新迅速，加之编者水平有限，书中疏漏之处在所难免，恳请广大读者批评指正。

目　录

第1章 网络营销概述

学习目标

1. 掌握网络营销的概念;
2. 理解网络营销的职能;
3. 理解网络营销与电子商务的相同点和区别;
4. 掌握常用的网络营销工具及其使用方法。

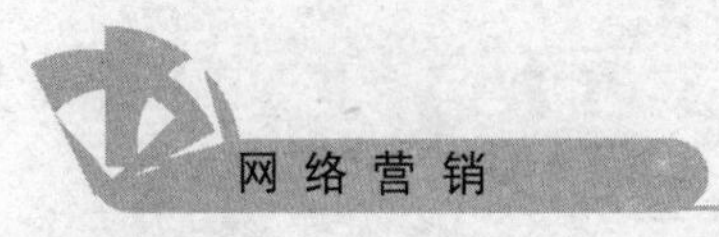

知识点：通过网络实现营销传播的方法、策略和过程；网络营销的职能；促进网络品牌形成、网站推广、信息发布、网上销售；顾客服务、建立网上顾客关系、网上调研、网站流量统计分析。

技能点：会以设置网络计数器的方式访问与网站流量统计有关的网站，了解其内容及方法，掌握网站排名、流量、访问量、页面浏览量查询、中文 ALEXA 排名查询服务。

宝洁公司的网络营销

宝洁公司是世界最大的日用消费品公司之一，始创于 1837 年。每天，宝洁公司的品牌同全球的广大消费者发生着 30 亿次的亲密接触。宝洁公司在全球 80 多个国家和地区拥有雇员近 140 000 人。2006 财政年度，公司全年销售额近 682 亿美元，在全球“财富五百强”中排名第 81 位，所经营的 300 多个品牌的产品畅销 160 多个国家和地区，其中包括美容美发、居家护理、家庭健康用品、健康护理、食品及饮料等。

宝洁公司在全球已拥有 72 个网址，这 72 个网址几乎涵盖了宝洁旗下 300 多个产品，其中包括汰渍、佳洁士、玉兰油、潘婷等知名品牌，用户可以在 Tide.com 上查询洗衣技巧，在 Grest.com 上看到牙医用电子明信片发来的牙齿保健指南，还可以在 Pantene.com 上看到个性化的美发介绍。

第一节　网络营销与电子商务的关系

作为 Internet 起步最早的成功的商业应用，网络营销得到了蓬勃的发展。随着网络营销发展的深入，它局限在营销部门上的商业应用已经不能适应 Internet 对企业整个经营管理模式和业务流程管理控制方面的挑战。电子商务是从企业全局角度出发，根据市场需求来对企业业务进行系统规范的重新设计和构造，以适应网络知识经济时代的数字化管理和数字化经营的需要。网络营销作为促成商品交换实现的企业经营管理手段，显然是企业电子商务活动中最基本的重要的 Internet 商业活动。

根据国际数据公司（www.idg.com.cn）的系统研究分析指出，电子商务的应用可以分为这样几个层次和类型：第一个层次是面向市场的以市场交易为中心的活动，它包括促成交易实现的各种商务活动，如网上展示、网上公关、网上洽谈等，其中网络营销是最重要的网上商务活动；还包括实现交易的电子贸易活动，它主要是利用、实现交易前的信息沟通、交易中的网上支付和交易后的售后服务等。有时将网上商务活动和电子贸易活动统称为电子商贸活动。第二个层次是指如何利用 Internet 来重组企业内部经营管理活动，使其与企业开展的电子商贸活动保持协调一致。最典型的是供应链管理，它从市场需求出发利用网络将企业的销、产、供、研等活动串在一起，实现企业网络化数字化管理，以最大限度地适应网络时代市场需求的变化，也就是企业内部的电子商务实现。第三个层次是指以 Internet 为基础的社会经济活动，如电子政务是指政府活动的电子化，它包括政府通过处理政府事务，利用进行招投标、实现政府采购、收缴税费等。只有三个层次电子商务共同协调发展，才可能推动电子商务朝着良性循环方向发展。

一、电子商务与网络营销的相同点

（一）技术基础相同

网络营销与电子商务都是借助 Internet 来进行的经济活动，两者都是依靠企业内联网来实现资源在企业内部的共享，完成管理信息在企业内部的上传下达，促进企业各部门之间的相互协调，实现企业内部高效率、低成本的信息化管理；两者都借助 Internet 的信息结构，实现与贸易伙伴、消费者之间的网络业务信息共享，有效地促进现有业务进程的实施，对市场等动态因素做出快速响应并及时调整当前业务进程，使网络交易顺利进行。而且，在这一过程中，两者都是基于网络信息技术，如文本、图像、声音等数据传输，遵循 TCP/IP 协议，遵循 Web 信息交换标准，采用相应的安全标准提供安全保密技术。

（二）商务活动内容相同

网络营销与电子商务都包括面向市场的以市场交易为中心的活动，即都包括促成交易实现的各种商务活动（如网上商品展示、网上公关、网上洽谈等活动）和实现交易的电子贸易活动（主要是利用 Internet 实现交易前的信息沟通、交易中的网上订单传递与支付和交易后的售后服务等），以及利用企业内联网进行人事、财务等信息化管理等。

二、电子商务与网络营销的区别

网络营销与电子商务是一对紧密相关又具有明显区别的概念，初次涉足网络营销领域者很容易对这两个概念造成混淆。比如企业建一个普通网站就认为是开展电子商务，或者将网上销售商品称为网络营销等，这些都是不确切的说法。“网络营销不等于电子商务”。下面就两个方面来阐述它们之间的不同点。

（一）网络营销与电子商务在特征和功能上的区别

网络营销的特征主要是真正以消费者为中心、独具的时空优势以及全方位的展示功能为主的一种营销方式。网络营销是一种自下而上的营销方式，它更强调互动式的信息交流，任何人都可通过网络媒体发表见解。消费者可以直接将信息和要求传递给市场营销人员，大大提高了营销过程中消费者的地位，使他们由被动的承受对象和消极的信息接受者转变为主动参与者和重要的信息源。在整个过程中，企业与消费者保持持续的信息密集的双向沟通和交流，让消费者参与营销过程的方方面面，从产品设计、制作、定价到售后服务，真正体现了以消费者为中心的营销思想。传统的营销方式是以固定不变

的销售地点和固定不变的营业时间为特征的店铺式销售。网络营销能充分适应人们作息时间的变化，打破零售业空间限制，为消费者优质消费创立了条件。Internet 的全球性和即时互动性为企业、供应商和客户提供了一条相互沟通的新渠道，企业可充分利用 Internet 所形成的全球电子商务的发展，提供一个良好的交易管理的网络环境及多种多样的应用服务系统。网络营销的任务是要对这个平台进行宣传推广、提供良好的客户服务，注重软件方面。软硬两个方面缺一不可，互为补充，共同推动“交易”目的的实现。

网络营销独具的时空优势为跨国营销、直销的企业提供了良好的发展机遇，但同时，企业所面临的也将是无国界、无差异的更加激烈的竞争。网络营销可以全方位地展示产品或服务。对一些耐用消费品及其他复杂工业品来说，网络上的零售业可以利用 WWW 引人入胜的图形界面和多媒体特性，全方位地展示产品或服务的外观、性能、品质以及决定产品或服务的内部结构，使消费者完全认识了商品或服务再去购买。

电子商务可凭借企业的 Web 服务器和客户的浏览，在 Internet 上发布各类商业信息。客户可借助网上的检索工具迅速地找到所需商品信息，而商家可利用网上主页和 E-mail 在全球范围内作广告宣传。电子商务可借助非实时的 E-mail、新闻组和实时的讨论组来了解市场和商品信息、洽谈交易事务，如有进一步的需求，还可用网上的白板会议来交流即时的图形信息。网上的咨询和洽谈能超越人们面对面洽谈的限制，提供多种方便的异地交谈形式。电子商务可借助 Web 中的邮件交互传送实现网上的订购。客户和商家之间可采用信用卡账号进行支付。网上支付将需要更为可靠的信息传输安全性控制以防止欺骗、窃听、冒用等非法行为。信用卡号或银行账号都是电子账户的一种标志。而其可信度需配以必要的技术措施来保证。如数字证书、数字签名、加密等手段的应用提供了电子账户操作的安全性。对于已付了款的客户应将其订购的货物尽快地传递到他们的手中。而有些货物在本地，有些货物在异地，电子邮件将能在网络中进行物流的调配。而最适合在网上直接传递的货物是信息产品，如软件、电子读物、信息服务等。它能直接从电子仓库中将货物发到用户端。电子商务能十分方便地采用网页上的“选择”、“填空”等格式文件来收集用户对销售服务的反馈意见。这样能使企业的市场运营形成一个封闭的回路。客户的反馈意见不仅能提高售后服务的水平，更使企业获得改进产品、发现市场的商业机会。电子商务的发展，将会提供一个良好的交易管理的网络环境及多种多样的应用服务系统。

统计整理的重要内容和统计分析的基础，在分组的基础上，将各项资料进行汇总，得过预处理后，就要根据各类数据的特点，进行分组汇总并且显示。

电子商务的功能

电子商务可提供网上交易和管理等全过程的服务，它具有广告宣传、咨询洽谈、网上订购、网上支付、电子账户、服务传递、意见征询和交易管理等各项功能。

电子商务的任务是要确保这一平台的稳定性、安全性、方便性，要确保交易在浏览、选购、支付、物流配送等环节都不出问题，注重硬件方面。

所以说，电子商务的内涵很广，其核心是电子化交易，电子商务强调的是交易方式和交易过程的各个环节，而网络营销注重的是以 Internet 为主要手段的营销活动。网络营销和电子商务的这种关系也表明，发生在电子交易过程中的网上支付和交易之后的商品配送等问题并不是网络营销所能包含的内容，同样，电子商务体系中所涉及到的安全、法律等问题也不适合全部包括在网络营销中。

（二）网络营销和电子商务策略选择上的不同

网络营销的重点在交易前阶段的宣传和推广，电子商务的标志之一则是实现了电子化交易。网络营销的定义已经表明，网络营销是企业整体营销战略的一个组成部分，可见无论传统的企业还是基于 Internet 开展业务的企业，也无论是否具有电子化交易的发生，都需要网络营销，但网络营销本身并不是一个完整的商业交易过程，而是为了促成交易提供支持，因此是电子商务中的一个重要环节，尤其在交易发生之前，网络营销发挥着主要的信息传递作用。从这种意义上说，电子商务可以被看作是网络营销的高级阶段，一个企业在没有完全开展电子商务之前，同样可以开展不同层次的网络营销活动。

网络营销在策略的选择上首先是慎选网络服务商。任何一个企业要加入 Internet 都必须选一个 ISP，它能给用户提供大量的可用信息。其次是网址宣传。目前在 Internet 如此广袤的空间里，一条信息或一个网页好比沧海一粟，因此网址宣传是开展网上营销并取得效益的前提。此外，传真、名片以及所有印刷品都是宣传网址的良好介质。后者可以利用导航台、新闻组、电子邮件群组、图标广告、分类广告等工具来宣传网址。还有保护网上商标、积极注册域名也是网络营销的策略之一。网络上的域名是网络上一个服务器或一个网络系统的名称。对企业来说，它是网络上的品牌商标，也是一种产权。目前，我国一些企业由于缺乏对 Internet 的认识，已发生域名被国外企业抢注的事情，给企业带来损失。因此，保护网上商标，积极注册域名非常重要。再如树立网络形象和信誉等。网络就像一个茫茫大海，如果无法在网络上树立企业的品牌形象，被“漫游”到的机会就微乎其微，因此树立网络形象非常重要。网络形象包括网络诉求和网络识别等内容。同时，由于网上购物存在着远程风险，顾客能否信赖企业的虚拟商店，只有靠信誉来争取，网络信誉是质量和服务的标志。

一个企业的电子商务发展战略则首先是围绕经营和营销来考虑问题的，将电子商务技术与主营业务相结合，将商务网站变成展示企业营销策略的主要渠道，商务网络的运作和网络品牌战略，网站创建和运营的人员构成，营销导论的设计思想，坚实、可持续发展的技术平台，长远的战略合作伙伴等。企业上网、制定电子商务发展战略最根本的目的就是要利用网络环境来展开经营和营销。任何偏离或违背这一主旨的电子商务发展战略，都是注定要失败的。我们的电子商务发展战略也要围绕如何利用企业经营这个“大魔方”来考虑问题。网络和电子商务存在着无限商机。但这种商机并不是存在于网络和电子商务技术自身，而是存在于这种网络技术与传统主营业务的结合之中。所以说，企业发展自己的电子商务，重点应该放在技术与主营业务的结合点上。企业的电子商务发展战略是围绕着商务网站来展开的。在网络环境下，商务网站已经演变成完整展示其营销策略的主窗口。通过这扇主窗口，企业产品的特点、性能、价格优势，企业对用户（或社会）的服务承诺，企业资产状况，技术与售后服务，促销策略，宣传技巧等都得到了充分展示。企业的商务网站是需要运作的。而且，运作所花费的人力、物力、财力比创建网站更多。一个不经常运作的商务网站对企业的经营来说是没有什么用处的。这一点是我国许多企业在制定自己企业电子商务发展战略时最容易忽视的一环。对商务网站域名的宣传和运作是企业品牌宣传策略在网络环境下的延伸，将成为一个企业电子商务发展战略成败的关键。企业商务网站的创建与管理一定不能由工程技术人员一手包办，更不能完全委托给外部网络或 IT 企业。因为这些（内、外部）工程技术人员不了解，也不关心企业的经营和营销策略。所以说，企业商务网站的创建与管理队伍应该由两部分人员共同组成，即经营人员和工程技术人员。无论是创建还是管理，内容上都要以前者为主，后者只是技术和方案实现的支持。企业商务网站的创建一定要营销导向。内容上一定要以反映企业的营销策略为主。选择一个好的技术开发平台对于上述设计思想的实现来说也是非常重要的。

综上所述，电子商务与网络营销在一定区域内存在着一定的区别外，实际上在本质上又是密切相联系的。网络营销是电子商务的组成部分，开展网络营销并不等于一定实现了电子商务（指实现网上交易），但实现电子商务一定是以开展网络营销为前提，因为网上销售被认为是网络营销的职能之一。

面对 Internet 带来的变革、稍纵即逝的商机以及排山倒海而来的竞争，如果没有清晰的愿景、有效的战略和实施方案、以及适应变革的组织，传统企业就有被淘汰出局的风险。对于我们也应该充分理解企业为何要实现电子商务，完全懂得它的精髓以至于能够利用它给企业带来高的利润。

第二节　网络营销的概念与职能

一、网络营销的概念

（一）网络营销的产生与发展

网络营销在国外有许多名称，如 cyber marketing、Internet marketing、network marketing、e-marketing 等。不同的单词词组有着不同的含义，cyber marketing 主要是指网络营销是在虚拟的计算机空间（cyber，计算机虚拟空间）进行运作；Internet marketing 是指在 Internet 上开展的营销活动；network marketing 是在网络上开展的营销活动，同时这里所说的网络不仅仅是 Internet，还可以是一些其他类型的网络，如增值网络（VAN）。目前，比较习惯采用的翻译方法是 e-marketing，e-表示电子化、信息化、网络化，既简洁又直观明了，而且与电子商务（e-business）、电子虚拟市场（e-market）等进行对应。

网络营销的发展是伴随信息技术的发展而发展的，目前信息技术的发展，特别是通讯技术的发展，促使 Internet 形成一个辐射面更广、交互性更强的新型媒体，它不再局限于传统的广播电视等媒体的单向性传播，而且还可以与媒体的接受者进行实时的交互式沟通和联系。网络营销的效益是使用网络人数的平方，随着入网用户的指数倍增加，网络的效益也随之以更大的指数倍数增加。因此，如何在如此潜力巨大的市场上开展网络营销、占领新兴市场对企业来说既是机遇又是挑战，因为网络市场的发展速度非常迅猛，机会稍纵即逝。

（二）网络营销的概念

网络营销不单纯是网络技术，而是市场营销；网络营销不单纯是网上销售，是企业现有营销体系的有利补充；网络营销是 4C（整合营销）营销理论的必然产物。

网络营销以现代营销理论为基础，通过 Internet 营销替代了传统的报刊、邮件、电话、电视等中介媒体，利用 Internet 对产品的售前、售中、售后各环节进行跟踪服务，自始至终贯穿在企业经营全过程，寻找新客户、服务老客户，最大限度地满足客户需求，以达到开拓市场、增加盈利为目标的经营过程。它是直接市场营销的最新形式。

网络营销是企业整体营销战略的一个组成部分，是为实现企业总体经营目标所进行的，以 Internet 为基本手段营造网上经营环境的各种活动。因此，网络营销活动不可能脱离一般营销环境而独立存在；网络营销也不等于网上销售和电子商务，尽管这些概念之间密切相关；从网络营销的角度来看，网络营销被称为“虚拟营销”也是不合适的；网络营销是对企业网上经营环境的营造过程，也就是综合利用各种网络营销手段、方法和条件并协调其间的相互关系，从而更加有效地实现企业的营销目标。

有关网络营销的定义，出于不同的角度人们会有不同的理解。从理论和一般意义上定义为：网络营销是企业利用当代网络环境来开展的各类营销活动，是传统市场营销在网络时代的延伸和发展；从实践和具体操作上定义为：网络营销是企业利用当代网络技术来整合多种媒体，实现营销传播的方法、策略和过程。

（三）网络营销对传统营销的冲击

网络营销作为一种全新的营销理念，具有很强的实践性，它的发展速度是前所未有的。随着我国市场经济发展的国际化、规模化，国内市场必将更加开放，更加容易受到国际市场开放的冲击，而网络营销的跨时空性无疑是一“重型炮弹”，将对传统营销产生巨大冲击。

1. 对传统营销策略的影响

1）对传统的标准化产品的冲击。通过 Internet，厂商可以迅速获得关于产品概念和广告效果测试的反馈信息，也可以测试顾客的不同认同水平，能更好地对不同的消费者

提供不同的商品。怎样突破传统营销的大众化，更有效地满足各种个性化的需求，是每个上网公司面临的一大挑战。

2）适应品牌的全球化管理。对上网公司的一个主要挑战是如何对全球品牌和共同的名称或标志识别进行管理。是实行统一形象品牌策略还是实行有本地区域特点的品牌策略以及如何加强区域管理是上网公司面临的现实问题。

3）对定价策略的影响。相对于目前的各种媒体来说，Internet 的先进的网络浏览和服务器会使变化不定的且存在差异的价格水平趋于一致。这对于执行差别化定价策略的公司来说，不能不说是一个严重问题。

4）对传统营销渠道的冲击。通过 Internet，生产商可与最终用户直接联系，中间商的重要性因此有所降低。这造成两种后果：一是由跨国公司所建立的传统的国际分销网络对小竞争者造成的进入障碍将明显降低；二是对于目前直接通过 Internet 进行产品销售的生产商来说，其售后服务工作是由各分销商承担，但随着他们代理销售利润的消失，分销商将很有可能不再承担这些工作。

5）对传统广告障碍的消除。相对于传统媒体来说，由于网络空间具有无限扩展性，因此在网络上做广告可以较少地受到空间篇幅的局限，尽可能地将必要的信息一一罗列。另外，迅速提高的广告效率也为网上企业创造了便利条件。

6）对传统营销方式的冲击。随着网络技术迅速向宽带化、智能化、个人化方向发展，用户可以在更广阔的领域内实现声、图、像、文一体化的多维信息共享和人机互动功能。它将导致大众市场的终结，并逐步体现市场的个性化，最终应以每一个用户的需求来组织生产和销售。

7）对营销组织的影响。Internet 相继带动企业内部网（Intranet）的蓬勃发展，使得企业内外部沟通与经营管理均需要依赖网络作为主要的渠道与信息源。

2. 网络营销与传统营销整合

网络营销作为新的营销理念和策略，凭借 Internet 的特性对传统经营方式产生了巨大的冲击，但这并不等于说网络营销将完全取代传统营销，网络营销与传统营销是一个整合的过程。实际上就是利用整合营销的策略来实现以消费者为中心的传播统一性和双向沟通，用目标营销的方法来开展企业的营销活动。它主要有三个方面的含义：第一，传播资讯的统一性，即企业用一个声音说话，消费者无论从哪种媒体所获得的信息都是统一的、一致的。第二，互动性，即企业与消费者之间展开富有意义的交流，能够迅速、准确、个性化地获得信息和反馈信息。第三，目标营销，即企业的一切营销活动都应围绕企业目标来进行，实现全程营销。目前，将网络整合到整个公司营销计划的时代已经来临，网络营销不应当孤立起来，而应当成为整个营销体系的一部分，网络营销必须要和传统营销整合起来才能发挥最大的功效。

网络营销与传统营销的关系

网络营销与传统营销是相互促进和补充的，企业在进行营销时应根据企业的经营目标和细分市场，整合网络营销和传统营销策略，以最低成本达到最佳的营销目标。网络营销与传统营销的整合，就是利用整合营销策略实现以消费者为中心的传播统一、双向沟通，实现企业的营销目标。整合营销已从理论上离开了在传统营销理论中占中心地位的 4P's 理论，逐渐转向以 4C's 理论为基础和前提。

二、网络营销的职能

网络营销的职能比较简洁地概括了网络营销的核心内容，有助于改变人们对网络营销的片面认识，同时也明确了企业网络营销工作的基本任务。网络营销的职能是通过各种网络营销方法来实现的，同一个职能可能需要多种网络营销方法的共同作用，而同一种网络营销方法也可能适用于多个网络营销职能。

网络营销的基本职能表现在以下几个方面：促进网络品牌形成、网站推广、信息发布、网上销售、顾客服务、建立网上顾客关系、网上调研、企业网站建设以及对网络营销效果进行检验和控制的基本手段——网站流量统计分析，这几个方面共同构成了网络营销的基本职能，网络营销每一种职能的实现都有相应的策略和方法。

（一）促进网络品牌形成

网络品牌价值是网络营销效果的表现形式之一，通过网络品牌的价值转化实现持久的顾客关系和更多的直接收益。成功的网络品牌是针对网络虚拟市场采取了成功的经营策略的结果，网络品牌策略的基础工作就是要判定网络市场对企业的意义，判定方法有两种，一种是分析企业的目标受众与网络用户的关联；另一种是分析企业业务与网络用户的关联。

网络品牌的目标客户群定位还体现在品牌对目标受众的理解上，成功的网络品牌能够适当地对受众进行细分，并能采取适当的策略向每个细分类别的受众提供核心的和辅助的信息，从而快速有效地为他们服务。网络提供了一条个性化服务的最佳通道，企业可以根据从传统渠道得到的客户数据资料，也可以利用网络的渠道建立详尽的客户数据库，并可以对网上客户的行为进行追踪和监测，依此分析客户的不同类型、喜好以至需求，向不同的客户提供不同的服务，以提高客户对品牌的满意度。

与网络品牌建设相关的内容包括：专业性的企业网站、域名、搜索引擎排名、网络广告、电子邮件、会员社区等。网络营销的重要任务之一就是在 Internet 上建立并推广企业的品牌，以及让企业的网下品牌在网上得以延伸和拓展。网络营销为企业利用 Internet 建立品牌形象提供了有利的条件，无论是大型企业还是中小企业都可以用适合自己企业的方式展现品牌形象。

（二）网站推广

网站推广就是指如何让更多人知道自己的网站。推广网站的形式多样，包括网站登录、广告推广、邮件推广、电视推广、搜索引擎推广、报刊推广、媒体推广等。

获得必要的访问量是网络营销取得成效的基础，尤其是中小企业，由于经营资源的限制，发布新闻、投放广告、开展大规模促销活动等宣传机会比较少，因此通过 Internet 手段进行网站推广的意义则显得更为重要，这也是中小企业对于网络营销更为热衷的主要原因。即使对于大型企业，网站推广也是非常必要的，事实上许多大型企业虽然有较高的知名度，但网站访问量并不高。因此，网站推广是网络营销最基本的职能之一，基本目的就是为了让更多的用户对企业网站产生兴趣，并通过访问企业网站内容、使用网站的服务来达到提升品牌形象、促进销售、增进顾客关系、降低顾客服务成本等目的。

国内推广首选搜狐、新浪、网易三大门户网站，这三大门户网站知名度高，访问量大，而且很多国外用户也浏览这些网站，推广效果是最好的；其次是竞价排名，竞价排名可以按照自己的资金情况来确定自己的排位，而且在很多网站都可以搜到自己的网站，有很大的推广面。国内推广首选百度，国外推广会首选 Google。

（三）信息发布

销售是商业社会探讨的重点和主题，而销售的第一步就是产品信息的传达和发布。信息发布需要一定的信息渠道资源，这些资源可分为内部资源和外部资源。内部资源包括：企业网站、注册用户电子邮箱等；外部资源则包括：搜索引擎、供求信息发布平台、网络广告服务资源、合作伙伴的网络营销资源等。掌握尽可能多的网络营销资源，并充分了解各种网络营销资源的特点，向潜在用户传递尽可能多的有价值的信息，是网络营销取得良好效果的基础。

网络营销的基本思想就是通过各种 Internet 手段，将企业营销信息以高效的手段向目标用户、合作伙伴、公众等群体传递，因此信息发布就成为网络营销的基本职能之一。Internet 为企业发布信息创造了优越的条件，不仅可以将信息发布在企业网站上，还可以利用各种网络营销工具和网络服务商的信息发布渠道向更大的范围传播信息。

发布信息是为了体现出公司的产品功能和市场需求以及相应的渲染的厂家对代理商的一些扶持和对市场前景的展望。所以，要尽量让看信息的人心动；信息的内容既要广泛又要专业，好比一个网站，公司的简介是公司的整体实力和综合水平的体现，但是每款产品会有专门的产品展示栏目。所以信息的内容要能表现出公司不仅有实力，产品还都是精品并且全面的效果。另外产品多样化，要保证在内容里包含着产品的关键词。

（四）网上销售

网上销售是企业销售渠道在网上的延伸，网上销售渠道的建设并不限于企业网站本身，还包括建立在专业电子商务平台上的网上商店，通过在 Internet 上建立虚拟的网上商店，实现产品对消费者的直接销售，以及与其他电子商务网站不同形式的合作等。因此网上销售并不仅仅是大型企业才能开展，不同规模的企业都有可能拥有适合自己需要的在线销售渠道。

作为一种新的销售方式，网上销售不仅顺应了“新人类”的消费模式的变化，更可以作为一种低成本的双向交流沟通方式，为公司宣传自己的形象，传达自己的产品和服务，促进连锁经营店面的销售。同时，公司可以通过它，积极响应顾客的需求，紧密和顾客的关系，提升顾客（特别是会员）的满意度。

（五）顾客服务

通过实施交互式营销策略，提供满意的顾客服务正是许多企业网络营销成功的关键所在。Internet 提供了更加方便的在线顾客服务手段，包括从形式最简单的常见问题解答，到 E-mail、邮件列表，以及在线论坛和各种即时信息服务等。在线顾客服务具有成本低、效率高的优点，在提高顾客服务水平方面具有重要作用，同时也直接影响到网络营销的效果，因此在线顾客服务成为网络营销的基本组成内容。

对于任何企业，顾客服务都是至关重要的，Internet 提供了更加方便和高效的顾客服务手段，尽管网上顾客服务的满意程度也逐步提高，但是网络营销中的顾客服务在许多方面仍有待于加强。评价一个网站在线顾客服务水平，可以从提供顾客服务方式是否多样、在线帮助是否全面、回复顾客咨询的时间和准确度等指标来判断。顾客服务是网络营销的基本职能之一，但往往被一些营销人员忽视，这也是影响网络营销效果的重要原因之一。不同行业对于顾客服务水平的要求有所差别，相对于其他领域来说，网上零售业对于在线顾客服务的要求更高，顾客服务曾经是电子商务行业最主要问题之一，主要表现在网上订货比较复杂、在线帮助不够完善、不能及时回复用户咨询等。因此，网上零售行业的顾客服务水平具有一定的代表性。

（六）建立网上顾客关系

顾客关系是与顾客服务相伴而产生的一种结果，良好的顾客服务才能带来稳固的顾客关系。顾客关系对于开发顾客的长期价值具有至关重要的作用，以顾客关系为核心的营销方式成为企业创造和保持竞争优势的重要策略。网络营销为建立顾客关系、提高顾客满意和顾客忠诚提供了更为有效的手段，通过网络营销的交互性和良好的顾客服务手段，增进与顾客的关系成为网络营销取得长期效果的必要条件。

网络营销的企业竞争是一种以顾客为焦点的竞争形态，争取顾客、留住顾客、扩大顾客群、亲密顾客关系、分析顾客需求、创造顾客的特性，再经由教育顾客与营销企业形象，建立顾客对于虚拟企业与网络营销的信任感。网络时代的目标市场、顾客形态、产品种类与以往会有很大的差异，因此如何跨越地域、文化、时空差距，再造顾客关系，将会需要许多创新的营销工作。

在这种背景下，产生了顾客关系管理（CRM），顾客关系管理从一开始就是现代信

息技术环境的产物，基本思想是：在正确的时点上，通过适当的通路提供适当的服务给需要的顾客，贴心的个人化服务能为顾客创造价值，也为企业带来长期的顾客忠诚度，形成竞争者难以取代的竞争力，进而创造利润。

（七）网上调研

调研市场信息，从中发现消费者需求动向，从而为企业细分市场提供依据，是企业开展市场营销的重要内容。

网上调研的主要实现方式包括：通过企业网站设立的在线调查问卷、通过电子邮件发送的调查问卷，以及与大型网站或专业市场研究机构合作开展专项调查等。网上市场调研具有调查周期短、成本低的特点。网上调研不仅为制定网络营销策略提供支持，也是整个市场研究活动的辅助手段之一。合理利用网上市场调研手段对于建立市场营销策略具有重要价值。

网上市场调研作为一种新的市场调查方式已经受到一些国内企业的重视，一些网络服务企业开展了一系列网上调研，但如何在大量信息的包围中吸引上网者参加调研并积极配合，仍需作出更多的探索。

（八）企业网站建设

企业网站建设与网络营销方法和效果有直接关系，没有专业化的企业网站作为基础，网络营销的方法和效果将受很大限制，因此企业网站建设应以网络营销策略为导向，从网站总体规划、内容、服务和功能设计等方面为有效开展网络营销提供支持。有效地开展网络营销离不开企业网站功能的支持，网站建设的专业水平同时也直接影响着网络营销的效果，表现在品牌形象、在搜索引擎中被检索到的机会等多个方面。因此在网站策划和建设阶段就要考虑到将要采用的网络营销方法对网站的需要，如网站功能、网站结构、搜索引擎优化、网站内容、信息发布方式等。

（九）网站流量统计分析

对于网站经营者，网站流量始终是其关心的核心问题，而网站流量统计和网站流量分析就是掌握网站流量最直接的方法。对企业网站流量的跟踪分析，不仅有助于了解和评价网络营销效果，同时也为发现其中所存在的问题提供了依据。网站流量统计分析既可以通过网站本身安装统计软件来实现，也可以委托第三方专业流量统计机构来完成。

网站流量统计和网站流量分析质量的好坏，是由网站流量统计工具和网站流量分析工具决定的，所以网站经营管理者拥有一款好的网站流量统计分析工具就显得非常重要。网站流量统计分析工具有很多种，如网站流量统计软件、网站流量统计系统、网站流量统计程序、网站流量分析软件、网站流量分析系统、流量统计分析系统等，虽然它们的功能强弱不同，但其目标都是进行网站的流量统计和分析，得到 ip 流量的统计分析、网页的流量统计分析、网站来源分析、搜索关键词分析和网络广告分析等，为网站的营销决策提供参考依据。

网站流量统计分析是以网站日志、Web 日志或 Web 站点日志为分析对象，通过 Web 日志挖掘进行 Web 日志分析，再采用各种数据统计分析手段和图形表格显示手段，最终得到丰富多样的网站流量统计分析数据，实现 Web 日志挖掘的意义，所以，网站流量统计分析工具也经常叫做网站日志分析软件、日志分析工具、网站日志分析系统、网站日志分析器、Web 日志分析系统等。

第三节 网络营销的工具与方法

开展网络营销需要一定的网络营销工具和方法，基本的网络营销工具包括企业网站、搜索引擎、E-mail、网络实名和通用网址、即时信息、电子书等，了解这些基本工具及其特性，是认识网络营销的基础。网络营销方法是对网络营销工具和各种网络资源的合理应用。网络营销工具与网络营销方法是相辅相成的，只有工具而没有应用，网络营销的价值不会自动发挥出来，离开了网络营销工具，网络营销方法也将无所依托。

一、网络营销的工具

（一）企业网站

企业网站是一个综合性的网络营销工具，也是开展网络营销的基础，网站建设是网络营销策略的重要组成部分，有效地开展网络营销离不开企业网站功能的支持，网站建设的专业水平同时也直接影响着网络营销的效果。企业网站有两种基本形式：信息发布型和在线销售型。前者是企业网站的基本形态，后者是企业网站发展到一定阶段的产物。企业网站具有八项主要的网络营销功能，充分理解企业网站的功能，才能把握企业网站与网络营销关系的本质，从而掌握这种内在关系的一般规律，建造适合网络营销需要的企业网站，为有效开展网络营销奠定基础。

1. 企业网站的特点

企业网站的主要目的是通过网站的形式向公众传递企业品牌形象、企业文化等基本信息；发布企业新闻、供求信息、人才招聘等信息；向供应商、分销商、合作伙伴、直接用户等提供某种信息和服务；网上展示、推广、销售产品；收集市场信息、注册用户信息；其他具有营销目的或营销效果的内容和形式。企业网站具有以下特点：

1）具有自主性和灵活性。

2）主动性与被动性的矛盾同一体。

3）功能需要通过其他网络营销手段才能体现出来。

4）功能具有相对稳定性。

5）是其他网络营销手段和方法的基础。

2. 企业网站与网络营销的关系

1）从企业开展网络营销的一般程序来看，网站建设完成不是网络营销的终结，而是为网络营销各种职能的实现打下基础。

2）从企业网站在网络营销中所处的地位来看，有效地开展网络营销离不开企业网站功能的支持，网站建设的专业水平同时又直接影响着网络营销的效果。

3）从网络营销信息来源和传递渠道来看，企业网站内容是网络营销信息源的基础，企业网站也是企业信息的第一发布场所。

4）从企业网站与其他网络营销方法的关系来看，网站的功能决定着营销方法的被采用，企业网站与其他网络营销方法之间是互为依存、互相促进的。

（二）搜索引擎

基于 WWW 的搜索引擎自 1993 年出现之后得到了迅速发展，已经成为网络用户获取信息和企业网站推广的重要手段之一。从工作原理来分，常见的搜索引擎有两类：一类是纯技术型的全文检索搜索引擎，其原理是通过机器手（即 Spider 程序）到各个网站收集、存储信息，并建立索引数据库供用户查询；另一类称为分类目录，利用各网站登录信息时填写的关键词和网站描述等资料，经过人工审核编辑后，输入数据库以供查询。搜索引擎无论从技术上，还是在服务方式上都在不断发展变化，这种变化也将直接影响搜索引擎营销的基本思想和操作方法。

从网络营销应用的角度来看，搜索引擎的发展趋势具体表现为：

1）搜索引擎的品牌优势更为显著。优势品牌搜索引擎的基本特征是收集网页数量多、反馈信息准确程度高，且满足用户的个性化需求。

2）为网络营销提供的方式趋于多样化。

3）分行业、分地区的搜索引擎服务。

4）多元搜索、专业搜索值得关注。

5）搜索引擎技术仍然在不断发展中。

（三）E-mail

E-mail 是 Internet 上最常用的服务之一，几乎应用于网络营销中的各个方面，主要功能在于收集、传递和交流信息。E-mail 是最有效、最直接、成本最低的信息传递工具，拥有用户的 E-mail 地址对企业开展网络营销具有至关重要的意义。

E-mail 在网络营销中的作用是：树立企业品牌形象、在线顾客服务、会员通讯与电子刊物、电子邮件广告、网站推广、产品/服务推广、收集市场信息、在线市场调查。

（四）交换链接

交换链接或称互惠链接，是具有一定互补优势的网站之间的简单合作形式，即分别在自己的网站上放置对方网站的LOGO或网站名称并设置对方网站的超链接，使得用户可以从合作网站中发现自己的网站，达到互相推广的目的。

交换链接的作用主要表现在：获得访问量、增加用户浏览时的印象、在搜索引擎排名中增加优势、通过合作网站的推荐增加访问者的可信度等。不过有人认为可以从链接中获得的访问量非常少，也有人认为交换链接不仅可以获得潜在的品牌价值，还可以获得很多直接的访问量。更重要的是，交换链接的意义已经超出了是否可以增加访问量，比直接效果更重要的在于业内的认知和认可，因为一般来说，互相链接的网站在规模上比较接近，内容上有一定的相关性或互补性。

（五）病毒性营销

病毒性营销并非真的以传播病毒的方式开展营销，而是通过用户的口碑宣传网络，信息像病毒一样传播和扩散，利用快速复制的方式传向数以千计、数以百万计的受众。病毒性营销的经典范例是 hotmail，现在几乎所有的免费电子邮件提供商都采取类似的推广方法。

（六）网络广告

在所有与品牌推广有关的网络营销手段中，网络广告的作用最为直接。标准标志广告（banner）曾经是网上广告的主流形式（虽然不是唯一形式），但显然已经走过了自己的辉煌时期。研究表明，网络广告的点击率并不能完全代表其效果，网络广告对那些浏览而没有点击广告的、占浏览者总数99%以上的访问者同样产生作用，影响力甚至可以持续相当长一段时间，因此现在的广告客户已经不再单纯追求点击率，更加重视品牌形象展示和广告效果的转化率。除了投入预算发布网络广告之外，也可以采用交换广告的方式，通常与专业的广告交换网或者与合作伙伴相互交换广告。

（七）信息发布

信息发布既是网络营销的基本职能，又是一种实用的操作手段，通过 Internet，不仅可以浏览到大量商业信息，同时还可以自己发布信息。在网上发布信息可以说是网络营销最简单的方式，网上有许多网站提供企业供求信息发布的功能，并且多数为免费发布信息，有时这种简单的方式也会取得意想不到的效果。不过，最重要的是将有价值的信息及时发布在自己的网站上，以充分发挥网站的功能，比如新产品信息、优惠促销信息等。研究表明，大多数消费者访问制造商的网站是为了查找公司联系信息和/或产品基本信息，网站提供的有效信息越详细，用户的满意程度越高。如果一个网站的更新周期以季度为单位，甚至整年都是一个老面孔，自然不会受到用户欢迎，也很难取得好的网络营销效果。

（八）许可 E-mail 营销

许可营销就是企业在推广其产品或者服务时，事先征得顾客的“许可”，得到潜在

顾客许可之后通过 E-mail 的方式向顾客发送产品/服务的信息。在征得顾客许可的条件下，如果公司在与消费者的第一次接触中就表现得很好，就会增进消费者对公司的信任并促使他们接受公司以后所提供的各种服务。

基于用户许可的 E-mail 营销与滥发邮件（spam）不同，许可营销比传统的推广方式或未经许可的 E-mail 营销具有明显的优势，比如可以减少广告对用户的滋扰、增加潜在客户定位的准确度、增强与客户的关系、提高品牌忠诚度等。开展 E-mail 营销的前提是拥有潜在用户的 E-mail 地址，这些地址可以是企业从用户、潜在用户资料中自行收集整理，也可以利用第三方的潜在用户资源。

（九）邮件列表

邮件列表实际上也是一种 E-mail 营销，与 E-mail 营销一样，邮件列表也是基于用户许可的原则，用户自愿加入、自由退出，稍微不同的是，E-mail 营销直接向用户发送促销信息，而邮件列表是通过为用户提供有价值的信息，在邮件内容中加入适量促销信息，从而实现营销的目的。邮件列表的主要价值表现在四个方面：作为公司产品或服务的促销工具、方便和用户交流、获得赞助或者出售广告空间、收费信息服务。邮件列表的表现形式很多，常见的有新闻邮件、各种电子刊物、新产品通知、优惠促销信息、重要事件提醒服务等。利用邮件列表的营销功能有两种基本方式，一种方式是建立自己的邮件列表，另一种方式是利用合作伙伴或第三方提供的邮件列表服务。

（十）网上商店

建立在第三方提供的电子商务平台、由商家自行经营的网上商店，如同在大型商场中租用场地开设商家的专卖店一样，是一种比较简单的电子商务形式。网上商店除了通过网络直接销售产品这一基本功能之外，还是一种有效的网络营销手段。从企业整体营销策略和顾客的角度考虑，网上商店的作用主要表现在两个方面：网上商店为企业扩展网上销售渠道提供了便利的条件；建立在知名电子商务平台上的网上商店增加了顾客的信任度，从功能上来说，对不具备电子商务功能的企业网站也是一种有效的补充，对提升企业形象并直接增加销售具有良好的效果，尤其是将企业网站与网上商店相结合，效果更为明显。

（十一）网络日志

Web 2.0 的出现，个人或企业记录思想、见闻和看法的日记可以发布在 Internet 上，成为促进企业发展的又一途径。

网络日志（blog）是指发布在网站上并且定期更新的日志，其中包含新闻、个人见解、想法和奇思妙想。它还可能包含指向其他信息来源、网站和网络日志的链接。

网络日志的商业目标主要如下：

1. 介绍新的或鲜为人知的产品或创意

网络日志可以使客户的见识更加广博，销售过程也更加省时高效。网络日志只是一个信息来源，它并不会花费额外的时间来向不需要自己产品或服务的客户宣传它们。

2. 提高搜索引擎排名

网络日志还会通过其他途径帮助您联系潜在客户。任何使用 Internet 的公司都知道，通过 Google、MSN 以及其他搜索引擎访问公司网站的用户可以带来数不尽的商机。而网络日志可以提高搜索工具找到自己公司的频率，尤其是在网络日志允许读者发布回复信息的情况下。

3. 将日志作者塑造成业界或相关领域的专家

网络日志也是一个有效的市场营销工具，它会将日志作者本人塑造成所在领域的权威。它不但可以带来商机，而且可以通过市场传递有关公司的信誉度的正面信息，也可以树立公司形象和个人形象。

4. 影响舆论

网络日志还允许用户避开传统的新闻角度，它实际上是一个帮助用户发表自己想法和观点的出版商。

5. 公开为客户设立论坛

要求读者提供意见的网络日志会给客户一种非常直接的感觉。 在某一方面，网络日志上已经存在有关您要做正确的事情以及您需要进行哪些改进的现成反馈意见来源。

二、网络营销的方法

根据企业是否建立网站，可将网络营销方法分为无站点网络营销和基于企业网站的网络营销。一般来说，凡是未建立企业网站即可采用的网络营销方法，对于已经建立网站的企业同样可以采用，并且营销效果会更好。无站点网络营销常用的方法包括：通过供求信息平台、分类广告、黄页服务、网络社区等渠道的信息发布，以及利用网上商店与网上拍卖等方式开展网上销售。

基于企业网站的网络营销方法主要包括：搜索引擎营销、网站资源合作、病毒性营销、网络广告、许可 E-mail 营销、网络会员制营销等。这些基本的网络营销方法成为实现网络营销职能的基础，网络营销的开展就是对各种网络营销工具和方法分别或者相互组合的应用。网络营销是一个综合体，不仅网络营销各项职能之间存在密切的联系，各种网络营销方法之间也是相互关联的。

无线网络营销与网络营销之间存在着必然的联系，不过并不是常规网络营销在无线领域的复制，两者所采用的方法也不相同，无线网络营销具有一定的独特性。无线网络营销可以被看作是网络营销工具的一种延伸和补充。目前无线网络营销还没有形成系统的理论和方法，也没有成为网络营销内容体系中的常规策略。无线网络营销的方式以无

线广告为主，尤其基于 GSM 的短信息发送更为成熟。目前无线网络营销应用主要面临的具体问题包括：无线网络营销中的用户许可问题、无线网络营销方法问题、无线网络营销的服务质量问题、用户个人信息保护问题等。

小　结

本章介绍了如下基本内容：

1．网络营销的概念：网络营销是企业利用当代网络技术来整合多种媒体，实现营销传播的方法、策略和过程。

2．网络营销的职能：促进网络品牌形成、网站推广、信息发布、网上销售、顾客服务、建立网上顾客关系、网上调研、网站流量统计分析。

3．网络营销的工具：企业网站、搜索引擎、电子邮件、交换链接、病毒性营销、网络广告、信息发布、许可 E-mail 营销、邮件列表、网上商店、网络日志。

4．网络营销的方法：搜索引擎营销、网站资源合作、病毒性营销、网络广告、许可 E-mail 营销、网络会员制营销等。

案例分析

海尔的网络营销成功案例分析

海尔集团是世界第四大白色家电制造商、中国最具价值品牌。旗下拥有 240 多家法人单位，在全球 30 多个国家建立了本土化的设计中心、制造基地和贸易公司，全球员工总数超过五万人，重点发展科技、工业、贸易、金融四大支柱产业，已发展成为大规模的跨国企业集团，2006 年海尔集团实现全球营业额 1075 亿元。

1．网络营销是海尔的必由之路

网络经济时代的到来，企业如何发展，是一个崭新而迫切的问题。对应于这种新趋势，海尔从 1999 年 4 月就开始了“三个方向的转移”。第一是管理方向的转移（从直线职能性组织结构向业务流程再造的市场链转移）；第二是市场方向的转移（从国内市场向国外市场转移）；第三是产业的转移（从制造业向服务业转移）。这些都为海尔开展网络营销奠定了必要的基础。

国际化是海尔目前一个重要发展战略。网络营销是全球经济一体化的产物，所以，海尔必须要进入，而且要进去就得做好，没有回头路。中国企业如果在网上再没有拓展，传统业务与网络挂不上钩，在网络经济时代就没有生存权。

新经济下海尔的特点，从我们对 HAIER 五个字母所赋予的新含义体现出来：

H：Haier and Higher

A：@网络家电

I: Internet and Intranet

E: www.ehaier.com （Haier e-business）

R: haier 的世界名牌的注册商标

这五个字母的新含义，涵盖了海尔网络营销的发展口号、产品趋势、网络基础、网络营销平台、品牌优势五大方面。

海尔的网络营销的特色由“两个加速”来概括，首先加速信息的增值：无论何时何地，只要用户点击 www.ehaier.com，海尔可以在瞬间提供一个 E+T>T 的惊喜；E 代表电子手段，T 代表传统业务，而 E+T>T，就是传统业务优势加上电子技术手段大于传统业务，强于传统业务。其次是加速与全球用户的零距离，无论何时何地，www.ehaier.com 都会给你提供在线设计的平台，用户可以实现自我设计的梦想。

2. 海尔与众不同的网络营销模式

1）3 个月增长 10 倍速的海尔网络营销，做有鲜明个性和特点的垂直门户　网站。

以通过网络营销手段更进一步增强海尔在家电领域的竞争优势，不靠提高服务费来取得盈利，而是以提高在 B2B（企业对企业）的大量的交易额和 B2C（企业对用户）的个性化需求方面的创新。

2000 年 3 月 10 日，海尔投资成立网络营销有限公司。4 月 18 日海尔网络营销平台开始试运行，6 月份正式运营。截至 12 月 31 日，B2B 的采购额已达到 77.8 亿，B2C 的销售额已达到 608 万。海尔的网络营销为什么魅力四射？用户为什么会有如此大的热情，可以看这样几个例子：

例一：我要一台自己的冰箱

青岛用户徐先生是一位艺术家，家里的摆设都非常富有艺术气息，徐先生一直想买台冰箱，他想，要是有一台表面看起来像一件艺术品但又实用的冰箱就好了。徐先生从网上看到“用户定制”模块，随即设计了一款自己的冰箱。他的杰作很快得到了海尔的回音：一周内把货送到。

例二：从网上给亲人送台冰箱

北京消费者吴先生的弟弟下个月结婚，吴先生打算买一台冰箱表达当哥哥的情意。可是弟弟住在市郊，要买大件送上门，还真不太方便。海尔作为国内同行业中第一家做网络营销的信息传来后，吴先生兴冲冲地上网下了一张订单，弟弟在当天就收到了冰箱。弟弟高兴地打来电话说，他们家住 6 楼，又没有电梯，但送货人员却把这么大的冰箱送到了家里，太方便了，今后他买家电也不用跑商场了，就在海尔网站上买！

2）优化供应链取代本公司的（部分）制造业，变推动销售的模式为拉动销售模式。

海尔网络营销从两个重要的方面促进了新经济的模式运作的变化。一是 B2B 的网络营销来说，它促使外部供应链取代自己的部分制造业务；通过 B2B 业务，仅给分供方的成本的降低就收益 8%～12%。从 B2C 的网络营销的角度，它促进了企业与消费者继续深化的交流，这种交流全方位提升了企业的品牌价值。

一位供应商在通过Internet与海尔进行业务后给海尔来了一封信：我是一家国际公司的中国业务代表，以前我每周都要到海尔，既要落实订单，还要每天向总部汇报工作进展，非常忙碌。有时候根本顾不上拓展新的业务。自从海尔启用网络营销采购系统后，可以在网上参加招投标、查订单、跟踪订单等工作，大大节省了人力、物力和财力，真是一个公开、公平、高效的平台。而且我也有更多的时间来了解海尔的需求，并为公司又谈下了一笔大生意，得到了公司的表扬。更重要的是，我作为中国人也为海尔而自豪：我们总部也是刚刚采用类似的系统，

而在中国海尔已经运作起来了，与海尔合作体现了国际的先进手段和效率！

3）把商家也变成设计师，"个性化"不会增加成本。

海尔网络营销最大的特点就是个性化。去年我们在内部就提出了与客户之间是零距离，而此前客户的选择余地是有限的，这对厂家有利，现在一上网，用户要定制自己的产品，这并不是所有企业都能做到的。

要做到与客户之间零距离，不能忽视商家的作用。因为商家最了解客户需要什么样的商品，要与客户之间零距离，就要与商家之间零距离，让商家代替客户来定制产品。B2B2C的模式符合实际情况，也帮我们培养了一大批海尔产品用户的设计师。

海尔提出的商家、消费者设计商品理念，是有选择的，我们不可能让一个普通的商家或消费者代替专家纯粹从零开始搞设计，这样他们不知从何下手，我们也难以生产。我们现共有冰箱、空调、洗衣机等58个门类的9200多个基本产品类型，这些基本产品类型，就相当于9200多种"素材"，再加上提供的上千种"佐料"——2万多个基本功能模块，这样我们的经销商和消费者就可在我们提供的平台上，有针对性地自由地将这些"素材"和"佐料"进行组合，并产生出独具个性的产品。

当然，海尔这种B2B的模式若只定位在某一地方就肯定不行，因为成本太大了，海尔是着眼于全球市场，这样需求就大大地增加，成本就大大地降低。一般来讲，每一种个性化的产品如产量能达到3万台，一个企业就能保证盈亏平衡，而事实上海尔的每一种个性化的产品的产量都能达到3万台以上。这样成本平摊下来了，商家和消费者所得到的产品价格的增长就很微小了。

3. 海尔实施网络营销的优势

张瑞敏首席执行官提出海尔实施网络营销靠"一名两网"的优势："名"是名牌，品牌的知名度和顾客的忠诚度是海尔的显著优势。"两网"则是指海尔的销售网络和支付网络。海尔遍布全球的销售，配送，服务网络以及与银行之间的支付网络，是解决网络营销的两个难题答案。

我们不相信在没有任何基础情况下搞网络营销会取得成功，因为没有业务流程的重组，没有企业内部网与外部网的应用，没有企业各种信息应用系统作为基础，网络营销平台无异于空中楼阁。

首先，在产业方向转移方面，海尔已实现了网络化管理、网络化营销、网络化服

务和网络化采购，并且依靠海尔品牌影响力和已有的市场配送、服务网络，为向网络营销过渡奠定了坚实的基础。在管理转移方面，传统企业的金字塔式的管理体制绝不适应市场发展的需要，所以在管理机制上把“金字塔”扳倒建立了以市场为目标的新的流程，企业的主要目标由过去的利润最大化转向以顾客为中心，以市场为中心。在企业内部，每个人要由过去的“对上级负责”转变为“对市场负责”。海尔集团还成立了物流、商流、资金流三个流的推进本部。物流作为“第三利润源泉”直接从国际大公司采购，降低了成本，提高了产品的竞争力；商流通过整合资源降低费用提高了效益；资金流则保证资金流转顺畅。

海尔拥有比较完备的营销系统，在全国大城市有 40 多个电话服务中心，1 万多个营销网点，甚至延伸到 6 万多个村庄。这就是为什么有些网站对订货的区域有限制而海尔是可以在全国范围内实现配送的原因。

4. 海尔网络营销平台的搭建

海尔是国内大型企业中第一家进入网络营销业务的公司，率先推出网络营销业务平台。我们不是为了概念和题材的炒作，而是要进入一体化的世界经济，为此海尔累计投资 1 亿多元建立了自己的 IT 支持平台，为网络营销服务。

目前，在集团内部有内部网、有 ERP 的后台支持体系。海尔现在有 7 个工业园区，各地还有工贸公司和工厂，相互之间的信息传递，没有内部网络的支持是不可以想象的。各种信息系统（比如物料管理系统，分销管理系统，电话中心，C3P 系统等）的应用也日益深入。海尔以企业内部网络，企业内部信息系统为基础，以 Internet（外部网，海尔从 1996 年底起就建立了自己的网站）为窗口，搭建起了真正的网络营销平台。

当然，进行网络营销并不是一厢情愿的事，不仅要有各方面的基础准备，还要让经销商和消费者接受，这样才能顺利实现。海尔为经销商、供应商和消费者提供了一个简单、操作性强的网络营销平台，而且进行了循序渐进式的培训，而且在平台设计的时候就考虑到如何为应用者提供方便和帮助，就连网络营销平台的设计海尔也遵循了以客户为中心的原则。这样才可以让海尔的业务伙伴和我们一同发展和成长。

5. 展望

海尔的网络营销平台将发展成为公用的平台，不仅可以销售海尔的产品，也将销售其他各类的产品；不仅可以为海尔的自身的采购需求服务，也将为第三方采购和配送服务。

6. 以“一名两网”为基础，与用户保持零距离，快速满足用户的个性化需求

Internet 时代是信息爆炸的时代，海尔要利用信息进行发展。通过网站，海尔可以收集到大量的用户的信息和反馈。这些用户对海尔的信任和忠诚度是海尔的最大财富。目前在海尔的网站上，除了推出产品的在线订购销售功能之外，最大的特色就是有面对用户的四大模块：个性化定制、产品智能导购、新产品在线预定、用户设计建议。

这些模块为用户提供了独到的信息服务，并使网站真正成为海尔与用户保持零距离的平台。

7. 利用网络放大海尔的优势，减低成本和培植新的经济增长点

海尔将利用系统，进一步优化分供方。如果上网，就可以加快这种优化的速度。这不仅仅是简单的价格降低，关键是找到了最好的分供方。正是这种交流，我们在短时间内建立了两个国际工业园，引进了国际上最好的分供方到青岛建厂，为海尔配套。

海尔网络营销系统还处在进一步的建设和完善中，我们将充分利用海尔的“一名两网”的优势，通过网络连接用户，大力推进 CRM 系统的建立，以具有充分个性化的产品和特色服务拢住原有、新、潜在的用户，以及供应商、采购商，提供完善的服务。在新经济时代保持和发扬企业的优势，更加快海尔的创新机制，缩短进入国际化的进程。因此可以说网络营销是海尔前进的加速器。

资料来源：tieba.baidu.com/f?kz=353360109

思考题

1. 网络营销的意义是什么？
2. 网络营销的职能有哪些？
3. 简述电子商务与网络营销的关系。
4. 网络营销的工具有哪些？

实训项目

1. 登录有关网站，了解网络营销的有关信息。

宝洁网站：

佳洁士网站：

海飞丝网站：

玉兰油网站：

2. 了解网站流量统计。

网站流量统计，是通过统计网站访问者的访问来源、访问时间、访问内容等访问信息，加以系统分析，进而总结出访问者访问来源、爱好趋向、访问习惯等一些共性数据，为进一步调整网站做出指引的一门新型技术。

请以设置网络计数器的方式，或访问网站流量统计有关的网站，了解其内容及方法。

www.phpstat.net	PHPStat
alexa.chinaz.com	Alexa 网站排名、流量、访问量、页面浏览量，查询中文 ALEXA 排名查询服务

3．了解用户通过企业网站、搜索引擎、电子邮件等常用网络营销工具获取商品或服务信息的特征，认识各网络营销工具的作用及其信息传递的特点。

备选商品或服务名称：800 万像素数码相机、网络营销师认证考试、美国留学咨询。

操作过程：

1）从备选商品或服务名称中选择一种，假设你希望购买这种产品或服务，或者希望了解更多的相关信息。

2）利用该关键词分别在 3～5 个常用搜索引擎中进行检索，观察检索结果第一页的信息差异情况。

3）从检索结果中选择一个你感兴趣的网页，点击进入该网站。

4）对比该网页在搜索引擎检索结果中的信息，是否可以在网站上立即发现这些相关信息更为详细的内容。

5）思考这个实验过程中的一些相关问题，如果同一关键词在不同搜索引擎中检索的结果有较大差异，分析是什么原因造成的这种差异，这种状况对网络营销信息传递会产生哪些影响？

搜索引擎检索结果中的信息为什么吸引你的注意并促使点击进入网页，对此你有什么启发？

在你选择进入的网站中，是否能获得你期望的信息和服务？

第2章

网上市场营销信息的搜集与整理

学习目标

1. 能熟练对网上营销信息进行搜索、整理、分类；
2. 能运用各种搜索引擎搜索市场信息；
3. 会进行营销信息的存储；
4. 能正确规划网上市场调研任务。

知识点：网上营销信息搜索、整理、加工、分类的方法；网络营销对网络营销信息收集的要求；网上营销信息检索的概念、常见的问题及解决对策；主要搜索引擎的使用、特点比较分析；网上调研的重要性，网上调查的基本方法，网上市场调研的规划制定。

技能点：会进行网上营销信息搜索、整理、加工；能规划网上市场调研任务；主要搜索引擎的使用达到熟练。

亚马逊网上书店的网络营销信息调研分析

1. 搜索引擎的使用

一家书店，如果将其所有书籍和音像产品都一一列出，是没有必要而且对用户来说也是很不方便的。因此，设置搜索引擎和导航器以方便用户的购买就成为书店的一项必不可少的技术措施。在这一点上，亚马逊书店的主页就做得很不错，它提供了各种各样的全方位的搜索方式，方便用户搜索，引导用户进行选购。

2. 顾客的技术问题解答

除了搜索服务之外，书店还提供了对顾客的常见技术问题的解答这项服务。例如，公司专门提供了一个 FAQ（frequently asked questions）页面，回答用户经常提出的一些问题。例如，如何进行网上的电子支付？对于运输费用顾客需要支付多少？如何订购脱销书？等等。

3. 用户反馈

亚马逊书店的网点提供了电子邮件、调查表等获取用户对其商务站点的反馈。用户反馈既是售后服务，也是经营销售中市场分析和预测的依据。电子邮件中往往有顾客对商品的意见和建议。书店一方面解决用户的意见，这实际上是一种售后服务活动;另一方面，也可以从电子邮件中获取大量有用的市场信息，作为指导今后公司各项经营策略的基础，这实际上是一种市场分析和预测活动。

4. 读者论坛

亚马逊书店的网点还提供了一个类似于 BBS 的读者论坛，这个服务项目的作用是很大的。企业商务站点中开设读者论坛的主要目的是吸引客户了解市场动态和引导消费市场。在读者论坛中可以开展热门话题讨论。

资料来源：www.wosainet.com

第一节　网络营销信息的收集与加工

信息是自然界和人类社会的一个重要范畴，也是客观存在的一种基本现象。因此，

“信息”这一概念有着极为普遍的意义。在了解网络营销信息分类时，先让我们了解一下什么是信息。因为网络营销信息的分类也是遵从信息的分类内容的。

我们常常说“I 时代”是指信息时代；20 世纪 90 年代以后，世界继新技术革命以后又掀起了一场以加速社会信息化为宗旨的信息高速公路建设的浪潮，进入了“e 时代”（网络时代）。

现代科技迅速发展，在以高技术为特征的信息社会里，对人才的知识和技术素质方面的要求也越来越高。因此，利用各种手段、方法不断地进行知识更新与学习，不断地提高自身文化水平与素养的教育，是激烈竞争的信息教育的关键。

一、网络营销信息及分类

（一）市场营销信息和网络营销信息

信息是自然界和人类社会的一个重要范畴，也是客观存在的一种基本现象。

信息是指数据经过加工处理后所获取的有用知识的集合，它是以某种数据形式表现的。

市场营销信息是指在一定的时间和条件下，同市场营销活动有关的各种消息情报、数据、资料的总称。

网络营销信息限定了市场营销信息、传递的媒体和途径。只有通过计算机网络传递的营销信息，包括文字、数据、表格、图形、影像、声音及内容能够被人或计算机察知的符号系统，才属于网络营销信息的范畴。信息在网络空间的传递称为网络通信，在网络上停留称为存储。

对于一个企业的网络营销活动来说，如果把人才比作企业的支柱，信息则可看作是企业的生命，是企业须臾不可少的法宝。网络营销信息不仅是企业进行网络营销决策和计划的基础，而且对于企业的战略管理、市场研究及新产品开发都有着极为重要的作用。

（二）网络营销信息的分类

网络营销信息依照本身所具有的总体价格水平和服务深度为标志，可粗略地分为 4 个等级。

1. 免费商务信息

这些信息主要是社会公益性信息，对社会和人们具有普通服务的意义，大约占信息数据量的 5%左右，如在线免费软件和非实时股市信息等。

2. 收取较低费用的信息

这些信息属于一般性的普通类信息，是较为大众化的信息，大约占信息数据量的 20%左右，只收取基本的信息服务费，如一般性文章的全文检索信息。

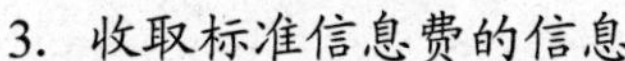

3. 收取标准信息费的信息

这些信息属于知识、经济类信息，收取采用成本加利润的资费标准，大约占信息数据量的60%左右。网络营销信息大部分属于这一范畴。

4. 高质高价的信息

这些信息是有极高使用价值的专用信息，在信息库中成本费用最高，可为用户提供更深层次的服务；如市场走向分析、新产品技术信息等。

（三）网络营销信息传递的原则

1. 提供尽可能详尽而有效的网络营销信息源

因为无论是企业通过各种手段直接向用户所传递的信息，还是用户主动获取的信息。归根结底来源于企业所提供的信息源，只有当有效信息尽可能丰富，才能为网络营销信息的有效传递奠定基础。“提供详尽而有效的信息源”的原则要求企业网站上的基本信息应全面和及时、对网站进行有效的优化设计、网站登录搜索引擎等，因为这些基本战略的实施能够保证用户可以获得足够的有效信息。

2. 建立尽可能多的网络营销信息传递渠道

在信息传播渠道建设上，应采取完整信息与部分信息传递相结合、主动性和被动性信息传递相结合的策略，通过多渠道发布和传递信息，才能创造尽可能多地被客户发现这些信息的机会。

3. 尽可能缩短信息传递渠道

在创建多个信息传递渠道的基础上还应创建尽可能短的信息传递渠道，因为信息渠道越短，信息传递越快，受到噪声的干扰也就越小，信息也就更容易被用户接收。这也从根本上解释了为什么搜索引擎检索结果中排列靠前的信息更容易得到客户点击，而客户自愿订阅的邮件列表营销效果很好等看起来理所当然的问题。

4. 保持信息传递的交互性

交互性的实质是营造企业与用户之间互相传递信息变得更加方便的环境。除了上述建立尽可能多且短的信息传递渠道之外，还应建立多种信息反馈渠道，如论坛、电子邮件、在线表单、即时信息等以保证信息传递交互性的发挥。

5. 充分提高网络营销信息传递的有效性

由于信息传递中的障碍因素，使得一些用户无法获取到自己需要的全部信息。提高信息传递的有效性，也就是减少信息传递中噪声和屏障的影响，让信息可以及时、完整地传递给目标用户。

二、网络营销信息的收集与存储

（一）网络营销信息的收集

所谓网络营销信息收集，是指为了更好地掌握和使用网络营销信息，而对其进行的聚合和集中。

信息收集是网络营销中很重要的一步，也比较容易为大家忽视。中小企业在信息渠道方面往往都是依靠长期的传统营销中的经验。其实 Internet 就是一个信息的宝库，只不过这些信息是散乱分布的，如果掌握了方法，完全可以利用 Internet 找到大量的商业情报、目标客户的信息和市场反映与投放效果等营销信息。网络信息搜集的形式主要包括前期的网上调查、中期的反馈跟进和后期的信息整理。

补充知识

SIMS 企业标准信息管理系统

系统功能：标准信息分类建库、入库，多种条件灵活组合检索；信息资源分级授权访问控制，提供信息批量入库接口，标准全文入库、在线查阅，信息入库、使用情况统计分析，系统维护管理实现分级授权控制，提供标准信息自动更新接口。

资料来源：通标网

（二）网络营销信息的存储

网络营销信息存储是指把获得的大量信息转换成计算机文档，存储于计算机设备之中。

信息存储的方法是根据信息提取频率和数量，建立一套适合需要的信息库系统。例如，SIMS（标准信息管理系统）实现了标准信息库新建、信息入库、全文发布等的自动管理功能，用户可根据需要建立自己专有的标准信息库，并对信息库进行管理、更新维护等。

三、网络营销信息整理的特点与作用

Internet 本身就是一个信息的宝库，只不过这些信息是散乱分布的，对这些信息分门别类地整理并使之成为网络营销分类信息：换言之，网络营销信息整理就是将获取和存储的信息条理化和有序化的工作，其目的在于提高信息的价值和提取效率，发现所存储信息的内部联系，为信息加工做好准备。

分类信息的一般特点是：用户获取信息目的明确；用户检索信息方便；卖方信息集中，便于用户发现信息；企业信息发布简单、费用低廉；可跟踪了解信息反馈效果。

网络分类信息在网络营销中的作用是：对产品推广的作用，获得潜在用户；建立网站之前也可以开展网络营销；对网站推广的作用，增加网站的用户访问；对网站用户群体的补充作用；减少被竞争者独占网络推广资源的风险；培养企业的网络营销意识，打

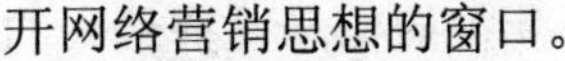

开网络营销思想的窗口。

四、网络营销信息收集的基本要求

网络商务信息收集是指在网络上对商务信息的寻找和调取工作。这是一种有目的、有步骤地从各个网络站点查找和获取信息的行为。一个完整的企业网络商务信息收集系统包括先进的网络检索设备、科学的信息收集方法和业务精通的网络信息检索员。

网络营销离不开信息。有效的网络商务信息必须能够保证源源不断地提供适合于网络营销决策的信息。网络营销对网络营销信息收集的要求是：及时、准确、适度和经济。

（一）及时

所谓及时，就是迅速、灵敏地反映销售市场发展各方面的最新动态。信息都是有时效性的，其价值与时间成反比。及时性要求信息流与物流尽可能同步。由于信息的识别、记录、传递、反馈都要花费一定的时间，因此，信息流与物流之间一般会存在一个时滞。尽可能地减少信息流滞后于物流的时间，提高时效性，是网络商务信息收集的主要目标之一。

（二）准确

所谓准确，是指信息应真实地反映客观现实，失真度小。在网络营销中，由于买卖双方不直接见面，准确的信息就显得尤为重要。准确的信息才可能导致正确的市场决策。信息失真，轻则会贻误商机，重则会造成重大的损失。信息的失真通常有三个方面的原因：一是信息源提供的信息不完全、不准确；二是信息在编码、译码和传递过程中受到干扰；三是信宿（信箱）接受信息出现偏差。为减少网络商务信息的失真，必须在上述三个环节上提高管理水平。

（三）适度

适度是指提供信息要有针对性和目的性，不能无的放矢。没有信息，企业的营销活动就会完全处于一种盲目的状态。信息过多过滥也会使得营销人员无所适从。在当今的信息时代，信息量越来越大，范围越来越广，不同的管理层次又对信息提出不同的要求。在这种情况下，网络商务信息的收集必须目标明确、方法恰当，信息收集的范围和数量适度。

（四）经济

这里的“经济”是指如何以最低的费用获得必要的信息。追求经济效益是一切经济活动的中心，也是网络商务信息收集的原则。许多人上网后，看到网上大量的可用信息，往往想把它们全部拷贝下来，但到月底才发现上网费用十分高昂。应当明确，我们没有力量，也不可能把网上的所有信息全部收集起来，信息的及时性、准确性和适度性都要

求建立在经济性基础之上。此外，提高经济性，还要注意使所获得的信息发挥最大的效用。

五、网络营销信息加工

（一）信息加工的含义

所谓信息加工，是指把收集来的大量原始信息进行筛选和判别、分类和排序、计算和研究、著录和标引、编目和组织，使之成为二次信息的活动。

（二）信息加工的步骤

1. 从原始信息中取出精髓

大量的原始信息中，不可避免地存在着一些假信息、伪信息，只有通过认真筛选和判别，才能防止和避免鱼目混珠、真假难辨，在信息传递和使用中误人害己，造成事业上的重大损失。

2. 将信息分类排序

收集来的信息呈一种原始状态，这种信息是一种初始的、凌乱的、孤立的信息，根本无法存储、传递和使用。只有把这种零散信息进行分类和排序，使之成为规则的、有序的、系统的二次信息，才能存储、检索、传递和使用。

3. 分析研究，综合创新

收集来的信息可以经过分析比较、计算研究，创造出新的信息。例如，通过对我国工业生产产值及国民经济总产值的核算，可以获得工业生产产值占国民经济总产值的百分比的信息；通过对敌我双方将领、兵力、兵员素质、武器装备、天时地利等诸多方面的分析对比，可以获得未来敌我双方谁胜谁负的信息；通过对我国解放以后人口增长状况的计算研究，可以获得未来我国人口发展趋势方面的信息；通过对过去工作状况信息的分析研究，可以获得成功经验或失败原因等方面的信息。

4. 著录标引，方便使用

收集来的原始信息杂乱无章，只有通过著录和标引，使一次信息变成二次信息，才能便于信息的存储、检索、传递和使用。例如，一个信息中心由世界各地信息员收集来数万条信息，其载体形式多种多样，如报纸、信纸、录像带、磁带等，如果不把这些信息用统一的规格、格式进行著录，就无法进行存储。如果不把这些经过著录的信息载体加以标识符号，同样也不能进行检索使用。

5. 形成目录，便于检索

把信息著录和标引以后，就可以很容易地把信息储存起来，但信息需求者在检索信息时，还需要一个目录组织作为检索的指南，这样可以省去很多精力和时间。例如，我们要查找一份有关粮食价格的信息，就可以根据目录组织所提供的书架号、架层号、顺序号等标引很快找到该份信息，否则就很难查找到该份信息。

第二节　网络营销信息检索

一、网络营销信息检索的概念

网络营销信息检索就是网络营销调研人员根据网络营销调研目的，按照网络营销调研计划，适应网络营销决策的信息要求，利用计算机网络检索硬件设备、软件程序，在Internet 信息中及时、准确、适度、经济地获得所需信息的一种间接营销调研方法。在网上，完成这种工作的是各种搜索工具——软件，比较专业的叫法是搜索引擎。

搜索引擎就是一个对 Internet 上的各种信息资源进行搜集整理，然后根据用户的查询请求把结果反馈给用户的系统。它一般包括搜索、索引和查询三部分。

搜索是指系统在 Internet 上自动搜集网页，这是一个自动搜集机器人，即 Robot（有时也叫 Spider、Wanderer、Crawler 等）来完成的。它自动在 Internet 上漫游，根据 HTML 文档中包含的超链接，下载一个又一个 Web 文档，并对下载后的网页进行分析，提取特征信息，从而建立一个详尽的文档数据库。索引就是为数据库建立各种索引库，以提高查询效率。查询则是提供用户访问的检索服务，即根据用户的请求来查询索引库，并对索引库返回的结果进行排序和输出。

二、网络营销信息收集的困难

Internet 所涵盖的信息远远大于任何传统媒体所涵盖的信息。人们在 Internet 上遇到的最大困难是如何快速、准确地从浩如烟海的信息资源中找到自己最需要的信息，这已成为困扰全球网络用户的最主要问题，也是网络营销中搜索信息的问题。美国 Lycos 公司的调查显示，80%被调查者认为 Internet 非常有用，但为了查找所需要的信息他们必须花费大量的时间和金钱。很多人表示，在查询 WWW 时仍然需要专家的指导和帮助。对于我国用户来说，面临的问题比国外用户还要严重。我们除了和国外用户面临同样的问题之外，还有信道拥挤、检索费用高、远程检索国外信息系统反应速度慢、语言和文化障碍及大多数用户没有受过网络检索专业培训等多种困难。在 Internet 上检索营销信息困难与下列几个因素有关。

（一）Internet 信息资源多而分散

Internet 是一个全球性分布式网络结构，大量信息分别存储在世界各国的服务器和主机上。信息资源分布的分散性、远程通信的距离和信道的宽窄都直接影响了信息的传输速率。一些专家认为，由于发达国家使用 Internet 的检索费用比较便宜，使得大量用户在网上漫游，人为地造成了网络信道拥挤，系统反应速度慢，降低了信息的传输速度。在我国，情况更严重。虽然，以中国公用计算机互联网（CHINANET）为首的五家网络互连机构[其他四家为中国科技网（CSTNET）、中国教育和科研计算机网（CERNET）、中国金桥信息网（CHINAGBN）、中国联通互联网（UNINET）]的主干网信道宽度都有大幅度的提高，但还远远不能满足我国 Internet 快速发展的需要，信息的传输速度依然十分缓慢。再者五家网络互连机构之间互不连通，也为用户带来了极大的不便。还有通讯资费虽然大幅下调，但与其他发达国家相比依然偏高。这些原因使得我国用户所花费的通讯及检索信息的费用比国外用户要高得多。

（二）网络资源缺乏有效的管理

网络时代，形成鲜明对照的是至今还找不到一种方法对网络资源进行有效的管理。目前，对 WWW 的网页和网址的管理主要依靠两个方面的力量：一是图书馆和信息专业人员通过对 Internet 的信息进行筛选、组织和评论，编制超文本的主题目录，这些目录虽然质量很高，但编制速度无法适应 Internet 的增长速度；二是计算机人员设计开发巡视软件和检索软件，对网页进行自动搜集、加工和标引。这种方式省时、省力，加工信息的速度快、范围广，可向用户提供关键词、词组或自然语言的检索。但由于计算机软件在人工智能方面与人脑的思维还有很大的差距，在检索的准确性和相关性判断上质量不高。

（三）网络信息鱼目混珠

Internet 上的信息质量参差不齐，良莠不一。2008 年以前，Internet 上还设有人开发出一种强有力的工具对信息的质量进行选择和过滤。这样，用户会发现大量毫无用途的信息混杂在检索结果中，大大降低了检索的准确性，浪费了用户的时间。

（四）各种检索软件检索方法不统一

各种检索软件使用的检索符号和对检索方式的要求不一样，给用户的使用造成了很多不便。如果用户希望检索 China 和 Economy 主题的文件，可以将检索式写为“China and Economy”，但不同的检索软件使用的符号是不一样的，如 Alta Vista 的简单检索用“ ”号，高级检索包含了简单检索的所有特性，还可有布尔和接近操作符、括起来的逻辑组合等。Alta Vista 支持的布尔和接近检索二元操作符有 AND（&）、 OR（|）、NEAR（~）和一元操作符 NOT（!）。AND 连接的若干词在文件中要同时出现；OR 确保检索式中至少有一个词出现在文件中；NOT 将某一个词从检索中排除出去。它们的优先级是递减的，另外要注意，如果把检索的表达式写成“sports NOT swimming”，则语法上是不合逻辑的，正确的写法应该是“sports AND NOT swimming”。 NEAR 确保查询的两个词在 10 个字节内出现，它的优先级是最低的。如果将上述符号用在检索表达式中，最好给检索表达式加上引号以减少检索表达式的混乱。由于各种检索软件对符号的规定不同给检索带来了困难，如 Excite 要求用户在写检索的主题时尽可能详细，但 Magellan 则要求用户尽可能以简短的词表示查询主题，有些检索软件要求用户将人名和专有名词都大写，有些则大小写都可以。

三、网络营销信息收集困难的解决对策

面对上述搜索信息困难，计算机专家和信息管理专家积极地探索和开发了一系列检索软件，并将其用于网络资源的管理和检索，取得了很大的进展。目前，全世界各个国家所开发的各类型检索软件已达几百种。我国和新加坡都开发出了中文（GB 或 GB5）的检索软件，对推动网络信息的使用和传输做出了重要贡献。为了得到更准确的内容，更加充分地利用这些检索软件，必须使用一定的技巧（如多个关键词和布尔检索技术）来缩小检索范围。

（一）明确检索目标

要完成一个有效检索，首先应当确定要检索的是什么。在确定主题之后，应当列出一个与检索的信息有关的单词清单，以及一个应当排除的单词清单，下一步，应该考虑使用哪一个检索软件来获得更有效的检索结果。如果主题范围狭小，不妨简单地使用两三个关键词试一试。如果不能准确地确定检索的是什么或检索的主题范围很广，不妨使用 Yahoo！等搜索站点的分类检索，尽可能缩小检索范围。许多检索网点允许只在 Web 中检索，或只在新闻组中检索，或只在某个特定地理区域检索。

（二）合理使用各种符号改善检索过程

为了使用户更方便有效地检索内容，许多检索网点允许使用布尔操作符。布尔操作符提供了一种包括或排除关键字的方法，以及检索引擎如何翻译关键字的控制方法。大多数检索引擎提供了如何使用引擎的提示，以及如何在检索中输入布尔操作符的相应词法，但它们一般都支持基本的布尔操作：AND（与）、OR（或）和 NOT（非）。检索时，通常不必输入大写的布尔操作符，但大写却能直观地分隔关键字和操作符。各个检索工具所使用的符号和格式也不尽相同，我们将在下面具体介绍一些常用检索工具时再加以说明。

（三）充分利用索引检索引擎

索引检索引擎（metasearch engine）是一种检索其他目录检索网点的引擎。索引检索引擎网点将查询请求格式化为每个目录检索网点能接受的适当格式，然后发出查询请求。某些索引检索引擎以统一的清单表示返回结果。

索引检索会花费稍多一点的时间，但是，由于它可以从许多不同的来源中检索出结果，最终会得到好的结果，故而从总体上讲是节省了时间。当使用检索引擎时，最好看一下例子或帮助内容，如果使用了错误的词法，检索时间将会延长，并且可能得不到想要的结果。

四、常用的搜索引擎

（一）雅虎搜索

雅虎（www.yahoo.com）是一种层次严格组织的主题索引。雅虎在全球共有 24 个网站，12 种语言版本，其中雅虎中国网站（www.yahoo.com.cn）包括简体和繁体版本，于 1999 年 9 月正式开通，它是雅虎在全球的第 20 个网站。

雅虎中国网站是一个极好的联机搜索资源，提供简单检索和细节检索：简单检索主要检索一级目录，然后按照分类目录层次来组织信息站点。图 2.1 为中国雅虎搜索界面。

图 2.1　中国雅虎搜索局部界面

（二）一搜搜索

一搜（www.yiso.com）是雅虎公司基于全球领先的 YST 技术，在中国推出的独立搜索门户，于 2004 年 6 月正式发布，是具有简捷专业、客观精准、国际化、稳定等性质的专业搜索门户。一搜的名字代表“一搜就到”的技术优势，也表达了雅虎欲做“第一中文搜索”的战略目标。正如一搜自己所言“一搜推出全球最简易的界面，让搜索高手不受任何其他干扰，以最快的速度、最有效的方式找到结果。“一搜搜索，例无虚搜。上网搜索，只需一搜”。图 2.2 为一搜界面。

图 2.2　一搜界面

（三）百度搜索

百度（www.baidu.com）于 1999 年年底成立于美国硅谷，它的创建者是资深信息检索技术专家、超链接分析专利的唯一持有人、百度总裁李彦宏及副总裁徐勇。百度是目前全球最优秀的中文信息检索与传递技术供应商。中国所有提供搜索引擎的门户网站

中，80%以上都由百度提供搜索引擎技术支持。图 2.3 为百度搜索界面。

图 2.3　百度搜索界面

（四）Google 搜索

Google（www.google.com）创建于 1998 年 9 月，创始人为拉里·佩奇和瑟盖·布林，他们开发的 Google 搜索引擎是一个用来在 Internet 上搜索信息的简单、快捷的工具。Google 是 WWW 上最大的搜索引擎，使用户能够访问一个包含超过 80 亿个网址的索引。使用 Google 工具栏可以从网上任何一个位置进行 Google 搜索。图 2.4 为 Google 搜索界面。

图 2.4　Google 搜索界面

（五）中搜

中搜（www.zhongsou.com）拥有全球领先的中文搜索引擎技术，现在已被新浪、搜狐、网易、TOM 四大门户及 1400 多家联盟成员网站所采用。每天有数千万次的搜索服务是通过中搜的技术实现的。与一般的搜索引擎相比，中搜具有网页覆盖率高、数据更新快、支持中文模糊查询、强大的个性化查询、智能查询、内容相关性分析、便利的专业信息查询等优势，被公认为是第三代智能搜索引擎的代表。

中搜是 2003 年 12 月 23 日在慧聪搜索的基础上成立的。2004 年 2 月 25 日，中国互联网新闻中心——IDG 集团注资中国搜索成立合资公司。2004 年 6 月 22 日，新一代搜索引擎 4.0 版本全面推出。图 2.5 为中搜界面。

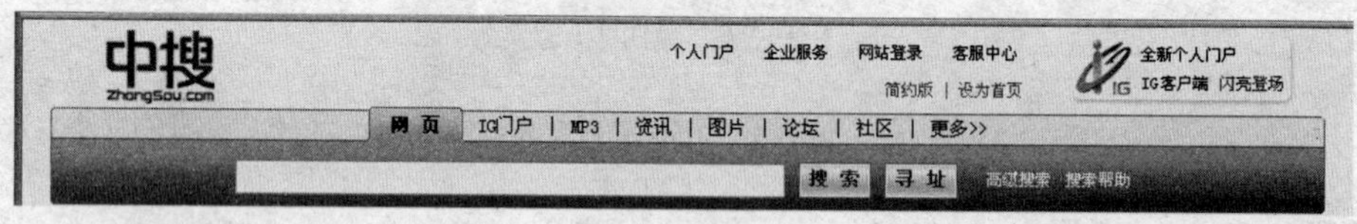

图 2.5　中搜界面

（六）搜狐搜索

搜狐（www.sohu.com）站点的功能类似于雅虎，是一个由我国自行开发的大型网上中文分类搜索引擎的著名中文网站。其先进的人工分类技术，友好的符合中文语言文化习惯的全中文界面，共分 18 个类别（如娱乐休闲、计算机网络、工商经济、社会科学、艺术、文学、科学技术、政治法律等），使网上用户可以直观、轻松地获得所需要的内容。在每个分类目录下，都建立了丰富的目录树系统。

（七）搜狗搜索

搜狗（www.sogou.com）是由搜狐研发、于 2004 年 8 月 3 日面世的专业搜索网站。其主要特点是主题互动、人工智能，即当用户输入一个查询词时，搜索引擎尝试理解用户可能的查询意图，给予多个主题的搜索提示，引导用户更快速地准确定位自己所关注的内容。这种与用户的互动大幅度提高了搜索的相关度。

搜狗“购物搜索”（shopping.sogou.com）覆盖了上千家网上商城，收录了中文商品信息约 300 万条（截至 2004 年 8 月上旬）。在搜狗“购物搜索”中，客户可以进行商品的搜索和价格比较。在查询某一商品时，通过厂家、品牌、规格、商品名称等任意词汇进行查询，系统都会智能提示相关的主题，引导用户快速找到所需的信息。图 2.6 为搜狗搜索界面。

图 2.6　搜狗搜索界面

（八）网易搜索

网易搜索（www.163.com）是 2000 年 9 月由网易公司正式推出的全中文搜索引擎服务，并拥有国内唯一的互动性开放式目录管理系统（ODP）。网易已经为广大网民创建了超过一万个的类目，活跃站点的信息量每日都在增加。2004 年 6 月底，网易搜索和 Google 签订战略合作，成为目前国内唯一采用 Google 网页搜索技术的门户网站。图 2.7 为网易搜索界面。

图 2.7　网易搜索界面

（九）3721 搜索

3721 公司提供的中文上网服务使用户无需记忆复杂的域名，也无需登录任何搜索引擎网站，直接在浏览器地址栏中输入中文名字，就能直达企业网站或者搜索到全面的信息。

3721 搜索（www.3721.com）的主要功能是基于地址栏的实名搜索，为所有网络资源的访问者提供一种直接、便捷的搜索服务。地址栏搜索服务同时具备域名与搜索的功能，当在地址栏输入域名、唯一的网络实名时，用户就会直接进入对应的网站。当输入模糊信息，如行业性的名称、产品名称、地名时，用户就会获得搜索结果。地址栏搜索的主要优点是：使用简单，无需登录任何网站，在地址栏中直接输入关键词，就可以看到搜索结果。3721 全面采用最先进的搜索技术（雅虎 YST 技术），数据质量高，用户体验好。图 2.8 为 3721 搜索界面。

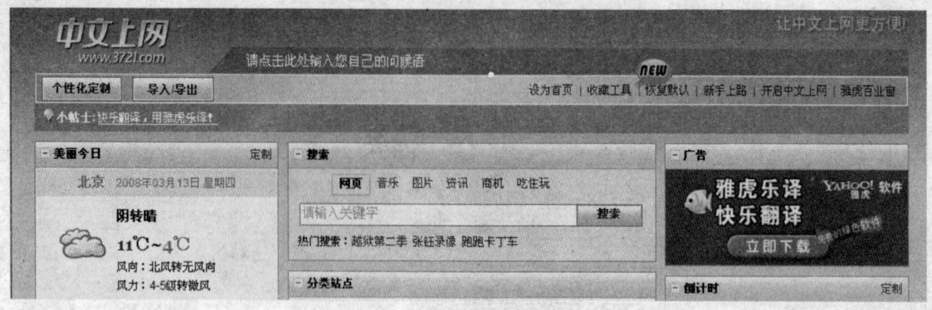

图 2.8　3721 搜索界面

（十）天网搜索

天网的前身是北大天网（e.pku.edu.cn），北大天网是中国第一家为 Internet 用户提供服务的搜索引擎。2003 年 7 月，北京天网时代科技有限公司完全收购了北大天网，开展搜索相关业务。图 2.9 为天网搜索界面。

图 2.9　天网搜索界面

天网检索系统是中国教育和科研计算机网示范工程应用系统的一部分，它收集了国内四大互联网（CERNet、ChinaNet、CSTNet 和 ChinaGBN）的有关信息及 News 的信息。天网使用网页搜索程序自动发现和收集 WWW 的信息，分析后建立索引。其特点是收集的网页较多，查询速度较快，对于能分出词的查询的查准率较高。天网搜索的优点是速度快、使用简便、索引大，支持中、英文两种查询方式，缺点是重复率高，不够精确。

（十一）中国经济信息网

中国经济信息网简称中经网（www.cel.gov.cn），是国家信息中心联合有关部、委和各省、市的信息中心建立起来的信息服务网络，以提供经济信息为主要业务的专业性信息服务网络，于 1996 年 12 月 3 日正式开通。它以公用数据通信网为基础组成信息增值服务网，在地理上覆盖全国。它是中文网络商务信息很重要的检索站点，它所包含的我国企业信息、商业供需信息及产品信息都是国内最多的。图 2.10 为中国经济信息网首页。

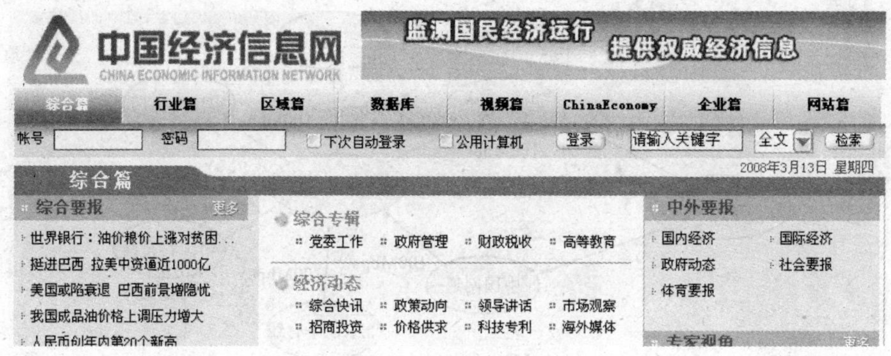

图 2.10　中国经济信息网首页

中国经济信息网具有 21 个省市的全国宽带网和 5 省市的 DDN 线路。通过省市信息中心又将该网络延伸至上百个地、市信息中心，与其他运营商都有联结，见图 2.11，它还与中央各部委交换信息，如图 2.12 所示。

国务院机构改革方案——“实行大部委”

2008 年 3 月 11 日在第十一届全国人民代表大会第一次会议中通过“大部委”改革方案。2014 年以来，改革不断深入，紧紧围绕转变职能和理顺职责关系，稳步推进大部门制改革，实行铁路政企分开，整合加强卫生和计划生育、食品药品、新闻出版和广播电影电视、海洋、能源管理机构。具体内容有：

——实行铁路政企分开。将铁道部拟定铁路发展规划和政策的行政职责划入交通运输部；组建国家铁路局，由交通运输部管理，不再保留铁道部。

——组建国家卫生和计划生育委员会。不再保留卫生部、国家人口和计划生育委员会。

——组建国家食品药品监督管理总局。不再保留国家食品药品监督管理局和单设的国务院食品安全委员会办公室。

——组建国家新闻出版广播电影电视总局。不再保留国家广播电影电视总局、国家新闻出版总署。

——重新组建国家海洋局。原国家海洋委员会的具体工作由国家海洋局承担。

——重新组建国家能源局。不再保留国家电力监管委员会。

这次改革，国务院正部级机构减少 4 个，其中组成部门减少 2 个，副部级机构增减相抵，数量不变。改革后，除国务院办公厅外，国务院设置组成部门 25 个。

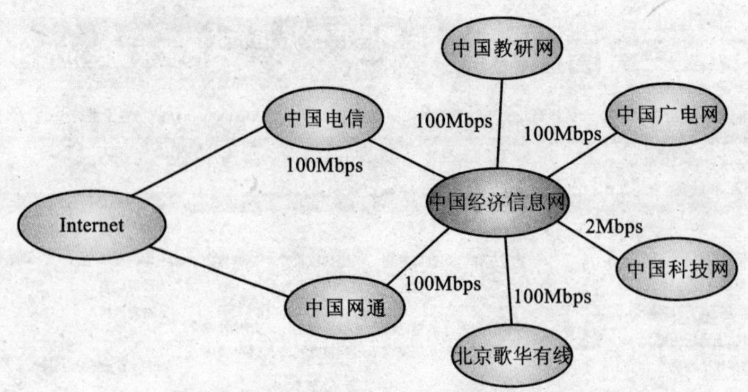

图 2.11　中国经济信息网与其他运营商联结的网络

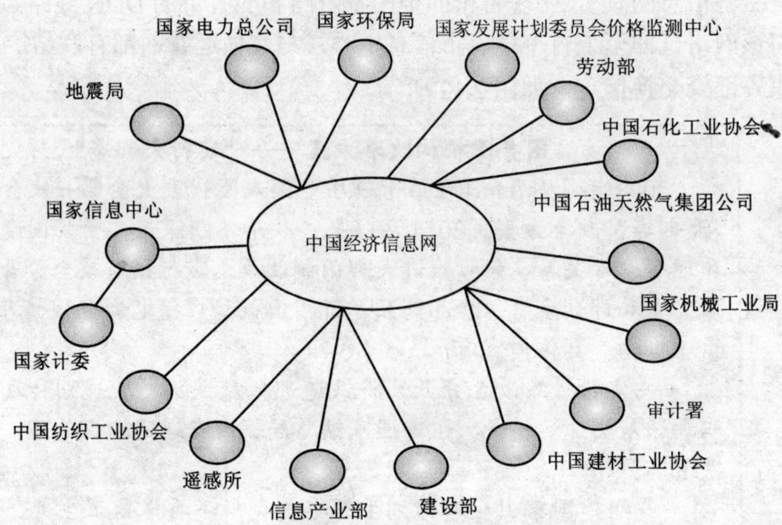

图 2.12　中国经济信息网与中央各部委交换信息的网络

五、信息收集的内容

网络营销信息收集的内容包括多方面，根据需要，从政治到经济都要搜集，主要可分为政治信息的收集、经济信息的收集、科技信息的收集、军事信息的收集、文体信息的收集和教育卫生信息的收集等。

（一）政治信息收集的内容

1. 党政信息

它是指世界各国各政党的规模、领导人、政治纲领、执政或在野、社会影响、对外关系等方面的信息。世界各国政府要员的政党归属，政治倾向，个性和品德，政府执政的优劣，政府的方针、路线和政策，政府机构的组成和结构，政府的规模和办事效益，对外关系等方面信息，世界各国政府管理实务方面的信息，有什么新变化。

2. 国际政局形势信息

这类信息是指世界各国政治局势的稳定、动荡等方面的信息。联合国的规模、章程、组织机构、各机构作用、被谁把持、为谁服务以及现实工作中心等方面的信息。世界各国建立外交关系的状况、关系密疏状况、结盟状况以及依赖状况等方面的信息。世界各国内政外交路线、方针、政策方面的变动信息等。

3. 政法、政体信息

它是指世界各国法律制定和执行情况等方面的信息，世界各国国家政权构成形式方面的信息。主要有君主专制制、贵族共和制、民主共和制、等级代表君主制、君主立宪制、人民代表大会制等形式的信息。

4. 社会团体信息

它是指诸如工会、商会、学联、妇联、青联、老联等社会团体方面的信息。主要内容包括世界各国社会团体的数量、规模、章程以及政治倾向等。

（二）经济信息收集的内容

1. 工农业经济信息

它是指世界各国企业发展的总体实力，各企业领导人、规模、经营产品品种、质量、资金、人才、信用、产品价格、流通渠道、发展潜力等方面的信息。是指世界各国农、林、牧、副、渔产品的生产、流通、消费、市场、价格，以及农业发展总体实力方面的信息。

2. 邮电、交通运输信息

它是指世界各国铁路运输、内河航运、沿海运输、远洋运输、公路交通、航空运输、管道运输等发展现状、趋势、市场、价格等方面的信息，世界各国邮政和电信发展规模、科技水平以及发展趋势方面的信息。商业经济信息是指世界各国商业组织形式、商业部门生产资料所有制形式、商业规模、商品流转数额、批发商业状况、零售商业状况、商业经济效益、商品购销方式、集市贸易，商业综合发展实力等方面的信息。

3. 旅游、服务业信息

它是指世界各国饮食、旅店、理发、照相、浴池、洗染、缝纫、修理等行业发展状况的信息，世界各国的主要旅游景区、旅游交通、主要旅行社、主要旅游饭店、主要旅游购物品、重要旅游线路、旅游价格、旅游资源开发、旅游者人数、旅游创汇水平等方面的信息。

4. 国际贸易和国际关系信息

它是指世界各国间的商品贸易、劳务输出、资金融通、技术交流等方面的信息。

5. 基本建设信息

它是指世界各国工厂、矿井、铁路、农场、水库、房屋、城市公共设施等方面建设状况、发展速度、资金来源、经济效益等方面的信息。

6. 财政、金融信息

它是指世界各国财政收入、财政支出、管理机构、财政体制、国家预算制度、税收制度等方面的信息，世界各国银行体系、货币制度和政策、币值稳定状况。汇率状况、通货膨胀状况、外汇管理政策等方面的信息。

7. 劳动工资信息

它是指世界各国劳动工资水平、劳动工资构成、奖励制度、福利制度、劳动保护、劳动保险、劳动就业制度、劳动力管理等方面的信息。

8. 综合经济发展信息

它是指世界各国综合国力状况、国民经济总产值状况、国民收入水平、人均国民收入状况、货币流通与物质供应是否适应、外汇与进出口贸易是否相适应、通货膨胀与商品价格变动状况等方面的信息。

9. 经济管理体系信息

它是指世界各国经济管理机构的设置、权限的划分和隶属关系、经济管理方针和政策、经济管理手段和方法、经济管理形式、经济管理过程、经济决策体系、经济监督检查系统等方面的信息。

（三）生活状况信息

它是指世界各国社会商品购买力、健康水平、居民家庭收支状况、居民住宅状况、群众消费结构状况、文化教育状况等方面的信息。

（四）信息发展信息

它是指世界各国信息产业发展状况、信息工作技术手段发展情况、信息传递质量状况、信息高速公路创建状况等方面的信息。

（五）科技信息的收集内容

1. 科学基础研究信息

它是指世界各国在关于数学、物理、化学、天文、地理、生物等学科理论研究方面的信息。

2. 科学应用研究信息

它是指世界各国关于新产品、新技术、新方法、新流程创制等方面的信息，世界各国把科研成果推广到实践领域的信息。

3. 宏观技术革命信息

它是指世界各国关系到全局的重大技术改革方面的信息。

4. 微观技术革新信息

它是指世界各国各企业关于生产工具、工艺流程、原材料局部改进等方面的信息。

（六）军事信息的收集内容

它是指世界各国军事科学信息、军事技术信息，世界各国军队的人数、领导人、军人素质、军队装备、军队编制、军队构成、综合战斗力等方面的信息，世界各国过去战争、现实战争和未来战争方面的信息。

（七）其他信息收集的内容

包括文化信息，如世界各国文学艺术、新闻出版以及文物工作方面的信息，世界各国体育科学、体育实力以及体育交流等方面的信息，教卫信息等内容。

第三节　网上市场调研策略

一、网上市场调研概述

（一）网上市场调研的概念

市场调查是企业了解市场、开拓市场的有效方法，是企业进行市场预测和经营决策的基础，因此受到企业的普遍重视。随着信息传播媒体的不断变化，市场调研工具也在不断地发生变化，传统的调研媒体有报纸、杂志、邮件、电话、电视等。20世纪，随着Internet 的出现，一种更加崭新的调研方式——网上调研应运而生，它为现代企业未来的市场竞争提供了一种强有力的武器。

网上调研就是利用 Internet 发掘和了解消费者、目标市场、竞争对手、合作伙伴等方面的情况，网上调研可更快、更广泛地帮助搜集市场信息，促使企业生产适销对路的产品，及时地调整营销策略。Internet 上的海量信息、免费的搜索引擎、免费的 E-mail 等服务已对传统市场调研和营销策略产生很大影响，它大大丰富了市场调研的资料来源，扩展了传统的市场调研方法，特别是在 Internet 上进行在线调查、定性调查和一手资料调查方面具有无可比拟的优势。

（二）网上市场调研的特点

1. 克服了传统市场调研的不足

传统的市场调查，无论是实验法、观察法还是询问法，被调查者始终处于被动地位，

企业都要投入大量的物力、人力，如果调查面较小，不足以全面掌握市场信息，而调查面较大，则时间周期长，调查费用大。一方面企业难以针对不同的消费个体发出不同的问卷，另一方面消费者也难以表达自己的意识和欲望，而更多的消费者对企业调查不予反应和回复。对个体消费者来说，又嫌广告内容不足，仅仅使他们知道了几个品牌，具体内容不详细，不足以使他们作出购买决定，还得拿着笔记本在市场逐一地对各种品牌的型号、规格、性能、价格、外观、服务承诺等进行记录，再穿梭于各商场之间进行比较，这部分人才是真正的消费者；而传统的调查方法却无法找到这部分消费者，它所针对的对象是一般大众，或称之为潜在的消费者。网上市场调研则会有效克服上述传统市场调研的不足。

2. 具有明显的优势

1）及时性和共享性。网络的传输速度非常快，网络信息能迅速传递给连接上网的任何用户。网上调研是开放的，任何网民都可以参加投票和查看结果，这保证了网络信息的及时性和共享性。网上投票信息经过统计分析软件初步处理后，可以看到阶段性结果，而传统的市场调研得出结论需经过很长的一段时间。如人口抽样调查统计分析需3个月，而中国Internet络信息中心在利用Internet进行调查时，从设计问卷到实施网上调查和发布统计结果，总共只有1个月时间。

2）便捷性和低费用。网上市场调研可节省传统的市场调研中所耗费的大量人力和物力。在网络上进行调研，只需要一台能上网的计算机即可。调查者在企业站点上发出电子调查问卷，网民自愿填写，然后通过统计分析软件对访问者反馈回来的信息进行整理和分析。网上市场调研在收集过程中不需要派出调查人员，不受天气和距离的限制，不需要印刷调查问卷，调查过程中最繁重、最关键的信息收集和录入工作将分布到众多网上用户的终端上完成。网上调查可以是无人值守和间接地接受调查填表，信息检验和信息处理工作均由计算机自动完成。

3）交互性和充分性。网络的最大优势是交互性。这种交互性在网上市场调研中体现在如下两点：

① 在网上调查时，被访问者可以及时就问卷相关的问题提出自己的看法和建议，可减少因问卷设计不合理而导致的调查结论出现偏差等问题。

② 被访问者可以自由地在网上发表自己的看法，同时没有时间的限制。而传统的市场调研是不可能做到这些的，例如，面谈法中的路上拦截调查，它的调查时间较短，不能超过10分钟，否则被调查者肯定会不耐烦，因而对访问调查员的要求非常高。

4）调研结果的可靠性和客观性。由于企业站点的访问者一般都对企业产品有一定的兴趣，所以这种基于顾客和潜在顾客的市场调研结果是客观和真实的，它在很大程度上反映了消费者的消费心态和市场发展的趋向。

① 被调查者在完全自愿的原则下参与调查，调查的针对性更强。而传统的市场调查中的面谈法中的拦截询问法，实质上是带有一定的“强制性”的。

② 调查问卷的填写是自愿的，不是传统调查中的“强迫式”，填写者一般对调查内容有一定的兴趣，回答问题相对认真，所以问卷填写可靠性高。

③ 网上市场调研可以避免传统市场调研中人为因素所导致的调查结论的偏差，被访问者是在完全独立思考的环境中接受调查的，能最大限度地保证调研结果的客观性。

5）无时空和地域的限制。网上市场调研可以 24 小时全天候进行，这与受区域和时间制约的传统的市场调研方式有很大的不同。例如，某家电企业利用传统的调研方式在全国范围内进行市场调研，需要各个区域代理商的密切配合。而澳大利亚一家市场调研公司在 1999 年 8、9 月份进行针对中国等 7 个国家 Internet 用户在线的调查活动，他们在中国的在线调查活动是与 10 家访问率较高的 ISP 和在线网络广告站点联合进行的，这样的市场调研活动如果利用传统的方式是无法完成的。

6）可检验性和可控制性。利用 Internet 进行网上调研收集信息，可以有效地对采集信息的质量实施系统的检验和控制。

① 网上市场调查问卷可以附加全面规范的指标解释，有利于消除因对指标理解不清或调查员解释口径不一而造成的调查偏差。

② 问卷的复核检验由计算机依据设定的检验条件和控制措施自动实施，可以有效地保证对调查问卷的 100%的复核检验，保证检验与控制的客观公正性。

③ 通过对被调查者的身份验证技术可以有效地防止信息采集过程中的舞弊行为。

3. 网上市场调研与传统市场调研的比较

通过表 2.1，可以非常明显地看出两者的不同。

表 2.1 网络调研与传统调研的比较

比较项目	网络市场调研	传统市场调研
调研费用	较低，主要是设计费和数据处理费，每份问卷所要支付的费用几乎为零	昂贵，包括：问卷设计、印刷、发放、回收、聘请和培训访问员、录入调查结果、由专业公司对问卷进行统计分析等多方面的费用
调研范围	全国乃至全世界，样本数量庞大	受成本限制，调查地区和样本的数量均有限
运作速度	很快，只需搭建平台，数据库可自动生成，几天就可能得出有意义的结论	慢，至少需要 2 个月到 6 个月才能得出结论
调研的时效性	全天候进行	不同的被访问者对可进行访问的时间不同
被访问者的便利性	非常便利，被访问者可自由决定时间、地点回答问卷	不太方便，一般要跨越空间障碍，到达访问地点
调研结果的可信性	相对真实可信	一般有督导对问卷进行审核，措施严格，可信性高
适用性	适合长期的大样本调查，适合要迅速得出结论的情况	适合面对面地深度访谈，食品类等需要对受访者进行感官测试

二、网上市场调研的方法

（一）直接法

网上市场调研直接法指的是网上一手资料的收集方法。一手资料也叫原始资料，是调查人员通过发放问卷、面谈等方式搜集到的资料。

1. 问卷调查法

问卷调查法是获取第一手资料最常用的调研方法，具体做法有：在企业网站或其他合作调查网站上设置调查表，访问者在线填写并提交到网站服务器；向被调查者的E-mail地址寄出调查表；向被调查者寄出包含链接的相关信息，并把链接指向放在企业网站上的问卷。在线调查法广泛应用于各种内容的调查活动中，实际上也就是传统市场调研中问卷调查方法在Internet上的延伸。如中国互联网络信息中心（CNNIC）每年进行两次网上问卷调查，其主要目的是为了发布具有权威性的《中国互联网络发展状况统计报告》。

调查表设计水平的高低直接关系到调查结果的质量，一份完整的网上调查问卷通常包括如下几个部分：卷首语、问题指导语、问卷主体以及结束语。

卷首语说明由谁执行此项调查，调查目的、意义何在，其主要功效是使被调查者感到正在进行的调查项目是合理、合法的，是值得他们花时间和精力来认真填写的。问题指导语（填表说明）是向被调查者解释怎样以及如何正确地填写问卷的语句。问卷主体包括问题和备选答案，是问卷的核心部分，问题的类型可以分为开放型和封闭型。网络市场调查中有的在线问卷特别是E-mail问卷多采用封闭型问卷，即在提出问题的同时给出备选的答案。结束语中可以表示出对被调查者的感谢，或是给出一些奖品、优惠券等。图2.13即为新浪网女性频道的《嘉人》杂志调查问卷。

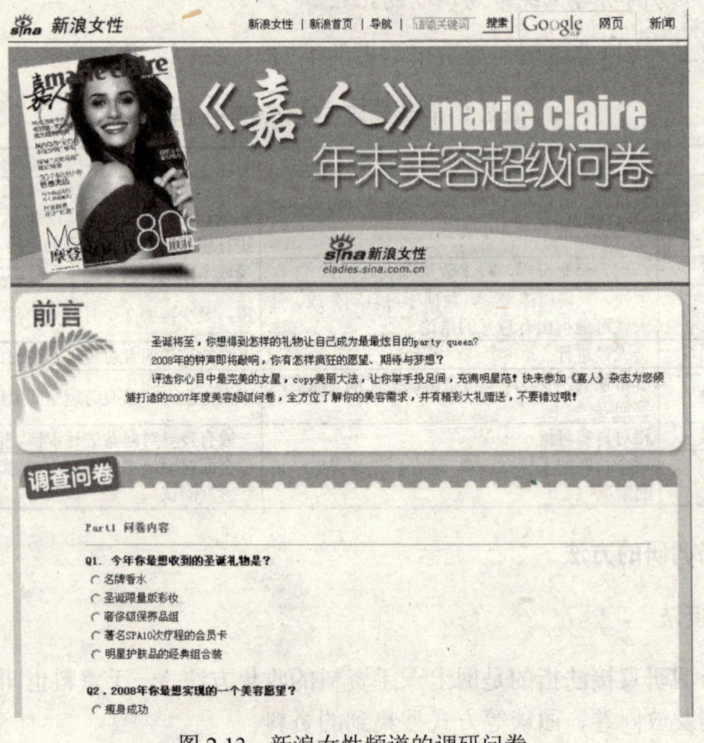

图2.13 新浪女性频道的调研问卷

2. 专题讨论法

专题讨论法可通过新闻组、电子公告牌或邮件列表讨论组进行，其步骤如下：确定目标市场；识别目标市场中要加以调查的讨论组；确定可以讨论或准备讨论的具体话题；登录相应的讨论组，通过过滤系统发现有用的信息，或创建新的话题，让别人讨论，从而获得有用的信息，也可以在企业网站开设消费者俱乐部（如海尔网站的海尔俱乐部），可以定期创建新的话题，让消费者讨论。

传统调研方法中的专题讨论法中常常由于调查人员的主观感受、调查人员的提问方式对被调查者的影响、被调查者心情等诸多原因，导致调查结果出现偏差。而网上专题讨论法由于网络的言论自由、平等，比较容易获取有用的信息。

（二）间接法

网上市场调研间接法指的是网上二手资料的收集。二手资料是经过别人收集、整理过的资料，通常是指已经发表或发布的资料。许多单位和机构都已在 Internet 上建立了自己的网站，各种各样的信息都可通过访问其网站获得。再加上众多综合型 ISP（Internet 内容提供商）、专业型 ISP，以及成千上万个搜索引擎网站，使得 Internet 上的二手资料的收集非常方便。

1. 搜索引擎搜索

搜索引擎是个能及时发现你所需要的调研对象内容的电子指针。它们能提供有关的市场信息、企业新闻、产品广告、调查报告、各种报刊发表的调查资料等，这些资料和信息可以借助于一系列的关键词和基本参数识别。调研人员可以利用搜索引擎进入有关的主题搜索，把获得的信息保存到硬盘、插入文件中或直接打印，以便今后利用。为了能快速准确地搜索需要的信息，在使用搜索引擎中要注意以下步骤：首先确定搜索的意图，选择好合适的关键词；其次，决定采用哪种搜索功能并选定搜索引擎。

2. 网站跟踪法

企业网站通过网站推广工作的实施和网站的运营，将会有为数可观的网站数据，这些数据对于网上目标客户调研、客户分析以及客户关系整理均有重要意义。常用的方法有：一种是在本企业的站点投放调查问卷，由于站点的浏览者大多是老顾客，所以可以获得比较详细准确的资料，保证调查问卷的有效性。同时，这也是一条维系顾客关系、增强企业与顾客沟通的途径。但是，仅仅在本企业的站点进行调查样本数量少，获得的资料不够全面，因此一般只用于调查用户对产品或对网站的看法，不适合大面积的调查。另一种是在门户站点投放调查表，门户站点浏览量大，可以保证网络调查有足够人的样本，有利于完成调查。同时还可以间接地起到广告的作用。但是，门户网站的浏览者比较复杂，不一定是企业的调查对象，有时会造成无效问卷，影响调查结果的准确性。还有一种是通过 E-mail 调查，E-mail 是一种优秀的调查工具。用这种方法既可以避免在自

己的站点上投放所造成的调查对象的遗漏，又不会像在门户站点投放那样造成较多的无效问卷。

3. 抽样方法

网上调查方式的出现，简化了调查运作的环节，但传统调查的基本理论（如抽样理论）仍适用，借助 Internet，完成一个人样本量的调查是件很简单的事，但仅有足够的样本量并不能保证数据的真实性和代表性，毕竟，绝大多数调查都是抽样调查，而抽样调查的目的在于通过对一定样本量的调查来推断整体的情况。因此，为保证调查有意义，调查实施者必须能主动选择符合条件的受访者来参加调查。网络上常用的抽样调查方法有：

1）E-mail 地址抽样。在拥有总体的 E-mail 地址的情况下，可以在 E-mail 地址中进行随机抽样。然后通过 E-mail 的形式进行调查。如果有每个 E-mail 地址的相关背景信息，还可以通过背景信息进行按一定配额条件进行随机抽样。这种方法达到的效果与传统方法中按地址或电话号码随机抽样的效果一样。

2）固定样本抽样。人们把已经同意参加各类调查的受访者放入固定样本资料库。每个成员都提供了背景信息和 E-mail 地址，并同意接受调查邀请。根据项目的要求，可以按一定的甄别条件（如对性别、年龄、所在地区和收入等的要求）在相应的成员中随机抽样。如果固定样本资料库的招募是采用随机的方式（如通过电话随机访问招募），则抽样就具备完全的随机性。如果是非随机的，则抽样就与传统方法中的联络员招募一样都不具有完全的随机性。

3）弹出窗口式抽样。采用软件技术，可以对网站的访问者进行计数，可以按预先设定好的间隔（如每隔 100 个访问者）弹出一个窗口邀请访问者参加访问。这种方法类似与传统的街头拦截方式，但由于是自动控制，因此随机性更好。

4）预先电话抽样。预先采用电话的方法进行随机抽样，直接或通过 E-mail 邀请受访者到指定的网站上参加调查。通过密码进行控制，进行调查的网站只对受邀请的受访者参加。这样既实现了完全的随机性，又充分利用了网上调查的 优势。

5）完全公开式抽样。完全在网站上公开调查问卷，进行广泛的链接和广告，受访者主动参加。这种方法几乎无法对受访者进行控制，随机性很差，而且无法对所调查的内容进行保密。

（三）实验法

实验法是选择多个可比的主体组，分别赋予不同的实验方案，控制外部变量，并检查所观察到的差异是否具有统计上的显著性。这种方法与传统的市场调查所采用的原理是一致的，只是手段和内容有差别。

例如，2000 年 6 月，拉拉手网站和中央电视台信息部等一些新闻媒体单位联合推出“中国首届网上购物测试”活动，结果发现在配送等环节存在着明显的地区差异。

三、网上市场调研的步骤

网络市场调研与传统的市场调研一样，应遵循一定的方法与步骤，以保证调研过程的质量。网络市场调研一般包括以下几个步骤：

（一）明确问题与确定调研目标

明确问题和确定调研目标对使用网上搜索的手段来说尤为重要。Internet 是一个永无休止的信息流。当我们开始搜索时，可能无法精确地找到所需要的重要数据，不过我们肯定会沿路发现一些其他有价值、抑或价值不大但很有趣的信息。这似乎验证了 Internet 上的信息搜索的定律：在 Internet 上你总能找到你不需要的东西。其结果是，你为之付出了时间和上网费的代价，这也被称为“网络迷航”。

因此，在开始网上搜索时，头脑里要有一个清晰的目标并留心去寻找。一些可以设定的目标如下：

1. 产品可能的使用对象

谁有可能想在网上使用你的产品或服务？

2. 明确你的客户

谁是最有可能要买你提供的产品或服务的客户？

3. 本行业网民上网的目的

在你这个行业，谁已经上网？他们在干什么？

4. 你的客户对你竞争者的印象

你的客户对你竞争者的印象如何？

5. 法律、法规的约束

在公司日常的运作中，可能要受哪些法律、法规的约束？如何规避？

（二）制定调查计划

网上市场调研的第二个步骤是制定出最为有效的信息搜索计划。具体来说，要确定资料来源、调查方法、调查手段、抽样方案和联系方法。下面就相关的问题来说明：

1. 资料来源

确定收集的是二手资料还是一手资料（原始资料）。

2. 调查方法

确定本次调研所用的方法。网上市场调查经常使用问卷调查法、专题讨论法和实验法等。

3. 调查手段

1）在线问卷，其特点是制作简单、分发迅速、回收方便，但要注意问卷的设计水平。

2）交互式计算机辅助电话访谈系统，是利用一种软件程序在计算机辅助电话访谈系统上设计问卷结构并在网上传输。Internet 服务器直接与数据库连接，对收集到的被访者答案直接进行储存。

3）网络调研软件系统，是专门为网络调研设计的问卷链接及传输软件。它包括整体问卷设计、网络服务器、数据库和数据传输程序。

4. 抽样方案

确定抽样单位、样本规模和抽样程序，详细内容见本节的介绍。

5. 联系方法

采取网上交流的形式，如 E-mail 传输问卷、参加网上论坛等。

（三）收集信息

网络通信技术的突飞猛进使得资料收集方法迅速发展。Internet 没有时空和地域的限制，因此网上市场调研可以在全国甚至全球进行。同时，收集信息的方法也很简单，直接在网上递交或下载即可。这与传统市场调研的收集资料方式有很大的区别。

如某公司要了解各国对某一国际品牌的看法，只需在一些著名的全球性广告站点发布广告，把链接指向公司的调查表就行了，而无需像传统的市场调研那样，在各国找不同的代理分别实施。诸如此类的调查如果利用传统的方式是无法想　　象的。

在问卷回答中访问者经常会有意无意地漏掉一些信息，这可通过在页面中嵌入脚本或 CGI 程序进行实时监控。如果访问者遗漏了问卷上的一些内容，其程序会拒绝递交调查表或者验证后重发给访问者要求补填。最终，访问者会收到证实问卷已完成的公告。在线问卷的缺点是无法保证问卷上所填信息的真实性。

（四）分析信息

收集信息后要做的是分析信息，这一步非常关键。“答案不在信息中，而在调查人员的头脑中”。调查人员如何从数据中提炼出与调查目标相关的信息，直接影响到最终的结果。要使用一些数据分析技术，如交叉列表分析技术、概括技术、综合指标分析和动态分析等。目前国际上较为通用的分析软件有 SPSS、SAS 等。网上信息的一大特征是即时呈现，而且很多竞争者还可能从一些知名的商业网站上看到同样的信息，因此分析信息能力相当重要，它能使我们在动态的变化中捕捉到商机。

（五）撰写报告

调研报告的撰写是整个调研活动的最后一个阶段。报告不是数据和资料的简单堆础，调研人员不能把大量的数字和复杂的统计技术扔到管理人员面前，否则就失去了调研的价值。正确的做法是把与市场营销关键决策有关的主要调查结果报告出来，并以调查报告所应具备的正规结构写作。

四、网上市场调研实例

（一）实例描述

三业公司是一家制造和经营汽车起动铅酸蓄电池的厂家。在国内市场竞争压力下，国际市场总是比任何一个国家国内的区域市场大得多，也提供了更多的选择余地。面对着五颜六色的世界地图，三业公司如何才能找寻到适合的市场呢？

（二）解决方案

通过网上市场调研分析相应的市场。

（三）操作过程

1. 自我分析

三业公司首先对本企业自身进行了全面、客观的分析。

1）产品技术水平分析。汽车起动用铅酸蓄电池主要是为汽车、拖拉机以及其他以内燃机为动力的设备提供起动动力的装置。当内燃机利用蓄电池起动成功后，内燃机带动发电机再给蓄电池充电，以备下次起动。根据使用的方法可把蓄电池分为三代。第一代产品：用户在第一次使用前，需要给蓄电池加入电解液（硫酸的水溶液），然后，需要二、三天时间给蓄电池初步充电，使其寿命达到正常使用的状态。如果初步充电不当，则会大大缩短电池的使用寿命。用户使用这一代蓄电池时，不仅需要配备专用的充电器，还要花不少时间充电。操作不慎还会引起污染。第二代产品：称为干荷电蓄电池。它克服了第一代产品需要初步充电的不足，用户在初次使用时，仅需加入电解液，等待 30 分钟后即可使用。第三代产品：免维护蓄电池。用户在购买后可直接使用，在使用寿命内（3～5 年不等）不需对其进行任何维护。现在广泛使用的是第二代产品，第三代产品在一些高档汽车上开始使用。国际上，像美国和欧洲等发达国家和地区，已经广泛使用第三代产品了。

三业公司现在生产的铅酸蓄电池就是介于第二代和第三代之间，称为“少维护蓄电池”。这种蓄电池在初次使用时需要加入电解液，但不需要经常性地维护了。因而，三业公司的产品优越于第二代，但又逊于第三代产品。

2）产品品质分析。三业公司经过 20 多年的生产，尤其是在近十年的技术改造中，不断提高产品的技术含量。现在生产除了以我国标准（GB）产品外，还生产德国标准（DIN）、日本标准（JIS）和美国标准（BCI）的系列产品，公司质量管理体系通过 ISO9000

认证，现能够均衡地生产。

3）价格分析。经过近十年在国内的竞争，三业公司不断提高管理水平，扩大生产规模，减少生产损耗，产品价格已经有了大幅降低。在国内市场，产品价格具有一定的竞争优势。

4）品牌分析。三业公司的“三业”牌蓄电池，由于起动动力大，回充快，冷起动能力强，维护少，使用寿命长，外形设计美观等诸多优点，在国内市场有着较好的口碑。但在国际市场尚无知名度。

5）生产能力的分析。经过近十年的不断投入，三业公司已经建设了多条自动化生产线，并培养出一批敬业爱岗的操作工人。公司有能力在较短的时间内完成多品种、大批量的订单。

2. 市场分析

1）产品的分类。起动用铅酸蓄电池既可以被生产者购买（汽车、拖拉机或机动车制造生产厂家），也可以被终端消费者购买（汽车、拖拉机的使用者更换原有的蓄电池）。

2）市场总体分析。由于环保等其他原因，美英等发达国家已经普遍使用第三代产品。三业公司的蓄电池很难为这些国家的汽车生产厂家直接供货，但在消费者市场可能还存在一定需求。综合考虑，三业公司扬长避短，目标选定在经济较发达和欠发达国家。

3）市场调研。市场调研是营销工作中最繁杂且最重要的工作。通过市场调研，可以不断地筛选企业欲进入的市场，最终寻找到对企业最有吸引力的进入国。国际贸易网络营销的市场调研大致可以分为以下 6 个方面。

① 市场环境调研，包括政治环境、经济环境、科技环境和社会环境等。

② 市场需求调研，包括市场需要量、消费者和购买行为等。

③ 市场产品调研，主要有产品供求总量、产品供求变化趋势、市场占有率和市场产品水平调研等。

④ 市场行情调研，主要是市场商品供应满足程度和竞争者状况等。

⑤ 市场销售调研，主要指销售途径调研。

⑥ Internet 应用水平调研，由于是通过 Internet 开展国际营销，网络便是和顾客沟通及获取信息的最主要手段。如果一个地区的 Internet 应用程度差，我们就无法通过网络了解到该地区的有关信息，就不能用 Internet 进行相互的沟通，不利于开展业务。这时，我们可以通过一些专业网站来了解外国市场的基本情况。如进入“中华人民共和国商务部”的网站（如图 2.14 所示），可以看到我国驻各国的商务参赞及对该国的详细介绍。

4）选择目标市场。根据前面的两项分析，三业公司选择的是印度的汽车、拖拉机或机动船制造厂家。

需要指出的是，以前开展国际贸易，由于获得信息困难，沟通不便，使得入门费用相当高昂。在这种情况下，企业必须对前期调研工作高度重视，只有对欲进入国有了较为可靠的预期后，才能开始进行实质性的营销活动。而利用 Internet 开展国际市场营销，入门费用很少。所以没有必要像传统的国际市场营销那样，花大量时间去调研、细分和选择，可以在选择目标市场的时候就利用网站工具展开营销，在营销中再重新选择市场。这样不仅可以提高工作效率，更能够从市场反馈的信息不断验证自己的判断，不断修正方案去逼近目标。

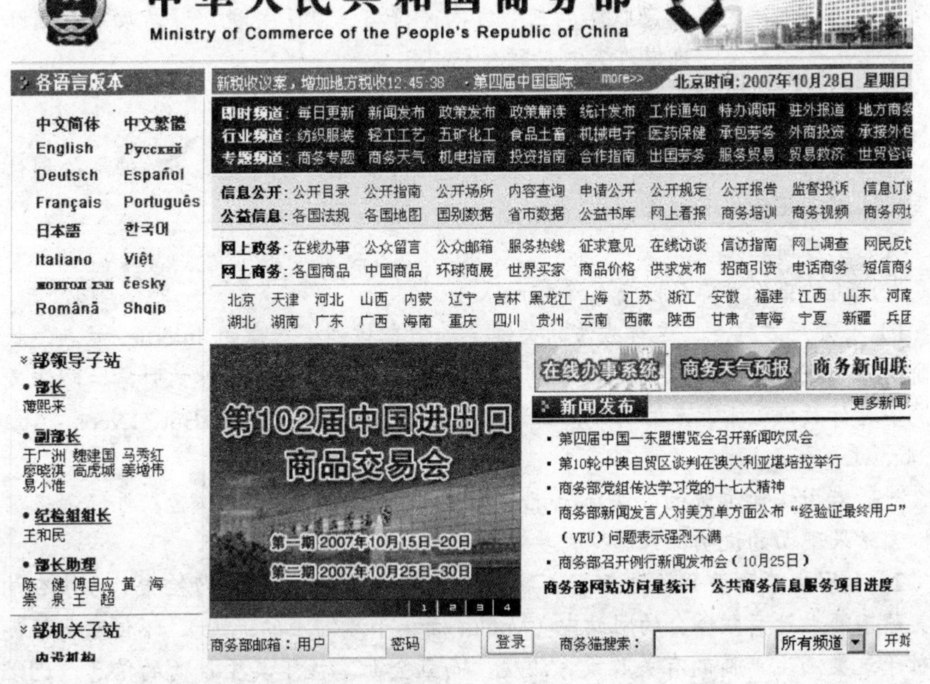

图 2.14　中华人民共和国商务部网站

本章对网上营销信息进行搜索、整理、加工、分类的内容作了基本介绍；了解了网络营销对网络营销信息收集的要求：及时、准确、适度和经济。对网络营销信息检索的概念、常见的问题及解决对策进行了讨论。对主要搜索引擎的使用、特点进行了比较分析；理解了网上调研的重要性，充分认识了网上调查的基本方法，使学生能正确规划网上市场调研任务。

案例分析

安徽特酒集团信息搜集策略

安徽特酒集团（以下简称安特集团）是我国特级酒精行业的龙头企业，全套设备及技术全部从法国引进。伏特加酒作为高附加值的主打产品，是安特集团利润的主要来源。但是，随着俄罗斯等国家的经济形势的日趋恶化，出口量逐年减少，形势不容乐观，决定从1998年的下半年开始通过Internet进行网络营销，开辟广阔的欧美市场。

于是，我们确定了信息收集的三个方向：价格信息；关税、贸易政策及国际贸易数据；掌握贸易对象，即潜在客户的详细信息。

1. 价格信息的收集

价格信息的收集是至关重要的，是制定价格策略和营销策略的关键。价格信息的收集可从以下几个方面入手：

（1）生产商的报价

生产商的报价可以从以下几个方面入手：

1）搜索厂方站点。这种方法的关键是如何查找到生产商的Internet站点，找到了厂商的站点也就找到了报价。搜寻厂商站点的常用方法是利用搜索引擎，即依靠利用关键字进行数据检索。可用的搜索引擎有：Yahoo、Infoseek、HotBot、Lycos、Altavisa、Webcrawler等。

一般采用快速浏览的办法，先记录下来，然后在中断网络以后，再仔细根据每一条检索结果下面的说明，来选择需要查看的对象。

2）利用生产商协会的站点。这类站点也可通过搜索引擎进行检索的方法查询。在全美蒸馏酒生产商联合会的网站中（Vodka酒属于蒸馏酒的范围），不但发现了美国政府对于这类酒生产商的有关政策、法规，而且全面掌握了其生产商的信息，已经建立起网站的有具体的网址，没有建立起网站的也有简单的介绍及电话、传真或E-mail，可以说是一“网”打尽。

3）利用讨论组。讨论组中的报价也大都是生产企业的直接报价。从事国际贸易的企业一般是加入Business中的Import-Export（进出口）组，在这个专业的讨论组中，可以发现大量的关于进出口贸易的信息，然后输入关键字进行查询，来寻找所需要产品的报价。

4）Trade-Lead。许多免费Trade-Lead和专业进出口网站专门提供国际贸易的机会和投资信息，类似国内的供求信息。

Trade-Leads发展得很快，估计最少应该有几千个类似的站点。一般来说，运用Trade-leads要注意3个方面：首先，根据要收集信息的特点，选择相应的站点；其次，选择有代表性的站点作为常用站点，每周进行例行检索，这些站点的界面都比较友好，而且信息量都很大，反馈回来的搜索结果也较多；第三，要特别注意一些收费的网站，虽然信息的查询、登录是有偿的，但反馈的结果让我们非常满意！一方面收费较低，是可以承受的，另一方面也提供了一些有价值的信息。

（2）销售商的报价

销售商包括进口商和批发商。它们报出的价格都是国内价，一般都含有进口关税。对于不同国家的关税水平也要有一个大概的了解。收集销售商的报价可以从几个方面入手：

1）销售商站点中的报价。找到了销售商的站点，也就找到了它们的报价。

2）政府酒类专卖机构的价格。在某些国家或地区，政府的酒类专卖机构是唯一的进口商和批发商。这些机构中酒类品种多达上百种，价格中的虚头也最少，所以参考价值很高。

3）在商务谈判中定价。在商务谈判中确定商品的价格，这种方式非常复杂，耗费的时间和金钱也最多，但它却是最重要的方法。从生产商、销售商及商务谈判得到的价格信息，应该再加以整理、分析，确定它们之间的相互关系，最后得出完整的价格体系。

2. 关税及相关政策和数据的收集

关税及相关政策信息在国际营销活动中占有举足轻重的地位。这类信息的收集有以下几种方案：

（1）通过大型数据库检索

Internet 中包含大量的数据库，其中大型的数据库有数百个，与国际贸易有关的数据库至少有几十个，其中有的是收费的，有的免费。免费的数据库一般都是某些大学的相关专业建立起来的，其使用价值也是很高的。

www.dialog.com 是世界上最大的数据库检索系统，它包括了全球大多数的商用数据库资源。另外，它提供了一套专门的信息检索技术，有专用的命令，初次使用者需要认真学习才能掌握。一般来说它是收费的，但是提供了一个免费的扫描程序，可以帮助用户得到扫描结果，若要提出具体的内容则要付费。

（2）向建立联系的各国进口商询问

这是非常实用、高效而且一举两得的事，不但考察了进口商的业务水平，确认其身份，而且可以收集到最有效的信息。可以发一个 E-mail 给对方，其中详细列出询问的内容，请求对方在最短的时间内给予答复。但是，进行这种询问的前提是：双方已经彼此了解，建立起了相互信任的关系。如果没有这种关系，国外的进口商一般是不愿回答的，因为这种方式有恶意收集信息之嫌。

（3）查询各国相关政府机构的站点

随着 Internet 的高速发展，很多政府机构都已上网，建立了独立的网站。用户可以针对不同的问题去访问不同机构的站点，许多问题都可以得到非常详尽的解答。

查询这类政府机构的常用方法主要有两种：

1）利用搜索引擎进行关键词的检索。

2）利用目录性的搜索引擎，按照 * * State/Government/Liquor 进行查找，或是首先查到某州政府的网站，再一级级往下查。

（4）通过新闻机构的站点查询

世界上各大新闻机构（如 BBC、CNN 等）的站点是宝贵的信息库，特别是国际上著名的几家新闻机构，其每天 10 万字以上的新闻是掌握实时新闻和最新信息的捷径，而且有的站点还提供过去 1～2 年的信息，及支持关键词的检索。另外，一些关键的贸易数据、关税或人均的消费量在某些新闻稿中也可以查到，这对信息的掌握常常是很重要的。

3. 各国进口商的详细信息的收集

收集进口商的信息，是网络营销的一个重要环节，其目的是建立一个潜在客户的数据库，从中选出真正的合作伙伴和代理商。需要收集的具体内容包括：进口商的历史、规模、实力、经营的范围和品种、联系方法（电话、传真、E-mail）。对于已经建立了网站的进口商，只要掌握了其网址就掌握了以上的信息。对于没有建立网站的进口商，可以先得到其联系方法，建立起联系后再询问。具体的方法有以下几种：

（1）利用 Infoseek 等数量型的搜索工具

这些数量型的搜索引擎都支持关键词的检索。对于支持布尔逻辑搜索的引擎，使用相关的词语组合，也就是把词意相近组合起来进行一次性的查询，可以得到较好、较全面的结果。

（2）通过地域性的搜索引擎

Internet 上的 URL 浩如烟海，各大搜索引擎所能收列的毕竟是少数。这些地域性 URL 也可以通过类似 Yahoo 的目录性的搜索引擎按国家/Internet/服务（如 German/Internet/Search）一级一级地向下找。

（3）通过 YellowPage 等商业工具

电话号码簿上商业机构用黄色纸张，故而得名商业黄页（yellow page）。比较著名的搜索引擎都提供商业黄页服务。一般来说，这些黄页服务都不是自成一体的，都链接着某一个专业的商业搜索引擎。这类网站提供的进口商资料以电话、传真居多。这时就需要我们利用电话（可使用 IP 电话）或传真来联系了。

（4）通过专业的管理机构及行业协会

这也是一种行之有效的方法。

（5）通过最大的进口商——各国的酒类专卖机构

在酒类控制严格的国家，往往酒类专卖机构是唯一进口商。所以应该特别注意定期访问其站点，以获得最新的招标信息。

安特集团利用半年左右时间，收集了以上 3 个方面的情报，对于世界上 Vodka 酒的贸易状况有了基本的了解，掌握了世界 Vodka 交易的价格走势，认清了安特牌 Vodka 所处的档次水平，也联系了上百家进口商、经销商，可以说基本把握了国际 Vodka 市场的脉搏，圆满地完成了情报收集的工作。这些工作为以后的网上谈判、选择代理商等网络营销工作打下了良好的基础。

资料来源：www.itadmin.cn/admin/itadmin.asp

思考题

1．简述网络营销信息的收集与加工的特点。
2．简述网络营销信息收集常见的问题与解决方法。
3．简述各种搜索引擎的使用特点。
4．简述网上市场调研的特点。
5．简述网上市场调研的方法和步骤。

实训项目

登录中国互联网信息中心（www.cnnic.cn），在“信息服务”栏目下的“CNNIC 统计调查”子项中：

1．查看并比较近五年的《中国互联网络发展状况统计调查报告》。
2．进入“中国互联网络热点调查”栏目，查看调研报告。

第3章

网上客户购买行为分析

学习目标

1. 能对网上客户进行正确分类；
2. 熟悉消费者购买行为特点；
3. 熟悉组织、机构客户特点；
4. 能正确分析影响网上客户购买行为的因素；
5. 了解网上客户的购买过程。

知识点：网上客户的分类；网上消费者购买行为特点；网上组织、机构客户特点；影响网上客户购买行为的因素；网上客户的购买过程。

技能点：能对网上客户进行正确分类；熟悉消费者购买行为特点；会写出网上客户购买行为分析的报告。

耐克网上推销运动服装

耐克的名字和商标已经享誉全世界，现在他们想向网络用户宣传开设在全加拿大的“运动员世界”中的耐克迷你店。为了达到这个目的，这位运动服装界的巨人利用Internet的互动性和图形功能制作了旗帜广告和一个网站。

网站的目标受众是十几岁的青少年和稍微年长一些的青年顾客。设立网站的目的是建立知名度并传达产品信息。他们有4个不同版本的广告在今年夏天轮流投放各5个星期。其中一个版本以赢取500元耐克购物券为号召，并直接链接到网站上；其他几个版本截取运动员训练的一个片段并配上一句广告语：“永远没有太早/太强/太多”，这句话与网站的网址交替出现在广告上。为了吸引年轻的访问者，网站使用了各种设计元素（如挖苦式的导语、嬉皮音乐、游戏式的表现方法和多彩的形象等）。耐克公司在安大略Vaughan分部的广告经理Josie Seguin说：“我们试图使我们的网站充满互动性和乐趣，并以刺激的方式传达我们的讯息。”

在网站上，黑色背景上鲜艳的桔黄色字告诉访问者“使用网站来选出一些衣服，然后直接到离家最近的一家店去买。”过去耐克公司使用印刷广告来推广自己的专卖店，这次他们把Internet成了做广告的好地方。“因为我们这么多的客户都在网上，而且Internet的环境也允许我们这样做。”Seguin说。

资料来源：中国企业培训网

请考虑：耐克产品的网上客户是哪类群体？为什么？耐克公司的网络营销有什么特点？在网上市场属于哪类客户？这些问题你可以通过本章学习找到答案。

21世纪是一个全新的网络经济时代。网络营销是在传统市场营销基础上发展起来的。在网络环境下，企业的营销模式发生了很大的变化。各种营销组织对网上客户行为活动及其规律性的研究十分重视，将其视为市场分析的起点。企业通过Internet在虚拟市场上开展营销活动。网上市场是由Internet上的企业、政府组织和网上消费者组成的市场。开展网络营销，必须研究网上客户的需求和行为特点，了解影响网上客户购买行为的因素。

第一节 网上客户

网络营销是在Internet上进行的，没有网上客户网络营销就无法进行，所以网上客户就是公司进行网络营销的生命线。从一般意义上讲，网络营销的客户，首先需成为网民，之后才能成为网络营销的客户。

一、网民与网上客户的定义

中国互联网信息中心（CNNIC）对网民的定义为：半年内使用过 Internet 的 6 周岁及以上的中国公民。从这个道理说，那就是，全部网民都是上网用户。上网用户是广义的，有自然人，也有法人的管理者。自然人中，上网用户的成分最宽泛：浏览猎奇者，MP3、MP4 迷恋者，OICQ 专业用户者，游戏爱好者，个人主页主，个人网站站长，访问新闻者，查阅资料者，网络文学作者及阅读者等。他们大多被称为网民。图 3.1 为 2014 年 1 月 CNNIC 第 23 次调查的网民年龄结构。

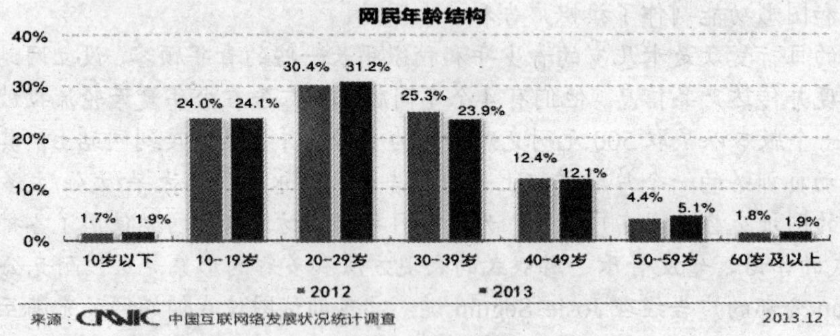

图 3.1　中国网民年龄结构

法人中，上网用户也可以划分为很多类：门户网站，电子商务网站，以 Internet 络为经营业务的普通网站，提供共享软件的软件企业网站，工商企业网站，政府网站，金融网络，证券网络，其他各界网站等。总之，运用 Internet 络经营或服务者，自己首先就是上网用户者。否则，不上网，又怎么来运用 Internet 呢？所以，上网用户就是网民。虽然法人上网用户不是自然人，但代表法人上网进行网络营销活动的必须是自然人，所以将所有上网用户看成网民也是有根据的。

门户网站

门户的最初含义是上网必经之地。现在所说的门户网站，是指通向某类综合性 Internet 信息资源并提供有关信息服务的应用系统。门户网站最初仅提供网络接入和搜索引擎服务，让用户连到网上，然后再提供邮件、资讯、购物等活动。从现在的情况来看，门户网站主要提供新闻、搜索引擎、网络接入、聊天室、电子公告牌（BBS）、免费邮箱、电子商务、网络社区、网络游戏、免费网页空间等。门户网站已成为网络世界的“百货商场”或“网络超市”。在我国，典型的门户网站有新浪网、网易和搜狐网等。

资料来源：百度百科

二、网上客户的分类

在网络营销中，企业所关心的并非所有的上网用户。它所关心的是可以成为本企业网上商品和服务销售对象的网民（包括自然人和法人网民）。我们称这样的网民为企业网络营销的网上客户。

网上客户按使用对象不同，可以分成两大类：一类是个人消费者用户，在网上参与交易，购买的商品和服务为个人享用；另一类是机构、组织用户，在网上参与交易，购买的商品和服务为生产经营或工作事务所用。进行网络营销就要掌握不同网上客户的购买动机，掌握其不同的消费特点。

第二节　网上消费者分析

从 2002 年开始，中国的电子商务步入了快速发展的时期，传统实体市场的竞争逐渐延伸到计算机组成的网络市场上。网络市场由一群上网的人组成，它也被看成是一个不同分块的市场集合，具有全球化、开放性、多样化、个性化、随机性、虚拟性等多种特征。其中虚拟性是网络市场区别于现实市场的根本所在。Internet 的使用者不仅仅连接数以千万计的计算机和数以亿计的文字和图像，而且还是巨大的全球性虚拟社会中的一员。仅从我国来看，1997 年我国互联网用户还仅为 67 万人，截至 2013 年 12 月底，中国网民规模达 6.18 亿，全年共计新增网民 5358 万人。互联网普及率为 45.8%，较 2012 年底提升 3.7 个百分点。由此可见，Internet 上的市场将成为 21 世纪最有发展潜力的市场。

一、网上消费者结构

（一）网上消费者的基本结构

网上消费者是指网络营销的个人消费者，也是推动网络营销发展的主要动力之一。关于网络营销客户的年龄结构、性别比例、职业状况、收入状况等都是当前网络市场营销研究的话题。从目前发展的实际情况和调查研究结果来看，网上消费者的基本结构可以从以下几个方面来看。

1. 年轻人是网上消费的主力军，年龄分布差异逐渐缩小

从网络营销一出现，网上消费者的主要顾客群体就是青年人群，网上消费者的年龄结构呈现出“正态分布”，即大多数网上消费者是中青年，老人和少儿网上消费者则相对较少。不过随着 Internet 用户的普及和网上消费各种优势的逐渐体现，网上消费者的年龄范围不断向两端扩大，更多的中年人也在逐渐加入到网上消费群体中。

中国、英国网上购物者情况

《电子商务世界》杂志联合发布发布了《2007 中国消费者网上支付应用调查报告》。本次调查主要面向有网上购物行为的个人消费者，获得相关的资料和信息。网上购物年龄分布：18～26 岁的人群占 45.5%，27～35 岁人群占 41.4%。职业分布：除了学生以外，大部分属于工商、医疗、教育等，公司职员占到了 35.5%。学历分布：基本为大专和本科以上学历。

英国邮政家庭购物跟踪调查显示，2007 年英国网上购物者平均消费 1221 英镑。英国邮政家庭购物跟踪调查结果还表明：年龄在 55 岁以上的网上购物者占到 20%，是两年前的两倍。

资料来源：搜讯网.2007-8

据调查，网上消费者的平均年龄从 1995 年开始逐渐增长，据《2006 年中国网上购物市场调查报告》显示，18～30 岁这个年龄段成为目前网上购物市场的主流人群，这部分人群比较喜欢和容易接受新鲜事物，而网上购物的便捷同时满足了他们因为生活节奏较快而只有较少时间购物的需求，而且网上购物的价格要比实体店便宜以及网上物品范围广、款式全的特点可以说都是网购的优势所在。随着我国越来越多的民众接触网络，相信网络消费群体也会不断扩大。

2. 男性用户仍占大多数，女性用户不断增加

从性别结构比例来看，男性用户仍然占据大多数。据调查，欧美国家的男性网络消费者约占到 60%，女性约占到 40%。在我国，网上购物初期，男女比例差距更为明显。男性约占 70%，女性占 30%。造成这种结果的原因有很多，其中男性在学科和职业选择上有更多的机会接触网络，这是一个重要的原因。现在，随着网络应用逐渐向人类日常生活渗透，女性用户在不断增加，尤其是年轻女用户。据《电子商务世界》杂志联合发布发布的《2007 中国消费者网上支付应用调查报告》显示，网上购物从性别方面，女性在网上购物当中占到了 45%，有人预测很快就会超过男性。

3. 高收入、高文化层次群体网上消费比较积极

高收入、高文化层次群体对于网上消费的态度较为积极。网上消费者平均年薪收入高于普通消费者。从职业分布上看，网上消费者中从事与计算机相关工作的人员众多。教育界用户占第二位。中国互联网络信息中心 2014 年 1 月公布的第 33 次调查显示，月收入为 2001～3000 元和 3001～5000 元的上网群体规模最大，在总体网民中占比分别为 17.8%和 15.8%。500 元以下及无收入人群占比为 20.8%。说明收入也是影响网上购物的因素之一。

网上购物学历分布：基本为大专和本科以上学历。这有其必然原因：一方面，这些

人接触计算机网络的机会更多，并且容易接受新的消费方式；另一方面，这些人对于信息类产品的需求也要高于其他群体，空闲时间的偏少，更促使关注消费的便利性。也正因为如此，在网络营销中计算机软硬件、书籍等产品的销售形势较好。

中国 Internet 网信息中心 2008 年 7 月公布的第 22 次调查已经显示，不同学历人群的网民正在向较低学历人群扩散。1999 年以来，大专以上的网民比例已从 86%降至目前的 31.2%。相信将来，网上购物会成为大众普及状态。

（二）网络消费者的基本类型

据调查，有过网上购物失败经历的消费者中，28%的人从此不再上网购物，23%的人不再到失败过的网站上购物，6%的人甚至再也不到这些企业的传统销售网点去购物。

因此，在推广网站之前，先要把握网上消费者的基本类型，然后有针对性地开展网上营销活动。网上消费者大致可以分为六类，即简单型、冲浪型、接入型、议价型、定期型、运动型。企业应将注意力集中在其中一两类人身上，这样才能做到有的放矢。如果不加区分而盲目进行，网络营销的效果就不会很好。

1. 简单型消费者

这类网上消费者需要方便直接的网上购物，他们每月只花较少的时间上网（据有关资料统计，大约 7 小时）。但他们进行的网上交易却占了一半。网上零售商们必须为这种类型的人提供完善的服务，让他们觉得在自己的网站上购买商品会节约更多的时间，会享受更完善的服务。

浏览器

浏览器是一个应用软件。它的作用是将网络上的各种资料翻译成网民惯常所看见的网页形式。

目前较为流行的浏览器如微软的“IE（Internet Explorer）”浏览器、Mozilla 基金会推出的“火狐（FireFox）”、360 浏览器、QQ 浏览器、百度浏览器、遨游浏览器、UC 浏览器、搜狗浏览器、猎豹浏览器、谷歌的 Chrome 浏览器等。

资料来源：中华网财经 2014-07-16

2. 冲浪型消费者

所谓冲浪型消费者，就是在浏览器地址栏上输入想要搜索的 URL 地址，在网页上可以移动鼠标到不同的地方进行浏览。这类网上消费者通常所占比例不大，只占网民总人数的 8%，但他们在网上花费的时间却占了 32%。他们访问网页数相当大，一般是其他访问者的 4 倍。另外，冲浪型消费者对经常更新、具有特色的网站很感兴趣。

3. 接入型消费者

这类消费者是刚“上网”的新手，约占总人数的三成到四成。他们很少参与或者关注网上购物，而是愿意网上聊天和搜看新闻。那些有着著名传统品牌的公司应对这类人群给予足够重视，因为网络新手们更愿意相信生活中他们所熟悉的品牌。

4. 改价型消费者

这类网上消费者占网民总人数的 8%左右。他们在网上购物中似乎就有一种购买便宜商品的本能，喜欢与对方讨论还价，并愿意享受在交易中获胜的喜悦。

5. 定期型和运动型消费者

定期型消费者往往是新闻和商务网站的定期网民，常常有相对固定的访问网站。他们各有所爱。这类网上消费者通常都是为网站的内容吸引，有时也会从网站上购物。运动型网民喜欢运动和娱乐网站，可能会从这类网站上购买一些在线娱乐商品和服务。目前，网络商面临的挑战是如何吸引更多的网民，并努力将这些网站访问者变成网上消费者。

二、网上消费者的特点

消费者购买行为永远是营销者关注的一个热点问题，网上消费者也是网络营销企业非常关心的问题。要搞好网络营销工作，就必须对网上消费者群体特点进行分析，以便采取相应的网上营销手段。网上消费者群体与一般消费者群体相比，主要具备 6 个方面的特点。

（一）高学历、个性化

目前，网上用户多以年轻、高学历用户为主。他们能熟练掌握计算机操作，有一定网络基础知识，拥有不同于他人的思想和喜好，有自己独立的见解和想法，对自己的判断能力也比较自信，所以他们有自己的独特要求，个性化越来越明显。因此，从事网络营销的企业应想办法满足其独特的需求，考虑用户的意见和建议，而不是用传统的、大众化的标准来寻找大批的消费者。

（二）网上消费理性化

由于网上用户是以大城市、高学历的年轻人为主，掌握信息量大，不会轻易受舆论影响，对各种产品宣传有自己的分析判断能力。一些人在当代快节奏的工作中，没有更多的时间外出购物，更认真地选择网上消费。因此从事网络营销的企业应该加强信息的组织和管理，加强企业自身文化的建设，诚信面对网上消费者。

（三）消费时髦化

这些网上用户爱好广泛，追赶时代潮流，无论是对新闻、股票市场还是网上消费都

具有浓厚的兴趣，猎奇心理较重，对未知的领域有探索心理。当网上消费出现，他们一定追求这种时髦。

（四）不愿直接面对销售人员

一些人不愿面对面地从销售人员那买东西，特别是有些销售人员那种买就笑脸相迎，不买就给你“冷面”的服务态度很令人不舒服。相比之下，在网上购物不会有这种情况出现，可以浏览多个网站，没有心理压力地反复比较、选择合适的商品，在没有干预的情况下做出购买决定，购物更自由、快活。

（五）消费品位越来越高

从产品设计到外形和服务，消费者要求的质量和标准越来越高。越来越多的消费者家庭不断增高的收入，使得这些消费者在购物时有自己的品位。随着需求和变化的增多，消费者逐渐成为制定交易法则的主人翁。

（六）女性逐渐增多

网上购物之初，经常由男性购买传统产品如计算机硬件、软件等商品。随着 Internet 在社会影响越来越广，如今，使用它的可不仅止以前那些男性了。有调查显示，在假日里，使用 Internet 购物的女性数量正在多于男性。美国 Forrester 咨讯公司的分析师约翰逊写了一份有关在线销售的报告。约翰逊说，Internet 商人开始更多关注支撑网络购物增长的主要人群——女性。

据中国 Internet 信息中心对淘宝、eBay 易趣两家大型购物网站的调查，女性消费者对于服饰、化妆品、珠宝等商品，购买频率为“每月都买”或“每周都买”的超过 30%；一年网上购物超过 12 次的“购物常客”，约占网上女性消费者的四成以上。我们曾预测这种趋势会在未来数年内凸显。

网上消费者的这些特点，对于企业加入网络营销的决策和实施过程都是十分重要的。网络营销商要想吸引顾客，保持持续的竞争力，就必须对本地区、本国及全世界的网络用户情况进行分析，了解他们的特点，制定相应的网络营销对策。

三、网络消费者的需求特征

（一）网上消费者的购买动机

由于网络营销是一种不直接见面的销售，消费者的购买行为不能直接观察到，因此对网络消费者购买动机的研究是十分重要的。所谓动机，是指推动人进行活动的内部原动力，即激励人们行为的原因。人们的消费需要都是由购买动机而引起的。网上消费者的购买动机，是指在网络购买活动中，能使网上消费者产生购买行为的某些内在的动力。消费心理学认为是人们在需要基础上产生的一种心理倾向。只有了解消费者的购买动

机，才能预测消费者的购买行为，以便采取相应的促销措施。

网上消费者的购买动机基本上可以分为两大类：需求动机和心理动机。

1. 需求动机

需求是人类从事一切活动的基本动力，是消费者产生购买想法、从事购买行为的直接原因。一个人的购买行为总是直接或间接地、自觉或不自觉地为了实现某种需求。由需求产生购买动机，再由购买动机加上购买决策导致购买行为。因此，研究人们的网络购买行为，首先要研究人们的网络购买需求。

网上消费者的需求动机是指由需求而引起的购买动机。要研究消费者的购买行为，首先必须要研究网上消费者的需求动机。美国著名的心理学家马斯洛把人的需要划分为五个层次，即生理的需要、安全的需要、归属和爱的需要、尊重的需要和自我实现的需要，见图 3.2。马斯洛的需求层次理论对网络消费需求层次分析也有重要的指导作用。网络技术的发展，使现在的市场变成了网络虚拟市场，但虚拟社会与现实社会毕竟有很大的差别，所以在虚拟社会中人们希望满足三个方面的基本需要。

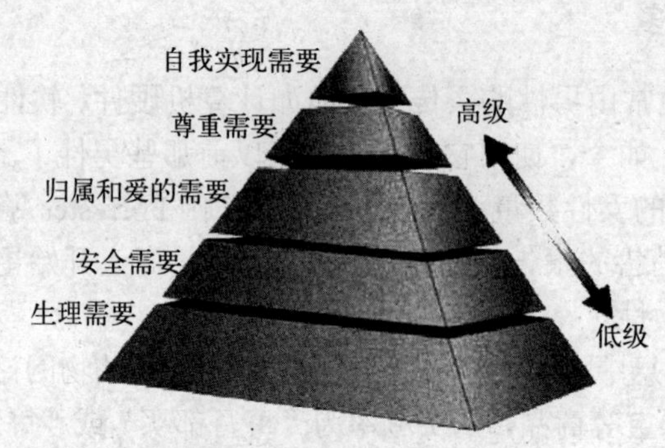

图 3.2　人的需要层次

1）兴趣需要。即人们出于好奇和能获得成功的满足感而对网络活动产生兴趣。分析经常上网的网民可以发现，很多网民之所以热衷于网络畅游，是因为对网络活动抱有极大的兴趣。这种兴趣的产生，主要出于两种内在需要。一种是探索的需要。从每日的新闻报道、各种各样的科学文化知识到不同形式的娱乐活动，可以说网络世界无所没有。人们出于好奇心探究秘密，驱使自己沿着网络提供的线索不断地寻求，希望能够找出符合自己预想的结果，有时甚至到了不能自拔的境地。另一种是成功的需要。当人们在网络上找到自己需求的资料、软件、游戏或者进入某个重要的信息库时，自然会有一种成功的满足感。随着这种成功的个人满足感的不断加强，对网络的兴趣程度也在不断增强。自我汲取新知识的充实感，使网民无需外力推动，不必嘉奖刺激，完全出于内在的追求而久久粘在网络上，见图 3.3。

图 3.3 虚拟社会人的三种需要

这种兴趣会产生相当于现实社会中物质以外的购买欲望，如网上推行的会员制，成为会员本身就需交纳一定的入会费。这种购买资格的行为，大部分是以获得较专业化、时效性的信息为目的的。同时取得这种会员制的资格以后，也是有时间限制的。因为“网络上没有免费的信息”。即使现在它没有向你收费，那么它可能正在利用这种免费形式吸引你，从而达到他的目的。网络上唯一的消费资源就是注意力，兴趣本质就是一种注意力的需求。如果这种注意力来自于商业的利润，那么这种兴趣就变成了真正意义上的商业需求。

2）聚集需要。网络给相似经历的人提供了一个社区，有了在虚拟世界聚集的机会。这种聚集有充分的自由性，并形成有特定意义的网络个人关系。通过网络，可以在工作休息时间里与远在异国他乡的网友谈天说地，交流各种各样的心得体会。通过网络而聚集起来的群体是一个极为民主性的群体。在这样一个群体中，所有成员都是平等的，每个成员都有独立发表意见的机会，不必顾及自己和对方在现实生活中的社会等级差距。这种轻松的氛围使得在现实社会中经常处于紧张状态的人们能够在虚拟社会中寻求到解脱。

应当指出的是，对于网络中虚拟社会的人们，聚集只是网络应用的基础表现和电子商务实现的中间过程。网络真正的目的在于沟通商业、生产、科技等方面的信息。它在为价值没有被充分实现或被浪费的资源寻找出路。但是寻找出路的第一前提是知道哪里有需求、哪里有供给。所以依靠网络还可以实现另一种聚集，也就是构建虚拟市场必需的物质资源，通过网络的聚集逐步满足需求的内容和明确需求的方向。网络为信息的广泛传播提供了很好的基础和场所，这种基础和场所本身就具有不可估量的商业价值。此

外，对于充分利用资源所带来的商业增值也是巨大的。

3）交流需要。聚集起来的网上消费者，自然产生一种交流的需求。网上消费者可聚集在一起通过聊天或其他方式，互相交流买卖的信息。初期交流的信息往往是免费的，这种简单的沟通随着各类企业的不断进入逐渐演变成信息的有价交换。最终，信息的交流由沟通变成交易，成为实实在在的需求。随着这种信息交流频率的增加，交流的范围也在不断扩大，从而产生示范效应，带动对某些种类的产品和服务有相同兴趣的成员聚集在一起，形成商品信息交易的网络，即网上商品交易市场。

在这个虚拟社会中，参与者大都是有一定的目的性，所谈论的问题集中于商品质量的好坏、价格的高低、库存量的多少、新产品的种类等。他们所交流的是买卖的信息和经验，以便最大限度地占领市场，降低生产成本，提高劳动生产率。人们对于这方面信息的需求永远是无止境的，这就是网络营销出现后迅速发展的根本原因。

网络营销活动就是在网络环境下进行市场信息的收集与检索，最后的目的在于完成商品和服务的在线交易。这中间就要经过"交流"的阶段，其实交流的本身就是信息产生的过程，因为它是对原有集聚信息的询问、补充等。

2. 心理动机

心理动机是由于人们的认识、感情、意志等心理过程而引起的购买动机。网上消费者购买行为的心理动机主要体现在理智动机、感情动机和惠顾动机三个方面。

1）理智动机。理智的购买动机是建立在人们对在线商场推销的商品的客观认识基础上的。理智动机具有客观性、周密性和控制性的特点。这种购买动机是消费者在反复比较各在线商场的商品后才产生的。因此，这种购买动机比较理智、客观而很少受外界气氛的影响。这种购买动机的产生主要用于耐用消费品或价值较高的高档商品的购买。

2）感情动机。感情动机是由人们的情绪和感情所引起的购买动机。这种动机可分为两种类型：一是由于人们喜欢、满意、快乐、好奇而引起的购买动机。网上购物的出现引起了一些网民的注意和好奇。它具有冲动性、随机性的特点。另一种是由于人们的道德感、美感、群体感而引起的购买动机，它具有稳定性和深刻性的特点。

例如。在网上突然发现一件新颖的时装、一个工作中能用到的好软件、一件独特的产品，很容易产生情绪化的购买动机。还有一种是高级形态的感情购买动机，它是出于人们的道德感、美感、群体感所引起的，具有较强的稳定性、深刻性等特点。而且，由于 B2C 网上商店提供异地买卖送货的业务，大大促进了这类购买动机的形成。例如，通过网上商店，为网上所交的网友购买馈赠礼品，在外地工作的子女为家中的父母购买用品，通过各种方式送到父母手中等都属于这种情况。

3）惠顾动机。惠顾动机是建立在理智经验和感情之上，对特定的网站、国际广告、商品生产特殊的信任与偏好而重复、习惯性地前往访问并购买的一种动机。从它的产生来说，或者是由于搜索引擎的便利、网站图像广告的醒目、站点内容的吸引；或者是由于某一驰名商标的地位和权威性；或者是因为产品质量在网络消费者心目中树立了可靠

的信誉。由惠顾动机产生的购买行为，一般是网络消费者在作出购买决策时心目中已首先确定了购买目标，并在购买时克服和排除其他同类产品的吸引和干扰，按原计划确定的购买目标实施购买行动。具有惠顾动机的网上消费者，往往是某一站点忠实的浏览者。

（二）网上消费需求的特征

由于网络营销的出现，消费观念、消费方式和消费者的地位正在发生着重要的变化，网络营销的发展促进了消费者主权地位的提高。网络营销系统巨大的信息处理能力，为消费者挑选、浏览商品提供了前所未有的选择空间，使消费者的购买行为更加理性化。网上消费需求主要有以下几个方面的特点。

1. 消费者消费更加个性化

在近代，由于工业化和标准化生产方式的发展，机器的大批量生产取代了手工作坊式的生产，使消费者需求的个性被淹没。随着 21 世纪的到来，这个世界变成了一个信息的社会。计算机网络应用于商品交换，开辟了新的商品交易市场。消费品市场变得越来越丰富，消费者开始突显自己的消费个性。个性化消费成为消费的主流。这种个性化还表现为消费需求的超前性和可诱导性。

网上新人类

王某是某市一家知名广播电台的节目主持人。为了能在主持重大活动时穿着得体，他一直希望能买到一件衣领和袖口为白色、而其他地方都为条纹的长袖衬衣。这种款式他虽见人穿过，但不知在哪里才能买到。久寻无果之下，他把目光投向了 Internet。通过百度搜索，他找到了一家网站。在这个网站上，他不但找到了自己想要的款式，还在线提交了自己的肩宽、袖长等数据。15 天后，一份快递把成衣送到了他的手里。

资料来源：中国网络营销网

进行网络消费的大多数是有知识、有文化的年轻人，他们能够较快地接受新事物。在网络虚拟市场中，最前卫的产品和商品能够以最快的速度与消费者见面。这些素质较高的年轻人便能很快地接受这些新产品，从而带动周围的消费者跟从消费，引起新一轮的消费热。

2. 消费者需求更具差异性

不仅仅是消费者的个性消费使网络消费需求呈现出差异性。对于不同的网上消费者，因其所处的时代环境不同，也会产生不同的需求。不同的网上消费者，即便在同一需求层次上，他们的需求也会有所不同。因为网络消费者来自世界各地，有不同的国籍、民族、信仰和生活习惯，因而会产生明显的需求差异性。这种差异性远远超过实体商务活动的差异。所以，从事网络营销的厂商，要想取得成功，就必须在整个生产过程中，从产品的构思、设计、制造，到产品的包装、运输、销售，认真思考这些差异性，并针对网上消费者的特点，采取相应的措施和方法。

3. 消费者需求更具主动性

在社会化分工日益细化和专业化的趋势下，消费者对消费的风险感随着选择的增多而上升。在许多大额或高档的消费中，消费者往往会主动通过各种可能的渠道获取与商品有关的信息并进行分析和比较。或许这种分析、比较不是很充分合理。但消费者能从中得到心理的平衡，以减轻风险感或者减少购买后产生的后悔感，增强对产品的信任程度和心理上的满足感。消费主动性的增强，来源于现代社会不确定性的增加和人类需求心理稳定与平衡的欲望。这种主动性还体现在消费者直接参与生产和流通的全过程：传统的商业流通渠道由生产者、商业机构和消费者组成，其中商品流通业起着重要的作用，生产者不能直接了解市场，消费者也不能直接向生产者表达自己的消费需求：而在网络环境下，消费者能直接参与到生产和流通中来，与生产者直接进行沟通，减少了市场的不确定性。

4. 网上消费的需求更具明显的交叉性

在网络消费中，各个层次的消费不是相互排斥的。而是具有紧密的联系，需求之间广泛存在交叉现象。例如，在同一张购货单上，消费者可以同时购买最普通的生活用品和昂贵的饰品，以满足生理的需求和尊重的需求。这种情况的出现是因为网络虚拟商店可以包括几乎所有商品，人们可以在较短的时间里浏览多种商品，因此产生交叉性的购买需求。

5. 追求消费过程更具方便和享受性

在网上购物，除了能够完成实际的购物需求以外，消费者在购买商品的同时还能得到许多信息，并得到在各种传统商店没有的乐趣。今天，人们对现实消费过程出现了两种追求的趋势：一部分工作压力较大、紧张程度高的消费者以方便性购买为目标，他们追求的是时间和劳动成本的尽量节省；而另一部分消费者是由于劳动生产率的提高，自由支配时间增多，他们希望通过消费来寻找生活的乐趣和另一种消费的心理享受。今后，这两种相反的消费心理将会在较长的时间内并存。

6. 消费者选择商品更加理性化

网络营销系统巨大的信息处理能力为消费者挑选商品提供了前所未有的选择空间，消费者利用在网上得到的信息对商品进行反复比较，以决定是否购买。对企事业单位的采购人员来说可利用预先设计好的计算程序，迅速比较进货价格、运输费用、优惠、折扣、时间效率等综合指标。最终选择有利的进货渠道、途径。

7. 网上消费具有需求满足的相反性

在传统的商业模式下，人们的需求一般是由低层次向高层次逐步延伸发展的，只有当低层次的需求满足之后，才会产生高一层次的需求，而在网络消费中，人们的需求具有需求满足的相反性，即由高层次向低层次扩展。在网络消费的初始阶段，消费者侧重于精神产品的消费，如通过网上书店购书，通过网上光盘商店购买光盘，到了网络消费的成熟阶段，消费者在完全掌握了网络消费的规律且对网络购物有了一定的信任感后，消费者才会从侧重于精神消费品的购买转向日用消费品的购买。

根据上述网上消费需求的特征，从事网络营销的厂商应当充分发挥自身优势，采用灵活多样的网上促销方式，充分调动和刺激消费者的网上消费热情，让他们充分享受网上购物的方便和乐趣，尽可能多地将潜在需求转化为真正意义的现实需求。

四、网上消费购买行为分类

分析网上消费者的购买行为可以发现，虽然他们有千差万别的个性化购买行为，但实际上也存在着某些相似的消费购买行为。按照网络消费行为的相似性，我们可以将网上消费购买行为划分为以下 4 种类型。

（一）形成习惯的购买行为

它是指消费者根据以往的购买习惯而反复购买某种商品的行为摸式。这类消费者非常重视过去的购买和使用经验，在购买时不需要花时间选择比较，也不需要收集信息评价产品等较为复杂的购买决策过程。由于形成习惯性网上消费的消费者有着明显的网络需求形成过程，即经历了兴趣、聚集和交流的完整环节。这些人的消费具有明显的倾向性，并且对所购买的商品特性相当熟悉。因此，网上销售企业对待这类消费者，不必用过多的信息介绍商品，而应积极提高交易过程中的响应速度，使网上用户能便捷地完成交易手续。另外，网上销售企业在对本网站进行推广时，一定要注意使用很容易记忆的域名策略和醒目的图标广告，逐渐强化消费者的印象，培养消费者保持上网操作习惯。

（二）具有理智的购买行为

它是指消费者在购买商品时比较慎重和有主见，能掌握自己的情感，轻易不受外来因素的影响。这类网上消费者在购买时沉着、冷静、慎重，比较细心，不受各种信息宣传的影响，力图挑选自己感觉最满意的商品。由于网络平台对于信息资源的集成性和共享性，因此理智型购买行为的消费者往往最大限度地利用网络资源进行信息对比，不像习惯型购买行为的消费者会刻意去记忆某个网站，而是更多地利用搜索引擎。所以，商业网站对待这类客户要有耐心，一方面，提供全面、详尽、真实的商品信息；另一方面，提供丰富快捷的检索和查询手段，这样才能获得消费者的信任。

（三）讲究经济的购买行为

它是指消费者在购买时特别注重商品价格的购买行为。这一模式有两种表现形式：一种是愿意购买廉价商品；另一种是喜欢购买高品位商品。讲究经济的网上消费者占到所有网上消费者的大多数，他们之所以钟情于网上消费，最主要的原因就是网上商品的价格一般要比现实市场中的便宜。绝大多数网上商店的开设省去了店铺租金、库存管理费用等营运成本，使得网络经销商可以利用节省出来的利润空间进行让利促销，因此可以吸引众多的网上消费者。因此，要想吸引这些用户，最有效的方法就是在网站上进行各种形式的低价宣传，采用让消费者得到更多实惠的促销手段。

（四）具有想象力的购买行为

这类网上消费者有丰富的想象力，能以丰富的联想力衡量商品的价值，从而做出购买决定的购买行为。这类网上消费者有较高的审美标准和欣赏能力，因此在购买时特别注重商品的外观造型、色彩搭配和命名。但他们的注意力容易转移，兴趣容易变换。商业网站对待这类消费者，一定要搞好商品宣传，尤其是要为商品起富有意义的名字，运用声像资料展示产品等。

五、影响网上消费者购买行为的因素

消费者行为是受动机支配的。网上消费者为满足其个人或家庭生活需要而在网上发生的购买行为受多种因素影响。因此研究网上消费者的购买行为，应分析影响网上消费者购买的因素。影响网上消费者行为的主要因素有如下几方面：

（一）外在因素

影响网络消费者行为的外在因素主要如下：

1. 产品因素

1）产品特性。网上市场不同于传统市场，根据网上消费者的特征，网上销售的产品，首先要考虑产品的新颖性，因为网上消费者以青年人为主，时尚性产品对他们有足够的吸引力。其次要考虑产品购买的参与程度，对消费者要求参与的程度比较高且要求消费者需要现场购物体验的产品，一般不宜在网上销售。但这类产品可以采用网络营销推广的功能来扩大产品的宣传，辅助传统营销活动。

2）产品的价格。从消费者的角度讲，价格不是决定消费者购买的唯一因素，但却时消费者在购买商品时肯定要考虑的因素，而且是一个非常重要的因素。特别是网上商品价格的低廉会促成消费者购买。网上营销的价格对于 Internet 用户而言是完全公开的，价格的制定要受到同行业、同类产品价格的约束，从而制约了企业通过价格来获得高额垄断利润的可能，使消费者的选择权大大提高，交易过程更加直接。艾瑞市场咨询（iResearch）根据《第一届艾瑞网民网络习惯及消费行为调查》的结果发现：最能影响中国网上购物用户购买决策的因素是产品的价格高低，其比例为 42.7%，然后是产品的内容介绍是否详细，占 26.5%，生产厂家和品牌对用户的影响为 12.8%。

现在越开越多的企业或通过电子邮件进行议价或在自己的网站上设立“价格讨论

区”，或在网上通过智能化议价系统直接议价或通过其他平台进行竞价拍卖等。

另外，消费者对于 Internet 有一个免费的心理预期，那就是：即使网上的商品不是免费的，那么价格也应该传统的销售渠道的价格低。网络市场与传统营销市场相比，能够减少营销活动中的中间费用和一些额外的信息费用，可以降低产品的成本和销售费用，这正是 Internet 商业应用的巨大潜力所在。

2. 购物的便捷性

方便快捷的购物方式也是网上消费者购物时要考虑的因素之一，消费者选择网上购物的便捷性主要体现在两个方面。一是时间上的便捷性。网上虚拟市场全天候提供销售服务，随时准备接待顾客，而不受任何限制。二是商品挑选范围的便捷性。消费者可以足不出户就在很大的范围内选择商品，对于个体消费者来说购物可以“货比多家”、“精心挑选”；对单位采购人员来说，其进货渠道和视野也不会再局限于少数几个固定的订货会议或者几个固定的供应厂家，而能在更大的范围选择品质最好，价格最便宜，各方面最实用的产品。这是网上购物方式的优势。

3. 安全可靠

影响消费者进行网络购物的另一个重要因素，就是安全性和可靠性问题。对于现阶段的网络营销来说，很多问题归根结底最重要的还是安全问题。1999 年 1 月，曾有人利用在新闻组中查到的普遍技术手段，轻而易举地从多个商业站点闯入美国军方一个控制卫星地计算机系统。因此，对网上购物的各个环节，都必须加强安全和控制措施，保护消费者购物过程的信息传递安全和个人隐私，以树立消费者对网站的信心。网络购物与传统营销购物不同，在网上消费一般需要先付款后送货，这种购物方式就更决定了网络购物安全性、可靠性的重要。

4. 社会影响因素

社会因素所指的是消费者周围的人对他所产生的影响，其中以参照群体最为重要。参照群体是影响一个人态度、意见和价值观的所有团体，即自己身为成员之一的团体，如家庭、同事、朋友们等。由于经常在一起学习、工作、聊天等，使消费者在购买商品时往往受到这些人对商品评价的影响，有时甚至是决定性的影响。

参照群体对消费者购买行为的影响表现在三个方面：

1）参照群体为消费者展示出新的行为模式和生活方式。因此就有这种情况，张同学在网上购买了一本书，那么杨同学在其影响下也会到网上尝试一下，可能从此就由买一本书发展到买另外更多的商品。

2）由于消费者有效仿其参照群体的愿望，因而消费者对某些事物的看法和对某些产生的态度也会受到参照群体影响。如朋友们都认为网上购物才能体现新的消费观，那么还没有进行过网上购物的其他人在其影响下，也会追求这种新的消费观。

（二）内在因素

1. 文化因素

文化因素通常是指人类在长期生活实践中形成的价值观念、道德观念及其他行为准则和生活习俗。它以特定的认同感和影响力将各成员联系在一起，使之持有特定的价值观念、生活格调与行为方式，是引发人们的愿望及行为的最根本原因，是决定人类欲望和行为的基本因素。随着时代的发展，社会文化也在悄然转型。网络生活中集中的是深具活力、走在文化前沿的中青年消费者，因此了解最新的文化动向是网络营销人员必须考虑的。

文化的差异引起消费行为的差异，表现为饮食起居、建筑风格、节日、礼仪等物质和文化生活等各个方面的不同特点。每一个网民都受到网络文化的长期熏陶，但同时又是在一定的地域社会文化环境中成长，地域社会文化环境依然对网民的消费行为产生重要的影响。例如，中国网民在中华民族传统文化影响下，具有仁爱、信义、礼貌、智慧、诚实、忠孝、上进、尊老爱幼、尊师重教等特点，过节的时候他们的忠孝就会表现为给父母采购礼品，这和西方网民是有区别的。

根据中国互联网络信息中心（CNNIC）2008 年 6 月份发布的统计报告，上海网民的网络购物使用率达到 45.2%，是网络购物最为普及的城市。其次是北京，网民中的网络购物使用率为 38.9%。图 3.4 为中国网民网上购物使用率和变化情况。

网络购物购物使用率和变化情况

网络购物	2007 年 12 月	2008 年 6 月	半年变化情况
使用率	22.1%	25.0%	2.9%
规模（万人）	4,641	6.329	1.688

图 3.4　中国网民网上购物使用率和变化情况

2. 收入影响因素

网上消费者的收入也是影响网上消费者的内在因素之一，具体来说，主要是指消费者的购买力。通常影响购买力水平的因素有以下 3 个方面：

1）消费者收入。网上消费者收入主要是指消费者的实际收入。因为实际收入与名义收入并不是完全一致的，决定其购买的主要是实际收入。一般来说收入较高的白领，由于工作紧张、繁忙，很少有更多的时间逛街购物，于是就会选择网上购物。

消费者的经济状况会强烈影响消费者的消费水平和消费范围，并决定着消费者的需求层次和购买能力。消费者经济状况较好，就可能产生较高层次的需求，购买较高档次的商品，享受较为高级的消费；相反，消费者经济状况较差，通常只能优先满足衣食住行等基本生活需求。收入敏感型产品的营销者关注着个人收入、储蓄及利率的发展趋势，如果经济指标显示将要出现经济衰退，那么营销者就会采取相应行动对其产品重新设计、重新定位、重新定价。营销人员应注意这个特点，充分满足这部分人的网上购物要求。

2）消费者支出。消费者支出主要是指支出结构或需求结构的变化对市场营销的影响。网上消费者支出主要取决于消费者的收入水平，而这种收入水平又具体表现在可支配的个人收入与可随意支配的个人收入两个方面。如果网民虽收入较高，都有债务在身，如不少中青年身负贷款买房的债务，更多的收入用来还贷款也会影响其参与网上购物的积极性。

3. 消费者的年龄

网上消费者处于不同的年龄和人生阶段对网上消费的参与不同。从目前来看，网上消费者主要是中青年消费者，尤其是青年消费者在上网者中占有绝对的比重。网上购物的主力是年龄分布在 20～35 岁。这批人一般都崇尚创新、自由等特质，很容易被新事物影响，而且接受新观念、新知识快。他们也很愿意在网络上购物，因此青年人所喜欢的计算机、CD 唱片、游戏软件、体育用品等都是网上的畅销商品。这类市场目前是网络市场最拥挤的地方，也是商家最为看好的一个市场。如处于婚姻准备段的青年人可能会从网上购买一些结婚用品；刚有了宝宝的年轻妈妈由于没有时间上街，可能会从网上购买生活用品等。所以，购买行为受到家庭生命周期的不同阶段的影响。

总之，影响消费者网上购物的因素是多方面的，除了上面谈到的因素外，还有如在线零售网站性能不佳、商品图片质量好坏、消费者的心理、卖家的信用指数、好评率等均能影响网上购物。

第三节　网上组织机构用户分析

一、网上组织机构市场的定义

网上组织机构市场主要是指各类上网的组织机构形成的对企业的产品和服务需求的总和，这是一个庞大的市场。在电子商务中，中间商的渠道优势将不复存在，因此网上组织机构市场主要是企业市场和其他各类组织的市场，包括工商企业及各种经济组织、机关、团体、学校、政府及各种机构组织，其营销对象主要是那些通过网络进行购买的各种组织机构。

二、网上组织机构用户特征

这里所说的网上组织机构用户是指作为买方存在的用户。这类用户就是电子商务中的 B2B 交易。网上组织机构用户与网上消费者市场相似的是，两者都有人为满足某种需要而充当购买者角色并制定购买决策等。但前者在市场结构与需求、购买单位性、决策类型与决策过程等方面与消费者市场有着明显的差异，因此网上组织机构用户与网上

个人用户的特征也有所不同。网上组织机构用户参与网上交易的特征体现在如下几方面。

（一）购买者数量较少，分布较集中

企业或政府部门也是网上市场的基本购买单位，作为一个巨大的消费者（集团），其数目比网上个人用户要少得多。

1999 年一项调查显示，上网用户中公费上网的（多为组织机构用户）为 21%，自费上网的（一般是个人用户）为 59%，两者均有的为 20%。中国 Internet 信息中心第 20 次调查（2007 年末）表明这种情况有所改变，见图 3.5。上网用户中有 71.7%需自己负担上网费用，只有 8%为公费（基本为组织机构用户），二者均有的占 20.3%。

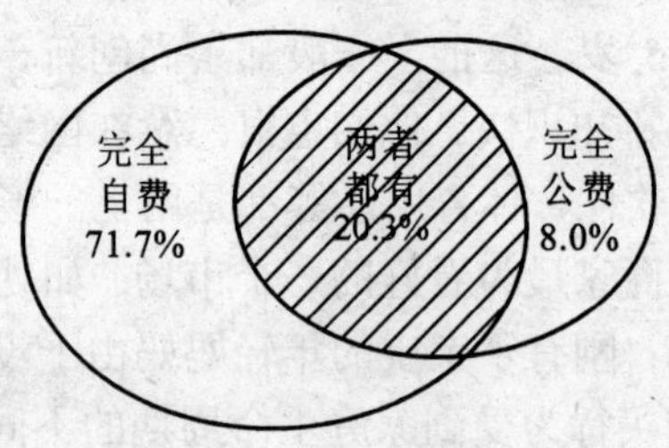

图 3.5　2007 年末网民上网费、自费比重

网络为企业找到了需要的设备

一个青岛商人，每年从韩国进口一种设备，他坚信设备的产地就在中国，但始终无法找到。后来他偶然发现了阿里巴巴，就在上面发了一条求购信息，不料几天之内就同该设备的中国厂家联系上了！令他惊奇的是，该厂家竟然就在青岛！

据中国互联网信息中心第 33 次调查显示，截至 2013 年 12 月，中国网站数量为 320 万个，全年增长 52 万个，增长率为 19.4%。网站数量的提升表明我国 Internet 信息资源更为丰富。

中国网站的人均拥有水平为 76 个/万网民，与 2007 年 12 月相比，每万网民增长了 4 个网站，中国网站数量持续增长。

（二）购买次数少，一次购买量大

组织机构用户尤其是企业用户，与个人消费者市场不同，组织机构在网上购买的产品主要是生产资料，如原材料、生产工具等，这些生产资料的购买受生产规模和技术条件要求的制约，一般购买的次数不多，但每次购买的量大。

（三）购买者的购买需求是引发需求

企业用户在网上购买产品的需求是引发需求，也称派生需求。这种需求是从消费者（不一定是网上消费者）对消费品的需求引发的，即企业在网上购买生产资料的需求与消费者所需的生活资料的需求密切相关，这是由最终消费者的市场需求所决定的。

（四）需求弹性小，受价格变化影响较小

企业用户对生产资料的需求量主要取决于企业的产品结构、生产规模、工艺流程及技术水平等因素，受价格变化影响不大，其需求量一般不会因价格的下降而大量增加，也不会因价格的上涨而大量减少。

（五）购买人员具有计算机操作和专业知识

企业用户对其购买的产品质量、规格、性能等各方面有着严格的要求，对技术咨询、售后服务、零配件供应、交货期和信贷条件等要求较高，因此购买的技术性较强。通常是由企业的采购中心执行，采购中心由使用者、影响者、采购者、决定者和信息控制者组成，共同参与购买决策过程。由于参与购买的决策人员比消费者市场多，决策过程更规范，且不易受广告宣传及其他促销措施的影响，购买的理智性强。网上采购工作一般由计算机操作熟练、专业知识丰富、训练有素的专业人员完成。

由此可见，组织机构的网上购买与传统方式下的购买行为有相同的地方，也有网上购买特色的方面。

第四节　网上客户的购买决策过程

网上客户的购买决策过程是客户需求、动机、购买行为活动及客户购后的感受的综合与统一。这一过程并不是表现为简单的买或不买，而是一个复杂的过程。网上客户与传统客户的购买决策过程相似，购买行为早在实际购买之前就开始了，并且一直延长到实际购买后的一段时间，有时甚至是一段很长的时期。从酝酿购买到购后的一段时间，网上客户的购买过程可分为以下 5 个阶段，即诱发需求、搜集信息、比较选择、购买决策、购后评价。

一、诱发需求

网络购买过程的起点是诱发网上客户需求。也就是说，当网上客户认为已有的商品不能满足需求时，才会产生购买新产品的欲望，进而才会去选择和购买。这是网上客户做出消费决定过程中不可缺少的基本前提。在这个阶段里，网上客户认识到自己的即时状态与理想中的状态的差距，所以就想消除这个差距。在传统的购物过程中，诱发客户

产生购物欲望的动因是多方面的。客户的需要可能是由内在的生理活动引起的，也可能是受外界的某种刺激引起的。如消费者人体生理的刺激，饿了要吃饭、渴了要喝水、冷了要穿衣等；外界环境的刺激也可以成为“引发诱因”。例如，看到别人穿时尚服装，觉得看起来有一种时髦的感觉，因而产生自己也要买一件的想法；或者看到冰箱里空了，就会去买蔬菜、水果、饮料等来补充它。企业客户由于生产的对原材料的需要也会引起购买行为，政府机构由于办公设施不足也会在网上发布购买信息。所以开展网络营销的企业要设法诱发客户对本企业商品的需求。

二、网上搜集信息

网上客户搜集信息的渠道主要是从网上获得商品信息。当需求被唤起后，每一个网上客户者都希望自己的需求能得到满足，而且想更好地得到满足。所以，网上收集信息、了解网上市场的行情便成为网上客户购买的第二个环节。这个阶段的作用主要就是上网收集所要购买商品的有关资料，为下一步的比较选择奠定基础。

网络营销的信息传递主要依靠网络广告和检索系统中的产品介绍，包括在信息服务商网页上所做广告、中介商检索系统上的条目以及自己主页上的广告和产品介绍。

一般说来，在传统的购买过程中，消费者对于信息的收集大都出于被动进行的状况。与传统购买时信息的收集不同，网络购买的信息收集带有较大的主动性。在网络购买过程中，商品信息的收集主要是通过 Internet 进行的。一方面，上网客户可以根据已经了解的信息，通过 Internet 跟踪查询；另一方面，上网客户又不断地在网上浏览，寻找新的购买机会。由于消费层次的不同，上网消费者大都具有敏锐的购买意识，始终领导着消费潮流。网上收集信息的渠道主要包括以下 3 个方面：

（一）个人来源

这类信息主要来自于客户的家庭亲友、邻居、同事、同行等的购买体会。这种信息和体会在某种情况下在客户的购买决策中起着决定性的作用。在网络营销中，这一渠道的作用是相当大的。人们对于网上商品的质量、服务的评价主要就是通过言语、发帖、网聊及电子邮件传递的。这种传递的范围可能是小范围的，或许只是在一个家庭或一个单位中传递；也可能是大范围的，一个地区、一个国家乃至全世界都有可能。所以，如果大家对一个商品的评价都很好，那么该商品一次成功的销售可能会引来若干新的客户；如果产品在网上被网民提出很多不好的意见甚至一致劣评，那么该商品一次失败的销售可能会使销售商几个月甚至几年不得翻身。

（二）商业来源

这类信息主要来自于网络广告和企业产品的信息发布。这一途径主要是通过厂商有意识的活动把商品信息通过网络传播给客户。在传统方式下，商业信息的传递可以通过各种传统方式的广告、人员的推销和其他促销手段等。网络营销的信息传递除了可以依靠传统方式的信息传递外，更多的信息传递还是依靠网站广告、搜索引擎、电子邮件中的产品介绍，包括在网络社区中所做的广告、中介商或者是商业平台上的条目，以及自己网站上的广告和产品介绍。

（三）公共来源

这类信息主要来自于大众传播网站。与传统购买时信息的收集不同，网上客户的信息收集带有较明显的主动性。在网络购买过程中，商品信息的收集主要是通过 Internet 进行的，主要包括如下 3 种方式：

1. 网上随意浏览

它没有特定的目标，完成任务的效率低，此时，用户在网络信息空间的活动就像随意翻阅一份报纸，他能大概了解报纸信息包括了哪些内容，能否详细地阅读某一消息就依赖于该信息的版面位置、标题设计等因素了。

2. 网上搜索

即在一定的领域内找到新信息，搜索中收集到的信息有助于达到发现新信息的最终目的。搜索时用户要访问众多不同的信息源，搜索活动对目标的依赖性较高。用户在网络信息空间的搜索，就如根据目录查阅报纸，以获取某一类特定信息。

3. 网上寻找

即在大信息量的信息集里寻找并定位于特定信息的过程：寻找的目的性较强，活动效率最高。

在网上空间的活动中，这 3 种任务不是孤立进行的，而是交叉互动的，用户的任务或想法会在他的信息搜集活动过程中逐渐变化且渐趋明朗。

三、认真比较选择

网上客户的需求满足是有条件的，这个条件就是实际支付能力。网上客户为了使购买需求与自己的购买能力相匹配，就要对各种渠道汇集而来的信息进行比较、分析、研究和评价。根据卖家提供产品的各方面条件，如产品的功能、可靠性、功能、价格、配送服务和售后服务等，从中选择一种自认为满意的产品。于是比较选择就成为网上客户在购买过程中必不可少并且具有决定性的一环。

在网络中的商品，由于客户不能直接接触实物，所以客户在进行网上购买时对商品的比较大多依赖于厂商对商品的描述，包括文字、图片及声像资料的描述。如果网络营销厂商对自己的产品描述不能吸引众多的网上顾客，或对产品的描述过于夸张，甚至带有虚假的成分，则可能永久地失去顾客。对于如何去把握这个分寸，则是每个网络营销厂商必须认真考虑的问题。

四、作出购买决策

网上客户在完成对商品的比较选择之后，便进入到购买决策阶段。网络购买决策是指网上客户在购买动机的支配下，从众多的商品中选择满意商品的过程。做出购买决定和实现购买，是决策过程的中心环节。

但是，在网络营销情况下，要想让网上客户在没有看到实物就从口袋里掏钱，绝非易事。客户对商品信息进行比较和评估后，虽然已经形成购买的意图，然而从购买意图到决定购买，必须具备以下3个条件：

1. 网上客户必须对厂商信任

由于网络的虚拟性，厂商及其商品和购买者并不能直接见面，这样会使消费者产生一定的顾虑。网上客户通常会产生下列疑问：这个厂家是不是真的像网站里所描述的那样？这种商品是不是真的和网上宣传的一样物美价廉？这一切疑问就得由厂商在客户心目中建立的信誉来决定了。

2. 网上客户必须对支付感到安全

电子商务的安全问题一直以来都是大家所关注的问题，其中网上客户关注的焦点就是网上支付的安全性问题。在网络营销中，可采用的支付方式有邮局汇款、上门预收款（货到付款）、信用卡（借记卡）、数字现金等。对于网上客户来说，采用货到付款是最安全的，那么厂商可否提供其他支付方式来取得网上客户的信任呢？这就要求厂商的支付系统要具有防范风险的功能，并且能让网上客户切实地感受到。

3. 网上客户必须对产品有好感

要使网上客户对产品有好感。要靠以往产品在消费者心目中的形象、地位来决定，这得靠企业在网上和网下长时间的积累，不能急于求成。

由此可以看出，树立企业形象，改进货款支付办法和商品邮寄办法，全面提高产品质量，是每一个参与网络营销的厂商必须重点抓好的三项工作。这三项工作抓好了，才能促使网上客户毫不犹豫地购买商品，从而达到盈利的目的。

五、购后评价

网上客户购买商品之后，往往通过使用，对自己的购买选择进行检验和反省，重新考虑这种购买是否正确，使用是否理想，以及服务是否周到等问题。这种“购后”的评价决定了他今后的购买动向。

决定网上客户对购买满意还是不满意的关键，在于网上客户期望和产品的被觉察到的性能。如果产品未达到客户的期望，客户就会失望，下次不再购买你的商品；如果达到了期望，客户就会满意，下次还会从网上给你订单；如果超出了期望，客户就会惊喜，会向周围的伙伴进行宣传，引来更多的客户。客户的期望基于他们从销售商、朋友及其他来源处获得的信息，如果销售者夸大了产品的性能，客户的期望就不会得到满足，必然导致不满意。商界中流传着这样一句话："一个满意的顾客就是我们最好的广告。"

让客户满意是非常重要的，满意的标准是产品的价格、质量和服务。因此，商家的明智之举应该是定期衡量顾客的满意程度，而不能坐等不满意的顾客自己提出抱怨。

为了提高企业的竞争力，最大限度地占领市场，开展网络营销的企业必须有很好的与客户沟通的渠道，对客户发来的电子邮件要及时响应，倾听顾客反馈的意见和建议。厂商可以在网站上设置意见与建议栏，客户在重复进入网站浏览时，就可以填写自己的建议或意见；厂商在订单后附上意见表，客户可以在购物的同时填写自己对厂商、产品及整个销售过程的感受或是评价：厂商还可以通过方便、快捷、便宜的电子邮件与消费者进行联系。厂商在收集到这些意见后，通过分析，迅速找出自己工作中的缺陷与不足，及时了解客户的意见和建议，从而及时改进自己的产品性能和售后服务，这个过程见图 3.6 所示。

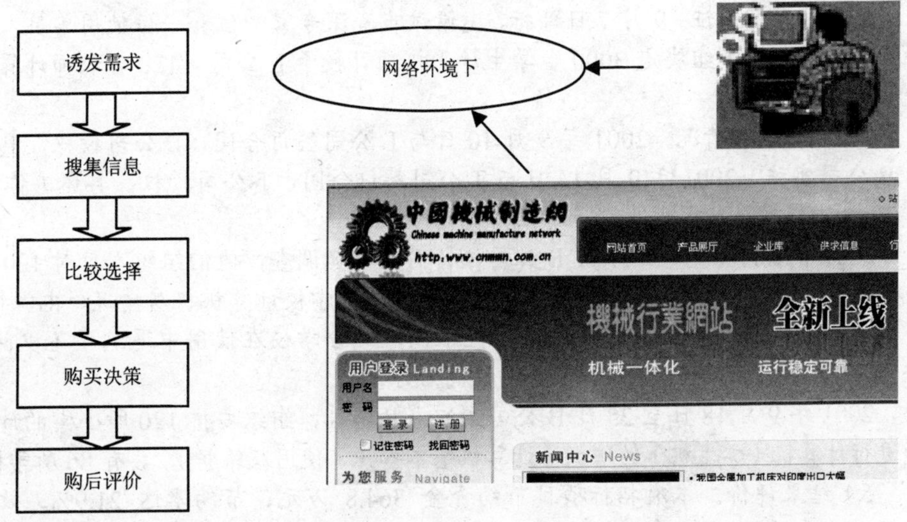

图 3.6 网上购买过程

小 结

本章对网上客户的基本结构、特征及影响网上客户购买行为的因素进行了基本分析，介绍了分析网上客户需求和购买行为的基本方法，讲述了网上客户的购买过程。随着计算机网络知识的不断普及及网络技术的不断发展，网上客户还会进一步发生变化，因此尚需要多注意观察实际情况，从中总结更多的规律。

案例分析

某新区学校计算机集中招标采购

1）项目背景。本项目为学校计算机采购项目，于2001年8月23日下达采购中心，被列入政府采购的范围。这次联合集中采购计算机为3120台，涉及120所学校，分布在新区的各个地方，计算机的配置要求高。

2）招标准备。由于本次招标计算机数量多，所以确定8月24日以公开招标的方式在新区政府采购网站发布招标公告，8月25日在《××日报》上发布招标公告。基本要求是制造供应商供货时间短，3000台计算机可能的话由两家供应商提供，缩短制造周期。8月27日开始出售标书，共有15家公司购买了招标文件。

3）招标过程。2001年9月6日在新区政府采购中心开标，特别邀请新区公证处的二位公证员开标公证。9月7日评标，邀请该市资深专家四位和一位使用单位人员组成评标小组，评标小组决定3000台学生计算机项目授予L公司，120台教师计算机项目授予T公司。

4）合同履行情况。2001年9月10日与L公司签订合同，L公司授权，具体工作由B公司实施。2001年9月14日与T公司签订合同，T公司授权，具体工作由Q公司实施。

2001年9月17日至21日B公司进行用户情况调查，他们组织人员对120所学校逐一进行实地调查：邀请学校老师参加培训，调查学校计算机机房情况、电源情况等。

由于本次招标提供的教师机的配置很高，部分学校在使用中遇到了不少问题，Q公司都一一上门解决。得到了很多学校的好评。

2001年9月18日至25日B公司组织老师培训，组织安排120所小学的计算机老师进行计算机（学生机）的培训（计算机基本知识、使用及维护），共有86所学校参加。

5）结果评价。本次招标项目节约资金364.8万元，节约率达21.9%。效果比较明显。

资料来源：中国政府信息网

案例思考

① 该新区学校计算机的采购采购信息是如何发布的？

② 政府是属于网上哪类客户？政府招标采购行为有哪些特点？

③ 在政府招标采购中，有哪些重要的参与者？他们各自对政府采购行为产生什么影响？

④ 假定某市有一大学体育场馆建设项目需要集中招标采购一批消防设备，而你是国内一家消防设备生产企业的营销经理，请问：你用什么方法帮助你的企业在投标竞争中获胜？

思考题

1. 什么是网上客户？包括哪些？
2. 网上消费者有哪些特征？分几种类型？
3. 影响网上消费的主要因素有哪些？
4. 什么是网上组织机构客户？有哪些特征？
5. 试描述网络客户的购买决策过程。

实训项目

1. 登录中国互联网络信息中心（网址：www.cnnic.net.cn），上机了解我国 Internet 用户结构情况，并下载有关数据，编辑好一个资料发给教师。

2. 登录海尔网站（网址：www.haier.com），看一看海尔的采购实现网上采购了吗？了解海尔公司的网络营销情况，并下载有关资料，编辑成一份报告资料，在适当的时候在班级交流。

第4章

网络目标市场

学习目标

1. 能解释网络目标市场的含义;
2. 懂得网络市场细分的原则;
3. 熟悉网络目标市场选择的条件;
4. 能正确选择网络目标市场的战略;
5. 会制定网络目标市场营销战略。

知识点：网络目标市场的含义；网络市场细分的原则；网络市场细分标准；网络市场细分方法；网络目标市场选择的条件；网络目标市场选择的战略；网络目标市场营销战略；目标市场营销战略选择需要考虑的因素；网络目标市场选择的定位。

技能点：会进行网络市场细分和网络市场定位。

通用电气公司网络目标市场

美国通用电气公司在1996年开通了美国通用电气网站（www.ge.com）。该网站被安盛、GG等著名研究机构誉为“最成功的电子商务网站”之一。

1. 以亲情为主题的网络营销

因发明家爱迪生而给人类带来光明的美国通用电气公司，它将以何种营销理念为主导来组织其网站呢？美国通用电气充分地利用其无形资产优势，树起了“亲情营销”这一与之形象和产品最贴切相关的法宝来组织其网站的整体结构。

美国通用电气公司最早期的各类产品的主页就是以人间亲情和天伦之乐为主题，吸引顾客对该网站的兴趣，利用人间亲情以缩短公司与客户间的距离。网站暗示上网的客户：本公司志在培育与客户的至爱亲情，那么您对我们的产品和企业还会有任何安全感、信任感上的疑虑呢？

2. 网络目标市场定位

著名营销学专家罗伯特·韦兰及保罗·科尔指出：“如今强调促进企业的成长必然意味着把焦点放在顾客身上。”因而构建网络营销环境必须要根据客户定位。

美国通用电器网站在明确了网站应争取25%的新建家庭，提供6至8种主导产品，同时兼顾其他以替换或添置个别产品为主的顾客的营销思路后，就建立了“家庭解决方案”栏目，让顾客可以先有整体效果的概念，然后再选购产品。

由于新建家庭大多是年轻的上网一族，属于高收入、高学历的消费群，他们除了对产品的功能与质量有所追求外，还强调家用电器与房屋的整体协调性，强调能反映出主人的品味或身份。所以，GE网站推出的这些“解决方案”均能激起访问者的兴趣。

由于家用电器都是些设计成熟、质量过关、功能完备的产品，最后的竞争可能就体现在谁能为消费者想得更周到些，更能满足他们的审美、与居住条件和环境更协调的附加价值上。GE公司的这套网页构筑了一幕幕的生活场景，它所追求的是：“我们不是单卖家电的，而是来提升您的生活档次，改善居家形象，美化家庭环境的。”从而体现了“我们将美好的事物带给生活”站铭的主题。

许多顾客起初也许不一定对GE的家电特别感兴趣，但可能最终打动他的正是这些精心设计的场景。比如，GE有一种“嵌入式厨房”设计方案，如果单独看一个嵌入式燃气灶也许并不显长处，但与其他“嵌入式冰箱”、“嵌入式烤箱”、“嵌入式抽油烟机”等结合后，整个厨房就显得非常简洁、清爽。于是，钟爱这种布置的顾客就会一次选购GE公司的成套电器。

家电类网站在产品的介绍中尽管使用了大量的虚拟场景手法，向顾客推荐整体解决方案。让顾客在网上能身临其境、自由挑选。在这些整体解决方案中，部分客户可能完全接受某套设计，而更多顾客可能是受其启迪，接受其中部分设计，其他部分则喜欢自己改进。但这些方案一般只能存在顾客脑海中，还无法在网上直接看到效果，所以就无法对效果进行论证。基于这种考虑，通用电器网站在（灯源设计中心）栏目中建立了“Virtual lighting designer”中心。它允许顾客在一定程度上参与到照明方案的选择中。

当顾客选中满意的照明效果后，就可进一步按光通量、产品寿命、光源品质、能效等参数综合选择灯具的规格型号，该房间的照明方案设计就完成了。然后再依次设计其他房间，最后将全套方案提交网站即可。在交易过程中，顾客在网站的指导下参与了整个方案的设计工作，得到了自己喜欢的成套家庭照明与光饰效果。同时GE网站的收益显然比单卖几个灯泡要大得多，从而使顾客和经销商都对得到的实惠表示满意。

资料来源：知行经理人之家网

在对现代营销学之父菲利普·科特勒博士的访问中，有记者问道：“您认为成功的营销战略包括哪些内容？”他的回答是：“只存在一种成功的战略，那就是仔细定位目标市场，并且直接向该目标市场提供一流的产品或服务。不然，企业的产品或服务就只能是对他人产品或服务的简单模仿，缺乏吸引消费者的独创的特质。”

第一节　网络市场细分

网络市场细分是网络目标市场的内容之一。目标市场营销的概念是20世纪50年代由美国市场营销学家温德尔·R.史密斯提出的。目标市场营销亦称STP营销，它包括了市场细分（segmenting）、选择目标市场（targeting）和产品定位（positioning）3个相互关联的过程。网络目标市场同样也包括上述几个方面的内容，只不过这几项工作的对象针对网络上的网民而已。

一、网络市场细分的概念和作用

（一）网络市场细分的概念

对现代网络市场的分析了解，对其进行细分是社会分工系统化的必然趋势。网络市场细分是指企业在调查研究的基础上，依据网上客户的需求、购买动机与习惯爱好的差异性，把网络市场划分成不同类型的客户群体，每个客户群体就构成了企业的一个网上细分市场。这样，网络市场可以分成若干个细分市场，每个细分市场都是由需求和愿望大体相同的消费者组成。在同一细分市场内部，客户需求大致相同；不同细分市场之间，则存在着明显的差异性。企业可以根据自身的条件，选择适当的细分市场为网络营销目标市场，并依此拟定本企业的最佳网络营销方案和策略。

网络市场上有成千上万的客户且增加迅速，他们有着各自的需要（无论个人消费需要，还是企业生产需要）。工业品与民用品的购买心态就有很大的差异。就我国各行业来说，仅从用户对各种原材料的需求看，差异性就很大。例如，计算机制造商用户购买的配件材料，有要国产的，有要进口原装的；有的追求高价格；有的追求低价格。企业体制与性质的不同，其采购心态也不相同，国有和民营就体现出明显的差异性，采购人员的利益趋向、职业道德、职务角色、管理制度约束等因素都是市场销售需要仔细分析的。从消费者对服装的需求来看，差异性就很大，有的为了追求时髦，不惜高价购买时尚服装；有的是为了显示自己的身份和社会地位而购买高价高质且雅致的服装；有的是由于收入低或追求朴素，购买大众化的服装。企业面对客户千差万别的需求，由于人力、物力及财力的限制，不可能生产各种不同的产品来满足所有顾客的不同需求，特别是网络市场上也不是所有的商品均适合网络营销，也不可能生产各种产品来满足客户的所有需求。因此，为了提高企业的经济效益，有必要细分市场。

（二）网络市场细分的作用

网上客户需求的差异是网络市场细分的内在依据。只要存在两个以上的客户，便可根据其需求、习惯和购买行为的不同，进行市场细分。在新的网络市场竞争中，一个企业也不可能在网络营销全过程中都占绝对优势。为了有效进行新的竞争，企业必须评价、选择并集中力量开拓最有效的网上市场，这便是网络市场细分的外在强制，即它的必要性，所以网络市场细分的作用体现在如下几方面：

1. 有利于企业发掘和开拓新的市场，以形成新的目标市场

通过市场细分，企业可以发现客户尚未得到满足的需求，从而开发新的产品，拓展新的市场领域，开拓网上营销新天地。

2. 有利于企业对各种资源合理利用，提高竞争力

通过市场细分，企业可以将营销策略定位于特定的市场和目标消费者，可集中企业的人力、财力和物力，为其目标群服务，形成规模效益，形成在某一细分市场上的有力竞争者。

3. 有利于网上营销计划的实现

通过市场细分，企业可以找到适合自己的目标市场，针对具有共性的客户群体，制定有针对性的营销策略，从而保证营销计划的实现。

4. 有利于调整市场的营销策略

经过市场细分，客户需求更加明确，一旦目标市场发生变化，企业就能很快捕捉信

息，尽快改变营销策略以适合客户的需求变化。

例如，戴尔公司以在不同国家建立不同门户网站的方式来对其顾客群进行进一步细分。不仅如此，它还为各种顾客类型提供了量身定做的"网上商店"：包括家庭用户、小企业、一般企业、医疗业、高等教育机构及联邦政府、州政府和地方政府等。这些不同类型的顾客都可以通过戴尔的网上商店自助定制符合他们需求的笔记本计算机、桌上型计算机、服务器和储存设备、工作站、软件以及相关配备。这种定制甚至还包括了戴尔的服务支持方式。在戴尔的直销网站上，还提供了一个跟踪和查询消费者订货状况的接口，消费者可以通过该接口随时查询已订购的商品从发出订单到送到消费者手中全过程的情况。

戴尔公司的网络营销带来的业绩

谁是最赚钱的电子商务网站？答案无疑是戴尔网（www.dell.com）。将网络融入基本业务之中，通过网络把顾客和公司的距离拉近，戴尔公司在全球 34 个国家设有销售办事处，其产品和服务遍及超过 170 个国家和地区。

戴尔公司财务状况

戴尔公司财务状况

戴尔公司第二财季财务概述（以百万美元计，每股净收益除外）

	2007财年	2006财年	增长率
收入	$14.094	$13.428	5%
营业利润	$605	$1.173	(48%)
净收入	$502	$1.020	(51%)
每股收益	$0.22	$0.41	(46%)

资料来源：www.eyingxiao.com

二、网络市场细分的原则

（一）可量性

可量性就是可度量性，细分后的子市场不仅有明确的消费者群体，而且还能预测该市场的规模及其购买力大小。如食品安全问题是大家都关心的内容。我们以年龄为标准可将食品市场细分成：儿童食品市场、成人食品店市场、老年人食品市场。每个细分市场就是可度量的。如中国青少年儿童食品安全信息网，图 4.1 就是在网络市场上专门针对青少年儿童食品安全提供信息的一个市场细分，这就是可度量的一个市场。

（二）可能性

这种可能性就是指细分的市场必须是网络营销可能进行的网上市场。这就需要企业结合自身的营销力量和营销要素组合情况综合考虑。企业能否进入某个或某些网上子市场，只有企业自身的营销力量和营销要素组合情况符合进入子市场，才可作为企业进行网上营销的目标市场。

主办单位：
宋庆龄基金会 国家民委 信息产业部
发改委 教育部 质检总局 广电总局

名牌战略 | 曝 光 台 | 服务监督 | 质量投诉 | 食品安全 | 食品质量安全调查 | 战略合作伙伴

安全行动简讯 | 质 量 月 | 政策法规 | 维权打假 | 质量信誉保障单位 | 药品安全 | 权威公告

现在位置：『中国青少年儿童食品安全信息网』最权威的青少年儿童食品安全门户网站->首页->质量信息权威发布

二〇〇七年我国输日食品合格率为百分之九十九点八一

时间：2008-2-29 15:02:58 来源：中国青少年儿童食品安全信息网 作者： 编辑：王燕 访问次数： 【关闭】

二〇〇七年，根据有关统计，中国输日食品合格率达到了百分之九十九点八一。”在今天上午举行的介绍日本水饺中毒事件调查进展情况的新闻发布会上，国家质量监督检验检疫总局副局长魏传忠说。

据介绍，二〇〇七年七月二十日，日本厚生劳动省公布，二〇〇六年，日本自中国进口食品的合格率达到百分之九十九点四二，是日本进口食品当中合格率最高的国家之一。

图 4.1 中国青少年儿童食品安全信息网

（三）回报性

它是指所选择的目标子市场一定能给企业带来足够的利润。因为只满足可能性的潜在目标市场，还不能作为企业潜在的目标市场。企业选择网络目标市场需要考虑的另一个因素就是，要能从这个目标市场中得到回报。这样可保持这个市场的可持续发展，同时要避免无效的投入。

（四）可行性

可行性就是指进入目标市场要具有可操作性。为保证所选择的网络目标市场真正能成为企业收益的新增长点，还必须考虑企业网络营销的各项配套工作是否完善，企业各种技术力量等是否与该市场上的竞争性需求相符合。

（五）响应性

响应性是指不同细分市场，对企业采用不同营销策略组合反应的快慢。网络营销企业要善待访问本企业网站的网民，投其所好才能获得网上用户的支持，将其吸引为本网站的客户。

（六）稳定性

它是指所选定的网络目标市场必须在一定时期内保持相对稳定，有稳定的客户群。因为这是网络目标市场成形的市场基础。

三、网络市场细分标准

市场细分是将具有一种或更多特征的人群划分为一个子市场。其划分有不同的标

准，其内在的依据是网络客户的需求差异。在市场竞争中，一个企业不可能在营销全过程中都占有绝对优势。为了进行有效的竞争，企业必须评价、选择并集中力量用于能发挥自己相对优势的市场，这便是市场细分的外在依据，即它的必要性。

在 20 世纪 90 年代初，石油的价格战威胁着石油公司的盈利。为改变这一状况，美孚石油公司在一个市场细分研究中对 2000 名用户进行了调查，发现只有 20%的用户对价格十分在意，他们每年大约花费 700 美元来购买汽油，而其他市场细分中的用户每年用于汽油的费用达 1200 美元。尽管美孚石油公司不能确认哪些顾客对价格敏感、哪些顾客对价格不敏感，但可以肯定的是有 80%的用户对价格不敏感，并且大量消费汽油，这一信息让美孚石油公司把注意力从价格转移到其他方面。结果，美孚石油公司每加仑汽油涨了两美分，一年多赚了 1.18 亿美元，这是一个了不起的成就。

网络目标市场细分是依据一定的细分变量进行的，由于网络市场客户类型不同，其市场细分产生的标准也有所不同。

（一）B2C 模式下的细分标准

细分消费者市场的标准和方法没有一个固定不变的模式。各行业、各企业可采取不同的标准和方法来细分，以寻求最佳的营销机会。一般来说，可以根据四大类情况对网上消费者进行细分，即按收入因素、行为因素、职业与教育、心理因素和对网上消费者进行细分。

1. 收入因素

消费者的经济收入水平是购买力的决定因素，也决定了一个地区消费者的生活水平和生活方式。按照当前的平均经济收入水平，可以将一个地区的居民收入分为高收入、中等收入和低收入三类。高收入消费者和低收入消费者在生活方式、消费方式、社会交际等方面有很大的不同。珠宝首饰是高档消费品，其购买者主要是中高档收入的消费者。因此，网络营销企业要对来到网上的不同消费者的工资收入水平、家庭收入总额和人均收入状况进行分析，并具体分析消费支出占个人家庭收入的比例以及收入变化对消费者需求的影响，按收入的高低并结合其他情况对市场做出细分。从过去到现在，网上商品一直以中低价商品为主，人们还不大放心从网上购买较贵重的商品。但随着网上交易的不断完善，高档商品也会在网上交易。有些网络营销企业和商业网站也可考虑专门从事高档商品的网上交易。

2. 行为因素

根据购买者对真实产品特性的知识、态度、使用与反应等行为将市场细分为不同的群体。行为因素包括购买时机、忠诚程度、追求的利益等。

1）购买时机。根据消费者购买产品的时机进行划分细分市场，如在网上礼品中可细分为恋人礼品市场和日常礼品市场。

2）按照对品牌忠诚度，可以将购买者分为单一品牌忠诚者、多品牌忠诚者和无品牌忠诚者等。例如亚马逊网络书店（www.amazon.com）根据客户的行为特征将客户细分为忠实客户、一般客户和边缘客户（以价格作为选择商品的唯一标准的客户）。对于前两类客户，亚马逊公司实施个性化的客户服务和产品；而对于第三类客户，公司正在逐渐放弃，因为他们很难为公司带来利润，甚至会带来负利润。

3）追求的利益。以顾客所追求的利益来细分市场。例如，网易是我国网民非常熟悉的站点（www.163.com）。它之所以点击率高，是因为它综合性强，青年人喜欢的网上娱乐、休闲内容多，新闻量大，能满足不同类型网络用户的利益追求。

再如，2005 年 4 月，新竞争力网络营销管理顾问对国内网络营销服务领域 102 家样本企业网站的经营业务进行了调查，发现网络营销服务市场的主营业务发生了一些值得关注的变化。在这项针对网络营销服务市场进行的调查中，新竞争力将网络营销服务市场细分为：网站建设相关的基础网络营销服务市场，一些没有专业人员的企业需要这种服务，另一种是网站推广相关的服务市场。

基础网络营销服务市场还可细分为：域名注册、虚拟主机、企业邮局、网站建设等。如中申网站就是选择基础网络营销服务作为自己网站的经营业务。图 4.2 是申网的首页，图 4.3 是中申网的业务范围网页界面。网络营销服务市场的网站推广业务包括：门户网站（包括新浪、搜狐、网易、TOM 等）搜索引擎相关服务，如网站付费登录、竞价广告、固定排名等；百度竞价广告代理业务等。以此提供这方面服务的实力较弱的网站就可选择一个或两个服务市场进行营销。

图 4.2 中申网站首页

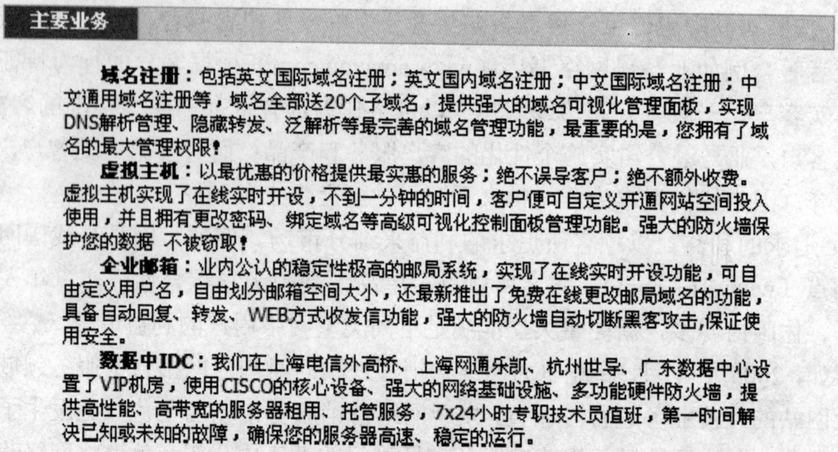

主要业务

域名注册：包括英文国际域名注册；英文国内域名注册；中文国际域名注册；中文通用域名注册等，域名全部送20个子域名，提供强大的域名可视化管理面板，实现DNS解析管理、隐藏转发、泛解析等最完善的域名管理功能，最重要的是，您拥有了域名的最大管理权限！

虚拟主机：以最优惠的价格提供最实惠的服务；绝不误导客户；绝不额外收费。虚拟主机实现了在线实时开设，不到一分钟的时间，客户便可自定义开通网站空间投入使用，并且拥有更改密码、绑定域名等高级可视化控制面板管理功能。强大的防火墙保护您的数据 不被窃取！

企业邮箱：业内公认的稳定性极高的邮局系统，实现了在线实时开设功能，可自由定义用户名，自由划分邮箱空间大小，还最新推出了免费在线更改邮局域名的功能，具备自动回复、转发、WEB方式收发信功能，强大的防火墙自动切断黑客攻击,保证使用安全。

数据中IDC：我们在上海电信外高桥、上海网通乐凯、杭州世导、广东数据中心设置了VIP机房，使用CISCO的核心设备、强大的网络基础设施、多功能硬件防火墙，提供高性能、高带宽的服务器租用、托管服务，7x24小时专职技术员值班，第一时间解决已知或未知的故障，确保您的服务器高速、稳定的运行。

图 4.3　中申网的业务范围网页界面

所以，网络营销企业在分析服务对象购买所追求的利益时，应从多角度、多层次深入分析消费者所追求的利益。

3．职业与教育因素

按职业和受教育程度可以将网上市场划分成若干个不同的细分市场。职业不同和受教育程度不同，参与网上购物的情况也不同。由于工作需要，接触计算机且计算机又能连网的职业，网上购物的机会就多一些，有时利用工作间休时间就可来到网上商城购物；受教育程度较高、收入也较高的群体，如高等学校的教师、公司的白领等也以常网上购物。因此企业应注重按照消费者的职业和受教育程度的不同来划分不同的细分市场，它对产品定位和目标市场的选择具有十分重要的意义。

4．生活方式与消费习惯

生活方式是指一个人或一个群体对消费、工作、娱乐的特定习惯和倾向性的方式。人们形成和追求的生活方式不同，追求的消费形式也不同，如有的人愿意逛商店，享受“逛”的乐趣；有的愿跟时代潮流，追求时髦网上购物。据此，网络营销企业便可以将追求某种生活方式的消费者群体作为细分市场的标准，并据此来选择目标市场。

消费习惯也称消费个性，是指一个人比较稳定的心理倾向和心理特征，它会导致一个人对其所处环境作出相对一致和持续不断的反应。每个人的个性都会有所不同，因而会有不同的消费偏好。如性格开放、追求时髦者可能比较容易接受款式新颖或新开发的产品，而性格保守者则会更多地倾向于购买自己熟悉的较低价格的产品，并更注重产品的内在质量和适用性；所以企业可以按照人的性格特征进行市场细分，给自己的网上产品赋予品牌个性，以选择相应消费者为自己的细分市场。

（二）B2B 模式下的细分标准

1. 用户需求

用户的需求是市场细分中最常用的标准。企业根据客户对产品和服务的不同需要细分市场。通过这种标准细分市场，把需求大致相同的企业集合在一起，并为不同的用户群体设计实施不同的营销策略。由于用户需求的差异比较明显，并且容易发现，细分出来的子市场也很容易进行界定和分析。例如 IBM 公司，根据客户需求不同，将用户分为四个级别：企业、开发人员、家庭/家庭办公和小企业，他们各自的市场不同。IBM 公司为每个细分市场设计了不同的网页，并实施不同的服务策略。

2. 用户规模和行业特点

网络营销服务对象的经营规模大小和行业特点是网络市场细分的重要标准。用户规模的大小通常是以用户对产品需求量的多少来衡量的。不同规模的用户在需求的量上存在着较大的差异，服务对象企业的经营规模和行业产业规模及相应的产业链等特点，对网络营销企业的营销策略都有重要影响。例如，中国鞋业互联网（www.chinashoes.com）的营销对象主要是温州地区的企业，因为温州是中国的“鞋都”，有大量的制鞋及相关产业的企业，而且行业集中，大规模的知名企业较多，因此对于网络营销企业来说，投资这样的信息产业能满足客户的行业市场需要。图 4.4 是中国鞋业互联网的首页。

图 4.4　中国鞋业互联网的首页

一般来说，用户规模越大，购买力越强，每次购买的数量越多，购买周期和购买品种相对稳定；而用户规模越小，购买力越弱，每次购买的数量越少，购买周期和购买品种相对不稳。企业必须据此进行市场细分，对不同规模的企业实施不同的营销策略。通常情况下，企业多通过网络工具主动与大客户保持联系，而被动地为小客户提供服务。

3. *用户地区*

在传统市场中，企业与客户的空间距离的远近、客户分布的分散与集中，也是市场细分的一个标准。在网络市场中，虽然空间距离已不是主要问题，但是处于不同地区的客户的不同习惯和需求，特别是该地区的物流服务状况，使得客户所在区域的差别依然成为网络市场细分的一个标准。例如企业根据客户区域的不同，可以将服务市场分为国内和国外两种市场，如果企业将服务对象定位在国内市场，其网站设计和营销策略只使用中文版本就可以了；如果企业将服务对象定位在国外市场，其所使用的文字应该是英文或当地文字；如果企业将服务对象定位在国内外市场，则需要设计多种语言文字来适应不同区域的客户。如在阿里巴巴公司提供的服务中，因为中国是美国、日本、俄罗斯等国家较大的进口来源国，所以阿里巴巴的网站中设有英语、日语、俄语等多种语种，以为来自多国的商人服务。另外，国内市场温州、温岭是中国较大的产品出口基地和产业集中的地区，因此，阿里巴巴在服务中开辟“温州、温岭”等专门的市场：这样阿里巴巴的网络营销目标放在用户集中的地区，有利于节省网络营销成本，提高市场占有率。若该地区物流配送落后，企业还要考虑如何保证物流的问题。

4. *按最终用户细分*

产品和服务的最终用户，是网络营销企业和网络服务商市场细分的标准。不同的使用者，对产品和服务有不同的需要。企业可从中选择合适的最终用户为自己的目标市场。

我国著名的电子商务运行商——阿里巴巴，把服务的客户分成不同的类别，如在大的类别中分为采购、销售、代理、合作 4 种，再按行业分为机械及工业制品、化工、商业服务、农业、电子电工、纺织、皮革、计算机和软件等几十个行业。阿里巴巴作为电子商务运行商和电子商务交易平台，按用户的不同制定不同的网络营销策略，从而设计和开发出不同结构的网上服务模块，使网站结构更合理，更能全面展示服务的企业及产品，以满足不同用途生产者的需要和提供相应的售前、售中、售后服务。图 4.5 是阿里巴巴网站的主页，图 4.6 是阿里巴巴网站行业市场的网页。

图 4.5 阿里巴巴网站首页

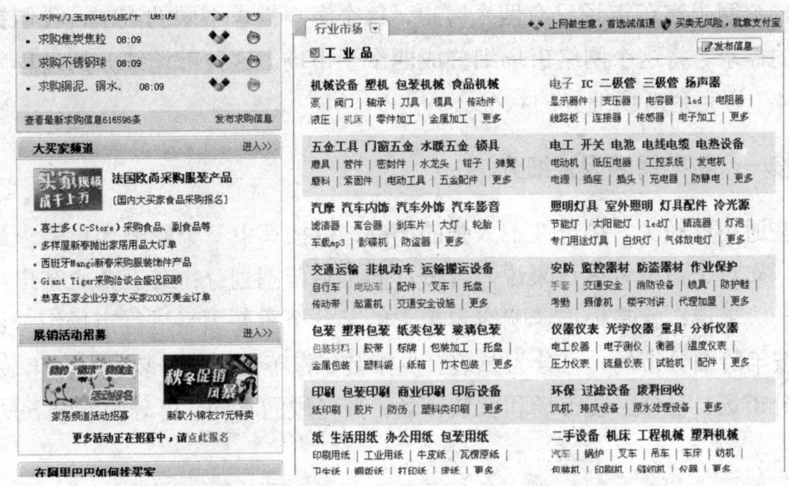

图 4.6　阿里巴巴网站行业市场的网页

第二节　网络市场细分方法

根据细分程度的不同，市场细分有 3 种方法，即完全细分、按一个影响需求因素细分、按两个以上需求因素细分。

一、市场完全细分

假如客户的需求完全不同，那么每个客户都可能是一个单独的市场。市场完全细分就是按照这个市场所包括的消费者数目进行最大限度的细分，即这个市场细分后的小市场数目也就是构成此市场的购买数目。在实际市场营销中，有少数产品确实具有适于按照这种方法细分的特性。但在大多数情况下，要把每一客户都当作一个市场，并分别生产符合这些单个客户需要的各种产品，从经济效益上看是不可取的，而且实际上也是行不通的。因此，大多数企业还是按照客户对产品的要求或对市场营销手段的不同反应，将他们做概括性的分类。

门户网市场细分房产网络竞争加剧

2008 年 2 月 25 日，新浪网站对外宣布将分拆房产、家居板块，与房地产流通服务商易居（中国）合资开设新公司。就在同一天，网易公司也与国内房地产网络营销服务公司网势达成战略合作。两大门户网站的这次对房产网络平台的大动作，引起了业内人士的广泛关注。人们分析认为，门户网站纷纷插手房地产网络交易平台，证明门户网站竞争正逐步向市场细分方向发展。

资料来源：民营经济报.2008-3

假若一个网上汽车市场只有四个客户，每个客户需求不同的汽车，我们针对这四个不同客户的需求，将这个网络市场细分成四个子市场。这种市场细分的过程就是完全细分。如图 4.7 为完全市场细分的状况。

二、市场按一个影响需求因素细分

对某些通用性较大、挑选性不太强的产品，可按其中一个影响客户需求最强的因素进行细分，如对于消费者客户来说，可按不同年龄范围划分；对于企业客户可按需求量划分等。一般来说，就是根据影响客户需求的某一个重要因素进行市场细分。例如，服装企业，按年龄细分市场，可分为童装、少年装、青年装、中年装、中老年装、老年装；按性别细分市场，可分男装市场和女装市场；按气候的不同，可分为春装、夏装、秋装、冬装。

图 4.7　完全市场细分的状况

假若一个网上钢材市场，我们将它按客户需求量这个因素来细分，分成年需求钢材量 100 万吨以下、100 万～500 万吨、500 万吨以上，针对不同需求量给客户提供不同的优惠政策。这种市场细分的方法就是按一个影响因素细分市场，见图 4.8。

中国童装网就是从服装行业网中，按年龄细分出来的一个市场。中国童装网（51kids.com）是点石网络 DeemStone 旗下的著名品牌之一，是中国服装协会童装专业委员会唯一网上媒体，是集权威性、专业性、时尚性为一体的国内首家最大童装企业的网络营销、电子商务、网络传播等 Internet 应用服务网站，其首页如图 4.9 所示。

多年来，中国童装网以真诚的服务为宗旨，以卓越的策划，超前的创意，完善的组织，大力的推广为经营理念，达到震撼的宣传、深远的影响力。为国内外童装企业和客户带来其品牌价值的提升，为广大客户提供实效回报的服务，促使童装企业获取优厚的经济效益。

中国童装网内容有童装新闻动态、时尚品牌、专卖店展示、品牌加盟、企业名录、产品展示、展会报道、人才招商、网上商店、婴儿用品、童装基地、市场营销、辅料专区、童装图库、童装论坛等服务，成为目前全国最大、最专业、最值得信赖的童装企业电子商务服务平台。

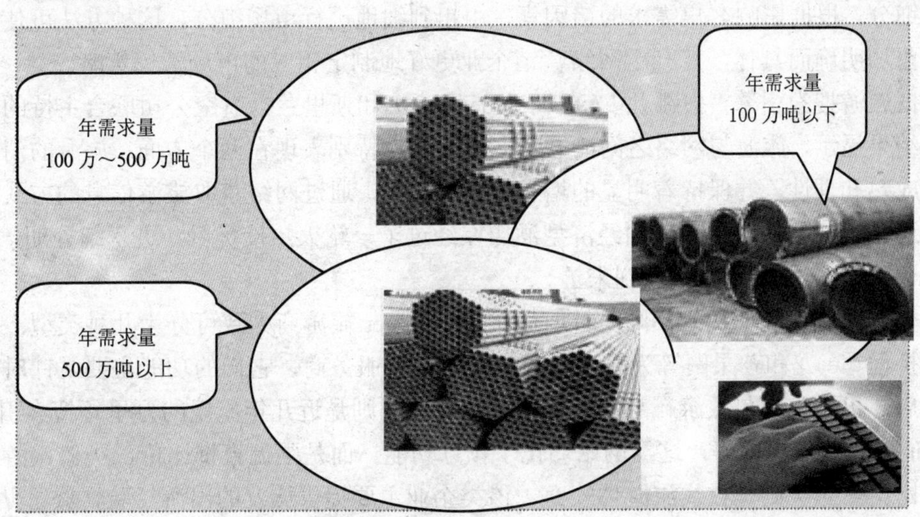

图 4.8　市场按一个影响需求因素细分

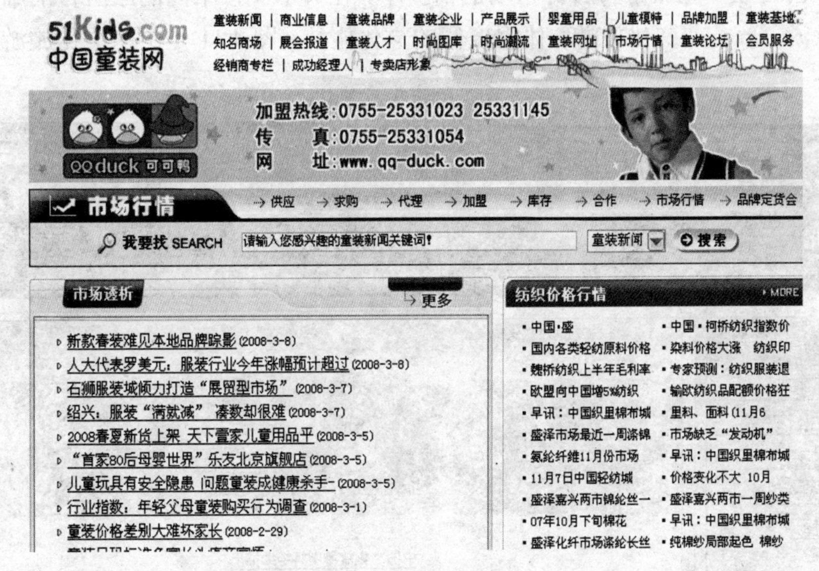

图 4.9　中国童装网首页

三、按两个或两个以上影响需求因素细分

大多数产品的销售都受购买者多种需求因素的影响。例如，不同年龄范围的消费者，因生理或心理的原因对许多消费品都有不同的要求；同一年龄范围的消费者，因收入情况不同，也会产生需求的差异。因此，可以按消费者的收入及年龄两个因素将网络市场进行细分。根据影响客户需求的诸因素，由粗到细地进行市场细分。这种方法可使目标市场更加明确而具体，有利于网络营销企业更好地制定相应的市场营销策略。

据旅游搜索引擎“去哪儿”（www.qunar.com）和斯里兰卡航空公司联合主持的一份调查结果显示，旅游与网络之间的联系更加密切，特别表现在两个方面：旅游的消费群更趋成熟和理性，并保持着明显的增长速度；同时，通过网络获取旅游信息的方式，已经普遍且多样化。于是，就如经济型酒店在经过了一轮火热投资后，进入细分期一样，Internet 旅游商的细分时代也到来了。

根据服务表现形式的不同，目前中国的 Internet 旅游商大致可分为几种类型：一类是以携程、e 龙和芒果网等为典型代表的在线旅游服务商，它们的功能主要是针对散客的酒店、机票和打包旅游产品的网络预订；第二类则是近几年出现的万里行搜索引擎、Qunar 旅游搜索引擎等，这类网站弱化了预订功能，而是强调查询比价，类似旅游类的百度网；第三类则是在线旅游体验商，该类企业主要提供旅友的出游经验、旅游贴士、网友评论、资源介绍等，比如同程和趣步网等。如图 4.10 为中国文化旅游网的一个网页。该网站经营者在文化旅游为目标市场的前提下，在其下又按不同的旅游目的细分为发现的文化旅游、商务兼文化旅游、休闲度假的文化旅游。图 4.11 是中国文化旅游网旅游服务网页。

图 4.10 中国文化旅游网网页

图 4.11　中国文化旅游网旅游服务网页

第三节　网络目标市场的选择

一、网络目标市场选择的条件

网络目标市场也即网络营销企业商品和服务的销售对象，是企业决定要进入的市场。企业的一切网络营销活动都是围绕目标市场展开的。网络目标市场选择是在对网络市场细分的基础上，结合企业自身的资源条件和营销目标选择适当的细分市场的过程。它主要解决企业在网络市场中满足谁的需要，向谁提供产品和服务。

例如，中国女装网的目标客户是成年女性，中国考研网的目标客户是在校大学生。

网络营销目标市场选择的恰当与否，直接关系着企业的经营成果及市场占有率，而且还直接影响到企业的生存与发展。因此，在对网络营销市场进行细分之后，要对各细分市场进行评估，分析各细分市场的价值是否值得开拓。一般而言，企业考虑要进入的目标市场，应具备以下几个条件：

（一）有一定的规模和发展潜力

企业进入某一网上市场是期望开辟一个新市场，有利可图，如果市场规模狭小或者趋于萎缩状态，企业进入后难以获得发展，此时应审慎考虑，不宜轻易进入。当然，企业也不宜以市场吸引力作为唯一取舍，特别是应力求避免"多数谬误"，即与竞争企业遵循同一思维逻辑，将规模最大、吸引力最大的市场作为目标市场。大家共同争夺同一个客户群的结果是，造成过度竞争和社会资源的无端浪费，同时使客户的一些本应得到满足的需求遭受冷落和忽视。现在国内很多企业常常将别人选的市场，作为自己的市场，不善于发现和创新市场，很可能就步入了"多数谬误"的误区。如果转换一下思维角度，一些目前经营尚不理想的企业说不定会出现"柳暗花明"的局面。

（二）细分市场结构的吸引力

细分市场可能具备理想的规模和发展特征，然而从盈利的观点来看，它未必有吸引力。波特认为有 5 种力量决定整个市场或其中任何一个细分市场的长期的内在吸引力。这 5 种力量是：同行业竞争者、潜在的新参加的竞争者、替代产品、购买者和供应商，它们具有如下 5 种威胁性：

迈克尔·波特——竞争战略之父

迈克尔·波特 32 岁即获哈佛商学院终身教授之职，是当今世界上竞争战略和竞争力方面公认的权威。他毕业于普林斯顿大学，后获哈佛大学商学院企业经济学博士学位。目前，波特博士的课已成了哈佛商学院学员的必修课之一。

迈克尔·波特被誉为"现代竞争战略之父"，也是现代最伟大的商业思想家之一。他的四部著作（1980 年出版的《竞争战略》、1985 年出版的《竞争优势》、1990 年出版的《国家竞争优势》、1998 年出版的《竞争论》）不仅为他奠定了商界泰山北斗的地位，更是企业的高层在制定战略的指路灯。

波特的学说重点主要有：五力模型、三大一般性战略、价值链、钻石体系、产业集群。

资料来源：博锐管理在线网

1. 细分市场内激烈竞争的威胁

如果某个细分市场已经有了众多的、强大的或者竞争意识强烈的竞争者，那么该细分市场就会失去吸引力。如果出现该细分市场处于稳定或者衰退，生产能力不断大幅度扩大，固定成本过高，撤出市场的壁垒过高，竞争者投资很大，那么情况就会更糟。这些情况常常会导致价格战、广告争夺战，新产品推出并参与竞争就必须付出高昂的代价。

2. 新竞争者的威胁

如果某个细分市场可能吸引会增加新的生产能力和大量资源并争夺市场份额的新的竞争者，那么该细分市场就会没有吸引力。问题的关键是新的竞争者能否轻易地进入这个细分市场。如果新的竞争者进入这个细分市场时遇到森严的壁垒，并且遭受到细分市场内原有企业的强烈报复，便很难进入。保护细分市场的壁垒越低，原来占领细分市场的企业的报复心理越弱，这个细分市场就越缺乏吸引力。某个细分市场的吸引力随其进退难易的程度而有所区别。根据行业利润的观点，最有吸引力的细分市场应该是进入壁垒高、退出壁垒低的市场。在这样的细分市场里，新的公司很难打入，但经营不善的公司可以安然撤退。如果细分市场进入和退出的壁垒都高，那里的利润潜量就大，但也往往伴随着较大的风险，因为经营不善的公司难以撤退，必须坚持到底。如果细分市场进入和退出的壁垒都较低，公司便可以进退自如，获得的报酬虽然稳定但不高。最坏的情况是进入细分市场的壁垒较低，而退出的壁垒却很高。于是在经济良好时，大家蜂拥而入，但在经济萧条时，却很难退出，其结果是大家都生产能力过剩，收入下降。

3. 替代产品的威胁

如果某个细分市场存在着替代产品或者有潜在替代产品，那么该细分市场就会失去吸引力。替代产品会限制细分市场内价格和利润的增长：企业应密切注意替代产品的价格趋向。如果在这些替代产品行业中技术有所发展或者竞争日趋激烈，那么这个细分市场的价格和利润就可能会下降。

4. 购买者讨价还价能力加强的威胁

如果某个细分市场中客户的讨价还价能力很强或正在加强，该细分市场就没有吸引力。客户会设法压低价格，对产品质量和服务提出更高的要求，并且使竞争者互相争斗。听有这些都会使网络营销商的利润受到损失。如果客户比较集中或者有组织，或者该产品在客户的成本中占较大比重，或者产品无法实行差别化，或者客户的转换成本较低，或者由于客户的利益较低而对价格敏感，或者客户能够向后实行联合，客户的讨价还价能力都会加强。网络营销商为了保护自己，可选择议价能力最弱或者转换销售商能力最弱的客户。较好的防卫方法是提供客户无法拒绝的优质产品供应市场。

5. 供应商讨价还价能力加强的威胁

如果公司的供应商——原材料和设备供应商、水电、银行等，能够提价或者降低产品和服务的质量或减少供应数量，那么该公司所在的细分市场就会没有吸引力。如果供应商集中或有组织，或者替代产品少，或者供应的产品是重要的投入要素，或转换成本高，或者供应商可以向前实行联合，那么供应商的讨价还价能力就会加强。因此，与供应商建立良好关系和开拓多种供应渠道才是防御上策。

（三）能发挥企业资源优势的市场

某些细分市场虽然有较大的吸引力，但不能推动企业实现发展目标，甚至分散企业的精力，使之无法完成其主要目标，这样的市场应考虑放弃。此外，还立考虑企业的资源条件是否适合在某一细分市场经营。只有选择那些企业有条件进入、能充分发挥其资

源优势的市场作为目标市场，企业才会立于不败之地。

二、网络目标市场的选择与确定

所谓网络目标市场，也叫网络目标消费群体。事实上，就是网业提供产品和服务的对象。一个企业只有选择好了自己的服务对象，才能将自己的特长充分发挥出来，只有确定了自己的服务对象，才能有的放矢地制定经营服务策略。

企业确定网络目标市场有两种方式：第一种方式是不做市场细分，以产品的整体市场作为目标市场；第二种方式是先进行市场细分，然后再选择一个或多个细分市场作为目标市场。显然，第一种方式比较简单，但是其适用范围有限（适用于农业、能源等差异化不明显的同质市场）。第二种方式虽然复杂，有市场细分和范围选择的问题，但是，在 Internet 这个庞大的市场中，客户的需求呈现个性化特征，任何一个企业都很难使用同一种方法来满足所有客户的需求，因此，第二种方式是每个企业都必须面对的。下面，我们就来探讨企业进行网络市场细分的步骤。

企业在网络市场细分后，常常采用“产品-市场”矩阵分析方法选择目标市场，即确定最有吸引力的细分市场。矩阵的“行”代表所有可能的产品（或市场需求），“列”代表细分市场（即客户或客户群），如表 4.1 所示。

企业需要在由产品和细分市场组合而成的细分市场中确定目标市场。其步骤大致可分为四步。

第一步：按照本公司新开发产品的主要属性及可能使用该产品的主要客户两个变数，在网络市场中划分出可能的全部细分市场；

表 4.1 “产品-市场”矩阵分析表

项　目		市　场			
		市场 1	市场 2	市场 3	……
产　品	产品 1	细分市场 1	细分市场 2	细分市场 3	……
	产品 2	细分市场 4	细分市场 5	细分市场 6	……
	……	……	……	……	

第二步：收集、整理各细分市场的有关信息资料，包括对公司具有吸引力的各种经济、技术及社会条件等资料；

第三步：根据各种吸引力因素的最佳组合，确定最有吸引力的细分市场；

第四步：根据公司的实力，决定最适当的网络目标市场。

三、网络目标市场选择战略

网络目标市场选择战略是指企业通过对外部环境的分析，寻求对实现企业目标有利的市场机会，在市场细分的基础上决定和选择企业目标市场的战略。选择和确定网络目标市场的战略一般有以下 5 种：

（一）集中化网络目标选择策略

传统商务的处理过程中也有集中性市场营销的问题，即只为单一特别的细分市场提供一种类型产品。这在网络营销中比传统商务更为明显，网络营销使为客户提供个性化的服务成为可能，使大多数企业在网络营销方面更注重细分市场。现在网络上有各种专业性的站点，例如，婴儿用品站点、妇女用品站点等。网络更能适合产业细分的趋势。集中性市场营销在传统企业中主要为中小企业所为。但是在网络经济中，不是因为中小企业做不起而采用集中性市场营销的方式，而是这种方式更合适网络的特点以及个性化的服务。

采用这种策略的企业，它的市场经营重点不是去追求和扩大市场，而是集中力量在单一市场中，不断提高企业的市场占有率。也就是说，与其在总体市场中处于劣势地位，不如在个别市场中争取优势地位。

采用这种策略的主要优点是：由于用户相对集中，企业可以在这些特定的分市场或小市场中深入地开展调查研究，迅速及时地掌握用户的反映和要求，而且能够集中力量去解决设计、生产、销售方面的问题，以利于企业充分利用有限的资源，以尽可能少的劳动消耗取得较好的经济效益。但是，实行这一策略，对企业有较大的风险性。由于企业的目标市场比较狭小，一旦市场的情况发生变化，企业不能随机应变，就有可能陷入困境，造成严重的经济损失，甚至影响到企业的生存与发展。因此，不能把这种策略绝对化。为了尽量减少市场风险，要根据企业可能的条件，寻找适当的机会扩大一些目标市场，以利于提高企业的应变能力和经济效益。中国女装网就是为女性服装交易双方搭建的一个平台，采用的就是集中化网络目标选择策略，图 4.12 为中国女装网首页。

图 4.12　中国女装网首页

（二）多重选择专业化战略

选择性专业化是指企业选择许多目标网络市场，而这些目标网络市场都具有吸引力，并且适合企业的目标与资源。虽然这些目标网络市场之间很少有甚至没有很强的内在联系，但是却仍然可预测到为企业获取利益。这种多重目标网络市场的选择战略比集

中化网络目标选择战略具有较大的优越性，它可以分散企业风险。因为即使某个区划变得缺乏吸引力，但是企业仍然可以在其他市场区域内获利。

（三）产品专业化战略

产品专业化是指企业集中制造一种产品，集中人力物力在网上开展营销活动。使用此种战略，企业在特殊的产品上创造了专业化的商誉。然而，一旦商品被某种新科技产品所取代，则企业所面临的经营风险将是巨大的。例如，格力电器是中国唯一家坚持专业经营战略的大型家电企业，长期以来，经济界、营销界、企业管理界有一些人对格力坚持专业经营战略持否定态度。但是，无论大家如何评价，最近出版的著名国际财经杂志美国《财富》中文版揭晓的消息表明：作为我国空调行业的领跑企业，格力电器股份以 7959 亿美元的营业收入 0.33 亿美元的净利润，以及 6.461 亿美元的市值等再次成为荣登该排行榜的家电企业之一。不仅多项财务指标均位居家电企业前列，而且在 2002 年空调市场整体不景气的情形下，格力空调的销售实现了稳步增长，销量增幅达 20%，2007 年上半年公司净利润 4.86 亿元，较去年同期增长了 54.22%；实现营业收入 200.52 亿元，同比增长 52.28%。

取得了良好的经济效益，充分显示了专业化经营的魅力。

（四）市场专业化战略

市场专业化是指企业专注于服务某一特定的客户群体的各种需要。这种专业化战略的优点是，可以在该市场建立起专业服务形象，并且或为其他产品要打入市场的总代理。然而，如果客户群体的采购量下降时，销售量大量下降的风险将会发生。

（五）整个市场覆盖战略

整个市场覆盖战略是指企业要以所有的产品来服务所有的客户群体的需要，即不分产品、不分市场、全盘占领。这种战略仅有大公司才有能力做到。摩托罗拉把成功寄希望于明星产品；与三星始终聚焦在推出最时尚先进的高端产品相比，诺基亚的策略就像龙卷风一样，产品线覆盖了高中低端，横扫整个市场。采取的就是整个市场覆盖战略。2006 年，诺基亚全球手机业务的运营毛利率为 16.6%，远高于摩托罗拉的 9.48%和三星的 9.54%。

自 1995 年开始在中国生产手机以来，诺基亚手机业务在中国市场的发展十分迅速。2001 年销售额达到 352 亿元，2001～2003 年受到国产厂商的强烈竞争，诺基亚销售额出现下滑，2003 年销售额仅为 207 亿元。2003～2006 年，随着一系列策略的实施，诺基亚在中国市场的销售额迅速回升，到 2006 年销售额已达到 546 亿元。

四、网络目标市场营销战略

（一）无差异市场营销战略

无差异市场营销是指企业在市场细分之后，不考虑各子市场的特性，而只注重子市

场的共性。决定只推出单一产品，运用单一的市场营销组合，力求在一定程度上适合尽可能多的客户的需求。这种战略的优点是节省营销成本，有可能强化品牌形象：产品的品牌、规格、款式，有利于标准化与大规模生产，有利于降低生产、存货、运输、研究、促销等成本费用。其主要缺点是：不可能满足所有客户的个性需求，共性市场竞争激烈，易受其他竞争者的伤害。单一产品要以同样的方式广泛销售并受到所有购买者的欢迎，这几乎是不可能的。

（二）差异市场营销战略

差异市场营销是指企业决定同时为几个子市场服务，设计不同的产品，并在渠道、促销和定价方面都加以相应地改变，以适应各个子市场的需要。有些企业曾实行了“超细分战略”，即许多市场被过分地细化，而导致产品价格不断增加，影响产销数量和利润。于是，一种称为“反市场细分”的战略应运而生。反细分战略并不反对市场细分，而是将许多过于狭小的子市场组合起来，以便能以较低的价格去满足这一市场的需求。

差异市场营销战略的优点是：可降低营销风险，满足客户的个性需求；提高市场竞争能力，扩大销售，缺点是营销成本上升。

（三）集中市场营销战略

集中市场营销是指企业集中所有力量，以一个或少数几个性质相似的子市场作为目标市场，试图在较少的子市场上占有较大的市场占有率。

集中市场营销战略的优点是：产品更适销对路，有利于强化产品形象和企业形象，能节省生产成本和营销成本。缺点是：风险大，好比“把全部鸡蛋放在一个篮子里”，适用于实力不强的小企业。

五、目标市场营销战略选择需要考虑的因素

上述三种目标市场营销战略各有利弊，企业在选择时需要考虑以下因素。

（一）企业资源情况

如果企业资源雄厚，可以考虑实行差异市场营销战略；否则，最好实行无差异市场营销或集中市场营销战略。

（二）产品同质性

对于同质产品或需求上共性较大的产品，一般宜实行无差异市场营销战略；对于异质产品，则应实行差异市场营销或集中市场营销战略。

（三）市场同质性

同质市场，宜实行无差异市场营销；异质市场，宜采用差异市场营销战略或集中市场营销战略。

（四）产品生命周期阶段

处在介绍期或成长期的新产品，市场营销的重点是启发和巩固客户的偏好，最好实行无差异市场营销战略或针对某一特定子市场实行集中市场营销战略。

当产品进入成熟期时，市场竞争激烈，客户需求日益多样化，可改用差异市场营销战略以开拓新市场，满足新需求，延长产品生命周期。

补充知识

按客户产品的生命周期阶段细分市场

道康宁公司于1943年诞生于美国密歇根州，专业从事各种硅产品的开发，目前为全球25 000多各客户提供7000多项产品服务。公司股份由美国陶氏化学公司和康宁公司对半持有，公司一半以上的销售额来自美国以外地区。公司始终以创新作为公司文化。任何一家公司都需要对客户分类，而道康宁的分类标准独具创意——它不是按照客户的区域性、行业性进行划分，而是依据客户不同时期的发展需求进行分类。道康宁发现，当客户处于生命周期的不同阶段时，会产生不同的商业需求。当客户处于产品的开发期，道康宁选择在帮助客户研发上多下功夫，提供自己的实验室为客户的产品做研究，设计出差异化产品；当客户处于产品的成长期，道康宁会通过灵活而迅速的扩容，帮助客户尽快占领市场；当客户处于产品成熟期，道康宁将尽量降低产品成本，提高流程效率，稳定价格。合理的市场细分手段带来了丰硕果实。公司2005年的全球销售额为38.8亿美元。2007年第四季度合并净收入为1.671亿美元，与上年同期持平。2007年全年创下净收入6.901亿美元的历史新高，较上年调整后的净收入6.018亿美元增长了15%。

资料来源：慧聪网

第四节　网络市场定位

网络营销目标市场确定后，企业必须进行市场定位，为本企业及产品在网络市场上树立鲜明形象，显示一定特色，并争取在目标市场上给本企业产品做出具体的市场定位决策。

一、网络市场定位的概念

（一）定位一词的由来

“定位”这个词是由艾尔·里斯和杰克·特劳特于1972年提出来的，他们说：“定位并不是你对一件产品本身做什么，而是你在有可能成为你的顾客的人的心目中做些什么。也就是说，你得给你的产品在他们的心中定一个适当的位置。”不管企业是否意识到产品的定位问题，对于消费者来说，不同商标的产品在他们心目中会占据不同的位置，他们会在内心按自己认为重要的产品属性将市场上他们所知的产品进行排序。随着市场上商品的越来越丰富，与竞争者雷同的产品通常无法吸引消费者的注意。

艾尔·里斯与杰克·特劳特简介

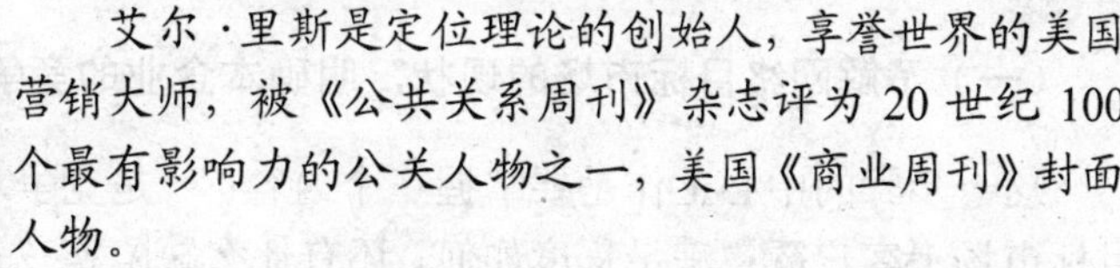

艾尔·里斯是定位理论的创始人，享誉世界的美国营销大师，被《公共关系周刊》杂志评为20世纪100个最有影响力的公关人物之一，美国《商业周刊》封面人物。

艾尔·里斯于1950年毕业于Depauw大学后，进入通用电气公司纽约分公司的广告与销售部门工作。艾尔·里斯是美国营销大师，目前是里斯和里斯（Ries&Ries）咨询公司的主席，该公司主要业务是为众多知名企业提供战略选择服务。总部位于美国亚特兰大。

杰克·特劳特（Jack Trout）是特劳特合伙公司总裁，该公司是美国最著名的营销咨询机构之一，在13个国家设有分支机构，被公认为最有影响力的营销大师之一，同时还最先推广在消费者的脑海里“定位”产品和理念的思想。

资料来源：MBA智能库百科

（二）市场定位的重要性

企业根据竞争者现有产品的特色及在市场上所处的地位，针对客户对产品特征或属性的重要程度，强有力地塑造本企业产品与众不同的、形象鲜明的个性或特征，并把这种形象生动地传递给客户，体现的重要性就是“定位”。目标市场定位是一种竞争性定位，决定网络营销企业能否打开网上的新市场。

网络市场定位就是针对竞争者现有产品在网络市场上所处的位置，根据用户对该种产品某一属性或特征的重视程度，为产品设计塑造一定的个性或形象，并通过一系列营销活动把这种个性或形象强有力地传达给客户，从而适当确定该产品在网络市场上的位置。

通过网络市场定位不仅明确了企业的顾客和竞争对手，还有利于树立企业及产品的市场特色。由于在同一市场上企业面临众多提供同类商品和服务的竞争者，如果企业没有很好地进行市场定位，就不容易在市场上与竞争者区别开来。用户也就不会对企业及其产品和服务形成独特偏爱。所以，对网络市场进行科学有效的定位是企业吸引消费者、留住客户的必然之举。

二、网络市场定位步骤

网络市场定位的关键是企业要设法在自己的产品上找出比竞争者更具有竞争优势

的特性。

竞争优势一般有两种基本类型。一种是价格竞争优势，就是在同样的条件下比竞争者定出更低的价格。这就要求企业积极努力来降低产品单位成本。另一种是偏好竞争优势，即能提供产品或服务的特色来满足顾客的特定偏好。这就要求企业要有创新，在产品特色上下工夫。因此，企业网络市场定位的全过程可以通过以下三大步骤来完成。

（一）了解网络目标市场的现状，明确本企业的竞争优势

这一步骤的中心工作是要掌握三个内容：一是竞争对手的产品如何定位？二是网络目标市场上客户欲望满足程度如何，还有什么缺陷？三是针对竞争者的市场定位和潜在客户的真正需要的利益，企业应该或能够为客户做什么？要明确这三个问题，企业市场营销人员必须通过一切调研手段，系统地设计、搜索、分析并报告有关上述内容的资料和研究结果，通过搞清上述三个问题，企业就可以从中把握和确定自己的潜在竞争优势在哪里。

（二）发挥本企业竞争优势，初步定位网络目标市场

竞争优势是企业能够胜过竞争对手的能力。这种能力既可以是现有的，也可以是潜在的，选择竞争优势实际上就是一个企业与竞争者各方面实力相比较的过程。比较的指标应是一个完整的体系，只有这样，才能准确地选择相对竞争优势。通常的方法是分析、比较企业与竞争者在经营管理、技术开发、采购、生产、市场营销、财务和产品几个方面究竟哪些是强项、哪些是弱项，借此选出最适合本企业的优势项目，以初步确定企业在目标市场上所处的位置。

网络销售技巧分享——让信息排名靠前

信息排名是按产品发布的先后顺序来的，要靠前就要多次重复发布，还要掌握一些技巧，比如可以分时间段发，早上9~10点，下午3~4点，晚上下班时间，都可以发，产品不要一个时间都发完，分三段一次发几条，还有的商友晚上10点以后发一次，因为如果有外贸客户，那时正是上班时间，有可能会看到你的信息。如果是常在计算机前的，每10分钟重发一次，就像是在竞价一样，但这种方式却是免费的，如果平时很忙，信息至少一周重发一次，不是很忙可以每天重发一次，跑市场的每天早上上班早到几分钟，开计算机发一次，晚上返回时再发一次。如果实在没有时间，那就要采用竞价的方式了，这是要交费的，但是不受时间限制，竞价的产品总是排在最前面，这样就可以很省心了。还有就是信息发布时用一口价或者有支付宝的都可以排名靠前。

资料来源：阿里巴巴网站

（三）显示独特的竞争优势和重新定位

这一步骤的主要任务是企业通过一系列的网上宣传促销活动，将其独特的竞争优势准确地传递给潜在客户，并在客户心目中留下深刻印象。为此，企业首先应使目标客户对本企业的目标市场定位有兴趣，在客户心目中建立与该定位相一致的形象；其次，企业通过各种努力强化目标顾客形象，保持目标客户的了解，稳定目标客户的态度和加深目标客户的感情来巩固与市场相一致的形象。最后，企业应注意目标客户对其市场定位理解出现的偏差或由于企业市场定位宣传上的失误而造成的目标客户模糊、混乱和误会，及时纠正与市场定位不一致的形象。

企业产品在市场上定位即使很恰当，有时根据情况的变化还应考虑重新定位。

重新定位，即二次定位或再定位。是指企业变动产品特色，改变目标顾客对其原有的印象，使目标顾客对其产品新形象有一个重新的认识。重新定位对于企业适应市场环境、调整市场营销战略是必不可少的。在下列情况下，网络营销企业可考虑网络目标市场的重新定位。

1. 竞争者推出的新产品定位与本企业产品相近

竞争者推出的新产品定位与本企业产品相近，占领了本企业产品的部分市场，使本企业产品的市场占有率下降。创新一直是企业生存的法宝，当竞争者推出的新产品定位和本企业有些相同时，若本企业实力不如竞争对手，企业应重新定位，走创新之路。

2. 客户的需求或偏好发生了变化

客户的需求或偏好发生了变化，使本企业产品销售量骤减。因为客户的需求不是一成不变的，市场上层出不穷的新产品会引起客户的关注，进而有改变偏好的可能，当本企业销售量骤减是由这个原因引起时，就要考虑市场重新定位问题。

这种重新定位是指企业为已在某市场销售的产品重新确定某种形象，以改变消费者原有的认识，争取有利的市场地位的活动。例如，某日化厂生产婴儿洗发剂，以强调该洗发剂不刺激眼睛来吸引有婴儿的家庭。但随着出生率的下降，销售量减少。为了增加销售，该企业将产品重新定位，强调使用该洗发剂能使头发松软有光泽，以吸引更多、更广泛的购买者。重新定位对于企业适应市场环境、调整市场营销战略是必不可少的，可以视为企业的战略转移。

重新定位可能导致产品的名称、价格、包装和品牌的更改，也可能导致产品用途和功能上的变动，企业必须考虑定位转移的成本和新定位的收益问题。

三、网络市场定位策略

（一）“针锋相对”定位方法

它是把企业的产品或服务定位在与竞争者相似或相近的位置上，同竞争者争夺同一

细分市场。实行这种定位策略的企业，必须具备以下条件：能比竞争者提供更好的产品和服务，该市场容量足以吸纳两个以上竞争者的产品和服务；比竞争者有更多的资源和更强的实力。不过这种定位，产品和服务的市场进入难度很大，需要一定的时间，因此在定位前一定要经过周密的网络市场分析与预测。

（二）“填补空缺”定位方法

它是指企业寻找市场上尚无人重视或未被竞争对手控制的位置，使自己推出的产品能适应这一潜在目标市场的需要的策略。例如，腾讯公司推出的“移动 QQ”服务，开创了移动通信与 Internet 的合作新领域——移动 QQ。

通常在两种情况下适用这种策略：一是这部分潜在市场，即营销机会没有被发现，在这种情况下企业容易取得成功；二是许多企业发现了这部分潜在市场，但无力去占领，需要有足够的实力才能取得成功。

（三）“突出特色”定位方法

当企业意识到竞争对手比较强大时，可以根据自己的条件取得相对优势，即突出宣传自己与众不同的特色，在某些有价值的产品和服务上取得领先地位，与竞争者划清界限。例如，美国的七喜汽水，之所以能成为美国第三大软性饮料，就是由于采用了这种策略，宣称自己是“非可乐”型饮料，是代替可口可乐和百事可乐的消凉解渴饮料，突出其与两“乐”的区别，因而吸引了相当部分的两“乐”品牌转移者。

软饮料

软饮料指的是经过包装的乙醇含量小于 0.5%的饮料制品。按原料和产品形态的不同，软饮料多达八大类：碳酸饮料、果汁饮料、蔬菜汁饮料、乳饮料、植物蛋白饮料、固体饮料、天然矿泉水饮料，以及其他饮料如橘子露、杨梅露、茶饮料等。

资料来源：百度百科

（四）借助名牌定位方法

借助名牌定位就是比拟名牌、借助名牌以此来给自己的产品定位，以借名牌之光而使自己的品牌生辉，其定位的主要办法有三种。

1. 景仰第一，甘居“其次”

就是明确承认本行业中最盛名的品牌，自己只不过是第二而已。这种策略会使人们对企业产生一种谦虚诚恳的印象，相信企业所说是真实可靠的，这样自然而然地使客户能记住这个通常不易进入人们心中的品牌。

2. 借助名牌，照耀自己

首先是承认本行业中已有卓有成就的名牌，本品牌虽自愧不如，但在某地区或在某一方面还可与这些最受客户欢迎和信赖的品牌并驾齐驱、平分秋色。例如，内蒙古的宁城老窖，以“宁城老窖——塞外茅台”的广告来定位，就是一个较好的例子。

3. 奉行“高级俱乐部策略”

就是企业如果不能取得第一名或攀附第二名，便退而采用此策略，借助群体的声望和模糊数学的手法，打出人数限制严格的俱乐部式的高级团体牌子，强调自己是这一高级群体的一员，从而提高自己的地位形象。例如，可宣称自己是某某行业的三大企业之一、50 家大企业之一、10 家驰名商标之一等。

（五）属性定位

即根据特定的产品属性来定位。例如，广东客家酿酒总公司生产的“客家娘酒”，把其定位为“女人自己的酒”，突出这种属性，对女性消费者来说就很具吸引力。因为一般名酒酒精度都较高，女士们多数无福享受。客家娘酒宣称为女人自己的酒，就塑造了一个相当于“xo 是男士之酒”的强烈形象，不仅可在女士们心目中留下深刻的印象，而且还会成为不能饮高度酒的男士指名选用的品牌。

（六）利益定位

即根据产品所能满足的需求或所提供的利益、解决问题的程度来定位。例如，中华牙膏、白玉牙膏定位为“超洁爽口”，广东牙膏定位为“快白牙齿”，洁银牙膏定位为“疗效牙膏”，宣称对牙周炎、牙龈出血等多种口腔疾病有显著疗效。这些定位都能吸引一大批顾客，分别满足他们的特定要求。

利用网络行销是产品在网络树立的一个最大的本质元素。明确定义你的销售方式，主要针对的是哪些客户群体、分析产品区域的差价，落实如何在网络打广告的价格差异，如何搜集相关的产品线索。每个区域都有不同的市场，掌握市场的利益是你把握市场的根本追源。

小　结

本章主要学习了网络目标市场的基本理论知识，以及网络市场细分的概念，网络目标市场的定位原则和方法；网络目标市场的定位策略，深入理解了网络目标市场细分的重要性、网络目标市场细分的战略性和网络市场定位的策略。

案例分析

联通 CDMA 的市场定位路在何方？

现在，中国联通的发展到了关键时刻，一个新的项目——CDMA，给了它挑战中国移动的机会，这关系到公司在未来移动通信市场的地位。联通 CDMA 项目是国务院授权的唯一负责 CDMA 网络建设的项目，但又因为被多次叫停而错过了建设的最佳时间。当 2001 年底，CDMA 网络建成时，中国移动通信市场已开始从卖方市场向买方市场过渡，而竞争对手中国移动已经发展壮大。

目前，联通和中国移动都有庞大的 GSM 网络，市场发展已经成熟。与 GSM 相比，CDMA 网络具有频谱占用率低、保密性强、话音清晰、掉线率低、基站覆盖面广、电磁辐射小等众多优点，并且可以平滑地过渡到 2.5G 和 3G，还具有一定的运营与建设成本优势。从技术看，CDMA 占有一定的优势，但从业务来看，目前联通 2G 阶段的 CDMA 与 GSM 并无本质的区别。

因此，市场成为竞争的关键问题，而联通 CDMA 的市场定位更是争议最多的问题。它现在定位于“中高端用户”，一般指每月通话费在 200 元以上的用户，他们通常是移动通信业务的最早使用者，也是电信企业利润的最大贡献者。但是，目前 90%以上的高端用户已经建立了对中国移动的品牌忠诚，如果改投联通 CDMA，不仅要换机，而且要改号，带来的不便令顾客难以接受。同时，考虑到目前的网络不完善和用户量小，2G 阶段的联通 CDMA 实际可提供给用户的价值可能还要小于中国移动。

联通 CDMA 定位于中高端用户，其主要原因是从现有的 GSM 网络考虑。GSM、CDMA 双网经营是国际性难题，联通需要平衡二者关系，避免两网抢夺客户。而联通 GSM 网络现有客户主要是低端客户，那么 CDMA 网络建成以中高端客户为主自然成为理想目标。从技术和市场角度来讲，CDMA 的现存市场定位也具有一定的合理性。

CDMA 开通后，经历了比如号码短缺、换机传闻、手机缺货、价高等一系列问题，逐渐走上了正轨。但是，从运行结果来看，联通 CDMA 的市场表现与预期还有不小差距。到 2002 年 6 月，联通 CDMA 用户总数约 100 万户，每月增长速度仍处于 10 万至 15 万户的偏低水平，这与联通 2002 年的目标 700 万用户的要求有较大差距。

而且，联通的市场定位似乎很难实现，并没有出现大批的高端用户从中国移动跳网的情况。ARPU（每用户月平均收益）是衡量移动运营商的一个关键指标，而联通的 ARPU 偏低且不断下跌，与其竞争对手中国移动的差距非常大。有关数据表明，CDMA 并没有成功地吸引中国移动的高端用户。

当初联通设想 CDMA 的用户至少 70%～80%是来自中国移动的中高端用户，现在看来可能大部分是来自新用户。

在“中高端用户”的市场定位下，联通 CDMA 采取了相应的营销组合策略，但也出现了一些新的问题和变化。比如，在定价方面，CDMA 在成本上比 GSM 有优势，而且有国家给予的 10%的资费优惠政策，因此有实力实行低价策略去快速开拓市场，但是这与 CDMA“中高端用户”的市场定位是矛盾的。如果选择高定价策略，那么一般来说最佳的方法是“撇脂定价”，但中国的移动通信市场早已经过了“撇脂”时代。又如，在广告方面，联通初期以“走进新时空，享受新生活”的形象广告为主，其后的广告诉求是“绿色，健康”概念。最近的广告则趋向多样化，其中有相当多的部分诉求“时尚”概念，像是瞄准追求时尚与潮流的青年一族。同时，CDMA 品牌“绿色健康”概念的传播非常吸引人。但这些似乎与联通 CDMA 当初“中高端用户”的市场定位有一定偏差，这是否意味着联通对其用户定位有了些微调？

与此同时，竞争对手的情况也更加复杂。中国移动加强了自身的宣传和服务，开始用 GPRS 这一法宝对抗联通 CDMA。新中国电信、新网通不仅在积极申请移动牌照，旗下的“小灵通”（无线市话）也开始凭借低廉的资费迅速蚕食移动通信的市场。

中国联通面对着无情变化的市场，或许到了必须重新考虑前途的关键时刻了：联通 CDMA 的市场定位是否改变，如何改变？无论如何，中国庞大而快速增长的市场给了联通不少的信心，我们拭目以待。

资料来源：中国联通网站

案例思考

1. 联通 CDMA 项目最初的目标市场定位是什么？结合联通的 GSM 用户情况，说明公司在整体上采取的是哪种目标市场战略？

2. 按照人口、心理、行为等细分标准去衡量联通 CDMA 的目标市场，有哪些特点？

3. 你认为联通 CDMA 需要改变其目标市场定位吗？如果改变，应该选择什么样的定位？给出你的理由。

思考题

1. 请简述网络目标市场细分的含义。
2. 简述网络市场细分的原则和方法。
3. 简述网络目标市场选择战略。
4. 如何选择与确定网络目标市场？
5. 简述网络市场定位的方法和策略。

实训项目

案例分析——戴尔公司的网络市场细分

登录戴尔公司的网站，你也可以在首页清晰地看到这种客户群的划分。戴尔为每种类型的客户量身定制了网上商店。在这里用户可以随时对戴尔公司的全系列产品进行评比、配置，并获知相应的报价。用户也可以在线订购，并且随时监测产品制造及送货过程。《商业周刊》这样剖析了戴尔公司的成功：

1. 不停地细分市场（分割）

多数公司主要是作产品细分，戴尔公司则重点作顾客细分。戴尔认为：分得越细，我们就越能准确预测顾客日后的需求和需求的时机。由于省去了中间商环节，戴尔可以直接面对客户，这有利于双方增进了解（客户既得到了自己想要的计算机，戴尔对客户的需求也有了深入的了解），并有利于日后提供更好的售后服务 。

2. 研究顾客

在戴尔公司的市场定位策略中，迈克尔·戴尔深入地研究顾客，而不是研究竞争对手。公司的一切经营策略均从满足顾客的角度出发，或许，戴尔才是真正了解“一个企业为什么要存在”的真理的那个人。

3. 开拓网上销售渠道

作为直销模式的进一步推进，戴尔公司建立了网上销售渠道，开展电子商务。在PC市场上，戴尔公司的战略是：不仅要利用Internet来销售产品，还要用它来整合从零部件供应商到最终用户的整个供应链。

4. 提供最新的技术和最便捷的服务

戴尔认为最新的技术和最便捷的服务是顾客所希望得到的，也是受顾客欢迎的根本因素。于是戴尔坚持为顾客提供最新技术的计算机。每当英特尔公司或微软公司推出新的产品或软件和硬件时，戴尔公司随即可以集成一种新的系统产品来卖给顾客。这样，由于顾客与戴尔公司之间有着一种直接的互动关系，他们可以来找戴尔公司按订单制造出最新技术的定制计算机。

5. 提供最佳的客户体验：真正的客户“定制”

在戴尔公司的商业设计中，它提供顾客独特的价值诉求，其中包括了规格设定精灵系统，做到快速响应和高度的客制化，这也包括了让顾客能够轻易地互动、自助（其中有许多自助功能，从核对价格、订购现状的检视和使用方面）既广泛又正确的信息。

戴尔公司数字化转型的其中最关键的一步，就是戴尔公司线上规格设定精灵的建立，它是一种可以让顾客自行设计个人计算机的数字系统，也是世界上第一批选择板之一。因为规格设定精灵能让顾客自行设计一台他们真正想要的个人计算机，这使得产品性能能够完全符合顾客的需要，顾客不必像以往一样，迁就固定的产品性能。戴尔公司的规格设定精灵至今仍是各地人士购买个人计算机最简易的方法。它向顾客提供了以下一些好处：

在戴尔网站的主页，即列出了关于产品顾客的细分类别，比如家庭与家庭办公、小型企业、大中型企业等，顾客选取所属类别，即可进入相应的细分顾客服务区，里面陈列了关于该类顾客 DELL 所有的产品和服务内容。

顾客按照需求选取了相应的产品类别之后，系统会自动列出关于该类产品的所有信息，并提供相关产品的横向比较功能，帮助客户选定合适的机型，顾客可以通过详尽的产品性能比较，选定比较满意的标准机型，在此基础上，客户还可以选择“自选配置”选项，对选中的标准机型，依照自己的需求进行再次配置，自选配置系统除了提供了不同的产品配置之外，甚至还包含了关于“产品保修/服务/支持”等选项，顾客可以很快且轻易地理解其中的差别，从而按照自己的意愿选取相应的产品和配置。

在自选配置里，顾客可以有多种选择（比如内存的大小、硬盘的容量、资料机的种类等），顾客可以从 1600 万种以上的组合中，配置自己想要的戴尔计算机。并且还可以为自己的计算机选择配置相关的周边产品。

该系统的另外一个特点是，顾客每完成一次配置选择，都可以立即知道精确的价格（或是省下了多少钱）。并且还可以轻易地要求额外的信息来帮助他们下决定。系统对顾客的响应总是及时而周到，其人性化的在线服务模式，让顾客非常便利地感受到了最佳的购物体验。当然，该系统的应用同时也给戴尔的销售带来了便利。

首先，系统的应用取代了业务人员或是订购登录人员来记录顾客的选择，因此在处理订单时就不会有所延误，而且不可能发生代价昂贵的错误或是误解。使整个销售过程既准确又快速。

其次，因为有了规格设定精灵，顾客可以很容易地购买周边产品或是其他的选择，来提升他们设备的功能和品质。事实上，顾客也不必为了升级而被迫花钱去购买一些他们不想要的性能。这也有助于提升戴尔的销售业绩。

再次，因为规格设定精灵可以立刻记录每位顾客的喜好，因此，戴尔可以实时跟踪购买模式，即时取得有关顾客的信息，从而取代以往一季、一个月或是一个星期才追踪一次的方式。

戴尔除了利用其个人计算机规格设定精灵来提供产品的量身定制之外，还通过网络首页为另一个顾客层提供量身定制，即戴尔为企业客户所提供的客制化网页。当戴尔公司赢得一家有 400 人以上的企业客户时，它就为那家客户建立首页。首页不过是一套比较小的网页，常常同客户的内联网连接，这些与客户内部网联机的首页，可以让客户所授权的人员，利用电子化来设定他们自己的个人计算机系统，订购设备以及检查订单的状况。这些网页同时也可以直接连接到戴尔的技术支持，而且在必要的时候，由一位专门服务该客户的业务经理出面提供协助。

这种客制化首页是以数字化的形式，同时提供销售、服务和技术支持的强力组合。因为无须聘请业务代表和技术支持人员来处理纯粹是例行性的问题，使得戴尔的成本得以大幅降低。同时对有可能成为顾客的企业而言，这些网页无疑也是一种强有力的推销工具。

戴尔除了个人计算机的“壳子”之外，一直致力于为顾客提供增值服务。戴尔的一个客户托马斯·卡尔森公司的信息科技经理如此评价：

“我们使用戴尔的设备已经 7 年了，之前也同时使用 IBM 和康柏的计算机。不过我们往后大概也只会跟戴尔买计算机。理由有 4 条：

首先，产品会按照订购单制造；其次，送货速度很快，很准时，而且一向都是如此；第三，他们的服务一级棒，我们拨戴尔的免付费电话，所获得的响应好得不得了；第四，他们的价格很有竞争力。”

戴尔说：一个企业最重要的事情就是满足客户的需求，我们有最简单、最有效的模式，不管你经营什么产业，这些基本道理都是一样的。在网络上每个星期都有成千上万的新网站上网络，包括你自己也有可能也是当中一份子。那么你如何在这成千上万的网站上被人发现到呢？又如何做到唯一性的服务网站呢？最重要的是要明确定位你的独特网站发展路向。把你自己的中心点（包括产品和服务）推向 Internet 市场。分开操作再列出相关的竞争。

下面列几个相关的问题：

1．戴尔公司是如何进行市场细分的？

2．指出戴尔公司的网络目标市场？

3．戴尔公司市场细分有什么独特之处？

第5章

网络营销的方法

学习目标

1. 网络营销方法的理解；
2. 搜索引擎营销的应用；
3. 会使用E-mail营销工具；
4. 会建立邮件列表。

知识点：网络营销的概念、网络营销的职能、电子商务与网络营销的关系、网络营销的工具和方法。

技能点：网络营销工具的运用。

惠普公司的“病毒式营销”

IT 行业的惠普公司在“病毒式营销”方面曾作过大胆的尝试。2001 年年底，惠普公司笔记本计算机事业部准备大张旗鼓推广惠普笔记本计算机。公司“互动营销部”承担了网上推广的任务，“互动营销部”对当时笔记本计算机市场状况作了细致的分析，分析发现惠普笔记本计算机的品牌知名度落后于几个重要竞争对手，因此市场营销的目的是要重点提高品牌知名度。经研究发现“病毒式营销”是要达到这种目的的一个非常有效而节省成本的方式，同时，举办“Flash 创意大赛”可能会使营销效果达到最大化。惠普公司马上着手进行大赛合作伙伴的寻找，并最终与一家 Flash 专业网站——闪客天地达成了合作。

大赛通过闪客天地的平台发布，大赛的宣传本身就是“病毒式”地进行，很快在国内的闪迷中造成较大影响力，国内优秀的 Flash 作者大都参与了这项活动，通过为期两个多月的作品征集，惠普不花一分宣传费就收集到超过 200 个 Flash 作品，包括与惠普笔记本相关的动画、情景剧、小游戏等，大部分作品制作精良。这些作品除了在大赛网站上刊列，还通过惠普公司的邮件列表进行发布，很多优秀的作品在其他 Flash 推荐网站上也得到广为传播，加上网民中的相互推荐，宣传效果非同一般。据不完全估计，包括一等奖作品“小惠和小普”在内的优秀作品的传阅数量不下 100 万人次，150 余则参评作品平均的浏览率也在 10 万人次，惠普笔记本大概总计占据了网民 1500 万次的眼球。惠普公司主页笔记本专区由此带来的访问量激增，800 电话客户互动中心的问询电话也增加不少，带来惠普笔记本计算机销量在之后几个月的时间内持续增长。“好的创意+好的合作伙伴+好的策划”造就了一次低成本高效益的“病毒式营销”活动。

资料来源：惠普公司网站

第一节 搜索引擎营销

研究表明，搜索引擎营销（search engine marketing，SEM）仍然是网站推广方面的最重要方法，是目前为止最为成熟的一种网络营销方法。如何充分利用搜索引擎为企业和公司搞好网络推广发挥最大限度的作用，是每一个上网企业应该重视的问题。

一、搜索引擎营销的内容

搜索引擎营销策略包括免费搜索引擎推广方法和收费搜索引擎广告，免费方法如分类目录登录、基于自然检索结果的搜索引擎优化排名、网站链接等，付费搜索引擎广告则包括关键词广告及其优化和效果管理，搜索结果页面位次排名等。

（一）免费搜索引擎营销

1. 搜索引擎优化设计

搜索引擎优化（search engine optimization，SEO）是免费 SEM 搜索引擎营销的一种营销手段，SEO 就是根据对搜索引擎的吸引力和可见性来优化内容，从而使 Web 页面能够被搜索引擎选中，SEO 主要用来提高有机列表的排名。

影响网站在搜索引擎排名的因素很多，可以分为内部因素和外部因素。内部因素指的是网站本身，即网页中的 HTML Meta 标记（Meta tags）。这些标记出现在网页 HTML 编码的 HEAD 与 HEAD 之间，搜索引擎可以看得到，浏览者却看不到。这些标记包括 TITLE（标题）、KEYWORDS（关键字）和 DESCRIPTION（描述）。

TITLE 标记

TITLE 标记位于 HTML 网页的 HEAD 部分。当冲浪者浏览一个网页的时候，它的内容会出现在浏览器最顶端。如果有人将你的网站保存到“书签”（netscape）或“收藏夹”（IE），TITLE 将作为“书签”名或“收藏”名。TITLE 标记应该以你网站的正式名称开头，并包括网站简要描述。不要将关键字列表放在 TITLE 中，这样做弊大于利。也不要在那里放冗长无用的内容。

好的 HTML 标记可以大幅度地提高网站的推广效果。如何编写 HTML 呢？主要的标准是网站内容与常用搜索词的匹配性。如果网站的关键词在各大搜索引擎被搜索的次数越多，那么网络浏览者就越多。

另一影响网站排名的因素是外部因素，即关联性链接。链接到网站的网站越多，网站排名越高。这也就是许多网站都有“友情链接”栏目的原因之一。征求友情链接是相互的，对各自网站都有好处，是免费的。但所花的时间较多，需要一个一个地征求友情链接。最后需要说明的是，对方网站的排名越高，对提高自己网站排名的效果越好。也就是说，如果对方是一个非常有名的网站，那么与它友情链接胜过于与其他几个甚至几十个不知名网站的链接。

2. 搜索引擎登录

搜索引擎登录是网站推广中非常重要的一个环节，指的是让网站被搜索引擎收录，网民可以在那里找到你的网站。网页的 SEO 搜索引擎优化只是第一个步骤，接下来的工作是将优化好的网页提交到搜索引擎，这也是网站注册中非常重要的一环。登录搜索引擎并不是简单地把自己的网址提交给它就万事大吉了，其中有许多值得我们注意的地方。在此需强调的是 Google、Baidu 这两家搜索引擎登录的是网站的 URL，而世界排名

第 2 的搜索引擎 Overture 可以登录网页的 URL，根据不同情况，也可能需要付费。下面给出的是登录搜索引擎应注意的问题。

1）提交网页。提交自己网页的 URL，而不是网站的 URL。但对一些大型网站来说，这一原则就不一定适用了。

2）提交网页的数量。注意提交单个的网页，并不意味着可以把几百个页面全塞给同一家搜索引擎。比如有的引擎规定来自同一 URL 的网页总数不能超过 30 个，而且在一天中，向单个搜索引擎提交的网页数量最好也不要超过 5 个。所以有些时候要学会取舍，尽量让最重要的网页先得到露脸的机会。目录索引一般只允许提交 1 个网页。

3）重复提交网页。由于每天都有大量新的网页加入竞争，原来的领先地位很容易被后来者取代。况且搜索引擎的排名规则经常改变，今天可以排名第一，难保明天就不会落到 100 名之后。所以要及时查看排名，当排名不理想时，向搜索引擎重复提交网页是很有必要的。

（二）付费搜索引擎营销

1. PPC 广告

PPC 是英文 pay per click 的缩写形式，其中文意思就是点击付费广告。点击付费广告是大公司最常用的网络广告形式。这种方法费用很高，但效果也很好。比如搜狐和新浪首页上的 banner 广告。这种形式的广告收费是这种公式计算的：起价＋点击数×每次点击的价格。越是著名的搜索引擎，起价越高，最高可达数万甚至数十万。而每次点击的价格在 0.30 元左右。提供点击付费的网站非常多，主要有各大门户网站（如网易、搜狐、新浪）搜索引擎（Google 和百度），以及其他浏览量较大的网站，比如提供软件下载的华军等。

2. 竞价排名

竞价排名服务，是由客户为自己的网页购买关键字排名，按点击计费的一种服务。客户可以通过调整每次点击付费价格，控制自己在特定关键字搜索结果中的排名；并可以通过设定不同的关键词捕捉到不同类型的目标访问者。

而在国内最流行的点击付费搜索引擎有百度、雅虎和 Google。值得一提的是即使是做了 PPC 付费广告和竞价排名，最好也应该对网站进行搜索引擎优化设计，并将网站登录到各大免费的搜索引擎中。

二、搜索引擎营销的核心思想

搜索引擎营销是网络营销的一种新形式，SEM 就是企业有效地利用搜索引擎来进行网络营销和推广。搜索引擎排名营销是一个非常见效的网络营销途径。就拿 Google 来说，每天在其引擎的搜索达 2 亿人次。如果自己的网站能在搜索结果中排名第一页或

第一名的话，则肯定可以带来不少订单。

搜索引擎营销

搜索引擎营销并不是关键词排名这么简单，它还包括生意关键词分析选择，网站结构优化，关键词争夺策略，搜索引擎递交登录，网站外部链接，搜索引擎爬行分析，关键词 PPC 广告，搜索引擎查询市场份额，与竞争对手间的搜索引擎营销相互比较，搜索引擎优化的工具等。

搜索引擎目前仍然是最主要的网站推广手段之一，尤其基于自然搜索结果的搜索引擎推广，到目前为止仍然是免费的，因此受到众多中小网站的重视，搜索引擎营销方法也成为网络营销方法体系的主要组成部分。目前对于搜索引擎营销的研究，无论是对于搜索引擎优化还是付费搜索引擎广告，基本上都处于操作层面，如果我们要对这些具体的操作方法和技巧归纳为搜索引擎推广的一般规律时，有必要提出这样的问题：搜索引擎推广的核心思想是什么？

新竞争力（www.jingzhengli.cn）通过对搜索引擎营销的规律深入研究认为：搜索引擎推广是基于网站内容的推广——这就是搜索引擎营销的核心思想。

这句话说起来很简单，如果仔细分析会发现，这句话的确包含了搜索引擎推广的一般规律。因为网站内容本身也是一种有效的网站推广手段，只是这种推广需要借助于搜索引擎这个信息检索工具，因此网站内容推广策略实际上也就是搜索引擎推广策略的具体应用。

三、搜索引擎营销与网站推广

（一）搜索引擎营销帮助企业推广网站内容

网站的有效内容，亦即对网站推广有价值的内容。增加网站内容的作用首先表现在满足用户获取信息方面，这是任何网站发布内容的基本目的，从直接浏览者的角度来看，网上的信息通常并不能完全满足所有用户的需要，每增加一个网页的内容，也就意味着为满足用户的信息需求增加了一点努力。因此网站内容策略的基本出发点是可以为用户提供有效的信息和服务，这样，无论用户通过哪种渠道来到网站，都可以获得尽可能详尽的信息。

在满足用户这一基本需求的前提下，网站内容还应考虑到搜索引擎的收录和检索规律，这样可以为用户通过搜索引擎获取网站信息带来更多的机会。搜索引擎收录的信息量是以网页数为单位的，被收录的每一个网页都有被用户发现的机会，也只有被搜索引擎收录才能获得搜索引擎推广的机会。因此，通过增加网站内容而实现网站推广的策略，本质上仍然是搜索引擎推广方法的一种具体应用形式，应服从于搜索引擎营销的一般原理。网页内容是否具有网站推广的价值，不仅依赖于搜索引擎，也取决于用户使用搜索引擎的行为，只有做到网页内容被搜索引擎收录，并且在用户利用某些关键词检索时出

现在检索结果靠前的位置，才有可能被用户发现并引起进一步的兴趣。网络营销的基本任务之一就是利用 Internet 手段将营销信息传递给目标用户，网站的内容策略正是实现这一基本任务的具体方法之一。

（二）搜索引擎营销与网站推广策略密不可分

网站推广是个系统工程，不仅网站建设的专业水平、网站的功能和结构等因素与网站推广策略和网站推广效果直接相关，网站的内容策略同样直接影响着网站推广的效果。只是在一般网站推广策略方面，对网站内容策略的研究比较少，或者很少将网站内容策略与网站推广策略联系起来。考虑到网站内容对于网站推广的意义之后，便于协调网站内容策略与网站推广策略之间的关系，两者均为网络营销策略的重要组成部分，应在网络营销总体策略层面得到统一。

前述分析说明，有效的网站内容对于网站推广策略如此重要，多一个网页，只要包含有效关键词，那么在搜索结果中就多了一次被用户发现的机会，但是实际上并不是每个网站都有很多内容，尤其是用户感兴趣的内容，因此显得内容贫乏，这种状况在许多中小型网站上尤为普遍，好像除了公司简介、产品简介之外，再没有其他内容可以发布了。

第二节　许可 E-mail 营销

E-mail 营销是网络营销信息传递的有效方式，也是主要的顾客服务手段之一，E-mail 营销与网络营销的其他方法相辅相成，本身又自成体系，成为一个相对完整的网络营销分支。

一、许可 E-mail 营销的含义

许可 E-mail 营销是在用户事先许可的前提下，通过电子邮件的方式向目标用户传递有价值信息的一种网络营销手段。许可 E-mail 营销的三个基本因素：基于用户许可、通过电子邮件传递信息、信息对用户是有价值的。三个因素缺少一个，都不能称之为有效的 E-mail 营销。

（一）内部列表和外部列表

这里有必要指出的是，E-mail 营销是一个广义的概念，既包括企业自行开展建立邮件列表开展的 E-mail 营销活动，也包括通过专业服务商投放电子邮件广告。为了进一步说明不同情况下开展 E-mail 营销的差别，可按照 E-mail 地址的所有权划分为内部 E-mail 营销和外部 E-mail 营销，或者叫内部列表和外部列表。内部列表是一个企业/网站利用注册用户的资料开展的 E-mail 营销，而外部列表是指利用专业服务商或者其他可以提供

专业服务的机构提供的E-mail营销服务，投放电子邮件广告的企业本身并不拥有用户的E-mail地址资料，也无需管理维护这些用户资料。外部列表是网络广告的一种表现形式。内部列表E-mail营销和外部列表E-mail营销在操作方法上有明显的区别，但都必须满足许可E-mail营销所三个基本因素：基于用户许可、通过电子邮件传递信息、信息对用户是有价值的。内部列表和外部列表各有自己的优势，两者并不互相矛盾，如果必要，有时可以同时采用。

（二）许可E-mail营销的基础

对于外部列表来说，技术平台是由专业服务商所提供，因此，许可E-mail营销的基础也就相应的只有两个，即潜在用户的E-mail地址资源的选择和E-mail营销的内容设计。

（三）许可E-mail营销的主流方式

利用邮件列表开展E-mail营销是主流方式，也是本书重点讨论的内容。一个高质量的邮件列表对于企业网络营销的重要性已经得到众多企业实践经验的证实，并且成为企业增强竞争优势的重要手段之一，因此建立一个属于自己的邮件列表是非常有必要的。很多网站都非常重视内部列表的建立。但是，建立并经营好一个邮件列表并不是一件简单的事情，涉及多方面的问题。

1. 邮件列表的建立通常要与网站的其他功能相结合

邮件列表的建立通常要与网站的其他功能相结合，并不是一个人或者一个部门可以独立完成的工作，将涉及技术开发、网页设计、内容编辑等内容，也可能涉及市场、销售、技术等部门的职责，如果是外包服务，还需要与专业服务商进行功能需求沟通。

2. 邮件列表必须是用户自愿加入的

邮件列表必须是用户自愿加入的，是否能获得用户的认可，本身就是很复杂的事情，要能够长期保持用户的稳定增加，邮件列表的内容必须对用户有价值，邮件内容也需要专业的制作。

3. 邮件列表的用户数量需要较长时期的积累

邮件列表的用户数量需要较长时期的积累，为了获得更多的用户，还需要对邮件列表本身进行必要的推广，同样需要投入相当的营销资源。

开展许可E-mail营销需要一定的基础条件，尤其内部列表E-mail营销，是网络营销的一项长期任务，在许可营销的实践中，企业最关心的问题是：许可E-mail营销是怎么实现的呢？获得用户许可的方式有很多，如用户为获得某些服务而注册为会员，或者用户主动订阅的新闻邮件、电子刊物等，也就是说，许可营销是以向用户提供一定有价值的信息或服务为前提。

二、许可 E-mail 营销的主要功能

许可 E-mail 营销除了具有产品/服务的直接推广功能之外，在顾客关系、顾客服务、企业品牌等方面都具有重要作用，因此，如果将 E-mail 营销仅仅理解为利用电子邮件来开展促销活动，显然是片面的。E-mail 营销的主要功能归纳为以下 8 个方面。

（一）企业产品或服务品牌形象的提高

许可 E-mail 营销对于企业产品或服务品牌形象的价值，是通过长期与用户联系的过程中逐步积累起来的，规范的、专业的许可 E-mail 营销对于品牌形象有明显的促进作用。品牌建设不是一朝一夕的事情，不可能通过几封电子邮件就完成这个艰巨的任务，因此，利用企业邮件列表开展经常性的许可 E-mail 营销具有更大的价值。

（二）促进产品推广/销售

产品/服务推广是许可 E-mail 营销最主要的目的之一，正是因为许可 E-mail 营销的出色效果，使得许可 E-mail 营销成为最主要的产品推广手段之一。一些企业甚至用直接销售指标来评价 E-mail 营销的效果，尽管这样并没有反映出许可 E-mail 营销的全部价值，但也说明营销人员对许可 E-mail 营销带来的直接销售有很高的期望。

（三）密切与顾客关系

许可 E-mail 与其他网络营销手段相比，它首先是一种互动的交流工具，然后才是其营销功能，这种特殊功能使得许可 E-mail 营销在顾客关系方面比其他网络营销手段更有价值。许可 E-mail 营销对企业品牌的影响一样，顾客关系功能也是通过与用户之间的长期沟通才发挥出来的，邮件列表在增强顾客关系方面具有独特的价值。

（四）更好地为顾客服务

许可 E-mail 不仅是顾客沟通的工具，在电子商务和其他信息化水平比较高的领域，同时也是一种高效的顾客服务手段，通过内部会员通讯等方式提供顾客服务，可以在节约大量的顾客服务成本的同时提高顾客服务质量。

（五）有利于网站推广

许可 E-mail 营销是网站推广的有效方式之一，与搜索引擎相比，许可 E-mail 营销有自己独特的优点：网站被搜索引擎收录之后，只能被动地等待用户去检索并发现自己的网站，通过电子邮件则可以主动向用户推广网站，并且推荐方式比较灵活，既可以是简单的广告，也可以通过新闻报道、案例分析等方式出现在邮件的内容中，获得读者的高度关注。

（六）合作伙伴资源合作

经过用户许可获得的 E-mail 地址是企业的宝贵营销资源，可以长期重复利用，并且在一定范围内可以与合作伙伴进行资源合作，如相互推广、互换广告空间。企业的营销预算总是有一定限制的，充分挖掘现有营销资源的潜力，可以进一步扩大 E-mail 营销的价值，让同样的资源投入产生更大的收益。

（七）方便市场调研

利用电子邮件开展在线调查是网络市场调研中的常用方法之一，具有问卷投放和回收周期短，成本低廉等优点。许可 E-mail 营销中的市场调研功能可以从两个方面来说明：

一方面，可以通过邮件列表发送在线调查问卷。同传统调查中的邮寄调查表的道理一样，将设计好的调查表直接发送到被调查者的邮箱中，或者在电子邮件正文中给出一个网址链接到在线调查表页面，这种方式在一定程度上可以对用户成分加以选择，并节约被访问者的上网时间，如果调查对象选择适当且调查表设计合理，往往可以获得相对较高的问卷回收率。

另一方面，也可以利用邮件列表获得第一手调查资料。一些网站为了维持与用户的关系，常常将一些有价值的信息以新闻邮件、电子刊物等形式免费向用户发送，通常只要进行简单的登记即可加入邮件列表，如各大电子商务网站初步整理的市场供求信息、各种调查报告等，将收到的邮件列表信息定期处理是一种行之有效的资料收集方法。

（八）增强市场竞争力

在所有常用的网络营销手段中，许可 E-mail 营销是信息传递最直接、最完整的方式，可以在很短的时间内将信息发送到列表中的所有用户，这种独特功能在风云变幻的市场竞争中显得尤为重要。E-mail 营销对于市场竞争力的价值是一种综合体现，也可以说是前述七大功能的必然结果。充分认识许可 E-mail 营销的真正价值，并用有效的方式开展许可 E-mail 营销，是企业营销战略实施的重要手段。

三、许可 E-mail 营销与其他网络营销手段的关系

E-mail 是买卖双方信息交流的主要工具，以电子邮件为基础的许可 E-mail 营销也是网络营销的重要内容，同时 E-mail 营销本身又形成一个相对完整的网络营销分支。许可 E-mail 营销与其他网络营销策略如企业网站、搜索引擎、网络广告等具有一定的区别和联系，各种网络营销手段结合在一起形成一个完整的网络营销系统。

（一）许可 E-mail 营销与企业网站相互独立、相互促进

企业网站是开展网络营销的基本工具，是网络营销的基础，E-mail 营销和企业网站之间既可以是相互独立的，又可以是相互促进的关系。

企业网站是收集用户 E-mail 营销资源的一个平台，邮件列表用户的加入通常都是通过设在网站上的“订阅框”来进行的，同时网站可以为邮件列表进行必要的推广，并且也为邮件列表内容通过浏览器阅读提供了方便，从而最终促进 E-mail 营销的效果。

尽管没有网站也可以开展 E-mail 营销，但以网站为基础开展 E-mail 营销效果更好，主要表现在两个方面：一方面，由于邮件内容传递的信息有限，更多的信息需要引导用户到网站去进一步浏览，对于没有网站配合的情形，将会损失这种宝贵的机会；另一方面，通过各种渠道来到网站的用户，在浏览之后可能相当长一段时间都不会回访，在用户访问网站期间他很可能会加入邮件列表，这样便拥有了和用户长期联系的机会，可以充分利用网络营销资源，也可以通过 E-mail 营销为网站、产品/服务做进一步的推广。

（二）许可 E-mail 营销与搜索引擎都是用户与企业之间传递信息的手段

E-mail 营销与搜索引擎之间表面看来并没有直接的关系，如果站在整个网络营销的范围来看，这两种工具其实都是用户与企业（网站）之间传递信息的手段：用户通过搜索引擎寻找企业网站信息，然后到网站上继续了解详细信息，这时候，用户是主动获取信息（其前提是企业网站上已经发布了对用户有价值的信息）；通过电子邮件方式，企业向用户发送信息，用户接受信息是被动的（即使经过用户事先许可，仍然是被动接受信息，因为用户事先并不知道企业要发来什么样的信息，甚至无法对于信息内容进行预期）。可见，搜索引擎和 E-mail 营销是网络营销中截然不同的方式：前者是用户主动获取信息，后者则是用户被动接受信息。也就是说，搜索引擎是用户用来发现企业网站的工具，而 E-mail 营销是企业向用户主动提供信息和服务的手段。

同时，搜索引擎和 E-mail 营销本身也包含主动和被动的矛盾。用户通过搜索引擎主动到网站了解信息，但这些信息却是企业主动提供的，用户可以获取的信息受到网站发布信息的制约；通过许可 E-mail 营销，尽管是经过用户事先许可的，但发送什么信息，仍然不是用户可以决定的（对于用户定制的信息，也只是在一定程度上具有选择权，而不是决定权）。因此，无论哪种“主动的”信息传递方式，事实上企业（网站）仍然占据主动地位，或者说，网络营销中的信息传递从根本上说取决于企业自身，用户的主动性受信息提供方的制约。

交互营销具有吸引力的地方，就在于为用户创造了一种机会，可以争取获得更多的信息，对于企业网络营销者来说，也就是合理利用各种信息传递手段，为用户获取更多信息创造条件，在用户获得这些信息的同时，来实现企业的营销目的。

（三）许可 E-mail 营销有时表现为网络广告形式

E-mail 广告是网络广告的一种形式，但 E-mail 营销并非都是网络广告，例如顾客关系 E-mail、新闻邮件等企业内部邮件列表资源，只是 E-mail 营销的一种载体，传递的信息也并非全是广告。当企业通过 E-mail 专业服务商（或者 ISP 等）发送 E-mail 广告信息时才表现为网络广告形式。

但是，由于许可 E-mail 营销与网络广告有许多相同之处，从内容、文案、创意等方面都需要遵循网络广告的规律，因此，将 E-mail 营销与网络广告相提并论也有一定的道理。

第三节　邮件列表营销

一、邮件列表的含义

邮件列表（Mailing List）是对姓名和电子邮件地址的收集，使个人或组织可以发送信息或资料给众多的订户。常常是用户对这个表的订阅促使了邮件列表的扩大，这样这个订阅者团体就被作为“邮件列表”提交，或简单的只是“列表”。

邮件列表是 Internet 上的一种重要工具，用于各种群体之间的信息交流和信息发布。邮件列表具有传播范围广的特点，可以向 Internet 上数十万个用户迅速传递消息，传递的方式可以是主持人发言、自由讨论和授权发言人发言等几种方式。邮件列表具有使用简单方便的特点，只要能够使用 E-mail，就可以使用邮件列表。

二、邮件列表内容的一般要素

尽管每封邮件的内容结构各不相同，但邮件列表的内容有一定的规律可循，设计完善的邮件内容一般应具有下列基本要素。

（一）邮件主题

邮件主题是邮件最重要内容的主题，或者是通用的邮件列表名称加上发行的期号。

（二）邮件列表名称

一个网站可能有若干个邮件列表，一个用户也可能订阅多个邮件列表，仅从邮件主题中不一定能完全反映出所有信息，需要在邮件内容中表现出列表的名称。

（三）目录或内容提要

如果邮件信息较多，给出当期目录或者内容提要是很有必要的。邮件内容 Web 阅读方式说明（URL）：如果提供网站阅读方式，应在邮件内容中给予说明。

（四）邮件正文

邮件正文是本期邮件的核心内容，措辞要严谨，表述的内容要明确，一般安排在邮件的中心位置。

（五）退出列表方法

这是正规邮件列表内容中必不可少的内容，退出列表的方式应该出现在每一封邮件内容中。纯文本个人的邮件通常用文字说明退订方式，HTML 格式的邮件除了说明之外，还可以直接设计退订框，用户直接输入邮件地址进行退订。

（六）其他信息和声明

如果有必要对邮件列表做进一步的说明，可将有关信息安排在邮件结尾处，如版权声明和页脚广告等。

三、编辑邮件列表内容的基本原则

当邮件列表营销的技术基础得以保证，并且拥有一定数量用户资源的时候，就需要向用户发送邮件内容了，对于已经加入列表的用户来说，邮件列表营销是否对他产生影响是从接收邮件开始的，用户并不需要了解邮件列表采用什么技术平台，也不关心列表中有多少数量的用户，这些是营销人员自己的事情，用户最关注的是邮件内容是否有价值。如果内容和自己无关，即使加入了邮件列表，迟早也会退出，或者根本不会阅读邮件的内容，这种状况显然不是营销人员所希望看到的结果。

除了不需要印刷、运输之外，一份邮件列表的内容编辑与纸质杂志没有实质性的差别，都需要经过选题、内容编辑、版式设计、配图（如果需要的话）、样刊校对等环节，然后才能向订户发行。但是电子刊物（特别是免费电子刊物）与纸质刊物还有一个重大区别，那就是电子刊物不仅仅是为了向读者传达刊物本身的内容，同时还是一项营销工具，肩负着网络营销的使命，这些都需要通过内容策略体现出来。邮件内容设计是营销人员要经常面对的问题，相对于用户 E-mail 资源的获取，E-mail 内容设计制作的任务显得压力更大，因为没有合适的内容，即使再好的邮件列表技术平台，邮件列表中有再多的用户，仍然无法向用户传递有效的信息。编辑邮件列表内容必须遵守以下六项基本原则。

（一）目标一致性

邮件列表内容的目标一致性是指邮件列表的目标应与企业总体营销战略相一致，营销目的和营销目标是邮件列表邮件内容的第一决定因素。因此，以用户服务为主的会员通讯邮件列表内容中插入大量的广告内容会偏离预定的顾客服务目标，同时也会降低用户的信任。

（二）内容系统性

如果对我们订阅的电子刊物和会员通讯内容进行仔细分析，不难发现，有的邮件广告内容过多，有些网站的邮件内容匮乏，有些则过于随意，没有一个特定的主题，或者方向性很不明确，让读者感觉和自己的期望有很大差距，如果将一段时期的邮件内容放在一起，则很难看出这些邮件之间有什么系统性，这样，用户对邮件列表很难产生整体印象，这样的邮件列表内容策略将很难培养起用户的忠诚性，因而会削弱 E-mail 营销对

于品牌形象提升的功能，并且影响 E-mail 营销的整体效果。

（三）内容来源稳定性

我们可能会遇到订阅了邮件列表却很久收不到邮件的情形，有些可能在读者早已忘记的时候，忽然接收到一封邮件，如果不是用户邮箱被屏蔽而无法接收邮件，则很可能是因为邮件列表内容不稳定所造成的。在邮件列表经营过程中，由于内容来源不稳定使得邮件发行时断时续，有时中断几个星期到几个月，甚至因此而半途而废的情况并不少见，即使不少知名企业也会出现这种状况。内部列表营销是一项长期任务，必须有稳定的内容来源，才能确保按照一定的周期发送邮件，邮件内容可以是自行撰写、编辑或者转载，无论哪种来源，都需要保持相对稳定性。不过应注意的是，邮件列表是一个营销工具，并不仅仅是一些文章/新闻的简单汇集，应将营销信息合理地安排在邮件内容中。

（四）内容精简性

尽管增加邮件内容不需要增加信息传输的直接成本，但应从用户的角度考虑，邮件列表的内容不应过分庞大，过大的邮件不会受到欢迎：首先，是由于用户邮箱空间有限，字节数太大的邮件会成为用户删除的首选对象；其次，由于网络速度的原因，接收和打开较大的邮件耗费时间也越多；最后，太多的信息量让读者很难一下子接受，反而降低了 E-mail 营销的有效性。

因此，应该注意控制邮件内容数量，不要过多的栏目和话题，如果确实有大量的信息，可充分利用链接的功能，在内容摘要后面给出一个 URL，如果用户有兴趣，可以通过点击链接到网页浏览。

（五）内容灵活性

前面已经介绍，建立邮件列表的目的，主要体现在顾客关系和顾客服务、产品促销、市场调研等方面，但具体到某一个企业、某一个网站，可能所希望的侧重点有所不同，在不同的经营阶段，邮件列表的作用也会有差别，邮件列表的内容也会随着时间的推移而发生变化，因此邮件列表的内容策略也不算是一成不变的，在保证整体系统性的情况下，应根据阶段营销目标而进行相应的调整，这也是邮件列表内容目标一致性的要求。邮件列表的内容毕竟要比印刷杂志灵活得多，栏目结构的调整也比较简单。

（六）最佳邮件格式

邮件内容需要设计为一定的格式来发行，常用的邮件格式包括纯文本格式、HTML 格式和 Rich Media 格式，或者是这些格式的组合，如纯文本/HTML 混合格式。一般来说，HTML 格式和 Rich Media 格式的电子邮件比纯文本格式具有更好的视觉效果，从广告的角度来看，效果会更好，但同时也存在一定的问题，如文件字节数大，以及用户在客户端无法正常显示邮件内容等。哪种邮件格式更好，目前并没有绝对的结论，与邮件

的内容和用户的阅读特点等因素有关，如果可能，最好给用户提供不同内容格式的选择。

四、邮件列表营销应注意的问题

邮件列表在网络营销中的作用至关重要，在应用邮件列表营销时应注意以下几个方面的问题。

（一）并非完全基于用户许可

自行搜索、收集、购买E-mail地址，未经用户许可发送信息是邮件列表第一禁忌，正规的邮件列表是完全基于用户许可的，即在用户注册时采用双向确认方式（double opt-In)，这已经成为E-mail营销领域的行业规范。有些邮件列表以“自愿退出”(opt-out)方式来获取用户E-mail资源（发送邮件未经用户实现许可，只是在邮件中给出退订方法，如果用户不愿意继续接收邮件，可以自己退出，否则将继续收到邮件），这种方式无论是否允许用户“自愿退出”，都带有一定的强迫性，与E-mail营销的许可原理有一定的距离，已经接近于垃圾邮件，因此应尽量避免。

（二）没有个人信息保护声明

当用户需要注册才能获得网站的某种服务时，用户往往会关心提交的个人信息将被如何使用。个人信息保护与用户加入邮件列表的决策具有重要影响，因为谁也不愿意自己的信息被出售或者与其他公司共享，一些网站对此没有引起足够的重视，通常只是在网站上设置一个“请输入E-mail地址”的订阅框，而没有给出保护个人信息的声明，这将在一定程度上影响用户加入注册的信心。

（三）过量收集用户关心的个人信息

当需要用户提供详细个人信息时，仅仅公布个人信息保护政策还不足以完全让用户放心地注册，除了电子邮件地址外，一些网站则可能还要求填写详细的通信地址、真实姓名、电话、职业等联系信息，甚至还会要求用户对个人兴趣、性别、收入、家庭状况、是否愿意收到商品推广邮件等做出选择，在一些要求比较高的情况下，甚至不得不要求用户填写身份证号码。但很明显的是，要求用户公开个人信息越多，或者是用户关注程度越高的信息，参与的用户将越少。为了获得必要的用户数量，同时又获取有价值的用户信息，需要在对信息量和信息受关注程度进行权衡，尽可能降低涉及用户个人隐私的程度，同时尽量减少不必要的信息。

（四）邮件列表发行系统功能不完善

获得一个新注册用户就等于增加了一个营销资源和潜在顾客，当用户经过思考决定加入邮件列表时，输入自己的E-mail地址，并单击“确认”按钮之后，却出现了错误信息，或者等待很久也没有收到系统发来的确认信息，或者根据确认邮件中的说明无法完成确认手续，这些由于技术不完善的原因不仅造成了用户资源的浪费，也影响了用户的信心，并且直接制约了E-mail营销的效果。邮件列表订阅发行系统的主要问题表现在几个方面：用户无法正常注册、无法退出列表、无法直接回复邮件、用户资料管理不方便等。此外，即使订阅系统运转正常，也会因为订阅手续复杂等原因而让用户中途放弃，比如有复杂的确认手续，涉及敏感的个人信息、某些邮件地址被屏蔽无法收到确认邮件等，这些都应在实际工作中给予密切关注。

（五）对邮件列表没有合理的推广

用户E-mail地址资源的积累是邮件列表营销自始至终的任务，用户资源越丰富，营销效果越明显，但在实际工作中往往被忽视，以至于一些邮件列表建立很久，加入的用户数量仍然很少，邮件列表的优势也难以发挥出来，一些网站甚至会因此而半途而废。现在，很多网站都有邮件列表功能，也通常会在首页上设置订阅框，但仅仅做到这一点还远远不能引起用户的注意并主动加入邮件列表，还需要对邮件列表进行合理的推广。推广的方法很多，比如，可以充分利用网站本身的资源，在网站主要页面都设置邮件一个列表订阅框，同时给出必要的订阅说明、往期内容链接、法律条款、服务承诺等，让用户不仅对于邮件内容感兴趣，并且有信心加入。此外也可以通过提供多种用户订阅渠道、利用合作伙伴的资源等方式挖掘更多的潜在用户。

（六）邮件内容对用户价值不高

从根本上来说，是邮件内容决定了邮件列表的营销价值，邮件列表的内容建设是一项长期和复杂的工作。邮件列表真正产生影响是从用户收到邮件开始的，如果内容和自己无关，即使加入了邮件列表，迟早也会退出，或者根本不会阅读邮件的内容，这种状况显然不是邮件列表营销所希望的结果。邮件内容对用户应该有价值，但这还是一个很笼统的原则，如何做到内容有价值，需要从多个方面来体现。有些网站的邮件内容匮乏，有些则过于随意，没有一个特定的主题，或者方向性很不明确，让读者感觉和自己的期望有很大差距，有邮件广告内容过多，真正有用的信息太少，或者各期内容之间没有明显的系统性，用户对这样的邮件列表很难产生整体印象，因而很难培养用户的忠诚性，对于品牌形象提升和整体营销效果都会产生不利影响。

（七）邮件内容版面和格式设计不合理

邮件内容除了有价值之外，还需要合理的格式选择和版面设计，这不仅是为了看起来美观，邮件内容的设计也直接影响到营销效果，但现实情形是，一些邮件列表的内容设计存在种种不合理之处，如版面设计杂乱、每期内容的重点不突出、邮件主题没有吸引力或者与内容不符，邮件内容为大量的产品介绍，部分邮件格式在客户端无法正常显示等。另外还有一种比较常见的问题是邮件内容过大，如一些电子商务网站的会员通讯，

几乎将网站首页全盘复制到邮件中，甚至包含大量的广告内容，这样的邮件内容自然方便了设计制作人员，却为用户带来很大不便，由于邮件内容过多，字节数过大，结果反而让人无法从中找到自己需要的信息。这种内容庞大的邮件一方面说明企业对 E-mail 营销不专业，另一方面也显得对会员的体贴不够，只是从企业自己的利益出发，忽视了收件人邮箱的承受能力，不仅难以维系顾客关系，甚至会因此伤害会员感情。

（八）邮件内容要素不完整

邮件主题、邮件内容、发件人、收件人等是邮件列表内容的基本要素，但一些邮件列表的内容却存在不少问题，主要表现在发件人信息不完整或者没有发件人的 E-mail 地址、没有收件人 E-mail 地址等。有些邮件不能直接回复，也没有相关的回复说明，这不仅为用户反馈信息增加了麻烦，对邮件列表经营者也有一定的负面影响，如果明确发件人信息并且邮件可以直接回复，不仅方便了用户，对自己也增加了品牌宣传的机会，同时也是区别于垃圾邮件的重要标志之一。邮件内容主题或内容中没有该邮件列表的名称等，因为一个网站可能有若干个邮件列表，一个用户也可能订阅多个邮件列表，仅从邮件主题中不一定能完全反映出所有信息，需要在邮件内容中表现出更多的信息。此外，过一段时间之后，有些用户可能忘记自己曾经订阅过该邮件列表，为了避免不必要的误会，在邮件内容中给予说明是很必要的。

（九）没有固定的邮件发送周期

三天打鱼两天晒网，当自己需要向用户发送什么信息时才想起了邮件列表资源的重要性，平时根本没有放在心上，有时可能每月发送若干次，有时甚至 1 年才有一两次，也许用户早已忘记了自己什么时候加入了邮件列表，却莫名其妙地收到了某个网站发来的邮件，这样很可能对企业品牌形象造成负面影响，也从根本上降低了邮件列表营销的最终效果。因此，如果确定了邮件发送周期，应该履行自己的承诺。从另一个角度来考虑，就是在制订邮件列表策略时，要量力而行，如果没有能力提供固定周期发行的内容，可采用不定期的会员通讯，虽然其效果略小一点，但总是好于在承诺的时间没有按时向用户发送邮件内容。

（十）缺少退订说明或者退订手续复杂

即使是经过用户自行加入的邮件列表，随着时间的推移以及用户工作环境和个人兴趣等方面的变化，可能已经不再对邮件内容有兴趣，这时应该允许用户随时方便地退订，否则就成为一种令用户无法忍受的邮件，与垃圾邮件同样让人讨厌。应在每封邮件的显著位置提供退订方法说明，并保持退订系统正常运行，简化退订手续，只要通过简单回复邮件或者点击邮件中的链接即可实现完全退订。

第四节 电话营销

一、电话营销的含义

电话营销（telemarketing）是一个较新的概念，出现于 20 世纪 80 年代的美国。随着消费者为主导的市场的形成，以及电话、传真等通信手段的普及，很多企业开始尝试这种新型的市场手法。电话营销决不等于随机地打出大量电话，靠碰运气去推销出几样产品。这种电话往往会引起消费者的反感，结果适得其反。电话营销的定义为：通过使用电话、传真等通信技术，来实现有计划、有组织、并且高效率地扩大顾客群、提高顾客满意度、维护顾客等市场行为的手法。成功的电话营销应该使电话双方都能体会到电话营销的价值。

与电话营销相关的词汇很多，直接销售（direct marketing）、数据库营销（database marketing）、一对一营销（one to one marketing）、呼叫中心（call center）、客户服务中心（customer service center）等都是其涵盖的内容。这些技术侧重的方面各有不同，但目的都是一样的，即充分利用当今先进的通信计算机技术，为企业创造商机，增加收益。

所谓电话营销，是一种经过电话网络实现与顾客的双向沟通的营销模式，是电话营销员用语言来开展人性化的促销，特别是 20 世纪 70 年代，电话就被广泛应用在欧美一些经济发达的国家了，并且已经成为商业社会中必须掌握的一门技巧和专业知识。

电话营销是一种语言战，又是一种心理战，强的语言沟通能力来弥补无法用形体语言实现沟通的缺陷，具有方便、快捷、高效、超值等服务特点。配合电话营销业务，很多 IT 厂商提出了电话营销解决方案，包括呼叫中心系统和电话营销软件系统。欧美的电话营销软件使用率达到 80%以上。中国在这方面刚刚起步，目前在保险行业、银行信用卡部门等开始开展电话营销业务并逐步使用电话营销软件。

二、电话营销的对象、运作方式和内容

（一）电话营销的对象

电话营销的对象概括起来有两大类：一般消费者（B2C）和企业（B2B）。其中面向一般消费者的呼入业务包括：商品或服务的订购受理，旅馆、机票预约以及包含投诉处理的客户服务。呼出业务包括：商品或服务的推销、市场调查、市场测试等。面向企业的呼入业务主要是商品或服务的订购受理及客户服务，呼出业务主要是推销、销售支持等。

（二）电话营销的运作方式

要进行电话营销，必须具备呼叫中心。呼叫中心的建设方式有企业内部型（in house）、业务委托型（out sourcing）和混合型三种。

企业内部型是像海尔集团那样，企业自筹资金，建立专用的呼叫中心。呼叫中心的投资分为三大块：硬件（计算机、程控交换机、终端等）、软件（数据库、CTI 软件、业务应用程序）、人员（业务代表、系统管理员、电话营销专家）。

业务委托型是指企业自身不投资建立电话中心，而将自己的电话营销业务委托给专门的代理。比如，上海强生就将自己的业务委托给了上海 ITS。业务委托的最大优点是不需要设备投资及相应人力资源，立刻就能开展业务。专门代理商一般都拥有电话营销方面的专家，电话营销的成功率比较高。这种方式的缺点是企业机密可能被泄漏，因为业务代表没有向心力，不了解企业文化，可能会影响服务水平。

混合型是指在企业正常营业时间使用企业内部的电话中心，这以外的时间及休息日等的业务委托给代理商。另外，很多企业将那些临时性的业务，比如市场调查、处理不过来的业务转给委托代理商。

（三）电话营销的内容

电话营销的主要内容即是电话业务，电话业务即通过电话与客户洽谈生意或推销产品或服务等，是直复式营销的一种方式。许多行业在传统推销渠道的同时，已经越来越重视电话业务的应用，它已经越来越被众多企业用于营销工作中。比如，房地产行业中的商品房销售、制造业中实物型产品的销售、服务型产品的推广等。在许多行业，电话甚至成为了主要的营销手段，比如商业用图书的编撰（比如企业大全类图书）、咨询业（推广讲座、销售图书等）、宾馆、饭店客房推介、旅游业务介绍、保险险种介绍等。按照电话业务的客户类型，根据客户在购买产品与服务时的现实状况（即目标市场动力）以及主动程度（购买理由的强弱），将电话业务中的客户分为五种类型。

1. A 类客户

A 类客户是我们首先需要取得联系的重点客户，与这类客户交谈的重点不是交谈内容，而是如何有效找到这类客户，一旦与他们取得联系，成交就变成了水到渠成的事情了。

2. B 类客户

B 类客户是需要联系的重点，说服此类客户的关键是找到其需求，同时让他感到您推销的产品或服务正是其寻找的，是完全可以满足其需求的。A 与 B 这两类客户是推广人员必须花费绝大多数时间与精力关注与开发的重点客户。

3. C 类客户

C 类客户是需要推广人员长期跟踪的潜在客户，对完成推广人员的近期销售任务没有直接作用。

4. D 类客户

D 类客户是需要长期开发与联系的客户。

5. E 类客户

E 类客户是需要放弃的一类客户，不必花费时间与精力。

三、电话营销给企业带来的益处

（一）及时把握客户的需求

现在是多媒体的时代，多媒体的一个关键字是交互式（interactive），即双方能够相互进行沟通。仔细想一想，其他的媒体如电视、收音机、报纸等，都只是将新闻及数据单方面地传给对方，现在唯一能够与对方进行沟通的一般性通信工具是电话。电话能够在短时间内直接听到客户的意见，是非常重要的商务工具。通过双方向沟通，企业可即时了解消费者的需求、意见，从而提供针对性的服务，并为今后的业务提供参考。

（二）增加收益

电话营销可以扩大企业营业额。比如像宾馆、饭店的预约中心，不必只单纯地等待客户打电话来预约（inbound），如果去积极主动地给客户打电话（outbound），就有可能取得更多的预约，从而增加收益。又因为电话营销是一种交互式的沟通，在接客户电话（inbound）时，不仅仅局限于满足客户的预约要求，同时也可以考虑进行些交叉销售（推销要求以外的相关产品）和增值销售（推销更高价位的产品），这样可以扩大营业额，增加企业效益。

（三）保护与客户的关系

通过电话营销可以建立并维持客户关系营销体系（relationship marketing）。但在建立与客户的关系时，不能急于立刻见效，应有长期的构想。制定严谨的计划，不断追求客户服务水平的提高。比如在回访客户时，应细心注意客户对已购产品、已获服务的意见，对电话中心业务员的反应，以及对购买商店服务员的反应。记下这些数据，会为将来的电话营销提供各种各样的帮助。

通过电话的定期联系，在人力、成本方面是上门访问所无法比拟的。另外，这样的联系可以密切企业和消费者的关系，增强客户对企业的忠诚度，让客户更加喜爱企业的产品。

如海尔电话中心的主要目标是为了实现集团“服务至上”、“真诚到永远”的经营理念。客户通过一个电话、一次报修或是一个投诉，便能亲身体会到海尔集团一条龙的优质服务，提高客户满意度、忠诚度，把新客户变成老客户，这些年来海尔集团业务的飞速发展，也充分证明了电话中心的经营成功。

四、电话业务推广人员具备的基本条件

（一）电话业务推广人员自身必须具备一定的基础能力

电话业务推广人员必须具备的基础能力是口齿伶俐、反应机敏、性格开朗、喜欢电

话推广工作、善于总结教训和经验、会说普通话、声音富有亲和力。口齿伶俐能迅速将信息传递给对方，反应机敏则可从客户的话语中准确、及时把握客户的问题与需求所在，以便迅速采取适宜的对策，性格开朗则敢于并且愿意与客户交谈，喜欢电话推广工作则会在工作中迸发出较强的工作热情，善于总结教训和经验则会在工作与实践中学会自己以前不会的知识和技能，吸取工作失误与教训，从而快速熟悉电话迅速业务，声音富有亲和力则容易让对方在听觉上感到悦耳，不至于让对方产生听觉厌烦。

（二）电话业务推广人员必须有一定的心理承受能力

由于电话营销员所接触的人员复杂，所以电话推广人员还必须具备一定的韧性，有一定的心理承受能力，面对挫折不气馁。如果推广人员具备相关经验则更好，如果其不具备相关工作经验，但是具备上述基本要求，只要对其进行专业化、流程式的培训以及短期试岗，同样会做好相关的电话推广业务。

（三）准确、清楚地表达出所要传递的信息的能力

改善通话技巧，通过电话准确、清楚表达想法，传递信息，并能在最短的时间内了解对方的想法，掌握到电话销售的基本操作原则，可以大大节约了自己和顾客的时间，并提高工作的效率。

电话营销技巧

电话营销的关键在于电话销售中的沟通表达方式。如何能够在最短的时间段里了解到顾客的最大需求及是否为目标客户，营销人员必须以“打对电话找对人的经营策略”，打出每一通高品质的电话来。所有的企业都应以高智能的态度，明智地选择电话营销。使电话成为企业——未来市场份额占有率的重要生产力。向客户不断提问对的问题，销售时，问对问题，在适当的时候，就能获取更大的利润。

世界潜能大师安东尼·罗滨说过：“成功者与不成功者最主要的判别是什么呢？一言以蔽之，那就是成功者善于提出好的问题，从而得到好的答案。”如果你想改变顾客的购买模式，那你就必须改变顾客的思考方式。提出一些好的问题，就可以引导顾客的思维。专业的电话销售人员从不告诉顾客什么，而总是向客户提问题。销售行业的圣言是：“能用问的就决不用说。多问少说永远是销售的黄金法则。”

资料来源：www.795.com.cn

注重电话营销技巧，事前妥善规划，其中有四件重要准备工作：了解真正客户入市动机；整理一份完整的建议书；研究准客户/老客户的基本资料；其他准备事项。

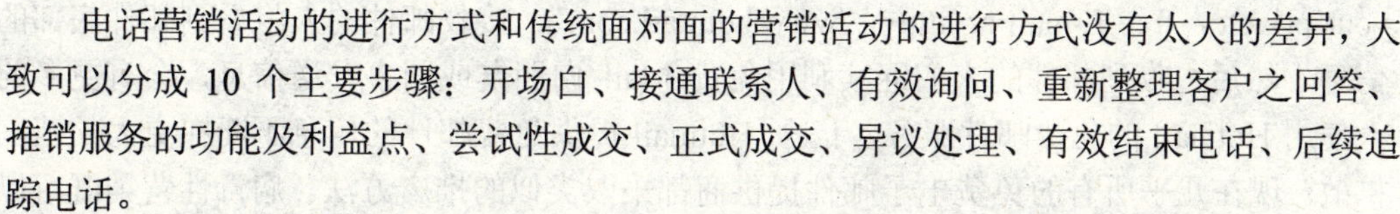

电话营销活动的进行方式和传统面对面的营销活动的进行方式没有太大的差异，大致可以分成 10 个主要步骤：开场白、接通联系人、有效询问、重新整理客户之回答、推销服务的功能及利益点、尝试性成交、正式成交、异议处理、有效结束电话、后续追踪电话。

第五节 病毒性营销

一、病毒性营销的含义

病毒性营销（病毒式营销）是一种常用的网络营销方法，常用于进行网站推广、品牌推广等，病毒性营销利用的是用户口碑传播的原理，在 Internet 上，这种“口碑传播”更为方便，可以像病毒一样迅速蔓延，因此病毒性营销成为一种高效的信息传播方式，而且，由于这种传播是用户之间自发进行的，因此几乎是不需要费用的网络营销手段。

病毒性营销是指厂商通过网络短片、低调的网络活动或是电子邮件信息的方式在全球网络社群发动营销活动，利用口碑传播成为与消费者交流强有力的媒介形式。它的本质就是让用户们彼此间主动谈论品牌，这种与品牌之间有趣、不可预测的体验，往往显示出强大的影响力。

百事可乐的病毒性营销（利用邮箱）

2006 年春节前夕，百事可乐联合网易做了一个“百事祝福传千里，齐心共创新记录”活动，也是走了病毒营销的套路。网易先以邮件方式向所有的邮箱用户告知这个活动，网易邮箱用户只要填写自己的姓名和好友的姓名并写上祝福的话，系统就会自动生成一个有百事字样的祝福彩色邮件，并发送到自己指定的邮件地址去，发送到一定的数量还有奖励。如此一来，百事借助送祝福的名头，在短短的时间内把自己的品牌影响传导到网易庞大的邮件用户和其他邮箱用户中间去了。在这里，病毒营销的传播由头是“送祝福、创记录”，而介质则是邮件。

资料来源：www.yzziw.com

病毒性营销并非真的以传播病毒的方式开展营销，而是通过用户的口碑宣传网络，信息像病毒一样传播和扩散，利用快速复制的方式传向数以千计、数以百万计的受众。病毒性营销的经典范例是 www.hotmail.com。Hotmail 是世界上最大的免费电子邮件服务提供商，在创建之后的 1 年半时间里，就吸引了 1200 万注册用户，而且还在以每天超过 15 万新用户的速度发展，在网站创建的 12 个月内，Hotmail 只花费很少的营销费用，还不到其直接竞争者的 3%。Hotmail 之所以爆炸式的发展，就是由于利用了“病毒性营销”的巨大效力。Hotmail 在每一封免费发出的邮件信息底部附加一个简单提示：“Get your private，free E-mail at http：//www.hotmail.com”，接收邮件的人将看到邮件底部的信息，然后，收到邮件的人们继续利用免费 Mail 向朋友或同事发送信息，会有更多的人使用 Hotmail 的免费邮件服务，于是，Hotmail 提供免费邮件的信息不断在更大的范围扩散。现在几乎所有的免费电子邮件提供商都采取类似的推广方法。病毒性营销既可以被看作是一种网络营销方法，也可以被认为是一种网络营销思想，即通过提供有价值的信息和服务，利用用户之间的主动传播来实现网络营销信息传递。

国内第一篇介绍病毒性营销的文章是“病毒性营销的六个基本要素”，2000 年 2 月份由国内最早的网络营销专题研究网站之一——网上营销新观察创建人冯英健先生翻译自 www.wilsonweb.com 网站上的一篇文章，原作者为美国电子商务顾问 Ralph F. Wilson 博士。

二、病毒性营销的一般规律

病毒性营销并不是随便可以做好的，处理不当甚至可能带来难以预料的负面效果。尽管每个网站具体的病毒性营销方案可能千差万别，但在实施病毒性营销的过程中，一般都需要经过方案的规划和设计、信息源和传递渠道的设计、原始信息发布、效果跟踪管理等基本步骤，认真对待每个步骤，病毒性营销才能最终取得成功。病毒性营销的一般规律可归纳总结为下列五个方面：

（一）病毒性营销要有一定的界限

病毒性营销的“病毒”有一定的界限，超出这个界限的病毒性营销方案就成为真正的病毒了。

1. 病毒性营销的本质是为用户提供免费的信息和服务

没有人喜欢自己的计算机出现病毒，可见病毒并不是受人欢迎的东西。病毒性营销中的核心词是“营销”，“病毒性”只是描述营销信息的传播方式，其实和病毒没有任何关系。病毒性营销的基本思想只是借鉴病毒传播的方式，本身并不是病毒，不仅不具有任何破坏性，相反还能为传播者以及病毒性营销的实施者带来好处，因此病毒性营销和病毒之间并没有任何直接的联系。

在病毒性营销的实际操作中，如果没有认识到病毒性营销的本质是为用户提供免费的信息和服务这一基本问题，有时可能真正成为传播病毒了，尤其利用一些技术手段来实现的病毒性营销模式，如自动为用户计算机安装插件、强制性修改用户浏览器默认首页、在 QQ 等聊天工具中自动插入推广信息（称为“QQ 尾巴”）等，这些其实已经不能称之为病毒性营销，而是传播病毒了。

2. 不能给客户带来麻烦

在专业书籍和文章中介绍的通常都是大型知名公司的病毒性营销案例，因为大型公司有实力提供各种免费资源以实现其病毒性传播的目的，其中很多病毒性营销方法对于小型网站可能并不适用，比如免费邮箱、即时通讯服务等，但病毒性营销的基本思想是可以借鉴的，对于小型网站，虽然难以在很大范围内造成病毒性营销的传播，但在小的范围内获得一定的效果是完全可以做到的。

正是由于病毒性营销的巨大优势，因此在网络营销方法体系中占有重要地位，更重要的是，对企业市场人员具有很大的吸引力，因而吸引着营销人员不断创造各种各样的病毒性营销计划和病毒性营销方案，其中有些取得了极大成功，当然也有一些病毒性营销创意虽然很好，但在实际操作中可能并未达到预期的效果，有些则可能成为真正的病毒传播而为用户带来麻烦，对网站的形象造成很大的负面影响。因此，在认识到病毒性营销的基本思想之后，还有必要进一步了解病毒性营销的一般规律，这样才能设计出成功的病毒性营销方案。

（二）病毒性营销的基本要素

病毒性营销的核心思想是通过提供有价值的信息和服务，利用用户之间的主动传播来实现网络营销信息传递的目的；病毒性营销同时也是一种网络营销思想，其背后的含义是如何充分利用外部网络资源（尤其是免费资源）扩大网络营销信息传递渠道。一个有效的病毒性营销战略的基本要素有六个方面：

1. 提供有价值的产品或服务

在市场营销人员的词汇中，“免费”一直是最有效的词语，大多数病毒性营销计划提供有价值的免费产品或服务来引起注意，例如，免费的 E-mail 服务、免费信息、免费“酷”按钮、具有强大功能的免费软件（可能不如“正版”强大）。“便宜”或者“廉价”之类的词语可以产生兴趣，但是“免费”通常可以更快地引人注意。“免费”可吸引网民眼球，然后，网民眼球会注意到你出售的其他东西，于是才可以赚钱。网民眼球带来了有价值的电子邮件地址、广告收入、电子商务销售机会等。提供某些东西，卖出一些东西。

2. 提供无须努力的向他人传递信息的方式

卫生组织在流感季节提出严肃的劝告：远离咳嗽的病人，经常洗手，不要触摸眼睛、鼻子和嘴。病毒只在易于传染的情况下才会传播，因此，携带营销信息的媒体必须易于传递和复制，如 E-mail、网站、图表、软件下载等。病毒性营销在 Internet 上得以极好地发挥作用，是因为即时通信变得容易而且廉价，数字格式使得复制更加简单，从营销的观点来看，必须把营销信息简单化，使信息容易传输，越简短越好。

3. 信息传递范围很容易从小向很大规模扩散

为了将营销信息迅速扩散，传输方法必须从小到大迅速改变，Hotmail 模式的弱点在于免费 E-mail 服务需要有自己的邮件服务器来传送信息，如果这种战略非常成功，就必须迅速增加邮件服务器，否则将抑制需求的快速增加。如果病毒的复制在扩散之前就

扼杀了主体，就什么目的也不能实现了，只要提前对增加邮件服务器做好计划，就没有问题。

4. 利用公共的积极性和行为

巧妙的病毒性营销计划可利用公众的积极性。是什么原因在网络的早期使得"Netscape Now"按钮需求数目激增？是由于人们渴望酷的原因，贪食是人们的驱动力，同样，饥饿、爱和理解也是驱动力。通信需求的驱动产生了数以百万计的网站和数以十亿计的E-mail信息。为了传输而建立在公众积极性和行为基础之上的营销战略将会取得成功。

5. 利用现有的通信网络

人都是社会人。社会科学家告诉我们，每个人都生活在一个8～12人的亲密网络之中，网络之中可能是朋友、家庭成员和同事，根据在社会中的位置不同，一个人的宽阔的网络中可能包括二十、几百或者数千人。例如，一个服务员在一星期里可能定时与数百位顾客联系。网络营销人员早已认识到这些人类网络的重要作用，包括是坚固的、亲密的网络和松散的网络关系。Internet 上的人们同样也发展关系网络，他们收集电子邮件地址以及喜欢的网站地址，会员程序开发这种网络作为建立允许的邮件列表。学会把自己的信息置于人们现有通信网络之中，将会迅速地把信息扩散出去。

6. 利用别人的资源进行信息传播

最具创造性的病毒性营销计划是利用别人的资源达到自己的目的。例如会员制，在别人的网站设立自己的文本或图片链接，提供免费文章的作者，试图确定他们的文章在别人网页上的位置，一则发表的新闻可能被数以百计的期刊引用，成为数十万读者阅读的文章的基础。别的印刷新闻或网页转发你的营销信息，耗用的是别人的而不是你自己的资源。

根据这一基本规律，在制定和实施病毒性营销计划时，应该进行必要的前期调研和针对性的检验，确认自己的病毒性营销方案是否满足这六个基本要素。

（三）病毒性营销方案设计需要成本

病毒性营销通常不需要为信息传递投入直接费用，但病毒性营销方案不会自动产生，需要根据病毒性营销的基本思想认真设计，在这个过程中必定是需要一定资源投入的，因此不能把病毒性营销理解为完全不需要费用的网络营销，尤其在制定网站推广计划时，应充分考虑到这一点。此外，并不是所有的病毒性营销方案都可以获得理想的效果，这也可以理解为病毒性营销的隐性成本。

（四）网络营销信息需要一定的推广

在成功实施病毒性营销五个步骤中的第四步就是关于对病毒性营销信息源的发布

和推广，因为病毒性营销信息不会实现自动传播，需要借助于一定的外部资源和现有的通信环境来进行，这种推广可能并不需要直接费用，但需要合理选择和利用有效的网络营销资源，因此需要以拥有专业的网络营销知识为基础。

综上所述，新竞争力网络营销管理顾问认为，病毒性营销具有自身的基本规律，成功的病毒性营销策略必须遵循病毒性营销的基本思想，并充分认识其一般规律，包括：为用户免费提供有价值的信息和服务，而不是采用强制性或者破坏性的手段；在进行病毒性营销策略设计时，有必要对可利用的外部网络营销资源进行评估；遵照病毒性营销的步骤和流程；不要指望病毒性营销方案的设计和实施完全没有成本；最后，希望病毒性营销信息会自动在大范围内进行传播是不现实的，进行信息传播渠道设计和一定的推动是必要的。

三、病毒营销的特点

病毒营销是通过利用公众的积极性和人际网络，让营销信息像病毒一样传播和扩散，营销信息被快速复制，传向数以万计、数以百万计的受众。它存在一些区别于其他营销方式的特点。

（一）优点

1. 有吸引力的病源体

天下没有免费的午餐，任何信息的传播都要为渠道的使用付费。之所以说病毒营销是无成本的，主要指它利用了目标消费者的参与热情，但渠道使用的推广成本是依然存在的，只不过目标消费者受商家的信息刺激自愿参与到后续的传播过程中，原本应由商家承担的广告成本转嫁到了目标消费者身上，因此对于商家而言，病毒营销是无成本的。

网络上盛极一时的“流氓兔”证明了“信息伪装”在病毒营销中的重要性。韩国动画新秀金在仁为儿童教育节目设计了一个新的卡通兔，这只兔子相貌猥琐、行为龌龊、思想简单、诡计多端、爱耍流氓、只占便宜不吃亏，然而正是这个充满缺点、被欺负的弱者成了反偶像明星，它挑战已有的价值观念，反映了大众渴望摆脱现实、逃脱制度限制所付出的努力与遭受的挫折。流氓兔的 Flash 出现在各 BBS 论坛、Flash 站点和门户网站，私下里网民们还通过聊天工具、电子邮件进行传播，成了病毒营销的经典案例。

2. 几何倍数的传播速度

大众媒体发布广告的营销方式是“一点对多点”的辐射状传播，实际上无法确定广告信息是否真正到达了目标受众。

病毒营销是自发的、扩张性的信息推广，它并非均衡地、同时地、无分别地传给社会上每一个人，而是通过类似于人际传播和群体传播的渠道，产品和品牌信息被消费者传递给那些与他们有着某种联系的个体。例如，目标受众读到一则有趣的 Flash，他的第一反应或许就是将这则 Flash 转发给好友、同事，无数个参与的“转发大军”就构成了成几何倍数传播的主力。

3. 高效率的接收

大众媒体投放广告有一些难以克服的缺陷，如信息干扰强烈、接收环境复杂、受众戒备抵触心理严重。以电视广告为例，同一时段的电视有各种各样的广告同时投放，其中不乏同类产品“撞车”现象，大大减少了受众的接受效率。而对于那些可爱的“病毒”，是受众从熟悉的人那里获得或是主动搜索而来的，在接受过程中自然会有积极的心态；接收渠道也比较私人化，如手机短信、电子邮件、封闭论坛等（并且存在几个人同时阅读的情况，这样反而扩大了传播效果）。

以上方面的优势，使得病毒营销尽可能地克服了信息传播中的噪音影响，增强了传播的效果。

4. 更新速度快

网络产品有自己独特的生命周期，一般都是来得快去得也快，病毒营销的传播过程通常是呈S形曲线的，即在开始时很慢，当其扩大至受众的一半时速度加快，而接近最大饱和点时又慢下来。针对病毒营销传播力的衰减，一定要在受众对信息产生免疫力之前，将传播力转化为购买力，方可达到最佳的销售效果。

（二）缺点

1. 违反公众道德

病毒性营销在网上传播网络营销信息的同时，许多“恶意”的祝福信息，就是利用病毒式营销进行传播的。像什么“给妈妈的祝福，看到后如不转发，XX日内母亲必出事。”等，这些显然与公众道德是相背离的。

2. 有时会有负面效应

病毒性营销虽然传播的是网络营销信息，但是伴随着网络的传播，一些行业内幕，会被公布于Internet，且会迅速蔓延，产生负面效应，影响该行业的健康发展。

3. 误导公众

一些信息往往会利用公众的某些心理，将错误或负面信息传播开来。比如，如今许多年轻人知道“XX”明星的XX隐私，而不知道我国的历史文化名人是何人。有时，部分不良信息确实会误导那些没有树立正确人生观念的社会大众。

所以实施病毒性营销时，要尽量注意其产生的不良反应。

四、实施病毒性营销的步骤

病毒性营销一直是网络营销人员津津乐道的话题。病毒性营销的价值是巨大的，一个好的病毒性营销计划远远胜过投放大量广告所获得的效果，病毒性营销并不是随便可以做好的，有些看起来很好的创意，或者很有吸引力的服务，最终并不一定获得预期的效果，如何才能取得病毒性营销的成功呢？接下来介绍实施病毒性营销的具体步骤。

（一）整体规划和设计病毒性营销方案

应该进行病毒性营销方案的整体规划，确认病毒性营销方案符合病毒性营销的基本思想，即传播的信息和服务对用户是有价值的，并且这种信息易于被用户自行传播。

（二）进行病毒性营销的创意

病毒性营销之所以吸引人之处就在于其创新性，而且需要独特的创意，并且精心设计病毒性营销方案（无论是提供某项服务，还是提供某种信息）。最有效的病毒性营销往往具有鲜明的特点。独创性的计划最有价值，跟风型的计划有些也可以获得一定效果，但要做相应的创新才更吸引人。同样一件事情，同样的表达方式，第一个是创意，第二个是跟风，第三个做同样事情的则可以说是一点新意也没有了，甚至会遭人反感，因此病毒性营销吸引人之处就在于其创新性。在设计方案时，一个特别需要注意的问题是，如何将信息传播与营销目的结合起来？如果仅仅是为用户带来了娱乐价值（例如一些个人兴趣类的创意）或者实用功能、优惠服务而没有达到营销的目的，这样的病毒性营销计划对企业的价值就不大了，反之，如果广告气息太重，可能会引起用户反感而影响信息的传播。

（三）信息源和信息传播渠道的设计

这是指对网络营销信息源和信息传播渠道进行合理的设计，以便利用有效的通信网络进行信息传播。虽然说病毒性营销信息是用户自行传播的，但是这些信息源和信息传递渠道需要进行精心的设计，例如要发布一个节日祝福的Flash，首先要对这个Flash进行精心策划和设计，使其看起来更加吸引人，并且让人们更愿意自愿传播。仅仅做到这一步还是不够的，还需要考虑这种信息的传递渠道，是在某个网站下载（相应地在信息传播方式上主要是让更多的用户传递网址信息）、还是用户之间直接传递文件（通过电子邮件、IM等），或者是这两种形式的结合。这就需要对信息源进行相应的配置。

（四）原始信息的发布和推广

企业要对病毒性营销的原始信息在易于传播的小范围内进行发布和推广，如果希望病毒性营销方法可以很快传播，那么对于原始信息的发布也需要经过认真筹划，原始信息应该发布在用户容易发现，并且用户乐于传递这些信息的地方（比如活跃的网络社区），如果必要，还可以在较大的范围内去主动传播这些信息，等到自愿参与传播的用户数量比较大之后，再让其自然传播。

（五）病毒性营销的效果的跟踪和管理

当病毒性营销方案设计完成并开始实施之后（包括信息传递的形式、信息源、信息渠道、原始信息发布），对于病毒性营销的最终效果实际上自己是无法控制的，但并不

是说就不需要进行这种营销效果的跟踪和管理。实际上，对于病毒性营销的效果分析是非常重要的，不仅可以及时掌握营销信息传播所带来的反应（例如对于网站访问量的增长），也可以从中发现这项病毒性营销计划可能存在的问题，以及可能的改进思路，将这些经验积累下来，可以为下一次病毒性营销计划提供参考。

上述成功实施病毒性营销的五个步骤对病毒性营销的六个基本要素从实际应用的角度做出了进一步的阐释，使其更具有指导性，充分说明了病毒性营销在实践应用中应遵循的规律。

五、病毒性营销在网络营销中的具体运用

利用病毒性营销在营销推广时一般有以下几种形式：各种各样的签名、电子邮件、提供免费的服务、短信营销。

在电子邮件或其他通信方式中使用签名，无论常规通信方式、E-mail 消息、BBS 还是在新闻组中发布消息，可以附加一段签名文字，签名文字可以是一小段文字，也可以是附加的一个文件。

由于通过 Internet 进行营销时带有某种硬性推销的色彩，因此，在选择签名文字前，一定要慎重推敲思考。好的签名能吸引阅读者，差的签名优势会导致自我形象的损坏。

病毒性营销是目前所使用的最成功的网络营销手段之一，如果你拥有一个以服务为基础的网站，则可以考虑运用病毒营销来发展自己的网站。

上述网络营销的方法体系不是孤立的，其间存在着内在的联系，开展网络营销并不等于将各种网络营销方法进行简单的独立应用，必要的时候可以几种方法结合应用。在网络营销的特定阶段，为了实现网络营销的某项职能而采用某种网络营销方法，以及如何应用这种网络营销方法，实际上都是由网络营销的总体策略和阶段目标所决定的。

小结

本章主要介绍了网络营销的方法：搜索引擎营销的内容及核心思想：免费和付费方式、搜索引擎营销的指导意义、许可 E-mail 营销的含义及主要功能。

许可 E-mail 营销与其他网络营销手段的关系：企业网站、搜索引擎、网络广告、邮件列表营销的含义。

邮件列表营销的基本原则：目标一致性、内容系统性、内容来源稳定性、内容精简性、内容灵活性、最佳邮件格式，邮件列表营销注意的问题。

电话营销的含义、对象、运作方式和内容；电话营销给企业带来的益处；电话业务推广人员具备的基本条件。

病毒性营销的含义和一般规律，病毒性营销的特点：有吸引力的病原体、几何倍数的传播速度、高效率的接收、更新速度快，实施病毒性营销的步骤。

WOW 营销，真的有高招

1．产品特征鲜明，带给玩家全新世界

暴雪公司是美国著名游戏研发公司，其产品《暗黑破坏神》、《魔兽争霸》等均受到国内玩家推崇，WOW 在推出之前就借其公司品牌在市场引起玩家广泛关注，甚至国内众多玩家在美国 WOW 公测时就开始通过国外渠道购买游戏点卡进行游戏。

WOW 在产品内容设置上可谓出类拔萃，带领玩家进入一个虚拟而又真实的世界，在游戏世界里，玩家首先选择联盟或者部落两大对立阵营，再选择人类、精灵、兽人、巨魔等种族，接下来选定战士、法师、骑士等九大职业之一，好比公司对于产品设置，首先是品类设定，然后是丰富的产品线，再接下来完善具体产品。

游戏画面是全 3D 效果，特别在游戏的市场推广中不断更新环境效果，包括天气、光线等，力求达到真实生活中的场景。

在 WOW 里，玩家可以用自己的方式锻炼升级，交朋友，参加工会，还可以选择自己爱好的副业以添加更多乐趣，比如采药、裁缝、锻造等，更令玩家热衷的是人数众多的团队活动，各个职业组合在一起互补提升综合实力，来完成一个个游戏中特定的区域性集体活动，获得更好的装备。

马斯洛的五层情感愿望在 WOW 中可以较为轻松实现，这也是网络游戏不同于大众产品的独特魅力所在。

2．定价灵活多变，支付方式日趋完善

WOW 伊始是免费的公开测试，让玩家尝试游戏，提出建议及对游戏进行修改，在经历了几个月的免费尝试后，正式收费开始，玩家们已经身陷其中不能自拔，但 30 元一张的游戏点卡让很多学生玩家有点力不从心，好在此时及时调整了定价策略，把更多的利润空间放给了点卡经销商，有了经销商的竞争，价格自然会有所下浮；淘宝网同时也在销售 WOW 点卡，自然可以有一定幅度折扣，这也让价格问题得到缓解，而随后推出的 15 元点卡更是满足了收入较低学生的需求。

在 WOW 收费支付方式上，首先联合电信互联星空品牌推出电信用户从电话费中扣除，接着又提供了银行卡自动充值交费系统，当游戏时间即将结束时玩家的银行卡可以自动帮助玩家交费，保证游戏不间断。

3．购买渠道新颖，方便不同用户需求

WOW 点卡分为两种形式，一种是实物卡，类似银行卡大小，印有不同游戏人物图案，便于玩家收藏；另一种是在线卡，只是卡号，没有实物。

玩家可以通过大众渠道，报亭、网吧、代理公司购买实物卡，也可以通过网络形式购买在线卡，另一种特别的购买方式为在游戏中用金币向其他玩家或者网游公司换取游戏点卡，满足了一些没有经济实力玩家的购卡需求。

4. 促销活动频繁，满足品牌持续建设

周边产品的延伸，让 WOW 实体产品也丰富起来，各种纪念卡、徽章、服饰应有尽有，特别是 WOW 与 Intel 及一些著名 IT 公司的联合推广，是网络游戏营销的一个亮点，这不同于在游戏环境里做广告，玩家付费进行游戏，就不可以去打扰玩家的消费特权，这点 WOW 做的就比国内一些网游代理商要好。

联合网吧的主题活动是 WOW 持续高热化的一大亮点，在游戏中会定期举办全国性活动，这些活动按照区域划分，再由终端组织活动的网吧进行，网吧此时不仅借机宣传自身，还可以提升销售；另一种比较成功的主题活动是类似嘉年华的玩家现场参与活动，游戏卡通人物造型、游戏场景实时再现等方式，让玩家从虚拟走进现实，有机结合线上游戏活动和线下真实交流活动才是网络游戏需要突破的瓶颈。因为在网游中，品牌建设更为重要，口碑效应比大众产品更为迅速和广泛，所以危机处理和媒体宣传沟通是所有网游代理发行商必须重视的要点，而 WOW 在此也遇到了很多来自玩家的反面意见，但公关做的较为圆满，在一次次意见处理后反而让玩家看到了完善的服务体系。

WOW 现在并不是网游界独树一帜的，面临的竞争还很多，但科学的网络营销体系让他先行一步，在做好品牌推广的同时，坚持以满足消费者需求，相信会带给玩家越来越多的游戏乐趣。

资料来源：www.emkt.com.cn/article/305/30571.html

思考题

1. 网络营销的方法有哪些？
2. 邮件列表营销的基本原则有哪些？
3. 电话营销人员应具备哪些条件？
4. 如何理解病毒性营销？
5. 简述许可 E-mail 营销与其他网络营销手段的关系。

实训项目

1. 用国内外著名搜索引擎对中英文关键字搜索性能比较，并了解这些常用搜索引擎的基本使用。分别使用表内国内外著名搜索引擎对中英文关键字进行搜索并记录结果。

搜索引擎分别是：

www.baidu.com

www.yahoo.cn

www.google.cn

www.sogou.com

www.altavista.com

www.go.com

2．了解 E-mail 营销中的 E-mail 身份安全（数字证书、密码）、E-mail 伦理（垃圾、病毒、商业规范）、隐私保护；掌握客户端邮件收发工具 Outlook Express 的使用方法。

登录到网易 163 或者雅虎电子邮件系统，了解 E-mail 的各种安全性及隐私保护；使用 Outlook Express 软件，了解其各种性能。

掌握用网络营销工具 Outlook Express 收发各种电子邮件，掌握 Outlook Express 的各种邮件的安全收发，体验通过 E-mail 开展网络营销的优缺点。

3．通过创建企业邮件列表实训，了解企业邮件列表的创建过程，掌握利用邮件列表开展网络营销的方法。

企业可以通过邮件列表直接将企业动态、产品信息、市场调查、售后服务、技术支持等一系列商业信息发送到目标用户手中，并由这些用户形成一个高效的回馈系统，从而最大限度地保证宣传促销等活动的效果和效率。

进入希网网络主页（http://www.cn99.com ），进行新用户注册，创建邮件列表，完成注册，熟悉希网网络邮件列表的功能。

第6章

网络社区营销方法

学习目标

1. 懂得网络社区的含义；
2. 认识网络社区在网络营销中的作用；
3. 如何利用博客开展营销活动；
4. 认识网上论坛在营销上的优势；
5. 会建立自己的博客并加入别的博客部落。

知识点：懂得网络社区的含义，网络社区的两种主要表现形式博客和论坛的特点和实施方法；掌握博客的建立方法，能自己建立一个博客并加入别的博客部落。

技能点：建立自己的博客并加入别的博客部落。

社区口碑营销的先行者：三星 F308

2008 年初，三星 F308 手机进行了一次典型的网络口碑营销活动，使我们得以一窥社区口碑营销之道。

三星 F308 作为一款 2007 年新上市的手机，产品最大的卖点就是独特的双面设计，具有超薄的直板机身，并配备了强大的音乐功能。在现有的手机市场上，三星 F308 如何敲开消费者的心扉，得到消费者的青睐，成为其重中之重。

精于市场运作的三星公司，这次在传统营销模式的基础上，选择了一条独特的 Internet 营销模式。它与 Insenz 社区营销联盟合作（拥有 40 多万独立 Internet 社区网站用户和累计超过 15 亿注册网民用户），针对手机论坛做了一个网上推广活动。具体来说，就是通过 Insenz 平台将有广告创意的与三星 F308 产品相关的帖子和话题投放到数百家手机论坛上，进行口碑传播，影响消费者的购买行为。

其中，由数百家手机通讯类社区论坛形成了一个天然的手机精准定向营销传播网，这个传播网接受了中国移动飞信 IM 和摩托罗拉手机等大品牌广告商的推广检验。三星 F308 也是这种社区口碑定向传播的先行者之一。

在操作实施时，三星 F308 在社区营销中，以“华丽两面派，你要哪一面？”为主题的帖子比较真实地再现了手机的新元素及其与众不同之处。InSenz 社区营销联盟以主题置顶帖和普通帖的方式向参与此平台的相关手机论坛进行了远程推送，当这些帖子出现在相应的论坛上时，引起了坛子内网友的极大关注。根据监测效果显示，通过为期一周的社区论坛口碑营销，三星 F308 的品牌关注度指数由投放之前的 7 飚升到推广期内的 500 左右，推广结束后，论坛关注度指数持续稳定在 30 左右，品牌关注度得到大大的提升，这对三星来说可谓是低投入高回报的营销。

资料来源：www.techweb.com.cn

第一节　网络社区的基本内容

“网络社区”这个词和现实社会中的“社区”不是一模一样的，而是一些网站产生了和传统社区相类似的效用和形态，因此有了与“传统社区”这个词的类比。当“网络社区”和“传统社区”同源的效用产生后，并不意味着它的发展将和“现实社区”的发展历程一样一步步走来，不是完全的模拟，而是两者之间的融合和演进。

一、网络社区的特点

网络社区有和现实生活中社区相同的地方，也有不同于现实生活中社区的地方。“网络社区”有以下三个特点。

（一）网络社区和传统现实社区本质功能的一致性

随着社会各领域尤其是技术领域的发展，现实社区的结构、形式和功能也在发生着变化，但社区固有的本质功能仍将会发生着重要的作用。同样的道理，这些功能也以在线的形式存在于网络社区中，如信息的共享和交流、社区精神和文化对社区内人的影响、社区通过管理制度对个人言行产生的硬控制以及通过评价议论等手段对人的言行产生的软控制、个人对社区的共同参与以及人与人的联系沟通和互助。

（二）Internet 和数字化对传统现实社区发展的促进

在一门心思研究与实现在线网络社区的同时，换个角度思考 Internet 和数字化也促进现实社区的演进，更能给我们构建社区带来更多更好的启发。如在现实社区的教育、医疗、娱乐、对特定群体的服务等社区服务功能，借助 Internet 这一平台时，服务水平和创造的价值将会有一个巨大的提升空间。现实社区对这种服务的需求是显而易见的，商业模式也是清晰的。当前众多提供此类服务的网站，无论其是否定位于社区的方向，又何尝不是网络社区实践者学习的对象。

（三）以线上为主体，全面超越“现实社区”效用的全新网络社区

在现实社会中，社区的概念是宽泛的，在 Internet 这个领域更是如此。因此，很多网站都被冠以社区或致力于成为社区。这并不是“网络社区”概念的滥用。网络社区定义应该是什么样，没有人知道，也没必要知道。我们只需要了解，它的特点是在以上两点的基础上对现实中社会结构和商业逻辑的重构。网络交友是这种重构，对餐馆点评信息的分享是这种重构，社会化商务也是这种重构。当这种重构越多，越深入人们的生活，“网络社区”这个脱生于“现实社区”的概念，也将越与“现实社区”分道扬镳，给人们以完全不同的社区体验，形成真正意义上的“网络社区”。

二、商业网络社区的规划与管理

网络社区能产生多少直接的商机，没有人可以说得清楚。但从网络营销的角度来考虑，一个成功的商业网络社区仍然具有重要价值，主要表现在以下几个方面，如收集潜在顾客信息，增强与潜在顾客的交流，增加潜在顾客的数量，增加顾客忠诚度以及便于顾客服务等。所以，网络社区被认为是成功网站的重要组成部分。若需要在自己的网站建立社区，在规划和管理网络社区时，需要在下列五个方面给予特别注意。

（一）明确网络社区的定位和主题

根据社区的规模和参与者，可将网络社区划分为综合性社区和专业社区两种主要形式。每种社区通常又会按照不同的主题分为若干版块，如我们熟知的网易虚拟社区就是一个包含几十个版块的综合性社区，内容覆盖了生活、情感、文学、计算机、音乐、股票等年轻人生活的几乎所有方面，Chinaren.com 网上社区定位于在校大学生及刚走出校门的年轻人，而 Alibaba.com 定位于网上商人社区，根据行业性质划分为不同的类别。

从网站的商业价值来讲，综合性社区和专业社区各有优势，前者通常可以吸引大量人气，首先取得网民的注意力，然后通过网络广告等形式取得收入，专业性社区往往直接蕴涵着商机，例如一个关于汽车的社区，其会员中很可能有大量潜在购买者。

除了门户网站之外，其他专业网站或者企业网站，在创建社区时通常会定位于专业社区。那么，是不是生产什么产品的企业就建一个该产品的论坛，让消费者来发表关于其产品的意见？这样显然不行，因为社区成员之所以参与，其基本原因是可以与其他成员交流信息，并了解自己希望得到的信息，同时，网络社区又是一个休闲的场所，会员希望能在轻松愉快的气氛中了解自己感兴趣的内容，并发表自己的意见或见解。

（二）确定社区的功能

一般来说，一个网络社区的基本功能可根据自己的情况定，但一个社区中最常用基本功能如下。

1. 论坛

论坛也称为“电子公告板”（BBS），是虚拟网络社区必不可少的功能，大量的信息交流都是通过 BBS 完成的，会员通过张贴信息或者回复信息达到互相沟通的目的。有些简易的社区只有一个 BBS 系统。

2. 聊天室

聊天室是在线会员实时交流的地方，对某些话题有共同兴趣的网友通常可以利用聊天室进行深入交流。

3. 讨论组

如果一组成员需要对某些话题进行交流，通过基于电子邮件的讨论组进行讨论会觉得非常方便，而且有利于形成大社区中的专业小组。

4. 免费邮件

为了避免不同邮件提供电子邮件之间通信的时间差甚至相互屏蔽的现象，经常在同一社区的成员之间交流往往倾向于使用该社区提供的 web E-mail。

5. 即时信息

如果为在线成员提供类似于 ICQ 的即时信息交流工具，将为会员交流提供更大的

方便。

6. 留言系统

如果错过了与网友同时在线交流的时间，留言系统将发挥重要作用。

7. 回复通知

如果你在论坛上发的帖子希望得到别人的回复，而又不能经常上网查看的话，就需要回复通知功能，将别人回复的信息发送到指定的电子邮箱中。

8. 信息定制

社区可以提供管理者与会员之间，以及会员之间的多向交流，管理者可能有许多信息要向会员发布，应该允许会员定制自己需要的信息。

（三）网络社区的管理

Internet 上现有的许多网络社区都存在这样或那样的缺陷，如一些商业网站的社区，参与者寥寥，一个主题下面每天只有几条信息，甚至几天才有一条信息，造成这种结果的原因可能是多方面的，比如网站访问量比较小，话题过于专业或类别过于详细等。所以，如何吸引尽可能多的成员来参与是至关重要的。

一个成功的社区在管理时，需要在下列方面充分考虑会员的需要。

1. 利益共享

这是网络社区的基本出发点，如果会员从中不能分享到自己所期望的利益，也许就不会对该社区关注。会员期望的利益包括切实的物质利益，也包括了解有价值的信息、与志趣相投者的交流、获得心理满足等多方面内容。

2. 开放性

一个社区最活跃的是其核心成员，但仅有核心成员的参与是不够的，据估计，80%以上的社区成员通常不发表任何言论，但总会有新的成员不断加入进来，应该营造一种开放、平等的氛围，无论新老会员，都可以自由参与。

3. 潜在会员

由于 Internet 的社区很多，新用户在决定是否加入一个社区时，一般会先经过一段时间的考察和了解，对于还没有注册为正式会员的用户，应该给予了解社区的机会。

4. 会员忠诚

为会员提供附加价值，增进其对社区的忠诚度和依赖性，例如特别的折扣、不定期的奖励措施等，必要时可利用网下的沟通机会增强会员与社区的关系。

5. 环境保护

不要让喧闹的广告出现在社区里，大量的广告会使会员觉得厌烦，也可以聘请主要成员参与社区管理，授权他们删除与主题无关的帖子，或者其他非法言论、恶意中伤等信息。

（四）网络社区的推广

现在，Internet 上的各种社区不计其数，并非随便一个社区都会有大量用户主动参与，因此，网络社区建成发布之后，还需要进行一系列的推广活动。

网络社区的推广方法实际上类似于新网站的推广方法，可以提交给搜索引擎的相关分类，在分类广告中发布信息，到其他相关社区发布新社区开张的消息，甚至可以利用网络广告、邮件列表等方式吸引目标用户的注意。

此外，如果你的网站已经先于网络社区发布并拥有一定量的访问者，可以充分利用网站来为网络社区开展推广活动。例如，在网站上发布社区开张的消息；像为产品做广告宣传一样在网站上宣传参与社区的好处；在网站上公布其他成员参加社区取得收获的证明材料或推荐书；定期邀请专家或知名人士作为嘉宾参加社区的活动，与会员现场交流，或者解答会员的问题；为社区会员创建一份免费电子杂志，可以在每期电子刊物的结尾处提醒会员回来参与社区的活动等。

三、成功网络社区的准则

通过识别成功网络社区（即那些发展到最高水平的社区）的共同点，社区的定义可被进一步澄清。这类社区的例子有 eBay、微软的 Gaming Zone 等。这些社区在其成员间发展了相互交织的关系，而且建立在某一兴趣焦点的基础上以满足成员的需求。这些成功社区共有以下 10 个特征，并被分为四类。

（一）人员准则

1. 成员资格是有意识的选择

购买一件商品——即便是发生在网络社区空间中——也并不意味着消费者自动被认为是网络社区的一部分。虽然一次购买表明消费者对一件商品的兴趣，但它未必表明其对参加一个网络社区有兴趣。许多公司企图忽视这一点。例如，在网上购物时这种情况就会发生。公司有时设置检查框（check box），将来访者签署到其邮件各单中，自动认为他们是网络社区成员。这种社区趋于武断，成员数量夸张，而且根本不是真正的社区。这些公司忘记了网络社区建立于关系基础之上，这蕴含着个体一定程度的、有意识的、自愿的承诺和强度。自动签署到一个邮件名单，在个体这方并不涉及任何承诺或强度，因此其结果不是关系，而是一个毫无生气的 E-mail 地址的集合，这些地址每周都会收到同样邮件。这绝对不是网络社区。

2. 成员基础达到了临界规模和可持续性

成功的网络社区被巨大的成员基础所推动，这个基础始终如一地在网络社区会晤区域收集、分享并增加价值。达到这一临界规模对于可持续性是非常关键的。如果个体发现聊天室里空无一人而且公告栏上乱丢着旧帖子，那么要吸引并保留成员可能很困难。达到临界规模对于产生社区孜孜以求的两个极具价值的特征也十分重要，即客户创作的内容（如评分、意见、建议等）和分成小组的能力（如个体可选择讨论一个与社区主体相关的子话题）。随着成员人数增长和临界规模的达到，客户间的活动就会增加。一般情况下，客户创作的内容无论是数量还是质量也会随之增加。达到临界规模后，社区可分成更多小组而且它们能自己维持。这使得社区多样化、有吸引力，而且更重要的是可持续的。

3. 成员有很强的信任感

没有关系就没有网络社区，而没有信任就没有关系。成功的社区获得并发展了很强的来自成员的信任，从而使网络社区内关系加深而活跃。因网络社区不同，信任可以有许多形式。

1）它可以是进行交易时的安全感。

2）它可以是某一个体的私人信息不会被滥用（例如 E-mail 兜售邮件）的感觉。

3）它可以是成员一般会尊重并自我强化社区礼仪（etiquette）的知识。

如果 Web 站点自动将来访者签署到邮件名单并将他们视作网络社区成员的话，那么信任就不会产生。与自由选择参加其社区相比，这种所谓的社区成员间信任的缺乏是这一例子不满足网络社区准则的另一原因。

对于有信任感的成员来说，其参与、提供信息并增加价值的可能性会越来越大。而且，高度信任允许网络社区管理员有效利用客户产生的价值，如有针对性的商品销售或订阅费。所以，信任是创建网络社区的一个关键要素。没有信任，网络社区的人们无法达成共识，就可能危及网络社区的存在。网络区的形成，正是基于人们在网络发展过程中所形成的共识。达成的共识越多，网络社区就越稳定。

（二）过程准则

1. 成员实现了规模收益

这项准则指的是社区的定义，它表示社区满足的需求是单个个体所无法实现的。社区主要通过规模收益（benefit of scale）满足这些需求。如果数目众多的人聚集在社区中的话，从收集信息到形成买主协会的任务将变得可能和容易。因此，规模是成员收益的赋能者（enabler）。成员收益通过提高参与水平得以提高。一个单个社区成员的收益直接与该成员在社区中投入程度成正比——成员在社区中投入越多，其获得的潜在收益也越大。收益的例子可能有股票交易或视频游戏的小窍门。社区利用规模收益或网络效应的程度，或麦特卡尔夫定律（Metcalfe's Law），通常可预计社区的成败。成功的社区往往能够有效利用其规模以满足成员之需求。

2. 角色不是层状或强加的

这条准则澄清了社区和组织（organization）间的区别。社区和组织都建立在共同兴趣基础之上，在人们之间建立关系，并满足成员个体无法实现的需求。但是，其结构有很大差别。组织通常对所有个体强加不同角色，而社区则趋于没有层级，并且很少指派成员的职责。社区成员的角色，例如关于社区治安讨论，通常由成员自愿担任并基于大多数活跃的社区成员的承诺程度进行自然选择。因此，与新来的或较少承诺的成员相比，高度承诺的社区成员（由其活跃的消息帖子来识别）将更可能承担领导角色。不过，该自愿者规则也有一些例外。例如视频游戏世界那样的在线社区在每个游戏中可以向个体指派特定的角色。

尽管如此，社区一般有别于组织还在于其数量不多和不严格界定的角色。此外，社区鼓励所有成员的参与。社区成员自愿承担角色，而且未能履行角色任务的后果也是有限度的。因此，社区和组织的目标有相当大的不同。

3. 有效的协调和站点结构保持社区活动循规蹈矩

成功的社区在其运作中分享着高度集中的焦点。讨论话题得到很好的组织，线索易于跟踪，不合适的帖子被删掉，而且激烈争论（name wars）——成员间卑劣的（mean spirited）交流——得以控制，保持内容相关联并循规蹈矩。主持人（也称作“系统操作员”，或“sysops”）将群体的能力用于有用的讨论或活动。

正式的主持人并非总是需要的，发展成熟的社区有时是自己维持的。例如，eBay 和 iVillage 的承诺成员熟知社区礼仪和行为规范，被鼓励维持新成员的秩序。有效的站点设计和结构在保持活动沿着正轨方面也起到很大作用。例如，为了防止激烈争论，站点设计应允许成员减弱激怒他人的消息——因此扩散并减少了争论。此外，有效的站点结构可提供私下结束争论的社区区域。

（三）文化准则

1. 参与和反馈的精神得到明显的培养

社区的动力来自核心成员的参与。但是，这部分由少数人主导（dominated）而不是维持（sustained）的社区是不健康的社区。如果活动明显由少数人主导，可能会在无意中挫伤新成员参与和反馈的积极性，削弱他们参与和反馈的意识。因为缺乏广泛的参与，新成员未能参加，新的想法未能传播，最终将导致社区的崩溃。

最成功的社区不仅仅培养来自核心成员的强度，而且培养不断增长的开放意识。成功的社区鼓励（encourage）社区范围的反馈（例如通过反馈公告栏）而且也通过建立反馈循环系统了解社区成员的思想。社区领袖应当建立定期的检查点发布或接收反馈，例如进行民意测验或调查。社区文化的这一要素对于社区吸引新成员极其重要，使其感到

自己的参与是受欢迎的。社区范围的参与和反馈——从新手到老资格的成员（参见成员寿命周期）——将使社区保持新鲜和相关联。它允许社区管理员随着成员需求的变化，适当精炼社区目标和运作。

2. 会员意识通过社区资产的所有权得以实现

最热心的在线社区成员有这样的趋势，即他们的会员意识被社区资产的所有权所驱动。然而，应当弄清基于激励的和有机的资产创造工具间的区别。前者为期望的行为奖励分数。例如，AsiaAvenue 是位年轻的亚裔美国人建立的领先社区，它为每次登录和成员推举提供“成员分数”（member points）。这些分数可以兑换每周奖品（如厚运动衫或CD），能够创造人为价值，还有可能刺激有害的行为。这会导致成员为了奖品剥除（strip-mining）社区外衣，而不是为了更无形的利益参与社区活动。例如，社区成员可能每天登录多次以注册其使用，但是不参加社区的任何活动。另一方面，对有机的资产创造工具而言，增加的参与本身就有内在收益的奖励。在 eBay 上，成员利用如储存一个更可信的在线声誉——通过一个累积的成员评分系统，个体能建立更好的在线声誉，这有助于他们出售更多商品——这样的方法来建立资产。这些微妙的资产（在社区内创造并拥有）通常比免费赠品更有威力。

（四）技术准则

1. 交互有效性的最大化

在任何发展良好的社区中，传播具有非常高的效率。无论是通过 E-mail 名单、公告栏，还是通过现场聊天，成功的社区选择的形式都能最大化典型的社区交互的效率。不过，最为有效的传播工具依赖于社区的类型和兴趣的主题。例如，尽管聊天对于在线约会社区来说是最有效的工具——因为聊天允许更自然的谈话，但是聊天对于交换有关 Java 编程方面的主题可能不那么有效。在传播大量文本信息和以后还会参考的复杂信息方面，公告栏可能更有效率。

2. 社区易于导航

这条论断不应因其简洁性而被轻视。许多社区通过使其易于探索而成功地吸引了来访者，这可通过建立好的分类体系来实现。其他方法包括提供一个有效的站点地图、主题目录，或者综合性的搜索引擎。有些来访者可能首先想查找来访者中心，其他来访者可能想查找特定的讨论。在各种情况下，社区站点易于导航是创建一个客户友好和成功社区的非常重要的步骤。

四、eBay 的案例

“‘社区’是一个过度使用的术语，通常人为地应用于形形色色的人群，他们有同样的肤色、收入水平或政治信仰。但在网络空间中，eBay 设法用魔法召回真正的东西。”

eBay 创建了最大的且最成功的在线社区，它将买主和卖主集合在一起进行商品的买卖。eBay 的社区无疑是任何网络公司创造的最有价值的资产。

这是关于 eBay 吗？它为何和如何成为今天这样获得巨大成功的社区的？如同所有社区一样，eBay 社区——自诩在 2002 年初客户数超过 4600 万，使其成为美国（以及在澳大利亚、英国、加拿大和德国）首屈一指的拍卖市场——起源于共同兴趣之基础。这里将考察 eBay 满足社区定义的方式，以及在为其赖以成功的四类要素（人员、过程、文化和技术）方面 eBay 采取的一些手段。

首先，在构成 eBay 的三类主要支持者中有一组决不会弄错的相互交织的关系，那就是买主、卖主和 eBay 自己。这三个群体的交互创造了在 eBay 中的体验；没有各方积极和谐的参与，eBay 的社区可能会迅速瓦解。

其次，关系赖以建立的共同兴趣是商务活动和设施，以及 eBay 分为 18 000 个商品种类的无数个人兴趣的支柱。最后，三个群体中的每一个都有多种需求，并通过参与 eBay 社区得以满足，无论是 eBay 为了营利，还是客户为了找到卖主、难觅商品和形成买方更强大的讨价还价能力。

关于 eBay 社区的文字已经够多的了，主要原因在于它被视作 eBay 最大的资产和成就。除了其商务模式与网络极为相配之外，eBay 成功的秘诀在于源自社会关系的社会资本。正是它促使 eBay 利用上百万企业家——他们利用站点满足聚集在 eBay 上数量更多的买主的需求和需要——的创造性。以下是 eBay 用以创建社区的一些手段，也是其成功所在。

（一）人员准则的应用

1. 成员基础达到了临界规模

在 eBay 初创时期，早期采纳者感到认识该站点上每个人并不稀罕，特别是在该站点纵向类别区域逗留的那些人。有一位 eBay 客户仍然记得，当“我和我的老朋友‘魔爪’成了仅有的两个客户，而且我们所做的是来回交易 PEZ 卡通糖盒”。eBay 走过了很长的路。在 2002 年第一季度，eBay 的注册成员基础达到了 4610 万。这使其竞争对手相形见绌。

2. 成员感到有极大的信任感

eBay 实施了许多措施来建立信任感。不像在全国闻名的、已确立了良好声誉的零售商那里购买一件商品，eBay 上的买主可能与单纯的卖主——考虑卖掉屋里到处乱放的东西——做生意。在此情形下，买主需要某种担保，当他们付款之后会及时收到名副其实的商品。

eBay 实施的解决此问题的最早创新是客户评分系统的创立，该系统从注册客户的 eBay 身份卡中获得信息。该系统实施之后，买主可察看卖主出售了多少商品，以及卖主得到了正面的、中立的和负面的评论。他们也能仔细阅读过去客户的各个评论。“多么迅捷有用的服务！ 伟大的 eBay 人。”是买主最常留下的评论类型。类似地，卖主也可以看到买主在 eBay 上的历史。这在双方间建立了安全感，即与他们做生意的人是值得信赖的和可靠的。

对于价格昂贵的商品，如小汽车，eBay 与第三方供应商建立伙伴关系，提供多种服务以帮助建立交易中的信任。这些包括由 Escrow. com 提供的“安全支付”（secure pay）寄托契约服务。在卖主发运小汽车前验证买主的资金，从而使卖主受益。在“安全支付”向卖主发放货款之前双方一致同意的一段检查期内，买主可对小汽车进行检查，从而使买主受益。另一个建立信任的服务是通过“eBay 支付”（eBay payments）提供的“牢靠押金”（fast deposit）选项。在离线世界里，小汽车买主一般会在购买完成之前交一笔押金或预付一笔定金。利用“牢靠押金”，在结账时，“eBay 支付”立刻从中标人那里收取一笔 200 美元的押金。这笔押金有两个目的，即让卖主知道自己有一个认真的买主承诺完成该车子的购买，而且让买主知道该车子不会出售给另一个人。本质上，它强化了买主和卖主间的承诺。最后，eBay 在站点上创建了一个完整的区域，称之为“安全港”（Safe Harbor），它用作综合性的安全资源和保护装备。“安全港”提供了大量资源和信息，有助于为整个 eBay 社区建立信任感。

（二）过程准则的应用

1. 成员实现了规模收益

与达到临界规模密切相关的是 eBay 从市场领先规模获取的网络效应收益，网络效应是一个反馈现象，eBay 的规模是吸引买主和卖主前来的一只磁铁。

2. 有效的协调和站点结构保持社区活动循规蹈矩

eBay 有效地管理着个人购物层面的社区体验。eBay 提供了一组完整的工具控制给定拍卖或固定价格交易的体验。eBay 创造一种共同的客户体验对其十分重要，因为不像传统的商务交易（无论是在线还是离线），买主不是同一个单独的公司实体进行交互以履行交易，而是与数以千计的担当其履行代理的个体进行交互。为确保一个买主的体验类似于其他买主，eBay 提供的工具围绕着整个交易，包括一系列链接以便中标者付款、向卖主征询问题，并在交易结束时提供反馈。因不同拍卖而异的仅有的沟通是中标者与卖主分享运送信息的方式，但是它仍在 eBay 框架内被完全掌握。

（三）文化准则的应用

1. 参与和反馈的精神得到切实培育

反馈在 eBay 社区中起到很大的作用，而且买主和卖主都清楚它的威力。无论是卖主希望通过没有任何负面评论的反馈评分来宣传自己的可信性，还是买主希望展示自己了解如何以 eBay 的方式开展业务，参与反馈系统广得人心。事实上，买主和卖主请求在拍卖结束时给对方留下正面反馈，从而可被他人视作成功的交易，并在他人眼里宣传了自己的可信性。

2. 通过社区内资产的所有权建立联盟

如上所述，eBay 已将自己的评分系统转变成一个社区建设工具。利用其“强力卖主”

（power seller）程序，eBay 将该系统推到全新的水平。通过资产的所有权将卖主的反馈指标转变成金钱，这个程序向卖主提供了强化其联系的方式。卖主如果每个月维持 98% 的最低反馈评价，从客户得到最少 100 条反馈信息，并且通过 eBay 的销售不少于 2000 美元，该卖主就被认可为铜牌强力卖主（bronze power seller），并且在卖主所有拍卖中其名字旁边显示特殊图标。如果他们每月至少出售 25000 美元，他们将成为金牌强力卖主（golden power seller）。除了获得 24 小时 E-mail 客户支持外，他们还会得到 24 小时电话支持和专有的客户经理，以及强力卖主的其他收益。eBay 不厌其烦地确保卖主满意而且确保其需求得到满足。

（四）技术准则的应用

eBay 就像一个设计精巧的超级市场，交互有效性达到了最大化，社区非常易于导航，有宽敞明亮清晰标示的过道——界面直观而且导航清晰。

创造了 eBay 界面友好的特色包括简易浏览（simple browsing），简单的分类（easy taxonomy）和站点地图（site map）。

显然，eBay 利用技术帮助社区创建。不过，应当注意到，这些例子中任何单独一个都不足以创建强大的社区。只有当所有这些机制（以及其他未引起注意的）并行运作，eBay 才能完全利用社区的功能。

第二节　博客社区营销

博客就是网络日志（网络日记），英文单词为 blog（web log 的缩写）。博客这种网络日记的内容通常是公开的，自己可以发表自己的网络日记，也可以阅读别人的网络日记，因此可以理解为一种个人思想、观点、知识等在 Internet 上特定社区的共享。由此可见，博客具有知识性、自主性、共享性等基本特征。

正是博客这种性质决定了博客营销是一种基于个人知识资源（包括思想、体验等表现形式）的网络信息传递形式。博客营销可以说并没有严格的定义，简单来说，就是利用博客这种网络应用形式开展网络营销。因此，开展博客营销的基础是对某个领域知识的掌握、学习和有效利用，并通过对知识的传播达到营销信息传递的目的。

与博客营销相关的概念还有企业博客、营销博客等，这些也都是从博客具体应用的角度来界定的，主要区别那些以个人兴趣甚至个人隐私为内容的个人博客。其实，无论叫企业博客也好，还是营销博客也好，一般来说，博客都是个人行为（当然也不排除有某个公司集体写作同一博客主题的可能），只不过在写作内容和出发点方面有所区别。企业博客或者营销博客具有明确的企业营销目的，博客文章中或多或少会带有企业营销的色彩。

一、博客社区营销的含义

博客社区营销是一种基于个人知识资源（包括思想、体验等表现形式）的网络信息传递形式。博客社区营销是企业通过博客吸引客户，实现网络营销的一种商业模式。博客社区营销的内涵主要体现在如下几方面。

1. 主体是企业

博客社区营销是企业利用最前沿的Internet技术聚集客户，开展营销活动。

2. 博客社区的手段和工具

这种营销是利用博客社区的手段和工具传递营销信息。博客社区本质上是一种“未经编辑的个人声音”，是个人思想的充分编辑与表达，这种充分自由的个人表达方式实现了多对多的商业信息传播。

3. 博客社区是“自媒体”

博客社区是基于Internet发展而出现的，是网络营销的一种形式。博客基于Web 2.0技术产生，是继E-mail、BBS、ICQ之后的第四种网络交流方式，是继旧媒体、新媒体之后的“自媒体”。

4. 博客社区营销强调企业内外部沟通

博客社区营销是一种营销模式，其强调企业内外部沟通，在产品、价格、渠道与促销等营销组合的四个方面和价值链的各个环节之间实现价值增值，是一种新型的营销模式。

二、博客社区营销的特点

将博客应用于网络营销，必定有其自身的特点。博客在网络营销中的应用特征有以下四个方面。

（一）博客社区营销以博客的个人行为和观点为基础

利用博客来发布企业信息的基础条件之一是具有良好写作能力的人员（blogger），博客信息的主体是个人，博客在介绍本人的职务、工作经历、就某些热门话题的评论等信息的同时对企业也发挥了一定的宣传作用，尤其是在某领域有一定影响力的人物，其所发布的文章更容易引起关注，通过个人博客文章内容提供读者了解企业信息的机会，如公司最新产品的特点及其对该行业的影响等。这同时也说明一个事实，具有营销导向的博客需要以良好的文字表达能力为基础，作者在一些网络讲座中介绍“网络营销人员的十大基本能力”时，也往往将文字表达能力作为网络营销人员的首要能力，因此，企业的博客营销依赖于拥有较强的文字写作能力的营销人员。

（二）企业的博客营销思想有必要与企业网站内容策略相结合

一般来说，企业网站的内容是相对严肃的企业简介和产品信息等，而博客文章内容题材和形式多样，因而更容易受到用户的欢迎。通过在公司网站上增加博客内容，以个人的角度从不同层面介绍与公司业务相关的问题，丰富了公司网站内容，从而为用户提供更多的信息资源，在增加顾客关系和顾客忠诚方面具有一定价值，尤其对于具有众多用户消费群体的企业网站更加有效，如化妆品、服装、运动健身、金融保险等领域，因此企业的博客营销思想有必要与企业网站内容策略相结合。

（三）合适的博客环境是博客营销良性发展的必要条件

一个企业的一两个博客偶尔发表几篇企业新闻或者博客文章，很难发挥长久的价值，利用多种发布渠道发布尽可能多的企业信息，需要坚持长期利用，这样才能发挥其应有的作用。通过对一些博客网站的浏览可以发现，虽然注册的博客用户数量很多，但能真正坚持每天（或者一定周期）发表文章的人并不多。事实上，并非每个人都是思想家，不可能每天都会有源源不断的新观点，因此一些博客在注册之后可能很久都没有新文章发表，甚至浅尝辄止，这样当然就发挥不了传递企业信息的目的。如何促使企业的博客们有持续的创造力和写作热情，也是博客营销策略中必须考虑的问题。

对此，新竞争力网络营销管理顾问（www.jingzhengli.cn）的建议是，希望利用博客营销的企业创造合适的博客环境，并引入适当的激励机制。合适的博客环境是博客营销良性发展的必要条件，这样有利于激发作者的写作热情，并将个人兴趣与工作相结合，让博客文章成为工作内容的延伸，鼓励作者在正常工作之外的个人活动中坚持发布有益于公司的博客文章，这样，经过一段时间的积累，将会有比较丰富的信息，企业在网上的记录多了，被用户发现的机会也会大大增加。可见利用博客进行企业信息传播需要一个长期的、日积月累的过程。

（四）博客营销应正确处理个人观点与企业立场的关系问题

虽然网络营销活动是属于企业的，但从事博客写作的却是个人，这就存在一个问题，就是如何处理个人观点与企业营销策略之间的协调问题。如果所有的文章都代表公司的官方观点，类似于企业新闻或者公关文章，那么博客文章显然就失去了个性特色，这样也很难获得读者的关注，从而就失去了信息传播的意义。同时还要考虑的问题是，如果博客文章中只是代表个人观点，如果与公司立场不一致会不会受到公司的制约？对此，Jupiter 研究公司的副总裁盖丁伯格（Gartenberg）建议，企业应该培养一些有思想和表现欲的员工进行写作，文章写完以后首先在企业内部进行传阅测试，然后再发布在一些博客社区中。同时，盖丁伯格还建议作者不要忘记，他们所写的东西是反映和代表企业的，不能泄漏公司机密信息。但是，企业内部这些比较复杂的信息发布审查程序往往会降低博客写作者的积极性，甚至为了尽可能减少麻烦而难以表达真正引起用户关注的信息，从而影响博客营销的效果。

三、博客社区网络营销的价值

网络营销所要解决的基本问题之一是，通过合理利用 Internet 工具将信息传递给目标用户，因此，可以简单地将博客营销理解为一种信息发布方式。由于越来越多的用户开始阅读博客文章并开始自己的博客写作，提供博客内容托管服务的网站就积聚了大量的人气，这种注意力为博客成为一种营销手段奠定了基础。

由于博客作为一种营销信息工具，发挥的是网络营销信息传递的作用，因此，其网络营销价值主要体现在企业市场营销人员可以用更加自主、灵活、有效和低投入的方式发布企业的营销信息，直接实现企业信息发布的目的、降低营销费用和实现自主发布信息等是博客营销价值的典型体现。因此，网络营销价值主要体现在以下七个方面：

（一）个人博客社区可以部分替代广告投入，减少直接广告费用

博客社区虽然不能替代广告，但的确可以在一定程度上发挥广告的作用，并节省广告费开支。你并不需要在博客文章中大肆做广告，你的博客文章被搜索引擎收录所带来的免费效果，部分替代在搜索引擎广告中的开支，仍然有必要为新产品做广告宣传，但可以省去部分在搜索引擎广告中的开支。再者，一些电子刊物同时也发布 RSS 版本，并且获得更高的送达率，这在另一个方面说明，通过电子刊物可以实现的广告，博客社区也可以做到。

（二）建立权威网站品牌效应的最快、费用最少的途径

门户网站（包括综合门户和行业门户）曾经是权威网站的一种成功模式，5 年前是建立门户网站的时期；当门户网站地位比较稳固之后，建立权威网站的途径是从拥有某些独特资源的论坛开始；从去年开始，最好的方式则是具备自动增长的内容管理系统。

如果你想成为专家，最好的方法之一就是建立自己的 BLOG。如果你坚持不懈地博客下去，你所营造的信息资源将为你带来可观的访问量，在这些信息资源中，也包括你收集的各种有价值的文章、网站链接、实用工具等，这些资源为自己持续不断地写作更多的文章提供很好的帮助，这样形成良性循环，这种资源的积累实际上并不需要多少投入，但其回报却是可观的。

（三）博客社区可以直接带来潜在用户

博客内容发布在博客托管网站上，如博客网（www.bokee.com）、google 属下的 Blogger 网站（www.blogger.com）等，这些网站往往拥有大量的用户群体，有价值的博客内容会吸引大量潜在用户浏览，从而达到向潜在用户传递营销信息的目的，用这种方式开展网络营销，是博客营销的基本形式，也是博客营销最直接的价值表现。

（四）博客社区营销的价值体现在降低网站推广费用方面

Google、Yahoo 和 MSN 等搜索引擎都有强大的博客内容检索功能，可以利用博客来增加被搜索引擎收录的网页数量，提高网页内容搜索引擎可见性。利用博客这一优势，自己根本无需建立博客网站，只要在提供博客托管的网站上开设账号即可发布文章。而

且，目前发布博客文章全部都是免费的！同样，你可以通过博客网站免费获得很多有价值的信息。

博客网站也是增加网站链接的一种有效途径，你无需花费大量时间联系其他网站进行链接，尤其是当自己的网站访问量较低时，往往很难找到有价值的网站给自己链接，通过在博客网站发布文章为自己的网站做链接是顺理成章的事情，甚至可以通过 RSS 将自己的网站内容提供给其他网站，增加了网站链接主动性和灵活性，其结果不仅可能直接带来新的访问量，也增加了网站在搜索引擎排名中的优势。这种链接还有一个好处，我们可以单方面被博客网站链接，而不需要在自己的网站上链接很多博客网站。

（五）可以实现以更低的成本对读者行为进行研究

当博客内容比较受欢迎时，博客网站也成为与用户交流的场所，有什么问题可以在博客文章中提出，读者可以发表评论，从而可以了解读者对博客文章内容的看法，作者也可以回复读者的评论。当然，也可以在博客文章中设置在线调查表的链接，便于有兴趣的读者参与调查，这样扩大了网站上在线调查表的投放范围，同时还可以直接就调查中的问题与读者进行交流，使得在线调查更有交互性，其结果是提高了在线调查的效果，也就意味着降低了调查研究费用。

（六）博客社区减小了被竞争者超越的潜在损失

2004 年，博客在全球范围内已经成为热门词汇之一，不仅参与博客写作的用户数量快速增长，浏览博客网站内容的 Internet 用户数量也在急剧增加。在网上营销新观察的博客营销专题文章《博客在六个方面降低网络营销费用》中曾经写道，“如果在 2005 年你还没有博客，那么你将远落后于已经博客了的竞争者”。根据读者反馈的信息，很多读者对这句话记忆非常深刻。根据作者个人的理解，在博客方面所花费的时间成本，实际上已经被从其他方面节省的费用所补偿，比如为博客网站所写作的内容，同样可以用于企业网站内容的更新，或者发布在其他具有营销价值的媒体上。反之，如果因为没有博客而被竞争者超越，那么这种损失将是不可估量的。

（七）博客社区让营销人员从被动的媒体依赖转向自主发布信息

在传统的营销模式下，企业往往需要依赖媒体来发布企业信息，不仅受到较大局限，而且费用相对较高。当营销人员拥有自己的博客园地之后，你可以随时发布所有你希望发布的信息。只要这些信息没有违反国家法律，并且信息对用户是有价值的。博客的出现，对市场人员营销观念和营销方式带来了重大转变，博客赋予每个企业、每个人自由发布信息的权力，如何有效地利用这一权力为企业营销战略服务，则取决于市场人员的知识背景和对博客营销的应用能力等因素。

四、企业博客社区营销

企业博客区别于一般的博客，同时也突破了常规的电子商务服务功能，提供了符合企业和商人实际需求的商务应用，它不是简单地在原来电子商务网站的论坛中增加一个“博客”功能或者成为“商人文集”，而是开创性地将“博客”的概念与电子商务有机地结合在一起，为企业构建一个真正意义上网上商务与办公门户，它涵盖了企业的全部网上商务活动，并不只是限于“发布文章和日志”，而是覆盖了与商务活动有关的各个方面，是一个名副其实的“一站式”企业的商务门户。任何规模的企业开展博客营销都需遵循一定程序与步骤，如图 6.1 所示。

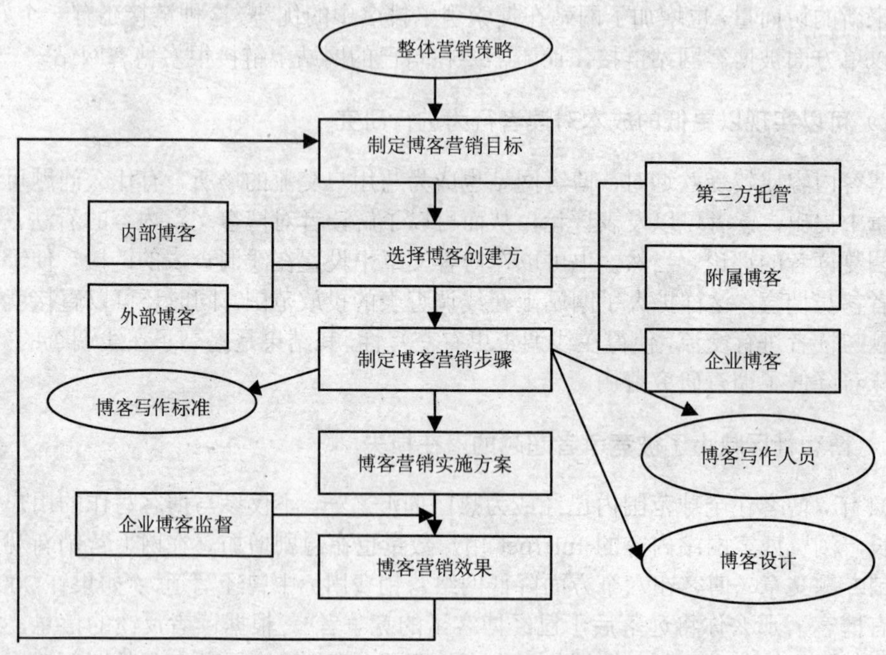

图 6.1　企业营销管理模型

（一）制定博客营销目标

根据公司整体营销策略制定的博客营销目标，由总体目标与具体目标组成。总目标是指企业针对博客营销制定的、期限较长的目标；具体目标是指企业开展每项博客营销活动时，制定的短期目标。

（二）企业博客创建方式选择

创建企业博客主要有以下三种方式：

1. 托管博客

托管博客就是利用第三方博客平台的博客文章发布功能开展的网络营销活动。建立托管博客的基本步骤为：第一，选择博客托管网站、开设博客账号；第二，制定一个中长期博客营销计划，计划的内容包括从事博客写作的人员计划、写作领域选择和博客文章的发布周期等；第三，将博客营销纳入到企业营销战略体系中；第四，综合利用博客资源与其他营销资源；第五，对博客营销的效果进行评估；

2. 企业博客

首先建立企业的博客频道，并对其进行推广。三星为推出NV蓝调数码相机，建立企业博客的同时，设置一个以“蓝调”为主题的写博比赛，并且设置奖项，由专家的评论和人气来决定博客的名次，获奖者可获得三星精美礼品。其次，充分调动员工自身的积极性，鼓励企业员工坚持写博客，积极引导顾客或用户在博客频道上写博客，并不断邀请名人或专家写博客，注重博客频道的质量建设。三星博客频道“蓝调——非凡气质”做的非常成功——首先是背景音乐的选择，让人有一种流连往返的感觉；其次，它的版面设计非常艺术，真正做到了“非凡气质”。最后，维护企业博客频道时，注意和客户的沟通。

3. 附属博客

附属博客就是将企业博客作为某网站的一部分或一个链接，通过该网站的中介作用，使企业博客得以推广。

（三）企业博客营销的模块设计

制定博客营销步骤包含三方面，即博客的写作标准、博客写作人员和企业博客营销的模块设计。其中企业博客营销中的模块设计（如图6.2所示）最为主要。企业博客包括两方面内容：内部博客，针对企业内部管理者与员工建立，有利于企业管理问题的内部公开及员工发表见解并提出建设性意见，有利于员工隐形知识转化为企业显性知识，从而达到知识共享；外部博客，针对供应商、顾客、公共机构及竞争者等外部力量建立，通过不同模块内容，实现与外部力量的沟通。两方面的博客内容体现在以下六个模块中：

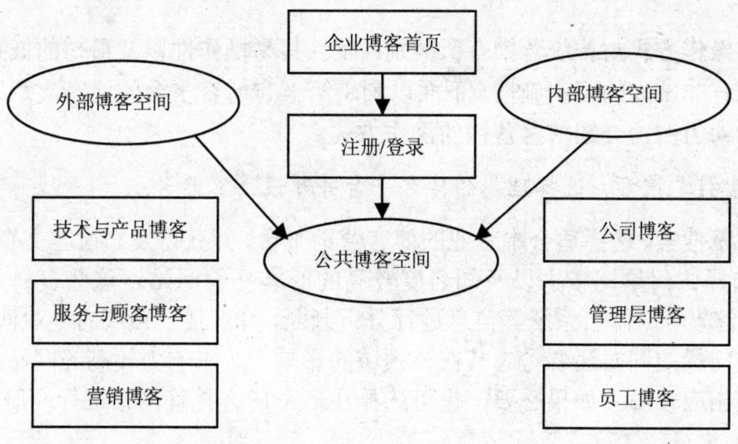

图6.2　企业博客模块设计

1. 公司基本状况模块

公司基本状况模块，包含企业的基本介绍，以及动态更新企业新闻，其作用基本等同于公司官方网站。

2. CEO 等管理层博客

CEO 等管理层博客主要用于 CEO 等管理者探讨企业战略、行业趋势等，也可用于招聘新员工，这常见于小公司或 CEO 个人品牌高于企业品牌时。

3. 员工博客

员工博客本质上服务于企业利益。技术型企业，可选择技术方面的雇员建立博客，宣扬企业在技术上的战略等；服务型企业可由售后服务人员建立博客。

4. 技术与产品博客

技术博客以技术研发进度的日志形式出现，常用于企业内部。产品博客是一种类似于 Mini-Site 的企业博客形式。一款新手机上市，可以日志的形式连载关于手机的信息，包括文字、图片、视频、音频等，以构筑全面用户初期体验，形成消费拉力。

5. 服务与顾客博客

服务博客有利于构筑更好的用户服务体验，可同产品博客融合。顾客博客可作为企业促销工具或增值服务的一部分。

6. 营销博客

企业可围绕市场活动、传播信息、促销活动等设立短期性或时间跨度大的博客，以快速扩大活动影响。

（四）博客营销的实施方法

博客营销的操作方式与传统营销有所区别，而且其易操作性以及最初的低投入成本使得博客营销具有非常大的可实施性。下面以利用第三方博客平台的博客文章发布功能开展网络营销活动为例，介绍博客营销的操作方式。

1. 通过搜索引擎搜索，选择理想的博客平台并开设博客账号

通过搜索引擎搜索，选择适合本企业的博客营销平台，并获得发布博客文章的资格。一般来说，应选择访问量比较大以及知名度较高的博客托管网站，这些资料可以根据 www.alexa.com 全球网站排名系统等信息进行分析判断，对于某一领域的专业博客网站，则应在考虑其访问量的同时还要考虑其在该领域的影响力，影响力较高的网站，其博客内容的可信度也相应较高。如果必要，也可选择在多个博客托管网站进行注册。

2. 拟订一个完善的中长期博客营销计划

这一计划的主要内容包括从事博客写作的人员计划、每个人的写作领域选择以及博

客文章的发布周期等。由于博客写作内容有较大的灵活性和随意性，因此博客营销计划实际上并不是一个严格的“企业营销文章发布时刻表”，而是从一个较长时期来评价博客营销工作的一个参考。

3. 创建合适的博客环境，坚持博客写作

无论一个人还是一个博客团队，要保证发挥博客营销的长期价值，就需要坚持不懈地写作，一个企业的一两个博客偶尔发表几篇企业新闻或者博客文章是不足以达到博客营销的目的的，因此如果真正将博客营销纳入到企业营销战略体系中，企业创建合适的博客环境、采用合理的激励机制是很有必要的。

4. 综合利用博客与其他营销资源

博客营销并非独立的，而只是企业营销活动的一个组成部分，同时博客营销的资源也可以发挥更多的作用，如前文所述，将博客文章内容与企业网站的内容策略和其他媒体资源相结合，因此对博客内容资源的合理利用也就成为博客营销不可缺少的工作内容。

5. 对博客营销的效果进行评估

与其他营销策略一样，对博客营销的效果也有必要进行跟踪评价，并根据发现的问题不断完善博客营销计划，让博客营销在企业营销战略体系中发挥应有的作用。至于对博客营销的效果评价方法，目前还没有完整的评价模式，不过可参考网络营销其他方法的评价方式来进行。

（五）博客营销效果反馈

结合企业的营销目标及博客的写作标准，对博客营销效果进行评价并将反馈结果作为以后制定博客营销目标的依据。

（六）企业博客营销模型实施中的问题

博客营销实施过程中，要注意以下几方面问题：

1. 安排专门人员负责博客内容的维护与更新，打造博客团队

博客内容的及时更新是维持网民对企业忠诚的重要手段，因此，应打造专业的博客写作团队并制定相应的激励措施。

2. 博客信息的可靠性

博客信息的可靠性与真实性是取得消费者信任与维系消费者忠诚的前提。

3. 注重公司内部信息及知识产权的保护

这是一个很重要的方面。

4. 注意对博客网站的检测，及时发现存在的商业机会

网民对企业博客文章的评价能反应消费需求的变化及存在的商业机会，及时并时刻监测网民对企业不同类型博客的点击率及评论内容，对企业的长远发展具有重要价值。

5. 注重不同营销策略的整合运用

目前博客营销集中在消费者沟通、品牌塑造、概念预热、市场前期调查、新产品测试、媒介关系处理以及公关辅助等方面。随着博客价值的逐渐显现，把博客营销作为企业整体营销战略的一部分，注重不同营销策略的整合运用，将企业知识管理与市场营销活动中发挥巨大作用。

五、博客作为网络营销工具与其他网络营销工具的比较

随着博客用户数量的持续增长，博客已经成为一种网络营销工具。博客作为网络营销工具与其他网络营销工具相比，具有自己的特殊性。

（一）博客是一个信息发布和传递的工具

常用的网络营销信息发布媒介包括门户网站的广告、新闻，行业网站，专业网站供求信息平台，网络社区论坛，二手市场，公司网站以及个人网站等。在信息发布方面，博客与其他工具有一定相似的地方，即博客所发挥的同样是传递网络营销信息的作用，这是认识博客营销的基础。网络营销信息传递实际上也是整个网络营销活动的基础。在“博客营销的概念”中我们曾经提出一个基本观点：“博客具有知识性、自主性、共享性等基本特征，正是博客这种性质决定了博客营销是一种基于个人知识资源（包括思想、体验等表现形式）的网络信息传递形式。因此，开展博客营销的基础是对某个领域知识的掌握、学习和有效利用，并通过对知识的传播达到营销信息传递的目的。”

（二）博客与企业网站相比，博客信息的内容题材和发布方式更为灵活

企业网站是开展网络营销的综合工具，也是最完整的网络营销信息源，公司产品信息和推广信息往往首先发布在自己的企业网站上，不过作为一个公司的官方网站，企业网站的内容和表现形式往往是比较严肃的，而博客文章的内容题材和形式多样，因而更容易受到用户的欢迎。此外，专业的博客网站用户数量大，有价值的文章通常更容易迅速获得大量用户的关注，因而在推广效率方面要高过一般的企业网站。博客应用的方便灵活性特点使得其有别于企业网站，可以作为企业网站内容的一种有效补充，也是对企业网站内容的一种转换，使之转换为更适合用户阅读和接受的内容。同样，如果博客拥有个人网站，也可以发布自己希望发表的任何信息，但是相对于博客网站来说，个人网站的影响力通常比较弱，而且在创建内容和品牌可信度方面有一定难度，合理利用博客

工具有利于弥补个人网站宣传功能的不足。

（三）博客传播具有更大的自主性，并且无需直接费用

与门户网站发布广告和新闻相比，博客传播具有更大的自主性，并且无需直接费用。在门户网站和其他专业网站上通过网络广告或者新闻的形式进行推广，也是常用的网络营销方法，但是作为营销人员，自己无法主动掌握这些资源，只能将文章或者广告交给网站或者其代理机构来操作，这就对信息传播内容和方式等有较大的限制，而且往往需要支付高昂的费用。在这方面，博客的信息传递无需直接费用，是最低成本的推广方式。

（四）博客的信息量更大，表现形式更灵活

与供求信息平台的信息发布方式相比，博客的信息量更大，表现形式更灵活，完全可以用“中立”的观点来对自己的企业和产品进行推广。在一些供求信息发布平台、专业门户等网站发布信息，是最基础的网络营销方式，在早期的网络营销中曾经发挥过积极作用，并且取得了显著效果，但随着各种信息平台数量的激增，以及主要信息平台中信息数量的增长，大量信息被淹没，用户获取有价值的商业信息并不容易，因而降低了这种方式的效果。博客文章的信息发布与供求信息发布是完全不同的表现形式，博客文章的信息量可大可小，完全取决于对某个问题描写的需要，博客文章并不是简单的广告信息，实际上单纯的广告信息发布在博客网站上也起不到宣传的效果，所以博客文章写作与一般的商品信息发布是不同的，在一定意义上可以说是一种公关方式，只是这种公关方式完全是由企业自行操作的，而无需借助于公关公司和其他媒体。

（五）博客文章显得更正式，可信度更高

与论坛营销的信息发布方式相比，博客文章显得更正式，可信度更高。在网络社区（如论坛等）发布信息，也是早期网络营销常用的方式之一，但这种形式现在已经很难发挥作用，因而逐渐被排除在主流网络营销方法之外，现在通常是为刚刚接触 Internet 的初级用户所采用，一些正规公司如果采用在论坛发布广告的方式进行宣传，也会显得很没面子，并且也根本发挥不了什么作用。此外，博客文章与一般的论坛信息发布相比较所具有的最大优势在于，每一篇博客文章都是一个独立的网页，而且博客文章很容易被搜索引擎收录和检索，这样使得博客文章具有长期被用户发现和阅读的机会，一般论坛的文章读者数量通常比较少，而且很难持久，几天后可能已经被人忘记。

基于以上的比较可见，博客营销与论坛营销相比的优势非常明显，可以说有自己独特的优势。

第三节　论坛营销的特点和实施方法

一、网上论坛的概述

在 Internet 上，有一种类似于新闻组的工具——网上论坛。网上论坛，也称信息牌、公告牌 BBS、圆桌会议或者特殊利益小组等，用户可以把任何想要传递的信息发布到上面。最初的 BBS（Bulletin Board System 的缩写）是基于 WWW 的网络浏览之外。在此，对于 BBS 作如下简要介绍。

（一）TelnetBBS

TelnetBBS 是建立在 CHINANET 或者 Internet 之上的一种 BBS 系统，随着 Internet 的迅速发展，此类 BBS 不断增加，目前国内国际的大部分大专院校或其他电子信息机构均有自己的 BBS 站，这种 BBS 目前已经成为一种用户全方位交流信息的场所，一个 BBS 站同时可能有几十人或甚至几百人介入，每个人之间可以进行面对面的交谈，或者众人讨论一个问题，这正是这种 BBS 的诱人之处。在 Windows 95/98/2000 中具备了完善访问功能。由于这种 BBS 是建立在 Internet 或其他网络之上，所以访问这种 BBS 站的前提是必须与 Internet 进行正确连接，在 Windows 95/98 中提供了一个特别方便的命令即 TELNET，此程序可以带有参数运行，即想要访问的 BBS 站的 IP 地址。国内知名的 TelnetBBS 有水木清华 bbs.tsinghua.edu.cn、白云黄鹤 202.112.20.132 等。

（二）WWWBBS

WWWBBS 是一种建立在 CHINANET 或者 Internet 上的 BBS 站，这种 BBS 站需要使用 WWW 浏览器进行访问，所以称之为 WWWBBS，它一般提供站点讨论区（site discussing areas）或者聊天室（chatrooms），在 Windows 95/98/2000 下，通过拨号网络及其内嵌的 TCP/IP 协议，建立与 CHINANET 或者 Internet 的正确连接之后，即可以通过 Netscape 或者 IE 等浏览器直接访问相应的 BBS 地址，进入到相应的 WWWBBS 系统，在这样的 BBS 中可以选择不同的讨论主题区，之后阅读别人的文章或发表自己的文章，同时一般提供检索等功能，也可以进入聊天室面对面地和众多的网友进行讨论，当然根据不同的 BBS 站可能会对用户的权限有所限制；在国内有很多这样的 BBS 站。如网易 BBS（bbs.nease.net）、新浪论坛（bbs.sina.com.cn），如图 6.3 所示。

随着网络技术的不断提高及网络资源迅速扩大，BBS 已经不再是原始意义上的“公告牌”，它已经成为网络用户互相交流的一种重要途径。在 BBS 上，用户可以阅读别人发布的信息，也可以以文字的形式自己发表文章、与人聊天、贴帖子、就某一主题进行讨论及在网络内进行通讯等。因为在 BBS 可以宽松、自由地与别人讨论交流，所以吸引了众多的网络用户参与其中。在这里，用户既是信息的接受者，又是信息的传播者。

参与者可以把他需要了解的问题发表在上面请求别人帮助，也可以作为一个热心人帮助别人解答任何自己知道的问题。

图 6.3 新浪论坛网页

二、论坛营销的初衷及必要性

论坛营销是以论坛为媒介，参与论坛讨论，建立自己的知名度和权威度，并推广一下自己的产品或服务。运用得好的话，论坛营销可以是非常有效果的网络营销手段。

Internet 上各种行业各种爱好的论坛比比皆是，有不少人气都很旺，会员动辄几万几十万。如果你能在这样的论坛里建立知名度，效果可想而知。

论坛营销最早可以追溯到以前的 Usenet，大概可以翻译成“用户组”，功能同样是按兴趣分组，在各个组中，人们贴问题回答问题，类似于现在的论坛，但界面完全不一样，最初的 Usenet 不是 Web 界面。Web 界面的 Usenet 开始于 1995 年，2001 年数据库被 Google 收购。所以今天我们还可以在 Google 存档的 Usenet 中看到很多十几年前人们在讨论着什么东西，兴趣在哪里，焦点在哪里。

（一）选择合适的网上服务论坛

网上商业服务投资最划算的营销工具也许是网上论坛，这是与新闻组对应的网上服务。在全球最出名的两个商业服务站点是 AmericaOnline（www.a01.com）和 CompuServe（www.compuserve.com）。在国内，目前 BBS 虽然已经成为国内网络用户在网上活动的重要组成部分，但其在商业领域的应用比重还不是很大。国内大部分的 BBS 站是大学

开设的，上面的商业信息较少，但因为其拥有数量可观的访问者，所以其潜在的商业价值不容忽视。专用的商务 BBS 虽然还较少，但也有所发展。比如，中国商务电视信息网（www.business.beijing.CB.net）、水木清华·商务版（www.bbs.tsinghua.edu.cn）、金桥信息网（www.gb.com.cn）等。

（二）论坛营销与广告的相互作用

企业通过论坛，与国内顶尖的广告及营销产品供应商合作，依托用户规模的绝对优势，获得较为理想的广告价格，通常在企业营销模块中的广告及营销产品的价格，都是国内独一无二的，企业站长的优越性充分体现。通过广告与论坛的完美融合，站长可以轻松开启相对应的营销广告，不用再去添置广告代码，自行开辟广告位置等，便利的广告开启、理想的广告价格和合理的广告形式，这就是企业论坛营销的主要特点。

三、论坛营销中的策略

网络社区是网上特有的一种虚拟社会，社区主要通过把具有共同兴趣的访问者组织到一个虚拟空间，达到成员相互沟通的目的。其中，论坛是最主要的表现形式，在网络营销中有着独到的应用，可以增进和访问者或客户之间的关系，有利于建立主持人的专家形象，还有可能促进网上销售。

（一）网上论坛在营销上的优势

论坛是一个非常有用的场所，你可以了解别人的观点，同时可以帮助他人或者向他人求助，论坛一般都有特定的讨论主题，定期参加论坛的人有电子杂志的编辑、企业家、管理人员以及对某些话题感兴趣的任何人。如果你对某个问题有疑惑，不妨到相关的论坛去看看，说不定有人可以给你提供答案。

因受网上论坛用户范围、网上论坛服务费用等限制，网上论坛服务并不适用于每家企业，但利用网上论坛进行营销或多或少可以带来以下几点好处：

1. 吸引来访者注意力

可以与访问者直接沟通，容易得到访问者的信任，网络营销人员可以了解客户及潜在客户等对产品或服务的意见，访问者很可能通过和网络营销人员的交流而成为真正的客户，因为人们更愿意从了解的商店或公司购买产品。如果是学术性的论坛，网络营销人员也可以方便地了解同行的观点，收集有用的信息，很有可能给自己带来启发。

2. 网络营销人员目标客户的一个聚集地

为参加讨论，人们愿意重复访问某个论坛，因为那里是和他志趣相投者聚会的场所，除了相互介绍各自的观点之外，一些有争议的问题也可以在此进行讨论。所以这里可以

说是网络营销人员目标客户的一个聚集地。通过在线回答访问者提出的问题，可以建立主持人的专家形象，增加客户对网络营销人员的信任。

3. 对焦点问题进行调研

网上论坛是以行业或特定兴趣为主题的讨论场所，它聚集的是一群志趣相投的访问者。据此，网络营销人员可以方便地进行在线调查，无论是进行市场调研，还是对某些热点问题进行调查。尤其是在分客户群方面，网上服务比网络新闻组更有优势。

（二）在自己网站设置论坛

网络社区营销是网络营销区别于传统营销的重要表现。除了利用别人网站的论坛和聊天室之外，如果有自己的网站，也可以建立自己的网上社区，为网络营销提供直接渠道和手段。综合起来，建立自己的论坛有下列 8 个方面的作用。

1. 方便与访问者直接沟通

在自己网站设置论坛，可以与访问者直接沟通，容易得到访问者的信任，如果你的网站是商业性的，你可以了解客户对产品或服务的意见，访问者很可能通过和你的交流而成为真正的客户，因为人们更愿意从了解的商店或公司购买产品。如果是学术性的站点，可以方便地了解同行的观点，收集有用的信息，很有可能给自己带来启发。

2. 人们愿意重复访问你的网站

为参加讨论，人们愿意重复访问你的网站，因为那里是和他志趣相投者聚会的场所，除了相互介绍各自的观点之外，一些有争议的问题也可以在此进行讨论。

补充知识

营销专家马克·休斯论营销

美国资深营销专家马克·休斯在《口碑营销》一书中写道：口碑是世上最具效力的营销方法。利用好这一特性就能为品牌的提升助燃。

资料来源：百度百科

3. 增加客户对公司的信任

通过在线回答访问者提出的问题，可以建立主持人的专家形象，增加客户对公司的信任。

4. 增加网站访问量

可以利用聊天室开设免费在线讲座或实时问题解答，对于增加网站访问量有着独到的作用。

5. 可以出售网络广告空间

当你的论坛或聊天室的人气逐渐旺盛时，除了为自己的产品或服务做广告之外，还可以出售网络广告空间，这可以是一笔意外的收入。也可以与其他网站建立互换广告，吸引更多人的注意，进一步增加访问量。

6. 增加免费宣传企业与产品的机会

可以与那些没有建立自己社区的网站合作，允许使用自己的论坛和聊天室，当然，那些网站必须为进入你的社区建立链接和介绍，这种免费宣传企业与产品机会有很高的价值。

7. 有利于更多人发现你的网站

建立了论坛或聊天室之后，可以在相关的分类目录或搜索引擎登记，有利于更多人发现你的网站，也可以与同类的社区建立互惠链接。

8. 方便进行在线调查

无论是进行市场调研，还是对某些热点问题进行调查，在线调查都是一种高效廉价的手段，在主页或相关网页设置一个在线调查表是通常的做法，然而对多数访问者来说，由于占用额外的时间，大都不愿参与调查，即使提供某种奖励措施，参与的人数比例也只能达到25%左右。如果充分利用论坛的功能，主动、热情地邀请访问者或会员参与调查，参与者的比例一定会大幅增加。

四、论坛社区营销技巧及注意事项

（一）论坛营销有几个要注意的地方

1. 要找到目标市场高度集中的行业论坛

论坛都是按行业或兴趣来建立的，有一些主题高度集中，有一些相当松散。在进行论坛营销时，主题越集中，效果越好。如果你推销的是SEO、虚拟主机、网站建设等，站长聚集的论坛是个好地方。

在一些主题相对较弱的地方，往往不容易建立专家地位。所以要花一些时间搞清楚你所在的行业在网上有哪些著名的论坛。不必大海捞针去很多论坛浪费时间。

2. 不要发广告，也不要发软文

论坛里的用户对发广告发软文已经司空见惯了，不要假设你的广告或软文能引起他们的注意。在论坛中不发广告是基本的礼节，很多论坛会员很排斥发广告发软文的行为，有的论坛有可能封你的账号。

3. 参与论坛，帮助会员，建立权威

你应该在论坛中积极参与讨论，注意看其他会员有什么疑难问题，如果你能解决，就积极回答，你的努力，其他会员都会看在眼里的。久而久之，大家通过你的帖子看到你又有相应的专业知识，又热心助人，你在大家心目中自然会建立起一个权威形象。这时你所推广的任何产品或服务，也会被大家所信任。

4. 论坛签名是推广的场所

上面说了不要发广告，不要发软文，也不要谈论自己的产品或服务。唯一可以推广你的产品服务或网站的地方，就是你的论坛签名。所以你的签名要有个性，让人记得住。

如果论坛允许留签名链接就留，不允许留，也没有大的妨碍，会员可以通过短消息联系你。只要你的帖子真的被大家接受欢迎，只要大家觉得你够专业、够热心，会有人点击签名中的链接。你签名中如果提到你的产品或服务，会有人和你联系。

5. 在签名中促销

我发现主题集中的论坛比较容易做促销，比如说春节大优惠，开张优惠等。在你的签名中清楚简洁的写出服务和产品是什么，优惠××元。

或者在你的网站上专为某个论坛的会员做一个网页，上面写清“欢迎某某论坛的会员来到我们的网站，我们有专为某某论坛会员的特殊优惠”等。然后在你的签名链接中指向这个特意为论坛制作的网页。论坛会员来到你的网站，会觉得很贴心很熟悉。

要注意的是，论坛里推广的方式应该只是在签名中提一下，不要在帖子里宣传自己。

（二）论坛营销的技巧

网上论坛是以产业或特定兴趣、问题为主题而展开讨论的场所，与新闻组的不同之处在于：商业网上论坛为论坛的讨论制定规则（例如，在参加电子中文论坛之前，请认真阅读以下信息和规则——“遵守国家《计算机信息网各国际联网安全保护管理办法》；遵守有关 Internet 的各项法规、政策、条例；严禁发布或链接有关政治、色情、宗教、迷信等违法信息；您要承担由您直接或间接引起的刑事或民事法律责任；互相尊重，遵守 Internet 络道德；电子中文论坛各栏目的版主有权保留或删除其管辖论坛中的任意内容”），而且每个论坛一般都有主持人（即斑竹）在监管。所以在网上论坛进行营销活动要小心从事，在新闻组中提到的各种营销技巧，一般也适用在论坛上。下面再介绍一些利用网上论坛进行营销的技巧。

1. 自律是 BBS 主要的社区公约

在网上，每个论坛都有自己特定的主题，如学术科学、艺术文化、社会信息等。营销人员不能在主题与自己所要发布的信息不相关的论坛上发布广告信息。在发布信息时，也不要交叉发送公告，即在多个论坛里发表同一信息。

2. 不要太张扬，谨慎从事

营销人员加入论坛时，要先找出该论坛的清晰主题线，论坛上的文章帖子能帮助营销人员找出主题，所以，在加入论坛的时候，先不要急于发言，应先阅读别人的文章，这样营销人员除了可以找出该论坛的主题以外，还可以熟悉在该论坛发布文章所需的写作手法。

3. 成为论坛的管理者

利用论坛营销时，营销人员往往可以以自己的产品或服务为主题，在自己网站上或别人的站点上开设一个论坛。在开设论坛前，参与一个与自己相同或相近主题的论坛，并就一个问题展开深入的讨论，这样在自己准备开始自己的论坛之前，协助一个已经建立的论坛，可从中获得经验。为了达到营销目的，营销人员的论坛要提供有价值的东西给用户。成功的版主必须对他所属行业有敏锐的洞察力，以便提供给读者有价值的信息，不仅要整理用户所贴的不完善文章，还要谦和地对文章提出建议。当某人提出问题，并得到了解决方案或其他成员的经验及看法，包括版主在内的所有人都将得到好处。赢得论坛成员的尊重是十分重要的。那样，能强化公司和产品在他们心目中的地位。

4. 正确对待论坛上的言论

网上论坛最大的特色、最大的价值是一个“论”字。所以，在论坛上经常可能发现一些批评的甚至恶意的文章或帖子。对于批评的言论，营销人员要静心对待，有则改之，无则加勉。如果是被恶意攻击，决不要在网上对骂，或以其人之道相反击。营销人员只要耐心地解释，并客气地指出对方的不实之处，便可以达到效果。营销人员把真相说出来，并且处理攻击措施得当，论坛参与者会了解真假，同时对营销人员有更多信心。如果有人一再攻击，不妨在网上发表警告，但千万别删除其信息。同时，营销人员可以利用网络技术找寻对方的来源（可能要花时间和金钱），将其告上法庭。总之，要是论坛上提供的服务、信息等真有价值，那么喜欢的用户会常来的。如果营销人员论坛上的大多数人轻易被谣言左右，那营销人员就要反省自己的产品、服务是否让客户满意，因为这至少说明他们还没建立起对你的信任。

五、案例分析：CISCO 网络顾客服务系统

CISCO（思科）公司是专门经营网络设备和软件的公司。它在网上设立了专门销售产品和提供顾客服务支持的站点，其中以顾客服务体系独具魅力。它的站点（www.cisco.com）获得 Point’s 的 Top5%，Magellan 评的“四星级站点”的称号。

（一）CISCO 网络顾客服务系统的具体措施

CISCO 网络顾客服务系统有如下一些具体措施：

1. 小组中每个成员的职能

CISCO 的站点上有一个专门负责介绍 CISCO 站点的高级顾客服务小组（ACSTeam）成员的页面，该页面详细介绍了小组中每个成员的职能，使站点人格化。CISCO 为使顾客了解公司业务进展，还在站点上发行 CISCO 季刊 PACKET，该电子杂志主要是面向用户，内容包括 CISCO 公司新闻、有益的提示、各部门（用户服务部门等）信息及与顾客有关的信息。

2. 回复顾客的提问

对于顾客的提问，除 FAQs 外，CISCO 采用以下两个措施，即开放论坛和案例库。

1）开放论坛（open forum）。开放论坛是由顾客服务部门管理的私人新闻组（所谓私人，就是需要有密码才能进入）。它是只面向顾客的，对他们稍复杂的技术问题提供帮助的工具。回答顾客的问题时分两步操作：第一步，对问题解析，得出其关键词。利用关键词在 CCOQ&A（CISCO customer online questions。s&answers，CISCO 顾客在线服务问题与答案库）中搜集答案。当搜集结束时，系统会给顾客一系列可能答案，并根据与关键词的匹配程度给顾客权重。如果搜索结束后，系统不能返回任何相关的答案，或返回的答案不能满足顾客的要求，顾客可以换一种方式重新叙述问题，或单击“Send To Forum”按钮，顾客就可以将问题发给 CISCO 负责寻找问题答案的专职人员，但是这并不保证他就一定能帮顾客找到问题的答案。如果他们不能帮顾客找到令顾客满意的答案，系统会由 CISCO 的 TAC（technical assistance center，技术服务中心）以顾客的名字为顾客在案例库（case library）中打开一个新的案例，问题创建者还应将他需要答案的时间告诉 Q&A Timer，比如是 48 小时、一周还是无论什么时候都可以。这样，顾客服务小组就会按照顾客的紧急程度确定先回答哪个问题，如果顾客马上就需要知道答案，那么顾客最好是打电话。

问题的答案在提交给开放论坛的同时，也会给问题创建者发出 E-mail，当他们打开 E-mail 时，会发现一个电灯泡的图标，提示“他问题的答案已经发至，正等候您的阅读”。在图标上单击，即可看到提的问题和一个或多个答案，顾客可以根据自己的需要选择最合适的解决方法。

顾客接受答案后，他所提的问题及答案会被添加到 Q&A 数据库中。以后出现类似提问，通过 Q&A 库的搜集即可解决。

2）案例库（case library）。CISCO 于 1995 年 4 月开始启用开放论坛，至今已有长足发展，Q&A 数据库中的问题及答案已逾千数。每周论坛上大约要接受 600 多个提问，其中大约只有 70 个左右的问题需要进入案例库。在开放论坛中不能搜集到答案的问题都要进入案例库由 TAC 负责解答。TAC 由一组资深顾客服务专家组成，他们见多识广，经验丰富。可当场回答问题，或通过适当试验后再回答，或请其他部门经理帮助解决。

CISCO 公布对各类问题回答的优先顺序，如果出现的问题涉及顾客的根本利益，他们建议顾客打电话。他们还公布各层次问题回答的时间限制，如果顾客的问题处于第三层次而未能在规定时间内得到答案，那有可能是顾客的问题被上升到第二层次，并请其他专家辅助解决。总之，CISCO 公布他们的内部操作方法，是一种可敬的顾客服务哲学。如果顾客遇到非常严重的问题，顾客甚至可以找 CISCO 的总裁，他的地址可以在公司人员表中找到。CISCO 利用软件库（software library）减少了大笔软件运送的费用。这个库中有数百种可下载的软件，包括系统软件、CISCO 网络产品的驱动程序等。其他特殊文件如 Interim Releases 或 Software Patches 等可由 CISCO 的技术支持部门为顾客提供。

小提示

CISCO公司简介

1984年12月，CISCO公司在美国成立。Cisco的名字取自旧金山，那里有座闻名于世界的金门大桥。过去20多年中，CISCO公司曾采用过4个不同版本的标识，始终将金门大桥作为自己的形象。从硅谷一家锐意创新的小公司，到今天网络通信领域的巨人，CISCO见证着网络经济的沿革变迁，引领着层出不穷的应用和技术的演进步伐。

1994年，CISCO系统公司北京办事处成立。1995年，CISCO系统公司上海办事处成立。1996年，CISCO系统公司广州、成都办事处成立。2006年CISCO系统（中国）信息技术服务有限公司在北京成立。

资料来源：CISCO公司网站（中国）

3. 独具特色的顾客服务

CISCO网络顾客服务最具特色的部分是将顾客分类服务。CISCO建立了用户的Entitlement Database，利用这个数据库，可使一部分用户获得密码，允许他们接近公司某些重要的信息，而对另一部分用户则保密。这就使CISCO能灵活地按顾客的不同类型创建内容和服务。

1）最广泛的网上居民。这类顾客没有在CISCO系统中登记，他们是那些只想浏览一下CISCO产品目录，或阅读产品年终报告而不愿让人知道他是谁等这类普通网络冲浪者。这类访问者获得的关注和信息优先权最少，他们只能接触有关公司、产品、服务最基本、公开的信息。但CISCO并不忽视这类顾客，它欢迎他们的反馈信息。

2）从CISCO的零售商、代理商手中购买CISCO产品的顾客。他们可以获取CISCO的有关信息，但由于他们不是CISCO的直接贸易伙伴，所以CISCO无法知道的订货需求。他们也无法获取公司关于价格方面的信息，因为零售商要求将这类信息对其顾客保密。这个层次中还有一类叫做“公司用户（enterprise users）”，他们可以获取价格及订货状况的信息，但只能得到他们所在市场区域的这类信息，他们也只可以查看自己的订货状况。某些时候，企业对这类交易的历史信息非常保密，甚至不愿意让同一组织中的其他成员知道。因此，CISCO要求有专职的人员（顾客服务代表）处理这类问题，而不采用自动查询的方法。

3）“签约服务顾客”（constracted service customers）。他们是由CISCO商业伙伴保证的，并接受CISCO商业伙伴服务的顾客群。他们可以浏览CISCO技术细节（technical tips）和参考（references）部分的内容，或使用Bug Toolkit（Bug Toolkit是一个已有bups的数据库，它可以接受搜索、查询）。另外，用户可以创建自己的网络环境，通过E-mail或传真接受CISCO软件中新的、可实施的bups更换。签约服务顾客可能会获得接触软件库中全部信息的权利，这取决于CISCO商业伙伴和顾客之间的支持合同是只对硬件还是同时兼顾硬、软件。签约服务顾客一般不能使用技术支持的案例管理工具，因为他

们应从 CISCO 的商业伙伴那里获得技术支持。

4）CISCO 的直接购买者。他们和 CISCO 之间有服务约定，本层次的顾客可以获取上一层次顾客所接触的所有信息，此外，他们能直接从 CISCO 获得开放的技术支持，可以自由地下载软件库中的所有软件。CISCO 的分销商、代理商等也归入这一层次。他们能获得比直接购买者更多的信息，比如产品开发时间和价格信息。同时，他还掌握着一些管理工具，控制哪些信息应对其顾客保密。

4. 取得信息方便

CISCO 的雇员可以接触以上提及的所有信息，并掌握一些控制、报告的工具，对系统、用户使用过程进行监测。

CISCO 采用的另一种使信息传递给特定用户的方法是“模糊中的安全”（security through obscurity），这是一种风险很小的方法。它将信息放置在服务器上一个隐蔽的地址上，给它一个隐蔽的名字，并且不和其他任何页面相链接。如果一个顾客打电话来询问一个特殊的问题，比如说解决的方法可能是修改一下用户路由器的软件，CISCO 的技术人员可以对软件进行修改，在实验室中测试，然后将修改好的软件采用这种方法放置在站点上，并告诉用户隐蔽的地址和名字，用户直接到该地址上取用软件即可。

此外，CISCO 还设置了顾客追踪系统。

小　结

本章主要介绍了以下内容。

1）网络社区的特点：和传统现实社区本质功能的一致性；Internet 和数字化对传统现实社区发展的促进；以线上为主体，全面超越“现实社区”效用的全新网络社区。

2）成功的商业网络社区的重要价值：收集潜在顾客信息，增强与潜在顾客的交流，增加潜在顾客的数量，增加顾客忠诚度以及便于顾客服务等。

3）博客社区的含义：博客社区营销是一种基于个人知识资源（包括思想、体验等表现形式）的网络信息传递形式。

4）博客社区营销的特点：博客社区营销以博客的个人行为和观点为基础；企业的博客营销思想有必要与企业网站内容策略相结合；合适的博客环境是博客营销良性发展的必要条件；博客营销应正确处理个人观点与企业立场的关系问题。

5）企业博客创建成方式：托管博客、企业博客和附属博客。

6）论坛营销：在 Internet 上，一种类似于新闻组的工具称为网上论坛。利用网上论坛开展营销活动就是论坛营销。

7）论坛社区营销的注意事项：要找到目标市场高度集中的行业论坛；不要发广告，也不要发软文；参与论坛，帮助会员，建立权威；论坛签名是推广的场所；在签名中促销。

8）论坛营销的技巧：自律是BBS主要的社区公约；不要太张扬，谨慎从事；成为论坛的管理者；正确对待论坛上的言论。

案例分析

大公司要关注博客

2005 年年初，微软的“首席博客”Scobleizer 就预见到，一些“世界财富 1000 强”公司将组建全天候的博客班子，除了进行博客监测、预防危机，还要组织企业博客积极与受众沟通。之所以这么做，是出于企业公关的迫切需要。但是，近年来戴尔公司却一不小心被博客“撞疼了腰”，至今未痊愈。2005 年 6 月戴尔公司因为拒绝更换或维修一个损坏了的笔记本而惹怒一个名叫 Jeff Jarvis 的人。Jeff 是个资深媒体人，是一个评论家，某大报的专栏作者，还是《娱乐周刊》杂志的创办人。Jeff 的博客 BuzzMachine.com 才是致命利器，在网络上几乎尽人皆知，享有很高的声誉。于是，从 6 月开始，Jeff 开始在他的博客中写抱怨戴尔公司的文章，鉴于他的博客本身所具有的强大影响力，他的每一篇檄文都会有几十个回复。都在呼吁让戴尔见鬼去！戴尔公司显然低估了这个每天有 5000 多访客的 BuzzMachine 制造影响力的能力，也低估了博客传播的力量。戴尔公司怎么也想不到，Jeff 的做法引起了众多博客的效仿，对戴尔公司技术支持和客户服务不满的人纷纷跑到 Jeff 的网站争相回复，表示支持，一时势如潮涌。8 月 17 日，忍无可忍的 Jeff 给戴尔和戴尔公司市场部的负责人 Michael George 写了封公开信。根据 BlogPulse 的显示，当天有 1%的博客或者链接这封信，或者发表意见讨论这件事。这封信在国际博客世界成了当天链接排名第三的文章，可谓当时一大热点。8 月 23 日，MediaPost 发表文章讨论这件事情。同天，戴尔公司退款给 Jeff，并表示今后将采取新的举措改进服务流程，并关注来自博客的意见反馈。

有人说，这是一场从一开始就完全可以避免的公关灾难。戴尔公司肯定及时了解到了 Jeff 的抱怨，但是并没有在第一时间做出积极反馈。Jeff 说他给戴尔公司上了一课，让戴尔公司学到了一个教训，这就是，大公司要关注博客，来自博客世界的意见反馈不容忽视。同时，大公司也要通过博客与用户沟通，这种做法可以证明公司是公正的、透明的、真诚的，并且是愿意和受众积极沟通的。这一事件证明，令戴尔公司引以为自豪的客户服务呼叫中心服务模式需要改进——呼叫中心不再是客户抱怨的唯一渠道，不满意的消费者有可能通过博客把不满情绪宣泄出来；呼叫中心应同时处理来自网络方面的负面反馈，而不是放任其蔓延。

资料来源：www.mba163.com

案例思考

1. 为什么大公司要关注博客？
2. 戴尔公司一开始冷淡博客的态度引起了什么不良的后果？
3. 戴尔公司后来对博客的态度有了什么样的转变？

1．什么是网络社区？网络社区的特点有哪些？

2．什么是博客营销？

3．博客营销应注意的情况有哪些？

4．什么是论坛营销？

5．论坛营销的技巧有哪些？

6．你如何建立企业的博客并加入别人的博客中？

建立自己的博客并加入别人的博客部落

1．实训条件

1）Windows 98 以上操作系统

2）IE 6.0 以上浏览器。

2．博客的建立步骤

1）选择适合的网址，申请博客的空间。

目前比较流行的网址选择有 blog.163.com、blog.sina.com.cn、blog.sohu.com、www.51.com。下面以新浪网为例进行介绍，如图 6.4 所示。

图 6.4　新浪网首页

2）进入新浪网的博客页面，如图 6.5 所示，开通博客。

图 6.5　新浪网博客申请页面

在注册页面上输入开通博客所需要的基本信息。由于登录名的唯一性，在按要求输入“4～16 个字符，汉字、数字、下划线，不能全部是数字，且下划线不能作为起始和结束字符”后，测试用户名是否可用（如图 6.6 所示）。然后填写免费 BLOG 空间的相关资料（如图 6.7 所示），其中输入个性域名后需要测试个性域名是否可用。同意新浪网络服务协议后，点击“免费开通 BLOG”按钮，进入博客的设置界面（如图 6.8 所示）。

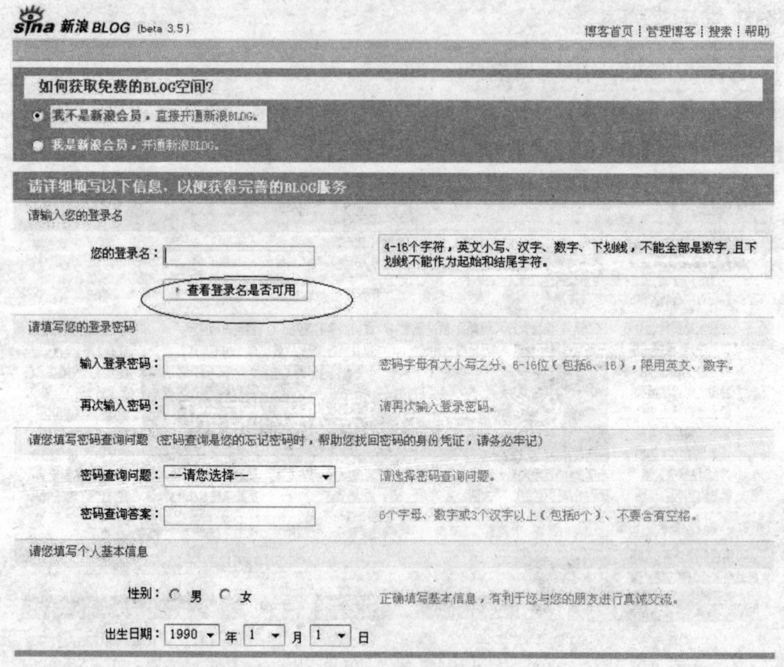

图 6.6　查看登录名是否可用

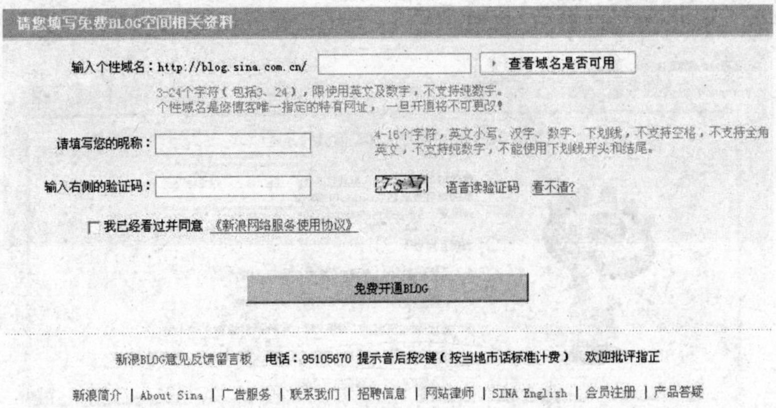

请您填写免费BLOG空间相关资料

输入个性域名：http://blog.sina.com.cn/ [ ] 查看域名是否可用

3-24个字符（包括3、24），限使用英文及数字，不支持纯数字。
个性域名是您博客唯一指定的特有网址，一旦开通将不可更改！

请填写您的昵称：[ ] 4-16个字符，英文小写、汉字、数字、下划线，不支持空格，不支持全角英文，不支持纯数字，不能使用下划线开头和结尾。

输入右侧的验证码：[ ] 7517 语音读验证码 看不清？

我已经看过并同意《新浪网络服务使用协议》

免费开通BLOG

新浪BLOG意见反馈留言板 电话：95105670 提示音后按2键（按当地市话标准计费） 欢迎批评指正

新浪简介 | About Sina | 广告服务 | 联系我们 | 招聘信息 | 网站律师 | SINA English | 会员注册 | 产品答疑

图 6.7 填写免费 BLOG 空间相关资料

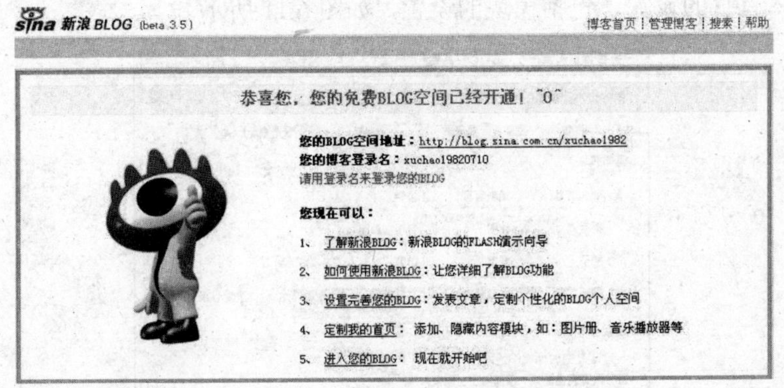

图 6.8 博客设置页面

3）进入“如何使用新浪 BLOG”，系统了解一下 BLOG 的设置，如图 6.9 所示。

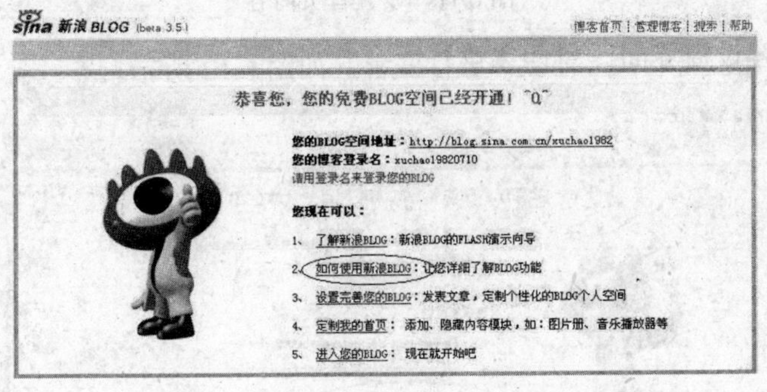

图 6.9 进入“如何使用新浪 BLOG”

4）进入“定制我的首页”，进行博客的首页设置，如图 6.10 所示。

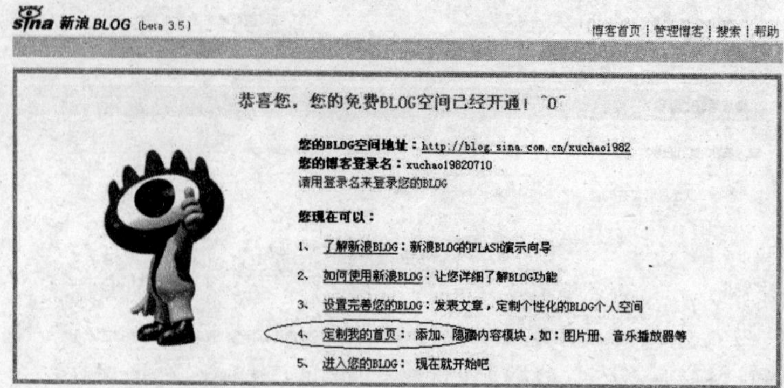

图 6.10　进入“定制我的首页”

5）进入首页的设置，包括模块的设置，如图 6.11 所示。

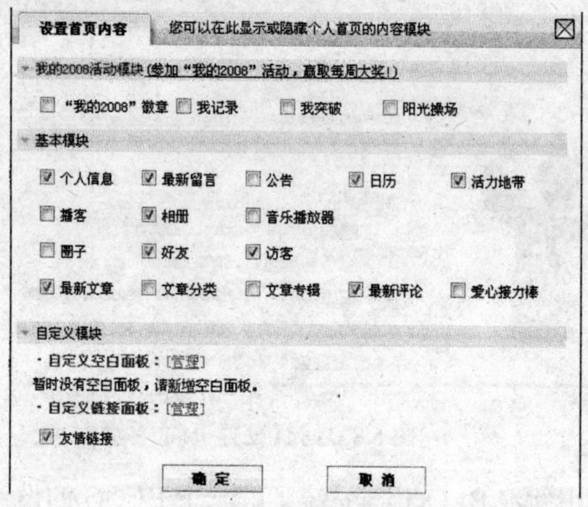

图 6.11　设置首页内容

6）返回博客设计界面，对博客进行完善，如图 6.12 所示。

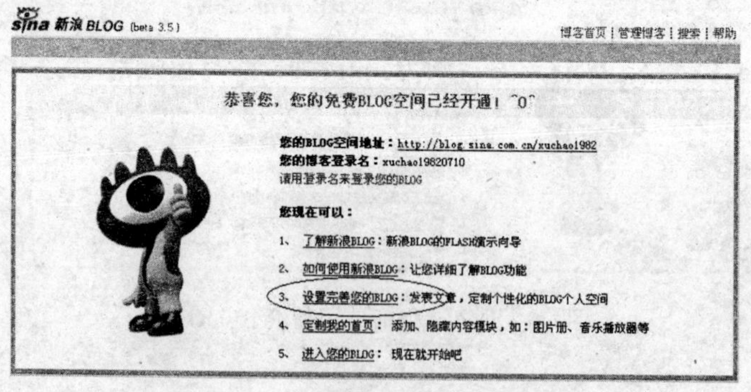

图 6.12　进入“设置完善您的 BLOG”

其中包括个人信息设置，如图 6.13 所示，个人相册的设置，如图 6.14 所示，文档管理，如图 6.15 所示。

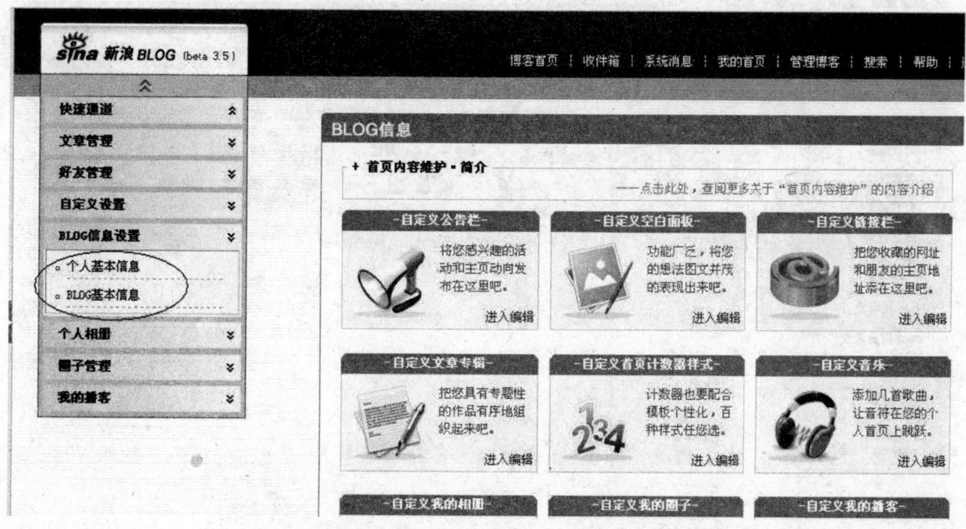

图 6.13 “个人信息设置”页面

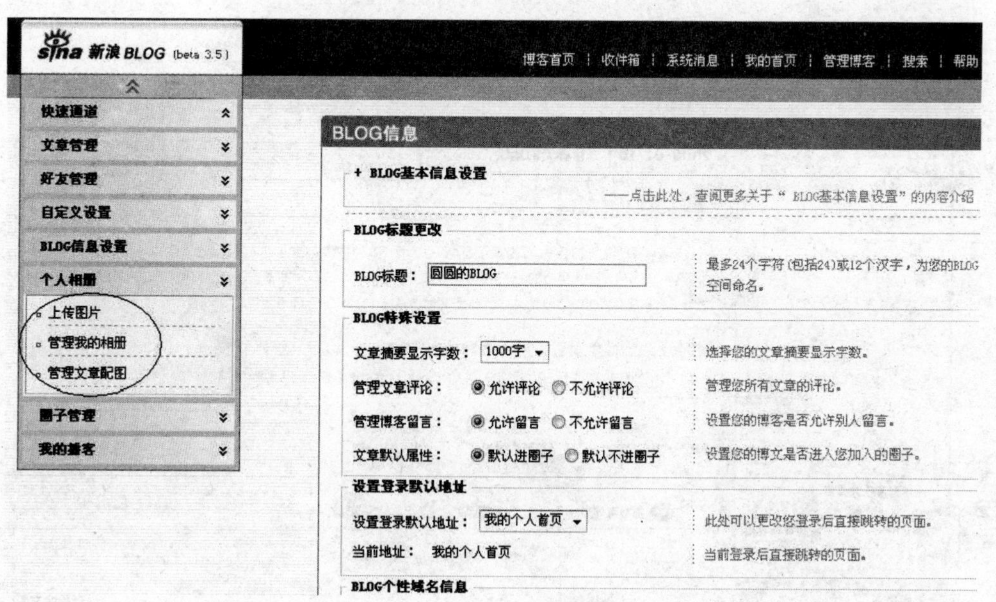

图 6.14 “个人相册设置”页面

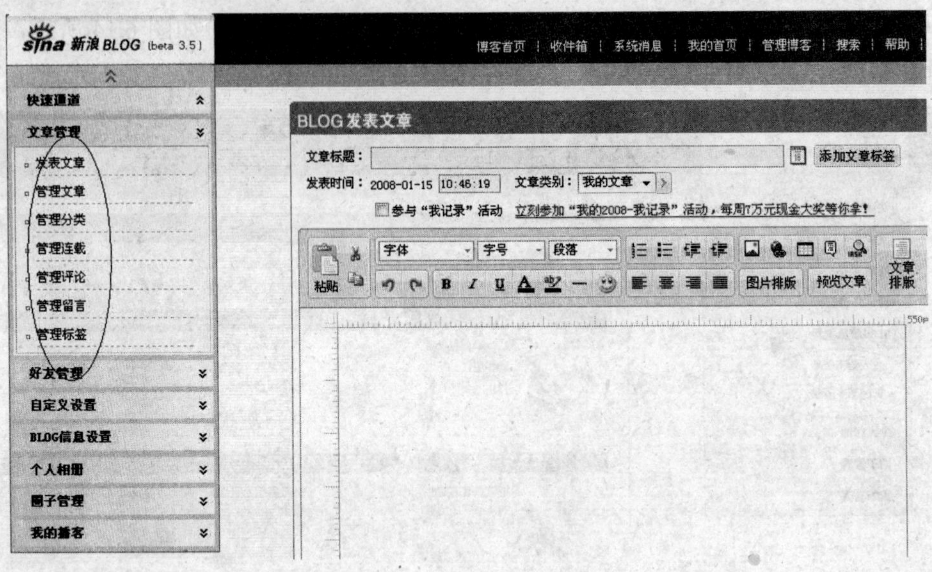

图 6.15 “文章管理”页面

3. 加入别人的博客部落

1）进入别人的部落主页，如图 6.16 所示。

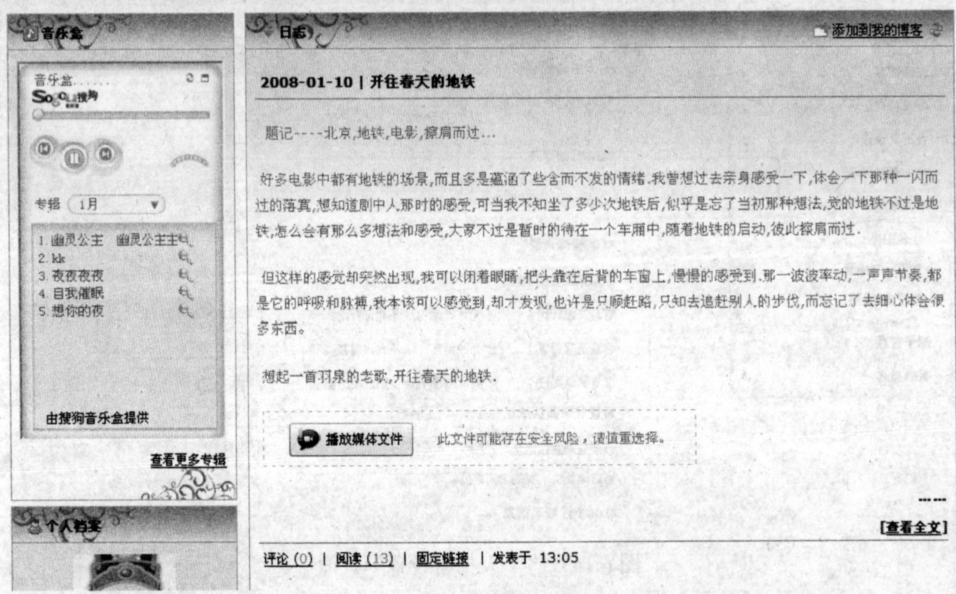

图 6.16 进入别人的部落主页

2）点击页面上的“申请加入部落”链接，就可以发送加入该部落的申请了，如图 6.17 所示。

想起一首羽泉的老歌，开往春天的地铁。

播放媒体文件　此文件可能存在安全风险，请慎重选择。

……

[查看全文]

评论 (0) | 阅读 (13) | 固定链接 | 发表于 13:05

2008-01-02 | 新的启示

题记———一年之际在于春，一天之际在于晨。

我不相信每一年大都情况相同，只有自己的岁数在长，那太残酷了，残酷到我无法接受，我仍然年轻，仍然相信明天有着无限可能，我不甘为人后，因为对于一个仍然肯学习，肯去挑战自己的人来说，生活的每一天都是新的历险，新的开始，如果说成游戏可以接受的话，我们仍然可以像孩子那样不断尝试，哪怕失败了，却可以重新来过，直至成功出现。

我相信每一年，每一天都是不同的，哪怕你觉的每天过着似乎相同的生活，但如果让生活去塑造你那就错了，因为生活是由你塑造的才对。新一年的开始天气特别好，虽然北京的风刮的很大，但每天早上的太阳异常灿烂，让人心情也很好，新一年也许不会设想太多，只希望可以做好几件，哪怕只有一件也很满意，比如先找份工作踏实的做下去，其他的问题都会迎刃而解的，我觉的讲复杂的问题越简化越容易更快解决。

……

[查看全文]

图 6.17　进入“添加到我的博客”

必须看清楚部落的属性，有些部落是需要酋长审批之后才能正式加入的，而如果是公开部落，就可以马上成为里面的成员了。申请加入部落为会员功能，必须注册成为网站会员并登录之后才能使用。

第7章

网络营销宣传策划方法

学习目标

1. 会运用网络营销宣传方法;
2. 懂得网络广告的形式;
3. 熟知网络广告的特点;
4. 会进行产品信息发布。

知识点：网站推广的种类、网站推广的工具、网络广告的形式、网络广告的发布形式、产品信息发布的主要方式。

技能点：利用相关工具如搜索引擎、分类目录、电子邮件、网站链接等进行有效的网站推广；在网络上发布产品广告；在网上进行产品信息发布。

百度竞价排名——博辉家教网上推广

博晖家教——上海地区一家从事家政服务的民营企业。公司主要业务是为上海地区的中小学生提供家教，中小学生上下学接送与半托，家庭与企业租车等服务，属于面向大众的服务类企业。为了拓展业务，公司两年前建立了网站，利用网络进行新市场的开发。

博晖以前主要采用电话销售的方式，即通过电话营销来开发客户。但是作为服务类企业，企业的知名度是公司发展的命脉，让客户在“茫茫的信息海洋中”找到博晖，而且清楚地知道公司是做什么的，这不是一个简单的问题。为此，博晖曾经调动了强大的人力与物力，运用各种推广手段来扩大知名度。但是，由于博晖公司所属的行业有很强的时效性，用户只有在需要时才关注此类广告，虽然每个月的宣传费用开支很高，宣传效果却无法保证。后来博晖考虑决定通过网络进行营销，不仅可以有效地降低成本，同时也为公司销售开辟一条新的途径。

要开展网上销售，公司网站没有人访问不行，如何让用户通过“家教”、“接送”、“租车”等词语就可以快速找到博晖网站呢？公司的领导经过仔细调查与评估，确定了选择百度公司提供的竞价排名服务。2002 年 4 月公司决定先交 300 元钱试用一段时间。博晖的负责人深有感触：“通过这段试用时间的试用期，我们真正认识到了百度竞价排名的优势。完全可以接受的价格，自主定制的宣传方式，庞大的目标受众，广泛的合作网站，这些都为我们公司的发展壮大提供了有利的支持，可以说我们选择这项服务是一项完全正确的选择。”

随着效果的提升，博晖在百度的投入从三位数变成了四位数，百度也不断为博晖提供新的客户。在这段时间里，博晖的电话量不断上升，从每天 3～5 个上升到 20 多个，又进一步增加到 50 多个，为此博晖还紧急招收了一部分电话销售人员，成立了 call center。现在上海周边地区包括南京杭州等地方也有客户咨询，考虑到目前旺盛的市场需求，博晖考虑未来会在上海周边地区建立分公司，将家政服务做大做好。

资料来源：www.olhr.com

第一节　网站推广方法

一、网站推广概述

（一）网站推广的概念

曾经几何，“酒香不怕巷子深”的生意经被广泛传颂，但这种仅依靠口碑做宣传就可以打天下的时代已经过去了。众所周知，建好一个网站不是目的，这只是很多公司进行网络营销的第一步。网站建设的真正目的是要使这个网站取得效果，能吸引众多的访问者，提高“眼球效益”，使目标客户能很方便地找到自己的网站。网站推广是Internet营销的基本职能之一，网站推广的作用现在已经被众多企业所理解：Internet 上的 Web站点多如牛毛，如果一个网站做好后不能实施有效的推广，那就如锦衣夜行一样，网站建设的再好也不会有多少人来访问。

所谓“网站推广”，就是让尽可能多的潜在用户了解并访问网站。用户通过网站获得有关产品和服务等信息，为最终形成购买决策提供支持。一般来说，除了大型网站，如提供各种网络信息和服务的门户网站、搜索引擎、免费邮箱服务商等网站之外，一般的企业网站和其他中小型网站的访问量通常都不高。有些企业网站虽然经过精心策划设计，但在发布几年之后，访问量仍然非常小，每天可能才区区数人，这样的网站自然很难发挥其作用，因此，网站推广被认为是网络营销的主要任务之一，是网络营销工作的基础，尤其对于中小型企业网站，用户了解企业的渠道比较少，网站推广的效果在很大程度上也就决定了网络营销的最终效果。

网站推广需要借助于一定的网络工具和资源，常用的网站推广工具和资源包括搜索引擎、分类目录、电子邮件、网站链接、在线黄页和分类广告、电子书、免费软件、网络广告媒体以及传统推广渠道等。所有的网站推广方法实际上都是对某种网站推广手段和工具的合理利用，因此，制定和实施有效的网站推广方法的基础是对各种网站推广工具和资源的充分认识和合理应用。

（二）网站推广的种类

根据用户了解网站的途径和方式，可以相应地将网站推广方式分为以下四类：

1．网上途径和网下途径推广方式

按照用户所获取网站信息的来源，可分为网上途径和网下途径，因此网站推广手段相应地也有网上推广和网下推广两种基本类型。事实上，网络营销并不拒绝网下的营销方法，两者并不矛盾，可以互相配合发挥各自的优势，从而获得更好的网站推广效果。在网络营销中，一般很少去考虑网下的营销手段，不过在网站推广方面，利用网下的手段有时是很有必要的，因为一些网站在刚发布时利用网上推广手段并不一定很快达到推广的目的，因此往往需要网上网下相结合来　进行。

网站推广计划至少应包含的主要内容

需要特别说明的是，在正式推广站点前，应确认站点内容和基本功能已经比较完善。只有在这个前提下的推广，才能做到事半功倍，取得较好的效果。此外，网站的推广是一个长期而且系统的过程，需要制定明确的目标和计划，并做好相应的准备工作。一般来说，网站推广计划至少应包含下列主要内容：

1）确定网站推广的阶段目标。如在发布后1年内实现每天独立访问用户数量、与竞争者相比的相对排名、在主要搜索引擎的表现、网站被链接的数量以及注册用户数量等。

2）在网站发布运营的不同阶段所采取的网站推广方法。如果可能，最好详细列出各个阶段的具体网站推广方法，如登录搜索引擎的名称、网络广告的主要形式和媒体选择以及需要投入的费用等。

3）网站推广方法的控制和效果评价。如阶段推广目标的控制、推广效果评价指标等。对网站推广计划的控制和评价是为了及时发现网络营销过程中的问题，保证网络营销活动的顺利进行。

我们通常会看到一些大型网站以路牌广告和电视广告等方式进行宣传，这是很好的宣传途径，但对于大多数中小企业网站来说，由于缺乏资金实力，一般是难以模仿的。因此，这样往往造成一种错觉，好像只有大型网站才能利用传统渠道宣传，实际上，传统的方法也很多，并不一定都要投入大量的费用，有时只是在市场活动中顺便的宣传，关键是从方法的层面将网站推广与市场营销结合起来，例如，在产品包装物、宣传资料、平面广告、企业新闻、企业市场人员的名片等只要可以用来印刷网址的地方，都不失时机地留下网站推广信息，这样在不知不觉中就发挥了网站推广的作用。

2. 主动渠道和被动渠道推广方式

按照用户获取网站信息的主动性和被动性，可将获取信息的渠道分为主动渠道和被动渠道，网站推广手段也有主动和被动之分。用户主动获取信息就意味着网站以被动的方式来推广，例如，我们通过电子邮件的方式向潜在用户推广新的网站是主动推广，而用户则是被动地接收信息；当用户通过搜索引擎发现并进入一个网站时，则是用户主动获取信息，而网站则是被动的推广。但这里讲的被动并不是消极地等待用户的了解（本质上不同于几年前一些企业建好网站之后从不对外宣传，因而用户根本无法了解其网址的被动状况），实际上是为用户了解网站信息提供尽可能方便的条件，因而从用户的角度来看，用户是主动的，而网站方面是被动地等待用户的了解。同样，用户通常也并不总是只能被动接受信息，仍以用户电子邮件推广为例，正规的E-mail营销是首先经过用户许可的，也就是说用户接收的信息是用户自己定制的（如自愿选择加入的邮件列表），但什么时间发送这些信息，以及发送什么信息仍然是由企业决定的。电子商务时代通常被认为是用户制定营销规则的时代，因此，用户掌握了更多的主动权，但是用户的主动权并不完全取决于自己，因为他所获取的信息毕竟是企业事先已经设计好的，而信息的多少，以及对用户是否有价值，主动权仍然掌握在信息提供方——企业的手里。

3. 多种网站推广方式

根据用户了解网站信息所利用的具体手段，可以罗列出许多方式，如搜索引擎、分类目录、分类排行榜、网站链接、电子邮件、即时信息、网络实名、通用网址、论坛、黄页、电子商务平台、网络广告、电子书、免费软件、网址大全书籍以及报刊网站推荐，等等，每一种方式均可作为一种网站推广的手段。由于这种分类方式难以穷举所有的网站推广方法，因此，通常将这些方法穿插在其他网站推广类别中。

4. 网站发布前、网站发布初期、网站发展期、网站稳定期推广方式

根据网站所处的阶段，可以分为网站发布前的推广方法、网站发布初期的推广方法、网站发展期和稳定期的推广方法等，每个阶段所采用的网站推广方法存在一定的差别，同样的网站推广手段在不同时期的应用也有所不同。从网站运营者的角度来考虑，根据网站的不同发展阶段来设计网站推广方法更有意义。

二、网站推广的基本方法

根据利用的主要网站推广工具，网站推广的基本方法也可以归纳为几种，即搜索引擎推广方法、电子邮件推广方法、合作推广方法、信息发布推广方法、病毒性营销方法、快捷网址推广方法、网络广告推广方法以及传统媒体推广方法等。

（一）搜索引擎推广方法

搜索引擎推广是指利用搜索引擎、分类目录等具有在线检索信息功能的网络工具进行网站推广的方法。由于搜索引擎的基本形式可以分为网络蜘蛛型搜索引擎（简称“搜索引擎”）和基于人工分类目录的搜索引擎（简称“分类目录”），因此搜索引擎推广的形式也相应地有基于搜索引擎的方法和基于分类目录的方法，前者包括搜索引擎优化、关键词广告、竞价排名、固定排名、基于内容定位的广告等多种形式，而后者则主要是在分类目录合适的类别中进行网站登录。随着搜索引擎形式的进一步发展变化，也出现了一些其他形式的搜索引擎，不过大都是以这两种形式为基础。搜索引擎已成为人们上网寻找信息的主要途径。

利用搜索引擎推广的方法又可以分为多种不同的形式，常见的有登录免费分类目录、登录付费分类目录、搜索引擎优化、关键词广告、关键词竞价排名和网页内容定位广告等。图 7.1 就是百度网站竞价排名页面。

据 2014 年 1 月末公布的第 33 次中国 Internet 发展状况统计调查，2013 年，综合搜索引擎仍然是网民最基本的搜索工具，过去半年，搜索网民使用过综合搜索网站的比例达 98.0%。从目前的发展现状来看，搜索引擎在网络营销中的地位依然重要，并且受到

越来越多企业的认可，搜索引擎营销的方式也在不断发展演变，因此应根据环境的变化选择合适的搜索引擎营销方式。

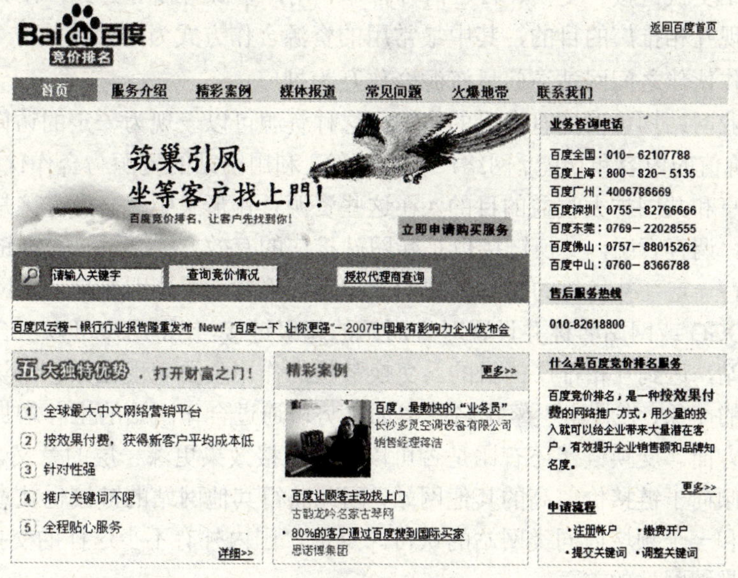

图 7.1　百度网竞价排名页面

（二）E-mail 推广方法

E-mail 营销是指在用户事先许可的前提下，通过电子邮件的方式向目标用户传递有价值信息的一种网络营销手段。其中，它强调了三个基本因素：基于用户许可；通过电子邮件传递营销信息；这些营销信息对于用户是有价值的。这三个因素缺少一个，都不能称之为有效的 E-mail 营销。

E-mail 推广常用的方法包括电子刊物、会员通讯、专业服务商的电子邮件广告等。基于用户许可的 E-mail 营销与滥发邮件（spam）不同，许可营销比传统的推广方式或未经许可的 E-mail 营销具有明显的优势，比如，可以减少广告对用户的滋扰、增加潜在客户定位的准确度，增强与客户的关系以及提高品牌忠诚度等。根据许可 E-mail 营销所应用的用户电子邮件地址资源的所有形式，可以将 E-mail 营销分为内部列表 E-mail 营销和外部列表 E-mail 营销，或简称内部列表和外部列表。内部列表也就是通常所说的邮件列表，是利用网站的注册用户资料开展 E-mail 营销的方式，常见的形式如新闻邮件、会员通讯、电子刊物等。外部列表 E-mail 营销则是利用专业服务商的用户电子邮件地址来开展 E-mail 营销，也就是以电子邮件广告的形式向服务商的用户发送信息。许可 E-mail 营销是网络营销方法体系中相对独立的一种，既可以与其他网络营销方法相结合，也可以独立应用。

（三）合作推广方法

通过网站交换链接、交换广告、内容合作、用户资源合作等方式，在具有类似目标网站之间实现互相推广的目的，其中最常用的资源合作方式为网站链接方法，利用合作伙伴之间网站访问量资源合作互为推广。

每个企业网站均可以拥有自己的资源，这种资源可以表现为一定的访问量、注册用户信息、有价值的内容和功能、网络广告空间等，利用网站的资源与合作伙伴开展合作，实现资源共享和共同扩大收益的目的。在这些资源合作形式中，交换链接是最简单的一种合作方式，调查表明，交换链接也是新网站推广的有效方式之一。交换链接或称互惠链接，是具有一定互补优势的网站之间的简单合作形式，即分别在自己的网站上放置对方网站的LOGO或网站名称并设置对方网站的超级链接，使得用户可以从合作网站中发现自己的网站，达到互相推广的目的。交换链接的作用主要表现在如获得访问量、增加用户浏览时的印象、在搜索引擎排名中增加优势以通过合作网站的推荐增加访问者的可信度等几个方面。交换链接还有比是否可以取得直接效果更深一层的意义，一般来说，每个网站都倾向于链接价值高的其他网站，因此获得其他网站的链接也就意味着获得了其合作伙伴和一个领域内同类网站的认可。目前，国内外有不少这样的交换网，图 7.2 所示即为中易链网站的首页。

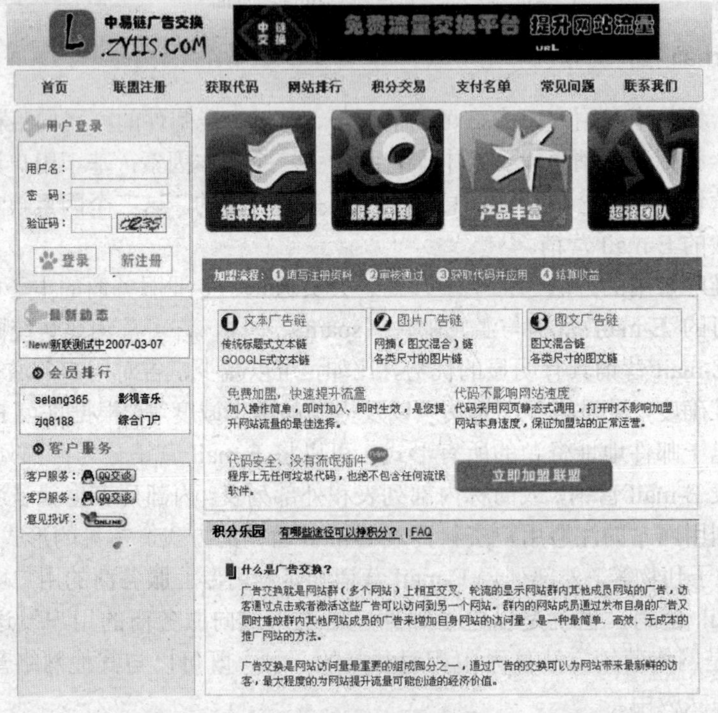

图 7.2　中易链网站首页

（四）信息发布推广方法

将有关的网站推广信息发布在其他潜在用户可能访问的网站上，利用用户在这些网站获取信息的机会实现网站推广的目的。适用于这些信息发布的网站包括在线黄页、分类广告、论坛、博客网站、供求信息平台、行业网站等。信息发布是免费网站推广的常用方法，在 Internet 发展早期，网上信息量相对较少时，信息发布可取得满意的效果。随着网上信息量爆炸式的增长，其作用日益降低。随着更多更加有效的网站推广方法的出现，其重要程度明显下降，依靠大量发送免费信息的方式已经没有太大价值，不过一些针对性、专业性的信息仍然可以引起人们极大的关注，尤其当这些信息发布在相关性比较高的网站上时。常见的信息发布手段有论坛、博客以及其他多种方式。

1. 论坛

论坛可以说是最常用的信息发布式推广方法。其优点是全免费，只需将网站的地址加在论坛的签名（需要支持超链接签名）里就可以了；缺点是效果一般，但如果方法恰当，论坛推广还是能起到比较明显的作用的。

2. 博客

博客是一种新兴的信息发布和传递工具，具有知识性、自主性、共享性等基本特征。与论坛相比，博客文章显得更正式，可信度更高。其最大优势在于，每一篇博客文章都是一个独立的网页，很容易被搜索引擎收录和检索，使其具有长期被用户发现和阅读的机会。

3. 其他

除了论坛和博客以外，还有其他许多种方式，诸如现在非常流行的网摘、通过 QQ 或 MSN 等通讯软件发送消息等。这些手段能给网站带来相当稳定而且是相当符合网站定位的一部分用户。

（五）病毒性营销方法

病毒性营销方法并非传播病毒，而是利用用户之间的主动传播，让信息像病毒那样扩散，从而达到推广的目的。病毒性营销方法实质上是在为用户提供有价值的免费服务的同时，附加上一定的推广信息，常用的工具包括免费电子书、免费软件、免费 FLASH 作品、免费贺卡、免费邮箱、免费即时聊天工具等可以为用户获取信息、使用网络服务、娱乐等带来方便的工具和内容。如果应用得当，这种病毒性营销手段往往可以以极低的代价取得非常显著的效果。

病毒性营销有以下两种基本方式，即图片式病毒性营销和邀请式病毒性营销。

1. 图片式病毒性营销

这是一种非常有创意的宣传方法，能在短时间内给网站带来很大的流量。对这种图

片的最初印象是论坛里经常能看到的签名图——一个小卡通人物举着一块牌子，上面写着你的 IP 地址、操作系统和浏览器名称。该部分显示的内容是可以改变的。这一类方法里用得最多的是给上传图片打自己的 LOGO。最早使用这些方法的一些网站已经从中获得了大量的点击。

2. 邀请式病毒性营销

Gmail 是 Google 在全球率先推出的 1G 免费邮箱，推出时曾引起 Internet 界“地震”。测试中的 Gmail 不接受公开申请，而是通过 Google 员工、blogger.com 的活跃用户等首批成功注册的用户对外发出测试邀请。每个用户拥有若干个 Gmail 发放的权限，以邀请的形式发给若干个朋友，幸运者加入后各自也将拥有几个邀请资格，发放给更多的朋友。于是，不需要自己费时费力做推广，业务就像病毒蔓延一样由用户自动传播开去，每个参与者都在帮自己宣传，这就是 Gmail 的病毒营销传播。

举例来说，1998 年 7 月，被 AOL 以 3 亿美元现金收购前的 ICQ（i seek you）属于一家以色列公司，当时已经拥有了 1200 万实时信息服务注册用户。ICQ 的通信方法也类似于病毒性传播方式。通信双方都需要下载安装客户端软件，然后，用户会通过电子邮件等方式告诉自己的朋友或同事，请他们利用这种网上实时通信工具，就这样一传十，十传百，越来越多的人加入到 ICQ 用户的行列。

（六）快捷网址推广方法

快捷网址推广方法即合理利用网络实名、通用网址以及其他类似的关键词网站快捷访问方式来实现网站推广的方法。快捷网址使用自然语言和网站 URL 建立起对应关系，这对于习惯使用中文的用户来说，提供了极大的方便，用户只需输入比英文网址要更加容易记忆的快捷网址就可以访问网站，用自己的母语或者其他简单的词汇为网站“更换”一个更好记忆、更容易体现品牌形象的网址，例如，选择企业名称或者商标、主要产品名称等作为中文网址，这样可以大大弥补英文网址不便于宣传的缺陷，因此，在网址推广方面有一定的价值，图 7.3 所示即为淘宝网和前程无忧网带网址的 LOGO。随着企业注册快捷网址数量的增加，这些快捷网址用户数据库也相当于一个搜索引擎，这样，当用户利用某个关键词检索时，即使与某网站注册的中文网址并不一致，也同样存在被用户发现的机会。

图 7.3　淘宝网和前程无忧网的 LOGO

域名趣事

真是大千世界无奇不有，Google 和百度分别注册了如下的超长域名。在地址栏中输入这两个网址，即可直达相应的网站。

Google 注册的域名是：

http://www.mamashuojiusuannizhucedeyumingzaichang googledounengsousuochulai.cn

Google：就算你注册的域名再长，Google 都能搜索出来。

百度注册的域名是：

http://www.mamashuojiusuannizhucedeyumingzai changbaidudounengsousuochulai.cn

百度：就算你注册的域名再长，百度都能搜索出来。

（七）网络广告推广方法

网络广告是常用的网络营销策略之一，在网络品牌、产品促销、网站推广等方面均有明显作用。在知名网站的首页或内层页面中发布图形或文字广告是一种常见的付费网站推广方式，企业可选择在一些门户网站、综合性商贸网站、行业性或区域性网站中发布广告。网络广告的常见形式包括 Banner 广告、关键词广告、分类广告、赞助式广告、E-mail 广告等。Banner 广告所依托的媒体是网页，关键词广告属于搜索引擎营销的一种形式，E-mail 广告则是许可 E-mail 营销的一种，可见网络广告本身并不能独立存在，需要与各种网络工具相结合才能实现信息传递的功能，因此也可以认为，网络广告存在于各种网络营销工具中，只是具体的表现形式不同。将网络广告用于网站推广，具有可选择网络媒体范围广、形式多样、适用性强、投放及时等优点，适合于网站发布初期及运营期的任何阶段。如图 7.4 所示即为搜狐网站首页上的 Banner 广告示例。

图 7.4　搜狐网上的 Banner 广告

（八）网站内容推广方法

人们上网的主要目标之一就是寻找信息，提供及时、准确信息的网站自然会得到更多人的关注。网站内容，不仅是大型ICP网站的生命源泉，对于企业网站网络营销的效果也同样是至关重要的。网站内容推广策略的有效性已经被许多网站的成功经验所证实，例如，美国健美塑身产品零售网站（BodyBuilding.com）便是利用网站内容进行推广的成功案例之一。

以前 BodyBuilding.com 网站推广的主要方法是依靠自然排名的搜索引擎优化和一些Email营销手段。目前网站访问者主要是那些对健身塑身感兴趣的人，他们来网站阅读文库中的专业文章，文章中提到的产品将激发起读者在该网站进行在线购买。

BodyBuilding.com（健美塑身产品零售网站）是美国网络零售商400强中排名第160位的零售网站。BodyBuilding.com 每天吸引约16万独立访问人数，带来这一巨大访问量的主要原因是网站上接近1万篇关于健康、营养、体重、塑身及其他相关主题的内容文章。

BodyBuilding的CEO Ryan DeLuca说："我们只是通过搜索引擎这样便利的推广方式,通过大量的写手,他们很多都是各自主题领域内的专家，他们为网站贡献这些专业文章作为网站内容。目前网站文库大约有1.6万个网页，并且数目一直在增加。这些文章为我们赢得了良好的口碑广告效应。该健美塑身产品零售网站不投入分文搜索引擎营销费用，也一样能够在自然搜索结果中获得很好的表现，从而获得大量访问者。

（九）导航网站登录

导航网站是指把用户可能用到的或是口碑不错的网站搜集并分类汇总为一个页面提供给用户使用的网站，一般作为用户上网浏览的第一个页面出现，如图7.5所示即为网址之家的首页。对于一个流量不大，知名度不高的网站来说，导航网站能带来的流量远远超过搜索引擎以及其他方法。以下是几个流量比较大的导航网站：

www.hao123.com 网址之家

www.265.com 265网址

www.k365.com 美萍网址

www.qu66.net 去遛遛网址

www.ttjj.com 挑挑拣拣网址

www.wujiweb.com 精彩网址

www.cnww.net 中国网址

图 7.5 网址之家的首页

（十）传统媒体推广方法

利用传统媒体，如电视、书刊报纸、室外墙体等进行宣传也是综合推广的方法之一，特点是充分利用传统媒体庞大的受众基数，积极推广网站。网络营销虽有其独特的优越性，但也存在着局限，例如，网络作为广告媒体的优势在于其互动性可以引致被动性。因为用户除了有目的地搜索外，不会主动上网观看企业设计的网上广告，导致许多广告被淹没在浩瀚的信息海洋中。因此，企业有必要借助传统媒体加强网站宣传。可以通过付费的方式在传统媒体（报纸、杂志、广播、广告）上宣传企业网站，或者通过组织新闻发布会等公共关系活动来宣传网址，还可以在商品的包装、企业名片等物品上印刷公司网址。

其实，除了前面介绍的常用网站推广方法之外，还有许多专用性、临时性的网站推广方法，如有奖竞猜、在线优惠券、有奖调查、针对在线购物网站推广的比较购物和购物搜索引擎等，有些甚至建立一个辅助网站进行推广。有些网站推广方法可能别出心裁，有些网站则可能采用有一定强迫性的方式来达到推广的目的，例如，修改用户浏览器默认首页设置、自动加入收藏夹，甚至在用户计算机上安装病毒程序等，真正值得推广的是合理的、文明的网站推广方法，应拒绝和反对带有强制性、破坏性的网站推广手段。

三、网站推广实例

（一）实例描述

如何进行有效的网站推广是网上宣传的一个重要课题。寻找适合网站推广的有效途径并运用适当的技巧是进行网站推广的基本技术。

（二）解决方案

Google 是当今使用最广、访问量最大的综合性搜索引擎。利用 Google 进行网站宣传将使您的网站更快地推广出去，得到更大的点击量，进而产生可观的经济效益。

关键词选择的技巧

搜索引擎中检索信息都是通过输入关键词来实现的，因而，关键词的选择影响着网站排名能否靠前，它是整个网站登录过程中最基本，也是最重要的一步。关键词的确定并非一件轻而易举的事，要考虑诸多因素，那我们该如何选择呢？

1. 选择相关的关键词

对一家企业来说，挑选的关键词当然必须与自己的产品或服务有关。不要听信那些靠毫不相干的热门关键词吸引更多访问量的宣传，那样做不仅不道德，而且毫无意义。

2. 选择具体的关键词

在挑选关键词时还有一点要注意，就是避免用含义宽泛的一般性词语作为主打关键词，而是要根据自己的业务或产品的种类，尽可能选取具体的词。

3. 选用较长的关键词

与查询信息时尽量使用单词原形态，相反在提交网站时我们最好使用单词的较长形态，如可以用“games”的时候，尽量不要选择“game”。

4. 不使用“停用词/过滤词”

这两者意义一样，都是指一些太常用以至没有任何检索价值的单词，比如英语中的“a”、“the”、“and”、“of”、“web”、“home page”，中文里的“的”、“了”、“把”等，搜索引擎碰到这些词时一般都会过滤掉。因此为节省空间，应尽量避免使用这一类词，尤其是在对文字数量有严格限制的地方。

（三）操作过程

首先在浏览器中打开 Google 网站，在网站首页中点击“Google 大全”，如图 7.6 所示，在随后打开的 Google 大全中选择“登录/删除网站”，在“登录您的网站”页面中部的网址里填入要登录的网址，在第二行中写上这个新登录网站的基本说明（使用关键

词)，然后点击“登录”按钮完成登录，如图 7.7 所示。

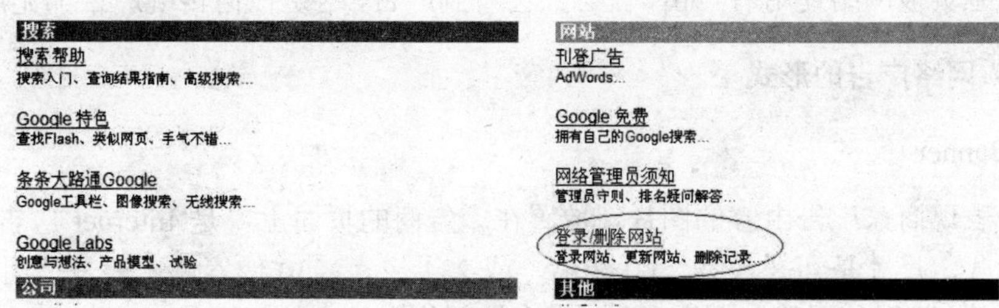

图 7.6　Google 大全页面

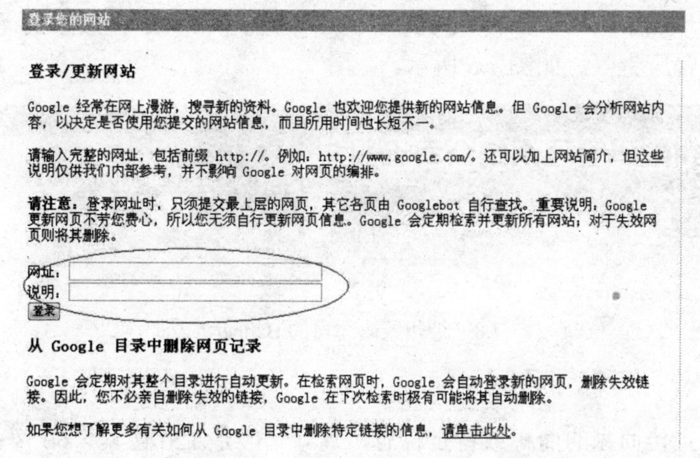

图 7.7　登录/更新网站页面

第二节　网络广告策划方法

一、网络广告概述

(一) 网络广告的概念

追本溯源，网络广告发起于 1994 年的美国。当年 10 月 14 日，美国著名的 Wired 杂志推出了网络版的 Hotwired (www.hotwired.com)，其主页上开始有 AT&T 等 14 个客户的广告 Banner。这是广告史上里程碑式的一个标志，同时也让网络开发商与服务商看到了一条光明的道路。我国的网络广告起步较晚，中国的第一个商业性网络广告出现在 1997 年 3 月，传播网站是 Chinabyte，广告主是 Intel，广告表现形式为 468 像素×60 像素的动画旗帜广告。Intel 和 IBM 是国内最早在 Internet 上投放广告的广告主。

所谓“网络广告”，是指广告主利用一些受众密集或有特征的网站摆放商业信息，

并设置链接到某目的网页的过程。网络广告既不同于平面媒体广告，也不是电子媒体广告的另一种形式。其基本特征一是利用数字技术制作和表示；二是具有可链接性，只要被链接的主页被网络使用者点击，就必然会看到广告，这是任何传统广告都无法比拟的。

（二）网络广告的形式

1. Banner

一个表现商家广告内容的图片，放置在广告商的页面上，是 Internet 广告中最基本的广告形式，尺寸是 468 像素×60 像素，或 234 像素×30 像素，一般是使用 GIF 格式的图像文件，可以使用静态图形，也可用多帧图像拼接为动画图像。除普通 GIF 格式外，新兴的 Rich Media Banner（丰富媒体 Banner）能赋予 Banner 更强的表现力和交互内容，但一般需要用户使用浏览器插件作为支持（Plug-in）。Banner 一般被翻译为网幅广告、旗帜广告、横幅广告等，如图 7.8 所示。

图 7.8 神州数码公司的 Banner 广告

2. Logo

通常用来宣传商家的商标或特定标志，尺寸一般是 120 像素×60 像素或 88 像素×31 像素。由于尺寸比 Banner 广告小，所以位置灵活，易于放置，而且费用相对较低。

3. 按钮广告

按钮广告是从 Banner 广告演变过来的一种广告形式，其图形尺寸比 Banner 要小，有 120 像素×60 像素、120 像素×180 像素、80 像素×40 像素、40 像素×20 像素等几种大小。可以被更灵活地放置在网页的任何位置。

4. 飘浮广告

会飞的 Button 广告，可以根据广告主的要求并结合网页本身特点设计“飞行”轨迹，增强广告的爆光率。图 7.9 所示是丰田卡罗拉汽车的飘浮广告。

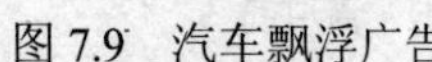

图 7.9 汽车飘浮广告

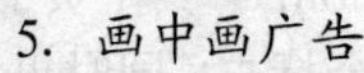

5. 画中画广告

画中画广告存在于某一类新闻中所有非图片新闻的最终页面，该广告将配合客户需要，链接至为客户量身订作的网站，大大增强广告的命中率。在网页中可达到相当大的吸引力，加上使用 Flash 的动态与声音效果，点击率比 Banner 高。图 7.10 所示是搜狐新闻页面中发布的画中画广告。

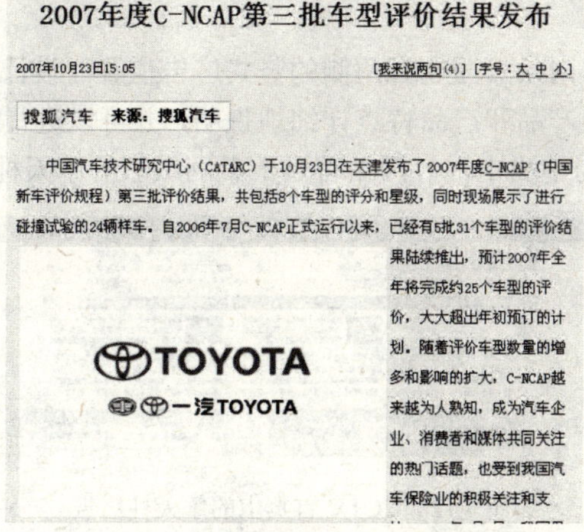

2007年度C-NCAP第三批车型评价结果发布

2007年10月23日15:05 [我来说两句(4)] [字号：大 中 小]

搜狐汽车 来源：搜狐汽车

中国汽车技术研究中心（CATARC）于10月23日在天津发布了2007年度C-NCAP（中国新车评价规程）第三批评价结果，共包括8个车型的评分和星级，同时现场展示了进行碰撞试验的24辆样车。自2006年7月C-NCAP正式运行以来，已经有5批31个车型的评价结果陆续推出，预计2007年全年将完成约25个车型的评价，大大超出年初预订的计划。随着评价车型数量的增多和影响的扩大，C-NCAP越来越为人熟知，成为汽车企业、消费者和媒体共同关注的热门话题，也受到我国汽车保险业的积极关注和支

图 7.10　搜狐新闻页面中的画中画广告

6. 文字链接广告

通过一般性的简短文字链接，直接链接到客户的广告内容页面上。广告简单明了，直接涵盖主题，对访问者而言具有较强针对性和引导性。图 7.11 所示即为文字链接广告示例。

图 7.11　新浪网首页上的文字链接广告

7. 弹出广告

在打开首页后弹出一个新的小窗口，出现广告，直接链接到客户的广告内容页面上。

8. 背投广告

背投广告不像弹出广告直接弹出在当前页面的前面，而是弹出在当前页面的后面，

一般占据整个屏幕的大小。

9. 擎天柱广告

擎天柱广告是利用网站页面左右两侧的竖式广告位置而设计的广告形式。这种广告形式可以直接将客户的产品和产品特点详细地说明，并可以进行特定的数据调查、有奖活动。图 7.12 所示即为中央电视台网站首页上某羽绒服的擎天柱广告。

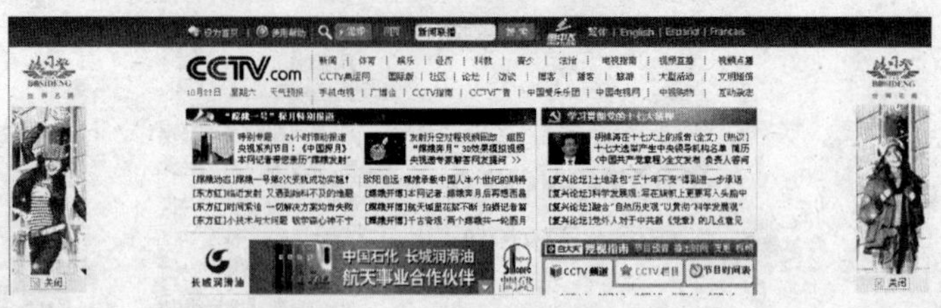

图 7.12　CCTV 首页上的擎天柱广告

10. 通栏广告

广告置于整个页面的中部，可以在媒体网站的首页和频道页面刊登。宽屏广告由于被放置在网站的黄金版位上，一方面广告的含金量增加，另一方面由于中位的缘故，访客在浏览页面下端信息时势必接触广告，从而提高广告的有效曝光率。

11. 电子邮件广告

电子邮件广告具有针对性强（除非你肆意滥发）、费用低廉的特点，且广告内容不受限制。特别是针对性强的特点，它可以针对具体某一个人发送特定的广告，为其他网上广告方式所不及。

电子邮件广告是目前许多公司运用得较多的一种广告形式。通常广告主建立自己的客户邮件列表，定期向客户发送广告、发布新产品的信息。此外，也可以向其他公司购买邮件组定期发布广告信息。电子邮件广告通常应制作得小而精干，便于在目前网络传输速度不够理想的条件下，占用客户较少的下载时间。如果广告中图片过多、文件过大，或者广告内容不能吸引客户，很容易引起客户的反感而拒收广告主的电子邮件。除以上方法之外，还可以利用网上调查发布广告，也可以利用 BBS 来发布广告。图 7.13 所示是电子邮件广告的示例。

12. 富媒体广告

富媒体广告（rich media）一般指使用浏览器插件或其他脚本语言、Java 语言等编写的具有复杂视觉效果和交互功能的网络广告。这些效果的使用是否有效，一方面取决于站点的服务器端设置，另一方面取决于访问者的浏览器是否能顺利查看。一般来说，富媒体能表现更多、更精彩的广告内容，图 7.14 所示的广告可以直接读取用户的鼠标位置信息，给人一种能用鼠标拉起大树的感觉。

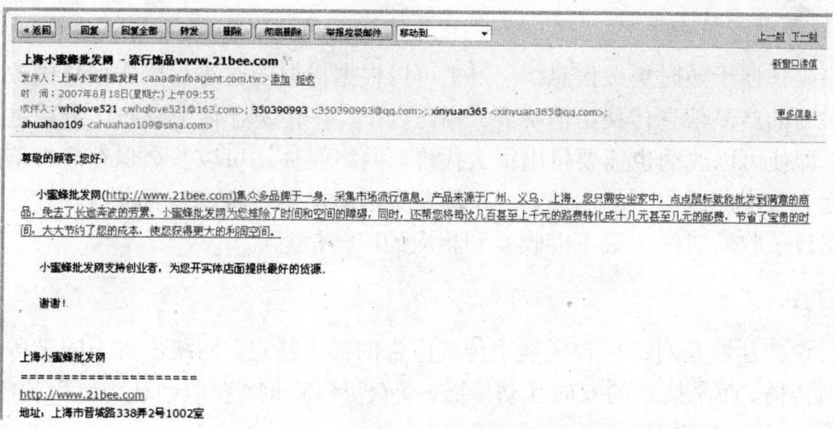

« 返回 回复 回复全部 转发 删除 彻底删除 举报垃圾邮件 移动到... 上一封 下一封

上海小蜜蜂批发网 - 流行饰品www.21bee.com 新窗口读信

发件人：上海小蜜蜂批发网 <aaa@infoagent.com.tw> 添加 拒收

时 间：2007年8月18日(星期六) 上午09:55

收件人：whqlove521 <whqlove521@163.com>; 350390993 <350390993@qq.com>; xinyuan365 <xinyuan365@qq.com>; ahuahao109 <ahuahao109@sina.com> 更多信息↓

尊敬的顾客,您好：

小蜜蜂批发网(http://www.21bee.com)集众多品牌于一身，采集市场流行信息，产品来源于广州、义乌、上海，您只需安坐家中，点点鼠标就能批发到满意的商品，免去了长途奔波的劳累。小蜜蜂批发网为您排除了时间和空间的障碍，同时，还帮您将每次几百甚至上千元的路费转化成十几元甚至几元的邮费，节省了宝贵的时间，大大节约了您的成本，使您获得更大的利润空间。

小蜜蜂批发网支持创业者，为您开实体店面提供最好的货源。

谢谢！

上海小蜜蜂批发网

=====================

http://www.21bee.com

地址：上海市晋城路338弄2号1002室

图 7.13　小蜜蜂批发网的电子邮件广告

Java 语言

Java 是由 Sun Microsystems 公司于 1995 年 5 月推出的 Java 程序设计语言（以下简称“Java 语言”）和 Java 平台的总称。

Java 程序可以获取网络上结点的图像、声音、HTML 文档及文本等资源，并可以对获得的资源进行处理。Java 适宜于 Internet 的开发应用。它可用来让程序员创建应用程序，这些应用程序可以通过网络下载，而且可在任何计算平台上安全地　　运行。

基于网络的内容供应商对 Java 技术很感兴趣，因为它增加了交互性和动画功能，这是吸引观众的关键因素。

Java 分为三个体系，即 JavaSE，JavaEE 和 JavaME。

资料来源：www.hackhome.com

图 7.14　搜狐财经版上的富媒体广告

（三）网络广告的特点

1. 全球性和全天候性

网络广告的传播不受时间、空间限制，只要具备浏览 Internet 的条件，任何人在任何地点、任何时候都可以阅读到网络广告信息。这是传统媒介无法比拟的。通过网络广告的宣传，即使是一家小企业，也有可能一夜成为国际性公司。

2. 实时性与持久性

网络媒体便于随时更改信息，广告主可以根据需要随时进行广告信息的改动，可以即时将最新的产品信息传播给消费者。相比之下，在传统媒体上发布广告后更改的难度比较大，即使可以改动也需要付出很大代价。网络媒体还可以长久保存广告信息。广告主建立起有关产品或服务的网站，等待消费者随时检索、查询。而电视广告是一次性的传播，错过了收看时间，则不能收看到相应的广告信息。

3. 交互性

可以说交互性是网络广告区别于传统广告的最大特点。网络广告不同于传统媒体信息的单向传播，而是信息的双向互动传播。受众可以查询、获取他认为有用的广告信息，而商家也可以及时获得受众的反馈信息。

网络广告具有可检索性。通过关键字检索，受众可以非常方便地查询到某种产品或服务的广告信息。这是传统广告无法做到的。网络广告的可检索性是其交互性的重要方面。

访问者可以根据自己的意愿阅览广告内容。如果访问者对网页上的某则广告感兴趣，仅需点击鼠标就能进一步了解更多、更详细的相关信息，还可以通过网页表单或电子邮件传达他们的需求、意见与建议。相比之下电视、广播、报刊等传统媒体在传播信息时，都具有很大的强迫性，不顾受众是否愿意，都强迫受众接受它们所传播的全部广告信息。

网络广告具有交互性的特点，可以根据受众的需求、意愿传达广告信息，更易于为受众所接受。

4. 网络广告的多媒体性

网络广告可以采用文字、图像、声音、影像等多媒体形式，创造出丰富多彩的广告形式，更能为受众接受。当然在目前的情况下，由于网络带宽的限制，网络广告还没有电视广告那样的视听效果、那样的震撼力，但随着技术的进步、网速的提高，网络广告的视听效果会越来越接近电视广告。

5. 网络广告的信息容量大，发布站点多，发布成本低

通过网页的超链接，网络广告能容纳无限量的广告信息，能发布关于商品的详尽信息，这是传统媒体无法比拟的。电视广告的信息量要受到频道、播出时间的限制，报纸广告要受到版面篇幅的限制。

6. 网络广告效果的可测量性

传统媒介发布广告，对于接触到广告信息的目标受众数量很难精确统计，而在

Internet 上可以通过权威公正的访问统计系统精确统计出每一条广告信息的曝光次数、点击次数，还可以了解目标受众接触广告的时间和地区分布，从而为广告主科学评估广告效果、制定广告策略、广告计费提供依据。

7. 网络广告比传统广告需要受众更集中注意力

人们在观看电视节目时注意力并不很集中。据调查，电视观众中40%的人同时在阅读，21%的人同时在做家务，13%的人在吃喝，12%的人在玩赏它物，10%在烹饪，9%在写作，8%在打电话。而网上浏览者中55%的人在上网时不做其他任何事情，只有6%在打电话，5%在吃喝，4%在写作。

正是因为阅览网络信息需要浏览者更集中注意力，所以强迫式广告在网络媒体上比在传统媒体上更难为受众接受。弹出式、飘浮式等强迫式广告会严重干扰网上浏览者的工作、学习等正常活动。而对于电视广告，不愿观看的观众可以选择回避，方便地转移注意力。强迫式广告更适合在传统媒体上发布。

8. 隐性广告有很大作用

因为Internet的特点，诞生了大量的隐性广告。所谓“隐性广告”，就是以非广告形式出现，但实质上是为了使浏览者获得广告信息。比如，在 BBS 上发布的广告信息，通过调查方式发布的广告，在网上开辟专门论坛讨论企业产品或服务的性能、质量、功能等问题以及以网络新闻形式所做的广告等，都是较为典型的隐性广告。

9. 网络广告的监管难度大，可信度差

由于 Internet 传递信息的特点，对网络广告的监管十分困难。虚假广告、欺诈广告因此大量滋生。比起传统广告，网络广告中的虚假与欺诈问题更严重，损害消费者权益的事件频繁发生。调查表明，用户对网络广告的评价中，认为其最大的劣势就是可信度太低，这使得对网络广告的管理变得非常困难。加强网络广告的监管、加强网络广告的行业自律十分迫切。

二、网络广告的发布手段

网上广告的发布有多种手段，如何选择一种行之有效的广告发布手段，以取得最佳的效益，首先需要对网上广告的多数发布方式及其特点有所了解。目前，应用得比较广泛的网上广告发布手段有以下两种。

（一）建立自己的网站发布广告

建立自己的网站发布广告是行之有效的方法。但是建立自己的网站纯粹用来发布广告，至少目前是不可能取得满意效果的，因为这样的网页不会有人访问，也就没有广告效益。因此，建立自己的网站，应当提供较多非广告信息，以给网页的访问者带来其他的利益。例如，搜狐的主页上有许多时事新闻，Novell 的主页上有许多供访问者下载的免费软件。

企业建立自己的网站用以树立自身形象，发布产品与服务信息，可以用多种方法。

1. 建立自己的 Web 服务器，申请独立的域名

这种方法所需的费用大，特别是初期投资。它需要购买硬件与软件，租用专用的通讯线路。同时，还需要专业技术人员进行维护与更新。这种方式并不是所有想通过网络发布广告的企业所能承担的，一般都是大型的公司、大型的企业集团以及政府机构采用。

2. 租用 Internet 服务商的机架位置，实行服务器托管方式

这种建立企业 Web 的方式，是将自己的主机放在 Internet 服务商的通信机房内，由 Internet 服务商提供 IP 地址，并提供必要的维护。主机内部的系统维护及数据的更新由用户自行负责。这种方式与上一种相比，不需要搭建复杂的网络环境，不需要申请专用的线路，省略了大量初期投资以及日常维护的费用。因此，这种方式特别适宜于有大量信息需要传递和发布的企事业单位。另外，主机的托管费用相对固定，对于企业来说，可以控制信息发布的费用支出。

3. 利用现在比较流行的虚拟主机技术

网络广告的发布者付给虚拟主机提供商一定的费用，租用网络公司的硬盘空间，将信息做成网页发布。从事虚拟主机服务的网络公司可以为用户办理国内、国际域名注册，为用户制作与维护主页，协助在搜索引擎上注册，在主页中提供链接。在这种方式下，网络广告的发布者仍然拥有独立的网址。从外部看，该网址与具有独立服务器的用户没有任何差别。另外，虚拟主机技术还用以得到以自己的域名为后缀、用户名为前缀的电子邮件服务。特别是公司内部的文件传输，可以对不同的部门、分公司设置不同的目录与权限，进行大量的文件与报表的传输。采用虚拟主机技术的用户无需对硬件与软件以及通信线路进行维护，只需对自己的网上信息进行维护即可，在网上发布信息的费用可以大大节省。因此，虚拟主机技术为广大中小型企事业单位所广泛采用。

（二）利用著名网站发布广告

利用国内外著名网站发布广告应该说是目前最流行的网络广告发布方式，也是最有效的广告发布方式。当用户访问一些网上知名网站，特别是一些搜索引擎时，其主页上必有一些广告，这些广告通常被做成醒目的、生动的图形或文字。正因为这些网站点击率非常高，因此，广告主投放在这些网站上的广告可收到很好的广告效果。通常，利用著名网站上发布广告的广告主会采取以下几种方式。

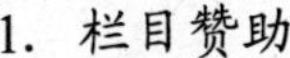

1. 栏目赞助

由广告主对网站的某些栏目实行赞助，网站为其做广告。这是网络起步阶段多数网站亏本经营条件下一种常见的方法，如 Nokia 赞助 ChinaByte 的网络学院栏目。

2. 合作办网站

这里包含两种情况，一是合作办网站，一是协作办网站。由两家或两家以上的单位共同建立网站，双方对技术与资金负责。例如，证券专业站点中的“中国荟萃”是由北京中鸿讯信息技术有限公司与四川公用信息产业有限责任公司合作建立的网上证券专业站点，是目前国内先进的公众多媒体通信网与先进的网上证券交易软件的结合。无论合作的哪一方，都在共建的网站上发布广告。

3. 标志广告

经常在网上漫游的网民都熟悉，绝大多数网页上都有各种各样的图标，既有动态的也有静态的，文字与图形交替出现。这种图标小巧精致，色彩明亮，有强烈的视觉吸引力。通常人们将其称为“标志广告”（Banner）。标志广告是一种非常有效的网络广告手段，由于它本身含有经过浓缩的广告词，制作又十分精美，广告效果非常明显。而由于这些图标往往做成超级链接，当人们有意无意地点击它时，就会引导人们去浏览一个新的网页。在不少著名网站的主页上，由于为广告主提供的版面极为有限以及收入等原因，经常会造成多家广告主轮流在网站上播放自己的 Banner。例如，我国各地中国电信网站主页页眉上的 Banner 经常更换广告，ChinaByte 的主页页眉处轮流播放着 Intel、IBM 和 TOYATA 等公司的广告。

Intel、IBM 和 TOYATA 公司简介

Intel，即英特尔公司，是全球最大的半导体芯片制造商，它成立于 1968 年。1971 年，英特尔推出了全球第一个微处理器。这一举措带来了计算机和 Internet 革命，改变了这个世界。2006 年 8 月公布的“全球品牌价值 100 强”排行榜上，英特尔排名第五位。

IBM，即国际商业机器公司，1914 年创立于美国，是世界上最大的信息工业跨国公司，目前业务遍及 160 多个国家和地区。2006 年，IBM 公司的全球营业收入达到 914 亿美元。

TOYATA，即日本丰田汽车公司，诞生于 1937 年。生产公司分布在 27 个国家和地区。2007 财年（2007 年 4 月至 2008 年 3 月，日本的财政年度为前一年 4 月到次年 3 月底）汽车销售量为 891.3 万辆，销售额为 262，892 亿日元（约合人民币 17，558 亿元），营业利润为 22，703 亿日元（约合人民币 1，516 亿元）。

三、网上广告实例

（一）实例描述

对于广告主而言，其看重的是网站的访问量，一切商务活动都是以浏览者访问 Web 站点为基础的。如何在 Web 站上投放广告，如何吸引网络访问者浏览广告是十分重要的，需要经过精心的策划。

（二）解决方案

1. 注册到搜索站点上去

目前国内外专门用于中文搜索引擎与分类导航的站点有许多，几乎每个大城市的多媒体公众信息网都有导航站点。既有收费的，也有免费在其上登记的。如网民所熟悉的搜狐、Google、搜索客、中文雅虎等。

2. 加入广告交换网

广告交换网是指能提供以下服务功能的网络，即那些拥有自己主页的用户，可以向某个交换网络的管理员申请一个账号，并提交介绍自己主页的 GIF 格式的图片文件或带动画的 GIF 图片文件，该交换网会给用户一段 HTML 代码，用户将该代码加入到自己的主页中。当有人访问该用户的主页时，在该主页上会显示别人的广告图片。如果用户的广告图片做得精致美观，全面体现用户的特点，同时网络访问者对该网络有兴趣，网络访问者就会通过点击广告图片链接到用户的主页上来。

3. 登录网上商城发布商情

当前有许多门户网站都建成有自己的网上商城，向注册用户提供商情的发布平台。依托门户网站浏览量大的优势，在其下的网上商城里发布广告可以更具针对性，也更有效。

（三）操作过程

1. 在 Google AdWords 上发布广告

首先在浏览器中打开谷歌网站，在网站首页中点击“广告计划”，如图 7.15 所示，在随后打开的 Google 广告解决方案页面里有两个分页，如图 7.16 所示，左侧是 Google AdWords 关键字广告，右侧是 Google AdSense 广告联盟，这里我们主要讲解 Google 关键字广告的发布方法。在如图 7.16 所示页面上点击右下角的“点击开始注册账户”得到如图 7.17 所示的对话框。

Google 谷歌

网页 图片 资讯 地图 更多 »

高级搜索
使用偏好
语言工具

Google 搜索 手气不错

所有网页 中文网页 简体中文网页 中国的网页

广告计划 - Google 大全 - Google.com in English

将 Google 设为首页！

©2007 Google - ICP证合字B2-20070004号

图 7.15 Google 网站首页

Google Google 广告解决方案 返回主

针对广告客户：Google AdWords 关键字广告

为什么选择 Google AdWords 关键字广告？

- 广告覆盖面广：在 Google和众多合作伙伴网站上推广您的产品和服务。
- 锁定目标客户：让对您的产品和服务感兴趣的客户轻松找到您。
- 有效控制花费：仅当有人点击您的广告时，您才需要付费，便于控制成本。

如何注册并使用 Google AdWords?

自己动手在线注册和管理帐户 注册或了解更多信息...

获得授权代理商支持 请点击此处

针对网站发布商：Google AdSense 广告联盟

为什么选择 Google AdSense 广告联盟？

- 增加网站收益：通过内容定位广告最大化您网站的创收潜能。
- 改善用户体验：通过自定义广告完善您网站的外观和体验。
- 轻松查看效果：通过在线报告跟踪不同广告格式和位置的投放效果。

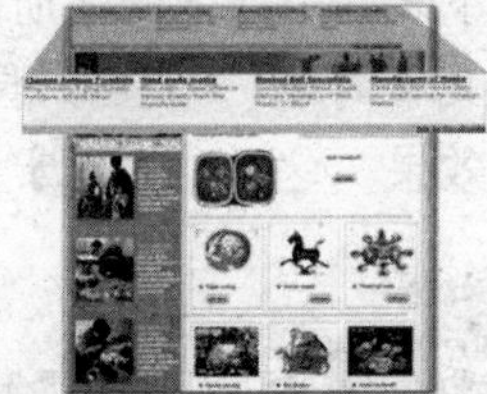

如何注册并使用 Google AdSense?

在线注册帐户 点击开始注册帐户

登录帐户或了解更多 Google AdSense的信息 了解更多...

图 7.16 Google 网站广告计划页面

立即注册»

Google 帐户

登录到 Google AdWords

电子邮件:

密码:

登录

无法访问我的帐户

图 7.17 立即注册按钮

在左侧 Google AdWords 关键字广告中点击“注册或了解更多信息”，在弹出的注册页面中点击“立即注册”（如图 7.17 所示）按钮。在随后的网页中选择“入门版本”，入门版本是针对新手推出的版本，在熟悉 Google 关键词广告之后可以随时从入门版升级到标准版。再点击“继续”按钮进行下一步操作，如图 7.18 所示。

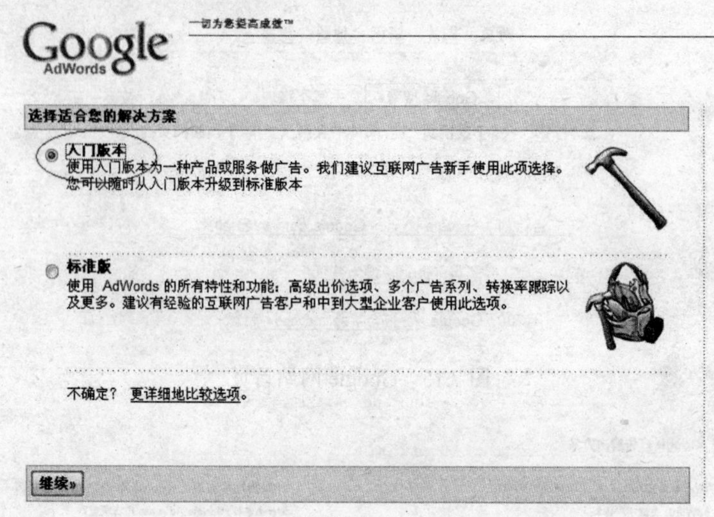

图 7.18　Google 网关键词广告版本选择

接下来的是详细的注册页面，第一项是选择广告推广的位置和语言，语言保持默认的“中文（简体）”便可，位置选项最好是具体的某个地区而避免泛泛的中国，以免影响广告效果。这里以“辽宁省”为例，如图 7.19 所示。

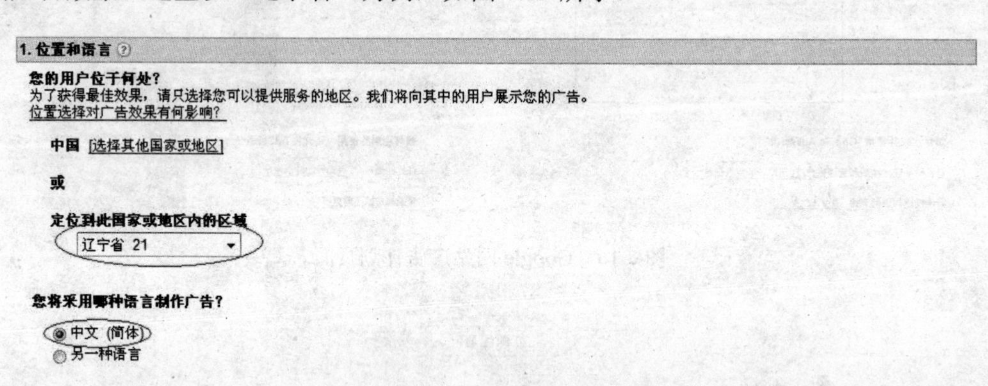

图 7.19　广告位置和语言选项

第二项是撰写广告，先添加制作好的广告页网址（以实际注册时的有效网址为准）。之后参考 Google 提供的帮助“有效广告五大要素”和“编辑指南”填写一个广告标题、两行说明文字，需要注意的是广告标题和说明文字均有字数限制，填写时只要不超过规定字数就可以，如图 7.20 所示。

2. 撰写广告

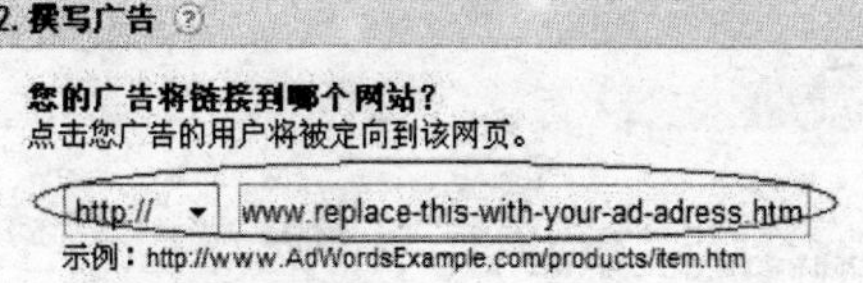

您的广告将提供哪些信息?
所有文字广告都包含一个标题、两行说明文字以及一个显示网址。请务必提供有助于客户理解贵公司的信息。
有效广告五大要素 | 编辑指南

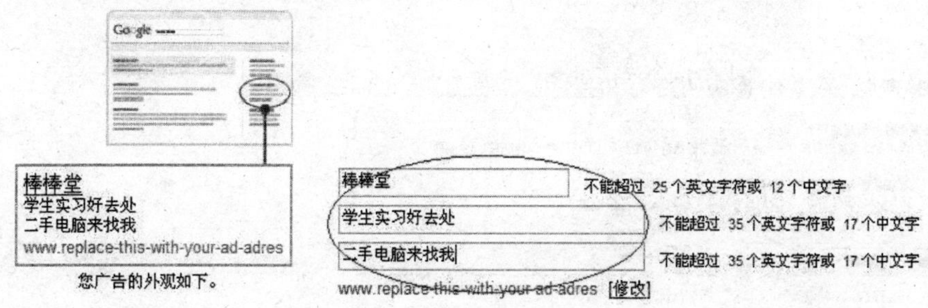

图 7.20　撰写广告选项

第三项是输入广告的关键字，可以参考 Google 提供的帮助“绝密关键字建议”来设置。确定关键词后，在右下方的编辑框中输入关键字，输入的数量不限，每行只能写一个，如图 7.21 所示。

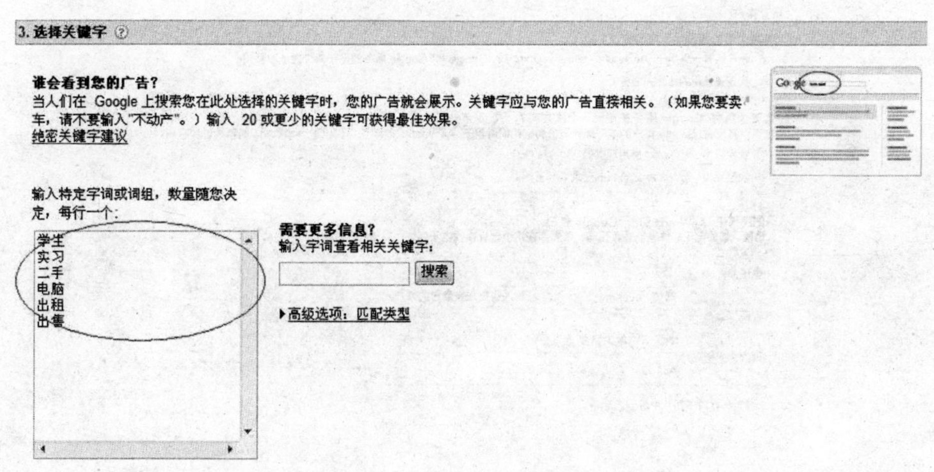

图 7.21　填写广告的关键字

随后的四、五、六项比较简单，选择广告费支付币种为人民币，填写每月预算，设置是否需要额外帮助，最后单击“继续”按钮，如图 7.22 所示。

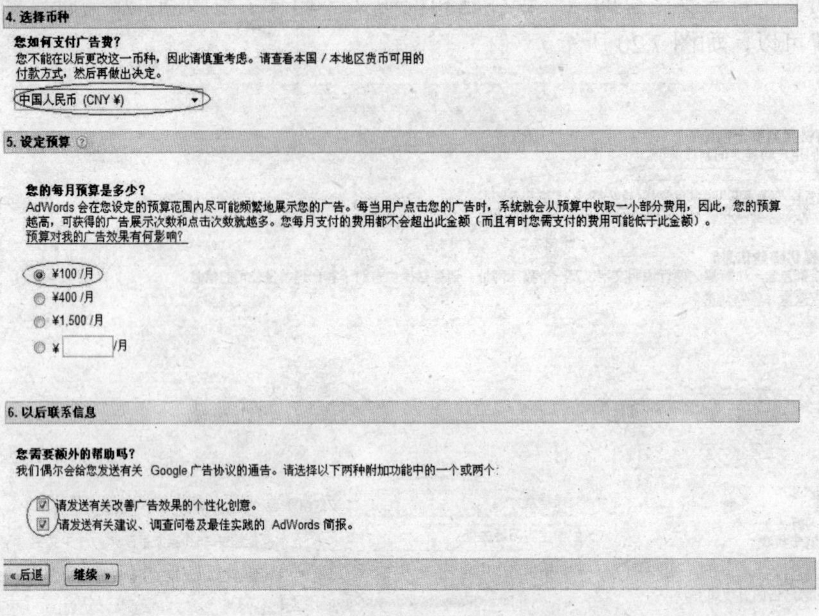

4. 选择币种

您如何支付广告费?
您不能在以后更改这一币种，因此请慎重考虑。请查看本国 / 本地区货币可用的付款方式，然后再做出决定。

中国人民币 (CNY ¥)

5. 设定预算

您的每月预算是多少?
AdWords 会在您设定的预算范围内尽可能频繁地展示您的广告。每当用户点击您的广告时，系统就会从预算中收取一小部分费用，因此，您的预算越高，可获得的广告展示次数和点击次数就越多。您每月支付的费用都不会超出此金额（而且有时您需支付的费用可能低于此金额）。
预算对我的广告效果有何影响?

¥100 /月
¥400 /月
¥1,500 /月
¥ /月

6. 以后联系信息

您需要额外的帮助吗?
我们偶尔会给您发送有关 Google 广告协议的通告。请选择以下两种附加功能中的一个或两个:

请发送有关改善广告效果的个性化创意。
请发送有关建议、调查问卷及最佳实践的 AdWords 简报。

« 后退　继续 »

图 7.22　选择币种、设定预算等

接着的页面里选择是否已拥有 Google 的一些服务，如邮箱服务等。如果没有，则需要申请。如果已经拥有，则设置是否为所有 Google 服务使用同一个账户。全部输入完毕后，点击“创建账户”完成设置，如图 7.23 所示。

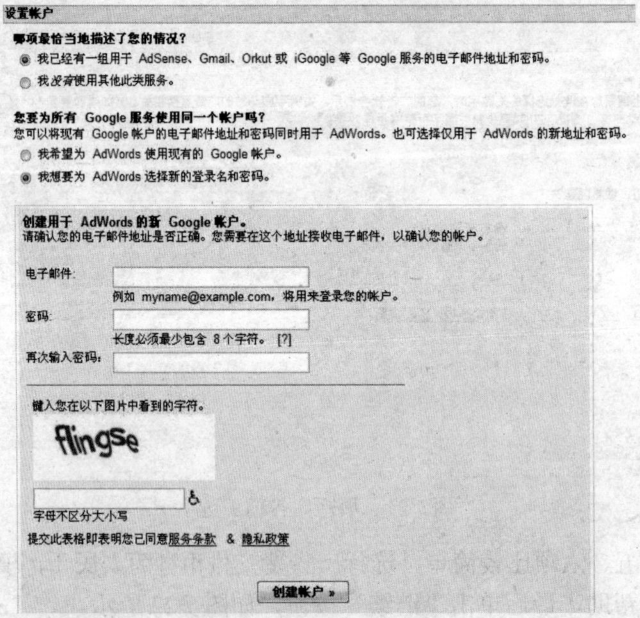

设置帐户

哪项最恰当地描述了您的情况?
我已经有一组用于 AdSense、Gmail、Orkut 或 iGoogle 等 Google 服务的电子邮件地址和密码。
我*没有*使用其他此类服务。

您要为所有 Google 服务使用同一个帐户吗?
您可以将现有 Google 帐户的电子邮件地址和密码同时用于 AdWords。也可选择仅用于 AdWords 的新地址和密码。
我希望为 AdWords 使用现有的 Google 帐户。
我想要为 AdWords 选择新的登录名和密码。

创建用于 AdWords 的新 Google 帐户。
请确认您的电子邮件地址是否正确。您需要在这个地址接收电子邮件，以确认您的帐户。

电子邮件:
例如 myname@example.com，将用来登录您的帐户。
密码:
长度必须最少包含 8 个字符。 [?]
再次输入密码:

键入您在以下图片中看到的字符。
flingse
字母不区分大小写
提交此表格即表明您已同意服务条款 & 隐私政策

创建帐户 »

图 7.23　设置并创建账户

2. 利用广告交换网发布广告

目前，国内外有很多这样的交换网，如网盟与亚洲娱乐城等。中国广告联盟交换网将会员分为政府类、公司类和个人类 3 种。政府类的广告可以出现在所有会员的网页上，公司类的广告只能出现在个人和公司的主页上，而个人类的广告只限于本会员的主页上。可是我国目前网络速度并不尽如人意，一般的广告交换网都规定具体的广告图片大小，从几 KB 到几十 KB 不等，且图片的外观也有一定的规定，一般都要求符合 Banner 的尺寸。因此，作为广告交换网的会员，按规定制作好自己的广告图片显得十分重要。如图 7.24 所示为中国广告网站联盟网的首页。

图 7.24　中国广告网站联盟首页

3. 利用网上商城发布广告

第一步先进入搜狐的首页，点击页首分类项目中的“商机”一项（如图 7.25 所示）。只有注册用户才能享受到更多的服务，所以要先进行注册（如图 7.26 所示）。点击搜狐商机页面最上方的注册按钮，进入注册页面注册，如图 7.27 所示。需要注意的是用户名为 4～20 个字符（a～z，0～9，A～Z），建议与公司名相关、易记，可以单击“查询是否存在”按钮查看该用户名是否已被注册。

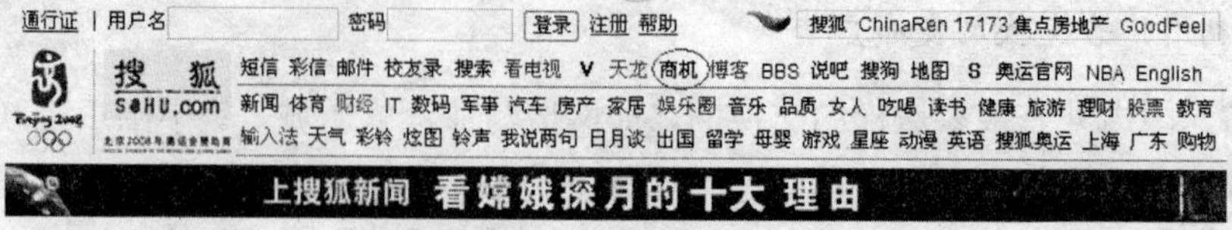

通行证 | 用户名 密码 登录 注册 帮助 搜狐 ChinaRen 17173 焦点房地产 GoodFeel

搜狐 SOHU.com 短信 彩信 邮件 校友录 搜索 看电视 V 天龙 商机 博客 BBS 说吧 搜狗 地图 S 奥运官网 NBA English

新闻 体育 财经 IT 数码 军事 汽车 房产 家居 娱乐圈 音乐 品质 女人 吃喝 读书 健康 旅游 理财 股票 教育

输入法 天气 彩铃 炫图 铃声 我说两句 日月谈 出国 留学 母婴 游戏 星座 动漫 英语 搜狐奥运 上海 广东 购物

上搜狐新闻 看嫦娥探月的十大理由

图 7.25 搜狐首页上的商机子项

用户名： 密码： 用户 代理 邮箱 登录 注册 动态网站+客户订单信息

SOHU.net 搜狐商机 战略合作伙伴---北联讯通 IBM 电子商务 随需应变

首 页 商机搜索 企业库 产品库 搜狐认证 工商查询 商务说吧 网站建设 营销中心 奥 运

搜商机 搜企业 [桂林美丽行动] [拓展培训] [家具] [太阳能] [招商] [印刷] [婚纱摄影]

热点城市商机： 湖北省 青岛 淄博 苏州 桂林 泰州 昆山 常州 徐州 台州 梅州 金华 丽水 吉林省 天津 临沂 乌鲁木齐 更多

图 7.26 搜狐商机首页

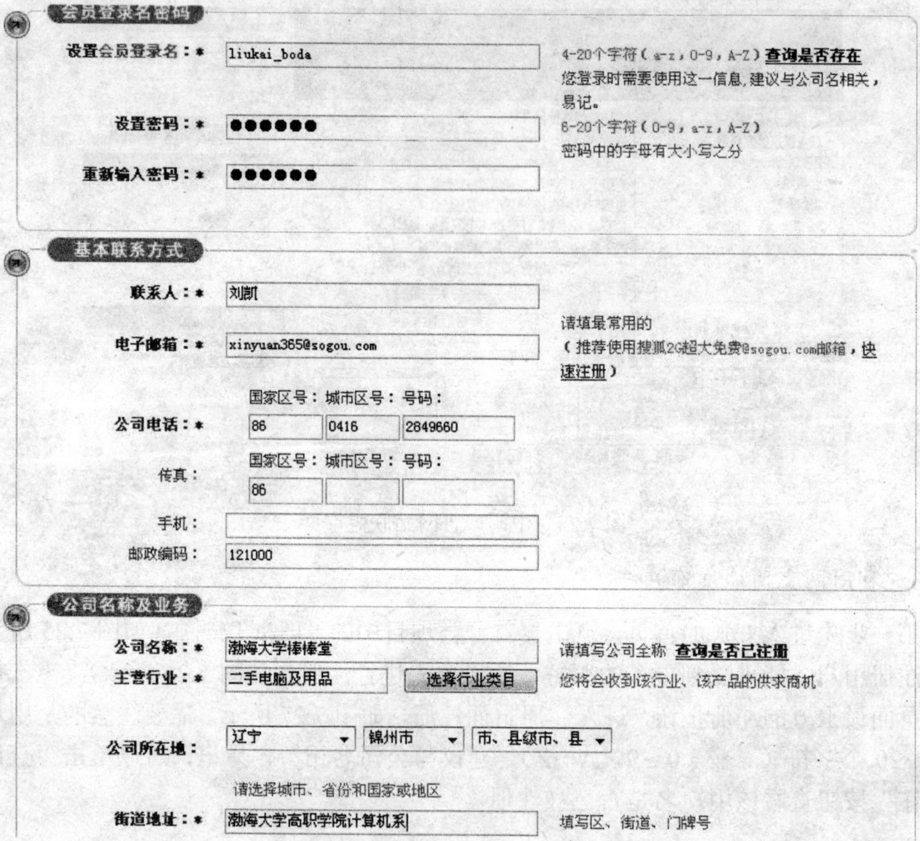

会员登录名密码

设置会员登录名：* liukai_boda 4-20个字符（a-z，0-9，A-Z）查询是否存在 您登录时需要使用这一信息，建议与公司名相关，易记。

设置密码：* ●●●●●● 6-20个字符（0-9，a-z，A-Z）密码中的字母有大小写之分

重新输入密码：* ●●●●●●

基本联系方式

联系人：* 刘凯

电子邮箱：* xinyuan365@sogou.com 请填最常用的（推荐使用搜狐2G超大免费@sogou.com邮箱，快速注册）

公司电话：* 国家区号：86 城市区号：0416 号码：2849660

传真： 国家区号：86 城市区号： 号码：

手机：

邮政编码： 121000

公司名称及业务

公司名称：* 渤海大学棒棒堂 请填写公司全称 查询是否已注册

主营行业：* 二手电脑及用品 选择行业类目 您将会收到该行业、该产品的供求商机

公司所在地： 辽宁 锦州市 市、县级市、县 请选择城市、省份和国家或地区

街道地址：* 渤海大学高职学院计算机系 填写区、街道、门牌号

图 7.27 进行用户注册

另外，密码长度为 6～20 个字符（0～9，a～z，A～Z）而且有大小写之分。注册成功后会转到搜狐商务会员管理中心（如图 7.28 所示）。

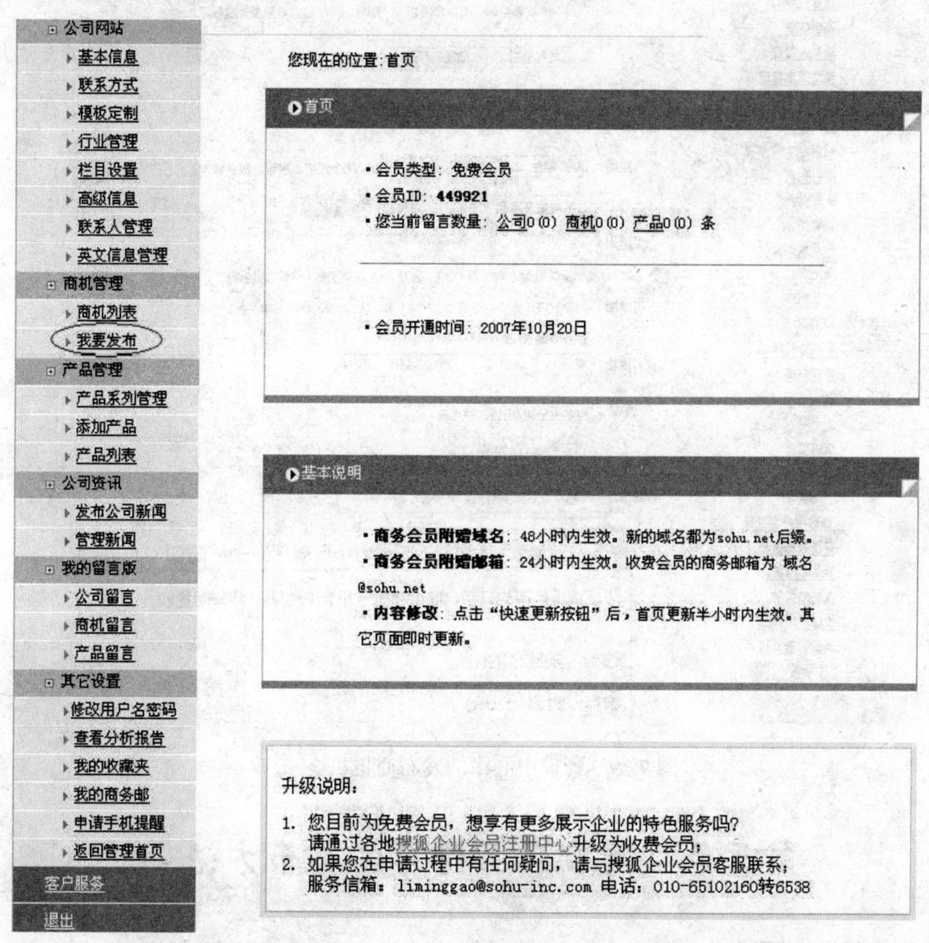

图 7.28 搜狐商务会员管理中心

点击商机管理子类下的“我要发布”进入发布页面，如图 7.29 所示，填写有关的项目且确认无误后，点击页末的“提交”按钮完成发布。

此外，还可以用高级工具为网页增加搜索功能，这不仅可以使上网者浏览网站点上的信息，而且还能吸引上网者再次浏览该站点。也可以利用 Banner 来宣传自己的网站，因为 Banner 是充分利用网页制作中超文本链接功能而形成的，本身含有广告语，其动态或静态的精美而别致的图形又引人入胜，使上网者情不自禁地去点击它。

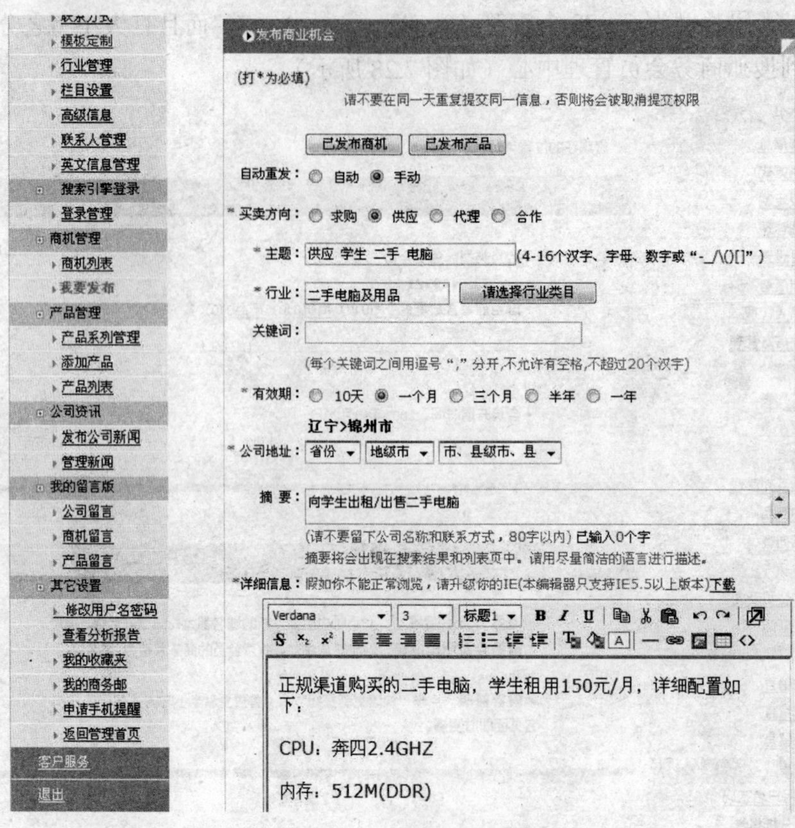

图 7.29　管理中心中的发布商机机会

第三节　网上产品信息的发布方法

一、产品信息发布概述

（一）产品信息发布的概念

简单地说，产品信息发布是指把发布产品的信息，就是把产品的新特点、新特性、新功能利用合适的媒介和渠道推广给用户的活动和过程的总称。

（二）产品信息发布的步骤

首先充分准备产品的相关信息，包括产品的品名、产地、质地、重量、特色、生产日期、批号以及保质期（三包日期）等；然后大致确定可能使用该产品的受众群体，可以结合网上市场调研的结果来选取；再根据不同的目标群体，采用不同的发布方式进行发布；最后，对此次发布进行评价。

（三）产品信息发布的主要方式

产品信息发布可以分为网络发布和传统发布两大类型。

1. 网络发布方式

在网络发布方式中，除了前文详述的搜索引擎发布、网上商城发布、E-mail 发布和 BBS 发布等，还有以下一些重要的信息发布形式。

1）网站新闻发布。利用网站，特别是点击量较高的门户网站、专业新闻网站发布产品新闻，直接介绍产品，或间接地加入产品信息网页链接是网上产品发布的一种非常有效的方式。我国较有影响的门户网站有新浪网、搜狐网、网易，专业的新闻网站有新华社网站、中国新闻网等。当然，在企业自己的网站上发布产品信息也是非常必要的，虽说影响比前两者小，但却是网站服务的重要组成部分，是不可或缺的，同时它也是评价一个企业网站的重要指标之一。

2）网上黄页发布。“黄页”起源于北美洲，1880 年世界上第一本黄页电话号簿在美国问世，至今已有 100 多年的历史。黄页是国际通用按企业性质和产品类别编排的工商电话号码簿，相当于一个城市或地区的工商企业的户口本，国际惯例用黄色纸张印制，故称“黄页”。目前我们常说的黄页就是指电话号码簿，目前几乎世界每一个城市都有以纸张为载体所印制的电话号码本。

所谓“网上黄页”，就是将传统黄页搬到网上，利用 Internet 为载体，在网上发行、传播、应用的电话号码簿。但“网上黄页”不是传统黄页的翻版，其内容更广泛，服务功能更多样化。它有传统黄页所无法比拟的优势。目前它同 114 电话查号台、传统黄页共同成为城市电话号码查询的三大查询方式。今后从其发展方向看，它将会从三大方式中脱颖而出，成为人们查询电话号码、获得客户信息的最理想的查询工具。

3）Blog 发布。Blog 中文称“网志”或“部落格”，或者称为“博客”，是一种网上共享空间，以日记的形式在网络上发表自己的个人内容的一种形式。一个 Blog 就是一个网页，它通常是由简短且经常更新的 Post 所构成；这些张贴的文章都按照年份和日期排列。Blog 的内容和目的有很大的不同，从对其他网站的超级链接和评论，有关公司、个人、构想的新闻到日记、照片、诗歌、散文，甚至科幻小说的发表或张贴都有。

在网络上发表 Blog 的构想始于 1998 年，但到了 2000 年才真正开始流行。起初，Bloggers 将其每天浏览网站的心得和意见记录下来，并予以公开，来给其他人参考和遵循。但随着 Blogging 快速扩张，它的目的与最初已相去甚远。目前网络上数以千计的 Bloggers 发表和张贴 Blog 的目的有很大的差异。不过，由于沟通方式比电子邮件、讨论群组更简单和容易，Blog 已成为家庭、公司、部门和团队之间越来越盛行的沟通工具，因而它也被逐渐应用在企业内部网络（Intranet）。

4）网络即时通发布。网络即时通，英文名称叫做 Instant Messenger，即大家常说的 IM，是在 Internet 上使用的一种即时通讯工具。网络即时通的使用非常普遍，比较知名

的是 AOL 的 ICQ，微软公司的 MSN Messenger，腾讯公司的 QQ 以及雅虎网的雅虎通等。

2. 传统发布方式

1）使用传统媒体广告。传统媒体广告方式不应废止。但无论是报纸还是杂志广告，一定确保在其中展示你的网址。要将查看网站作为广告的辅助内容，提醒用户浏览网站将获取更多产品信息。别忽视在一些定位相对较窄的杂志或贸易期刊登广告，有时这些广告定位会更加准确、有效，而且比网络广告还便宜。还有其他传统方式可增加网站访问量，如直邮、分类广告、明信片等。电视广告则更适合于那些销售大众化商品的网站。

2）活动推广。通过举办活动进行推广产品，可以在较短的时间内迅速扩大知名度和影响力。活动推广包括很多种类，如大赛、年会、聚会、促销、抽奖等。

① 大赛型：比如新浪博客刚推出时候搞的博客大赛，超级女声火的时候 sogou 借势搞的网络 sogou 超级女生等。中国人多，所以大家都需要搞排名，要获得排名，就需要搞比赛，有了比赛，就能吸引大家的眼球。

② 年会型：Donews 每年一度的年会活动都是超级火爆的，影响了 IT 圈好几年。大型专业网站搞年会活动，也是一种很好的推广手段。

③ 聚会型：聚会型的推广每次的规模虽然不大，但是频率高了效果也会非常好。比如请客 800 网站每周都搞的聚餐活动，只要参与了他们的活动，可以免费享受美味。所以参与过他们线下活动的朋友都会帮他们宣传。

④ 促销型：大商场的常用策略，每过一段，就搞一次促销活动，吸引一下回头客，增加营业额。

⑤ 抽奖型：利用奖品吸引消费者，是变相的促销方式。

3）企业 VI 推广。VI（visual identity）即视觉识别，是指企业识别的视觉化。通过企业或品牌的统一化、标准化、美观化的对内对外展示，传递企业或品牌个性（或独特的品牌文化）。它包括基础要素和应用要素两大部分。基础要素是指企业名称、品牌名称、标志、标准字、标准色、辅助色、辅助图形、辅助色带、装饰图案、标志组合以及标语组合等；应用要素是指办公用品、公关用品、环境展示、专卖展示、路牌招牌、制服饰物、交通工具、广告展示等。可以将产品信息印在信纸、名片、宣传册、印刷品上进行展示和推广。

二、产品信息发布技巧

不论是网上产品信息发布还是网下产品信息宣传，掌握和灵活运用以下发布技巧可以取得意想不到的发布绩效，使企业宣传效果事半功倍。

（一）为您服务，满足需求

1. 动之以情，亲密接触

情，即情感、情趣，是影响人们行为的关键性因素，其重要程度超过理性因素。情感接近，即使理性因素不清晰或不太好，也一样会产生行为；情感隔阂，即使理性因素非常好，也不会产生行为。因而，信息发布必须从“情”切入，寻求产品对应人的情感枢纽相应的部位与层次，赋予在包装、广告、促销、设计上，进行定向准确而又有分寸的“切入”，使“情”的投射穿过消费者的情感障碍，使消费者强烈受到感染或被冲击，激发消费者对企业的好感，拉近同客户和消费者的距离，进行亲密接触，用户和消费者才会对企业有较高的忠诚度。

2. 热点热炒，投其所好

热点是指在一段时期内整个社会关注的问题、舆论的焦点。在消费者的注意力随着社会热点潮起潮落的时候，企业通过媒体或其他各种渠道正确地加以利用，甚至操控（尽管后者对于一般的企业有些望尘莫及），也是拉近企业与消费者之间距离的有效方法。

1）精准把握是对热点与企业形象或产品之间联系的深刻理解，抓住时机，该出手时就出手，有的情况下，还需要准确预测，必要时要通过特殊渠道事先取得相关的趋势信息，以便早做准备。

2）恰当发挥是指热点的利用要讲究一个度，炒得过度，火候嫌大，容易引起目标群体的反感，视为信息垃圾；炒得不热，又无法造成相当的声势，达不到消费者的兴奋温度。

3. 文化渗透，深层接触

任何一个国家或地区都有自己民族的文化，消费者对于具有民族文化要素的产品在情感上比较容易接近。一个消费者选择一种商品，在一定意义上说，是他对这种商品所含文化的认同，消费者个人在选择时可能不会意识到，但它确确实实存在。

打好文化牌，一是要细致分析目标群体民族的、区域的、层次上的特征，二是通过各种活动帮助消费者开发其潜在的文化意识。因为文化意识是潜在的，它对消费者的作用，是在下意识状态下起作用的，消费者在主观上并没有意识到。因此，企业的产品信息发布如果能够启发消费者潜在的文化意识，让消费者主观上产生明确的、自觉的认识，就更容易给消费者产生良好印象。

（二）善假于物，为我所用

企业产品信息发布更多的是从客观的社会环境中寻找可利用的“刺激物”。企业所处的社会环境中有各种各样的人物、事件、组织和物品，这些都是可以利用的对象。但是，它们不会自动地来到企业管理者面前，也不会自动地告诉企业管理者它有什么用处。客观的企业环境中的事物对企业的作用，是靠本企业管理者去搜索、去发现的。

1. 借力明星，引领潮流

明星，现在泛指一切行业里出名的人物，诸如歌唱明星、主持人明星、经理人明星、航天明星等。明星以其长时间的工作实绩，积累了很高的知名度、美誉度和吸引力。社会公众对明星总有一种崇拜的心理，喜欢模仿明星的行为也是一个普遍现象。要打出产

品的路子，借助明星，聚集人气，无疑是一条捷径。比如，用明星作企业或产品的代言人，就可以把明星的知名度转移到企业或产品上。尤其是要实现新产品短期上市，迅速占领市场，明星代言的效果比较好。

明星，又分内生明星与外生明星。内生明星是指具有一定公众影响力的本企业员工或管理者。外生明星是指企业外的社会知名人物。如张朝阳的身影随着中国搜狐登山队一起出现在珠穆朗玛峰的峰顶，并且第一次从 8848 米的海拔高度成功地发出了彩信。内生明星的行为已经不是个人行为，他必须与企业的形象或产品的风格相吻合。张朝阳把内生明星的内涵诠释得淋漓尽致。内生明星最容易在信息技术行业见效，因为许多青年人都把数字英雄奉为偶像，同时行业本身就具有张扬性，非常符合青年人标新立异的胃口。

小提示

搜狐 CEO 张朝阳

张朝阳，1964 年出生于中国陕西省西安市，1986 年毕业于北京清华大学物理系，同年考取李政道奖学金赴美留学，1993 年底在美国麻省理工学院（MIT）获得博士学位，并继续在 MIT 从事博士后研究，1996 年在 MIT 媒体实验室主任尼葛洛庞帝教授和 MIT 斯隆商学院爱德华·罗伯特教授的风险投资支持下创建了爱特信公司，成为中国第一家以风险投资资金建立的 Internet 公司。

1998 年 2 月 25 日，在张朝阳的努力下搜狐公司成立，历经四次融资，于 2000 年 7 月 12 日，在美国纳斯达克成功挂牌上市（NASDAQ: SOHU），目前公司已经成为中国最领先的新媒体、电子商务、通信及移动增值服务公司，是中文世界最强劲的 Internet 品牌。张朝阳现任搜狐公司董事局主席兼首席执行官。

资料来源：搜狐网站

2. 借力专家，树立权威

专家在社会中具有权威效应，就是指专家个人或群体的权威性、可信性对消费者心理的作用以及由此产生的对信息发布效果的影响。权威效应的普遍存在，首先是由于人们有“安全心理”，即人们总认为权威人物往往是正确的楷模，服从他们会使自己具备安全感，增加不会出错的“保险系数”；其次是由于人们有“赞许心理”，即人们总认为权威人物的要求往往和社会规范相一致，按照权威人物的要求去做，会得到各方面的赞许和奖励。

3. 借力组织，业务外包

业务外包是一种管理技巧，是指把传统意义上由企业内部去做的、非核心的业务，外包给企业外的专业化企业去做。企业产品信息发布业务外包，是指通过合同、协议或其他相互信任的合作方式，将企业的信息发布业务外包给企业外的专业品牌公司。这样，企业不仅可以获得专业的、高水平的信息发布业务服务，也解决了企业内部信息发布业务力量不足的困难，从而腾出时间、集中精力和资源去做好具有核心竞争力的业务。

（三）自我造势，强化效果

1. 渲染气氛，提高效果

企业产品信息发布活动都是事先策划的。你这样策划它就这样发生，你那样策划它就那样发生，如果不策划它就不会发生。因此，要获得信息发布效果的最大化，事先进行精心策划，渲染信息发布现场的气氛就可以大大提高现场效果。

2. 制造悬念，吸引注意

悬念是文学创作中的一个术语，说的是那种可以使读者或观众对故事发展或人物命运产生关切心情的情节安排手段。同样，这一手法也可以运用到企业产品信息发布中来。在悬念的布置过程中，调动起消费者的好奇心，为接受核心信息创造良好的感受环境，然后突然抖开包袱，给消费者留下深刻印象。

3. 喊冤辟谣，唤起同情

企业在经营过程中有时难免会遇到突发事件，直接关系到企业的生死存亡，这个时候需要企业通过信息发布，力挽狂澜，转危为安。通常，这时的技巧就是喊冤辟谣，唤起消费者的同情和支持。

（四）挑战对手，获取优势

企业产品信息发布的第四个技巧，是从消费者、他人和企业自己转向企业的竞争对手，挑战对手，获取优势。具体来说，分为以下两个技巧。

1. 创新形象，差异竞争

在市场经济条件下，企业总是处于竞争的环境中。所以，企业的信息发布不可能回避企业的竞争对手存在这一事实，也不可能全然不考虑企业竞争对手可能存在的反对和干扰。竞争的事实告诉企业，企业没有必要继续处于同竞争对手的对抗性竞争中，完全有必要也完全可以采用差别化竞争的技巧。

差别化竞争技巧，是企业通过对消费者需求类别和层次的细分，寻找最适合自己的细分市场，以提供差别化产品来满足消费者的需求，在细分市场定位上不与竞争对手发生直接的、正面的对抗，从而避免对抗性竞争给竞争双方带来的经济损失。要做到这点，企业必须能够做好市场细分工作，通过不断的技术创新、管理创新、营销创新、形象创新，加大“差别”，在不贬低对手的情况下，通过有特色的宣传活动、灵活的推销手段、周到的售后服务，赢得消费者的芳心。

2. 明修栈道，暗渡陈仓

在市场竞争中，企业的信息发布还需要虚虚实实，迷惑对方，为自己赢得时间；或者投石问路，探听对方虚实，争取主动。

三、产品信息发布实战

（一）实例描述

某某大学高职学院“棒棒堂”是学生自己筹备成立的社团式虚拟公司，公司主营业务是二手计算机的租售，最近新进了一批高端配置的二手计算机。如何在网上把这些计算机信息发布出去呢？

（二）解决方案

通过网上广告、搜索引擎推广等方式都可以达到目的。这里介绍使用网上黄页的方式推介企业及其商品。

（三）操作过程

在浏览器中输入网址 www.yp.net.cn，进入中国黄页在线首页，如图 7.30 所示。首页推出的服务项目有高级检索、地区黄页、加入企业、注册、登录、关于/帮助，以及电子邮件服务。

图 7.30　中国黄页在线首页

1. 如何查看公司产品的名录

可以使用首页的检索服务，在公司名称、产品一栏中填入要检索的关键词，如“汽车”、“配件”，在省份中设定公司的地址范围，如“辽宁”（更详细的查询方式请参考“关于/帮助”栏目下的“使用帮助”）。填写完毕后点击“查询”按钮，如图 7.31 所示。随后将返回查询结果页面，如图 7.32 所示。

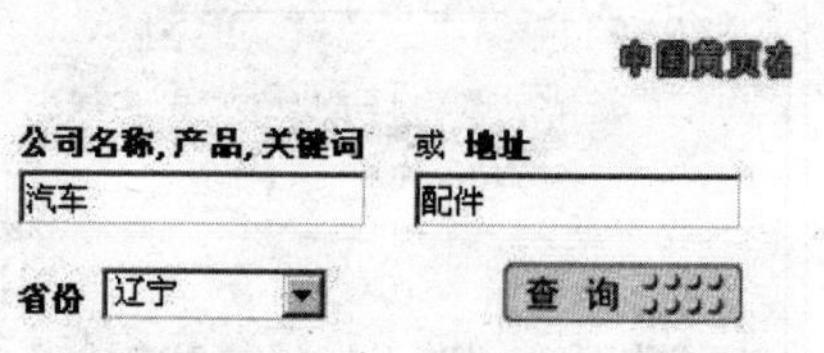

图 7.31　查询界面

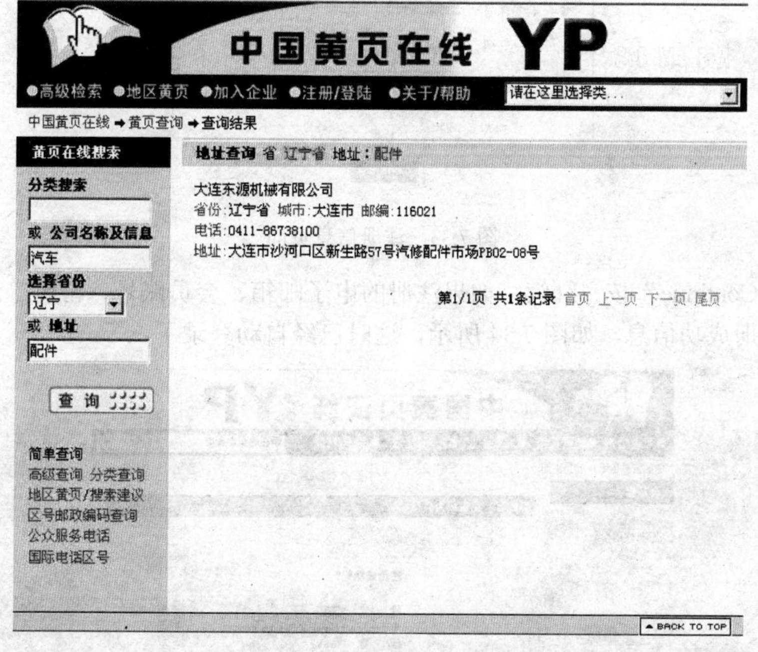

图 7.32　返回的查询结果

2. 如何发布企业的产品信息

在黄页上发布信息比较严格，而且多为收费项目。具体方法是在中国黄页在线网的首页上点击“注册/登录”一栏，如果是老用户，直接输入账号密码就可以登录。如果是新用户，则需要注册才能享用更多的服务，注册页面如图 7.33 所示。

新顾客？免费成为会员！

迅速、简易地建立一个新账号！ 您仅需填写以下的信息，就会成为YP会员。

新建帐号信息

姓　　名：刘凯

电子邮箱：xinyuan365@sohu.com

国　　家：China

省　　份：辽宁省

单位信息：高校

☑ 如果您对上面我们所说的产品，信息感兴趣，请核对您所填写的内容，我们将通过您所填写的邮件与您联系.

我们建议您用自己的email地址、自己的全名，会员号中间没有空格，这样您就很容易记住，并且是唯一的。

您的密码长度必须为 5-16 .

会员帐号：xinyuan365

密　　码：●●●●●●

重复密码：●●●●●●

Continue

图 7.33　注册信息页面

点击“Continue”按钮继续，如果注册的电子邮箱、会员账号、密码等没有问题，就会出现注册成功信息，如图 7.34 所示，这时已经自动登录了。

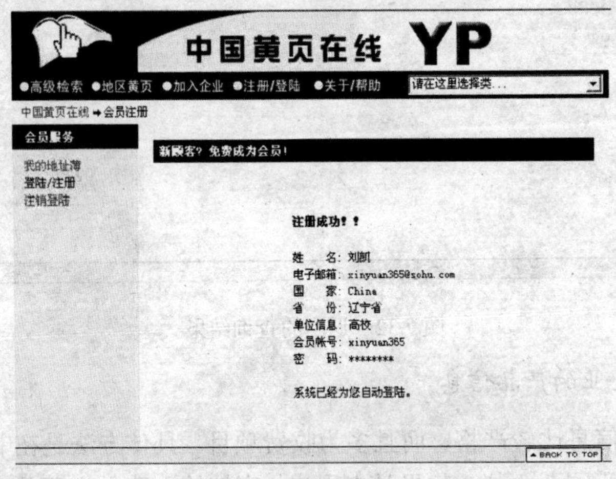

图 7.34　提示注册成功

点击“加入企业”后在新页面下点选“客户登录”（如图 7.35 所示），之后需要下载并填写两份 word 文档。一份是《中国黄页在线信息登记表》，一份是《中国黄页在线协议书》。发布分为标准版、商业版和豪华版，不同的版本费用不同。可以按照实际需要，选择不同发布版本进行支付。并于3日内把公司营业执照和企业代码证复印件连同支付收据传真到中国黄页在线网站。

图7.35 客户登录页面

小 结

本章主要介绍了以下内容。

1）网站推广意义：所谓“网站推广”，目的在于让尽可能多的潜在用户了解并访问网站，通过网站获得有关产品和服务的信息，为最终形成购买决策提供 支持。

2）网络广告的含义；所谓“网络广告”，是指广告主利用一些受众密集或有特征的网站摆放商业信息，并设置链接到某目的网页的过程。网络广告既不同于平面媒体广告，也不是电子媒体广告的另一种形式。

3）网络广告的形式：横幅广告、标识广告、按钮广告、飘浮广告、画中画广告、弹出广告、背投广告、文字链接广告、擎天柱广告、通栏广告、电子邮件广告和富媒体广告等。

4）网络广告发布的手段：建立自己的网站发布广告和利用著名网站发布广告。

5）产品信息发布技巧：为您服务，满足需求；善假于物，为我所用；自我造势，强化效果；挑战对手，获取优势。

案例分析

联想S9手机网上广告宣传

联想S9手机签约大小S作为产品形象代言人，着力推广联想手机中国创造，引领流行时尚的产品卖点。在主题为“联想S手机，粉流行”的推广活动中，注重民族元素与时尚元素的结合。上市后S9销量一路飙升，甚至出现了大批量断货、价格上涨的趋势，各大卖场一度是“有价无货”，竟出现了“千金难买一机”的情况。而此次推广取得的巨大成功，为联想手机连续创造销售新记录立下了汗马功劳，该手机也被评为2007年度市场销量最好的“黑马”手机。

网站设计集古典与时尚于一身，画面表现灵动飘逸，鼠标划过之处，图案慢慢匀染开来，极具美感。广告选择了大小S做代言，由她们分别演绎了手机中融合的两种风格元素——古典与时尚，水墨画的表现手法使人感觉十分通透舒服。该广告主要以视觉效果打动人，吸引眼球度一流，美丽的广告画面，使人百看不厌。

案例思考

1. 联想S9手机厂商是如何在网上做广告宣传的？
2. 该网络广告主要靠什么打动了消费者？

思考题

1. 网站推广的种类有哪些？
2. 网站推广的工具有哪些？
3. 简述网络广告的特点。
4. 网络广告有哪些发布形式？
5. 产品信息发布有哪些技巧？
6. 产品信息发布的主要方式有哪些？

实训项目

1. 如果现在有一家棋牌类的游戏网站，要使用搜索引擎进行网站推广，请问您会选用什么关键词？
2. 到中国广告联盟网站进行注册，并查看该网站的广告推广有哪些形式。
3. 为1题训练中的棋牌类游戏网站，在搜狐商城上发布一则广告。

第8章

网络营销组合方法

学习目标

1. 能熟知网络营销组合的内容;
2. 会进行网络营销产品的销售策划;
3. 能规划网络营销渠道建设方案;
4. 能正确策划网络营销定价策略;

知识点：网络营销组合，网络营销产品的特点，网络营销产品的分类和开发，网络营销渠道功能、特点及建设，网上直销，网络时代的新型中间商，网络促销的形式、实施和方法，网络营销定价的特点，网络营销定价方法。

技能点：进行简单的营销网络站点的建设，利用网络工具进行客户服务，会制定网上促销策略，并能进行有效的网上促销。

点击率高达35.97%的“润妍”广告

——宝洁公司“润妍”洗发水网络促销

宝洁公司“润妍”倍黑中草药洗润发系列产品于2000年10月在国内著名生活服务类网站投放的cascading logo网络营销广告，单日点击率最高达到了35.97%，创造了网络营销广告投放的奇迹。

“润妍”倍黑中草药洗润发系列产品是宝洁公司在全球第一个针对东方人发质发色设计的中草药配方洗润发产品，能为秀发提供全面的、从内到外的滋润，并逐渐加深秀发的自然黑色。

“润妍”认为新千年，美发产品的潮流将会转向，自然黑亮之美已卷土重来。

中国女性崇尚自然之美和传统之美，她们从不矫揉造作，因她们认为，内在美才是最重要的，外在美只是内在美的外露与表现。因此，她们更喜欢自己天然的黑头发，更喜欢选择自然的发型。由此，在染发潮之后，一股秉承传统之美又融合了现代气息的自然之风已渐渐飘来。

在此形势下，宝洁推出了专为东方女性设计的“润妍”倍黑中草药洗润发系列产品。与“润妍”有相似特点的同类产品和品牌在市场上已有很多，而“润妍”在这一市场上尚不属于强势品牌。但从这些品牌和产品的广告表现上来看，诉求大多不是很清晰。而“润妍” 表现东方女性的自然之美的诉求概念却显高屋建瓴之势。那么，“润妍”倍黑中草药洗润发系列产品网络促销成功的原因到底是什么？我们可以从本章的介绍中找到答案。

第一节　网络营销组合的内容

网络营销就是企业在Internet上进行的市场营销活动。现代市场营销的主旨是用户导向，然而迄今为止，大多数企业的市场营销都是单向的，即依赖各种各样的媒体广告来促进顾客的接受，再以各种各样的调查研究方式了解顾客的需求。两种过程在大多数场合下是分离的。而Internet则提供了企业与顾客双向交流的通道，使企业得以发展规模化的交互式的市场营销方式。这种交互式的市场营销方式一方面让企业更直接、更迅速地了解顾客的需求；另一方面，使企业有更多的空间，为用户提供更具价值的售前服务和售后服务。Internet 的商业应用改变了传统的买卖关系，带来了企业市场营销方式的变革，对市场营销提出了新的要求。Internet 广泛的信息技术和市场营销的相互结合，相互作用，形成了网络营销的产品、促销、渠道和定价组合。

一、网上产品销售

在基于 Internet 的网络营销中，企业的产品和服务要有针对性，其产品形态、产品定位和产品开发要体现 Internet 的特点。

1）产品形态。在 Internet 上，信息产品和有形产品的销售是不一样的。信息产品直接在网上销售，而且一般可以试用，而有形产品只能通过网络展示，尽管多媒体技术可以充分生动地展示产品的特色，但无法直接尝试，而且要通过快递公司送货或传统商业渠道分销。因此，网络营销的产品和服务应尽量是信息产品和服务、标准化的产品、在购买决策前无须尝试的产品，这样才能有利于在网上　　销售。

2）产品定位。在消费者定位上，网络营销所销售的产品和服务的目标应与 Internet 用户一致，网络营销所销售产品和服务的消费者首先是 Internet 的用户，产品和服务要尽量符合 Internet 用户的特点。在产品特征定位上，Internet 用户的收入水平和教育水平都较高，喜欢创新，对计算机产品和高技术产品情有独钟，因此，要考虑产品和服务是否与计算机有关，是否属于高技术。

3）产品开发。由于 Internet 体现的信息对称性，企业和顾客可以随时随地进行信息交换。在产品开发中，企业可以迅速向顾客提供新产品的结构、性能等各方面的资料，并进行市场调查，顾客可以及时将意见反馈给企业，从而大大提高企业开发新产品的速度，也降低了开发新产品的成本。通过 Internet，企业还可以迅速建立和更改产品项目，并应用 Internet 对产品项目进行虚拟推广，从而以高速度、低成本实现对产品项目及营销方案的调研和改进，并使企业的产品设计、生产、销售和服务等各个营销环节能共享信息、互相交流，促使产品开发从各方面满足顾客需要，以最大限度地实现顾客满意。

二、网上促销

网上促销的目的是使促销更合理，消费者可以通过 Internet 主动搜索信息，企业可以把注意力更集中于目标顾客。

企业要为顾客提供满意的支持服务。随着市场的发展和竞争的加剧，消费者变得越来越挑剔，企业间的竞争也从产品延伸至服务。无论是售前还是售后的服务，都变得日益重要，能否为顾客提供满意的支持服务往往成为企业胜负的关键。网络营销在提供支持服务方面具有优越性。通过 Internet，全球的消费者都能与企业联系和交流，顾客可直接向企业咨询有关产品和服务的问题，同时企业应用文字、图片和图像等技术向顾客展示产品和服务的内容，解释、答复顾客的咨询，使整个售前和售后服务及时清晰。

补充知识

促销目的

在实践中，促销的目的一般包括如下三种。

1. 新品上市，吸引顾客

新产品刚刚上市，最大的一道坎就是怎么让消费者尝试购买？一种有效的手段就是促销。比如，新食品上市，免费品尝；某洗发水新品上市，购买者免费赠送啫喱水等。

2. 抑制竞争对手，保护市场

当竞争对手进行促销时，其实就是开始向你挑战，一定要采取措施予以回击。譬如某市液态奶A品牌对订户开展了“订半年送一月”的活动，作为B品牌就必须针对性地回应，不然B品牌的客户就很可能被A品牌抢走。

3. 争夺顾客，拓展市场

在市场上不能总被动性地采取回应措施，有时候就得主动出击。譬如某电器品牌确定了在某省的市场份额要提高5％的战略目标，为了达到这个目标，就必须主动出击，采取行动，譬如统一降价10%或者对顾客进行购买奖励等。

资料来源：中华商务网

企业要为每个消费者提供不同的产品和服务。通过网络营销，企业可以较低的成本，让消费者提出自己的要求，然后根据不同的要求提供不同的产品和服务。虽然每个消费者的需求都存在差异，但企业能分别予以满足，这样必然能提高顾客的满意程度，从而增加产品和服务的销售。

企业要与顾客和上下游企业建立伙伴关系。合作是相互的，企业要想从顾客那里获得信息，就应该为顾客提供帮助，不仅为顾客提供产品和服务，还要帮助顾客实现这些产品和服务的价值。同上下游企业建立伙伴关系，其目的也是促进企业间的合作，开展更大规模的市场营销活动，进而为顾客提供更完善、更便利的服务，也给合作的企业带来竞争优势。

网络促销的方式有拉销、推销和链销。

1）拉销。网络营销中，拉销就是企业吸引消费者访问自己的Web站点，让消费者浏览产品网页，作出购买决策，进而实现产品销售。网络拉销中，最重要的是企业要推广自己的Web站点，吸引大量的访问者，这样才有可能把潜在的顾客变为真正的顾客。因而企业的Web站点除了要提供顾客所需要的产品和服务，还要生动、形象和个性化，要体现企业文化和品牌特色。

2）推销。网络营销中，推销就是企业主动向消费者提供产品信息，让消费者了解、认识企业的产品，促进消费者购买产品。有别于传统营销中的推销，网络推销有两种方法：一种方法是利用 Internet 服务商或广告商提供的经过选择的 Internet 用户名单，向用户发送电子邮件，在邮件中介绍产品信息；另一种方法是应用推送技术，直接将企业的网页推送到 Internet 用户的终端上，让 Internet 用户了解企业的 Web 站点或产品信息。

3）链销。网络营销中，互动的信息交流强化了企业与顾客的关系，使顾客的满意程度增大是企业开展网络链销的前提。企业使顾客充分满意，满意的顾客成为企业的种子顾客，会以自己的消费经历为企业做宣传，向其他顾客推荐企业的产品，使潜在顾客成为企业的现实顾客，从而形成口碑效益，最终形成顾客链，实现链销。企业以种子顾客带动潜在顾客，扩大企业的销售。

三、网络营销渠道

网络营销的主要渠道有以下几种：

1）会员网络。网络营销中一个最重要的渠道就是会员网络。会员网络是在企业建立虚拟组织的基础上形成的网络团体，通过会员制，促进顾客相互间的联系和交流，以及顾客与企业的联系和交流，培养顾客对企业的忠诚，并把顾客融入企业的整个营销过程中，使会员网络的每一个成员都能互惠互利，共同发展。

2）分销网络。根据企业提供的产品和服务的不同，分销渠道不一样。如果企业提供的是信息产品，企业就可以直接在网上进行销售，需要较少的分销商，甚至不需要分销商。如果企业提供的是有形产品，企业就需要分销商。企业要想达到较大规模的营销，就要有较大规模的分销渠道，建立大范围的分销网络。

3）快递网络。对于提供有形产品的企业，要把产品及时送到顾客手中，就需要通过快递公司的送货网络来实现。规模大、效率高的快递公司建立的全国甚至全球范围的快递网络，是企业开展网络营销的重要条件。

4）服务网络。如果企业提供的是无形服务，企业可以直接通过 Internet 实现服务功能。如果企业提供的是有形服务，需要对顾客进行现场服务，企业就需要建立服务网络，为不同区域的顾客提供及时的服务。企业可以自己建立服务网络，也可以通过专业性服务公司的网络实现顾客服务目的。

5）生产网络。为了实现及时供货，以及降低生产、运输等成本，企业要在一些目标市场区域建立生产中心或配送中心，形成企业的生产网络，并同供应商的供货网络及快递公司的送货网络相结合。企业在进行网络营销中，根据顾客的订货情况，通过 Internet 和企业内部网对生产网络、供货网络和送货网络进行最优组合调度，可以把低成本、高速度的网络营销方式发挥到极限。

四、网络营销定价

网络营销中产品和服务的定价要考虑以下几个方面的因素：

（一）国际化

由于 Internet 营造的全球市场环境，企业在制定产品和服务的价格时，要考虑国际

化因素，针对国际市场的需求状况和产品价格情况，以确定本企业的价格对策。

（二）趋低化

由于网络营销使企业的产品开发和促销等成本降低，企业可以进一步降低产品价格。同时由于 Internet 的开放性和互动性，市场是开放和透明的，消费者可以就产品及价格进行充分地比较、选择，因此，要求企业以尽可能低的价格向消费者提供产品和服务。

（三）弹性化

由于网络营销的互动性，顾客可以和企业就产品价格进行协商，也就是可以议价。另外，企业也可以根据每个顾客对产品和服务提出的不同要求，来制定相应的价格。

（四）价格解释体系

企业通过 Internet，向顾客提供有关产品定价的资料，如产品的生产成本、销售成本等，建立价格解释体系，为产品定价提供理由，并答复消费者的询问，使消费者认同产品价格。

此外，网络营销中提供产品和服务的价格依然要根据产品和服务的需求弹性来制定，同时又要考虑网络营销的特点。企业在网上可以向顾客提供价格更低的产品和服务，但向顾客提供更多的方便和闲暇时间是不可忽视的重要因素。

第二节　网上产品销售策划

一个企业能否生存和发展，关键在于它所生产的产品能否满足消费者的需求。任何企业制定产品策略都必须适应消费者的需求及其发展的趋势。

一、传统营销产品的概念

按照传统观念，产品就是指某种有形的劳动产物，如服装、家具、电视机等。但从市场营销学观点来看，市场营销过程不单是推销产品的过程，首先是一个满足顾客需要的过程，而顾客的需要是多方面的，不但有生理和物质方面的需要，而且还有心理和精神方面的需要，所以，营销产品应是一个产品整体，包含三个层次，即核心产品、有形产品和附加产品（延伸产品）。

二、网上销售产品

由于网络营销是在网上虚拟市场上开展营销活动进而实现企业营销目标， 面对与传统市场有差异的网上虚拟市场，必须要满足网上消费者一些特有的需求特征。所以，网络营销产品的内涵与传统产品的内涵有一定的差异性，主要是网络产品的层次比传统营销产品的层次大大扩展了。

在传统市场营销中，产品满足的主要是消费者的一般性需求，因此产品相应地分成了三个层次。虽然传统产品中的三个层次在网络营销产品中仍然起着重要作用，但产品设计和开发的主体地位已经从企业转向顾客，企业在设计和开发产品时还必须满足顾客的个性化需求，因此网络营销产品在原产品层次上还要增加两个层次，即期望产品层次和潜在产品层次，以满足顾客的个性化需求。

（一）核心利益或服务层次

这是产品最基本的层次，是满足顾客需要的核心内容，是顾客要购买的实质性的东西。例如，消费者购买食品的核心是为了满足充饥和营养的需要，购买计算机是为了利用它作为上网的工具等。营销的目标在于发现隐藏在产品背后的真正需要，把顾客所需要的核心利益和服务提供给顾客。有时同一种产品可以有不同的核心需要，如人们对服装、鞋帽的需要，有些以保暖为主，有些则以美观为主，强调装饰和美化人体的功能。所以，营销者要了解顾客需要的核心所在，以便进行有针对性的生产经营。

（二）有形产品层次

这是产品在市场上出现时的具体物质形态，是企业的设计和生产人员将核心产品通过一定的载体，转载为有形的物体而表现出来。它包括产品的质量水平、功能、款式、特色、品牌和包装等。

（三）期望产品层次

网络营销中，消费需求呈个性化的特征，不同的消费者可以根据自己的爱好对产品提出不同的要求，因此产品的设计和开发必须满足顾客的个性化消费需求。顾客在购买产品前对可购产品的质量、使用方便程度、特点等方面的期望值，就是期望产品。例如，中国海尔集团提出“您来设计我实现”的口号，消费者可以向海尔集团提出自己的需求个性，如性能、款式、色彩、大小等，海尔集团可以根据消费者的特殊要求进行产品设计和生产。现代社会已由传统的企业设计开发、顾客被动接受转变为以顾客为中心、顾客提出要求、企业辅助顾客来设计开发产品、满足顾客个性化需求的新时代。

（四）延伸产品层次

这是指顾客在购买产品时所得到的附加服务或利益，主要是帮助消费者如何更好地使用核心利益和服务，如提供信贷、质量保证、免费送货、售后服务等。例如，美国 IBM 公司最先发现，用户最新购买计算机，不仅是购买进行计算的工具设备，而且主要是购买解决问题的服务，用户需要使用说明、软件程序、快速简便的维修方法等。因此，该公司率先向用户提供一整套计算机体系，包括硬件、软件、安装、调试和教授使用与维修技术等一系列附加服务。美国著名管理学家李维特曾指出，新的竞争不在于工厂里制

造出来的产品，而在于工厂外能否给产品加上包装、服务、广告、咨询、融资、送货、保管或顾客认为有价值的其他东西。

（五）潜在产品层次

这是在延伸产品层次之外，由企业提供能满足顾客潜在需求的产品层次。它主要是产品的一种增值服务。它与延伸产品的主要区别是，顾客没有潜在产品层次的需要时，仍然可以很好地使用顾客需要的产品的核心利益和服务。因为随着高科技的发展，有很多潜在需求和利益或服务还没有被顾客认识到。

三、网络营销产品特点

一般而言，目前适合在 Internet 上销售的产品通常具有以下几个方面的特性：

（一）产品性质高科技

由于网上用户在初期对技术有一定的要求，因此用户上网大多与网络等技术相关，因此网上销售的产品最好是与高技术或与计算机、网络有关。一些信息类产品如图书、音乐等也比较适合网上销售。还有一些无形产品如服务也可以借助网络的作用实现远程销售，如远程医疗。

（二）有形产品的质量不易检验

网络的虚拟性使得顾客可以突破时间和空间的限制，实现远程购物和在网上直接订购，这使得网络购买者在购买有形产品前无法尝试。

（三）产品式样个性化

通过 Internet 对全世界国家和地区进行营销的产品要符合该国家或地区的风俗习惯、宗教信仰和教育水平。同时，由于网上消费者的个性化需求，网络营销产品的式样还必须满足购买者的个性化需求。

（四）购买者重视产品品牌

在网络营销中，生产商与经营商的品牌同样重要，一方面要在网络上浩如烟海的信息中获得浏览者的注意，必须拥有明确、醒目的品牌；另一方面，由于网上购买者可以面对很多选择，同时网上的销售无法进行购物体验，因此，购买者对品牌比较关注。

（五）产品包装质量要高

作为通过 Internet 经营的针对全球市场的产品，其包装质量要好，且必须适合网络营销的要求。

（六）目标市场范围大

网上市场是以网络用户为主要目标的市场，在网上销售的产品要适合覆盖广大的地理范围。如果产品的目标市场比较狭窄，可以采用传统营销策略。

（七）产品定低价

Internet 作为信息传递工具，在发展初期是采用共享和免费策略发展而来的，网上用户比较认同网上产品低廉特性；另一方面，由于通过 Internet 进行销售的成本低于其他渠道的产品，在网上销售产品一般采用低价位定价。

四、网络营销产品分类

上述网络营销产品的特点其实是由于网络的限制，使得只有部分产品适合在网上销售。不过，随着网络技术的发展和其他科学技术的进步，将有越来越多的产品在网上销售。在网络上销售的产品，按照产品性质的不同，可以分为两大类，即实体产品和虚体产品。

（一）实体产品

将网上销售的产品分为实体和虚体两大类，主要是根据产品的形态来区分。实体产品是指具有具体物理形状的物质产品。在网络上销售实体产品的过程与传统的购物方式有所不同。在这里已没有传统的面对面的买卖方式，网络上的交互式交流成为买卖双方交流的主要形式。消费者或客户通过卖方的主页考察其产品，通过填写表格表达自己对品种、质量、价格、数量的选择；而卖方则将面对面的交货改为邮寄产品或送货上门，这一点与邮购产品颇为相似。因此，网络销售也是直销方式的一种。

（二）虚体产品

虚体产品与实体产品的本质区别是虚体产品一般是无形的，即使表现出一定形态也是通过其载体体现出来，但产品本身的性质和性能必须通过其他方式才能表现出来。在网络上销售的虚体产品可以分为两大类，即软件和服务。软件包括计算机系统软件和应用软件。网上软件销售商常常可以提供一段时间的试用期，允许用户尝试使用并提出意见。好的软件很快能够吸引顾客，使他们爱不释手并为此慷慨解囊。

服务可以分为普通服务和信息咨询服务两大类，普通服务包括远程医疗、法律救助、航空火车定票、入场券预定、饭店旅游服务预约、医院预约挂号、网络交友、计算机游戏等，而信息咨询服务包括法律咨询、医药咨询、股市行情分析、金融咨询、资料库检索、电子新闻、电子报刊等。

对于普通服务来说，顾客不仅注重所能够得到的收益，还关心自身付出的成本。通过网络这种媒体，顾客能够尽快地得到所需要的服务，免除恼人的排队等候的时间成本。

同时，消费者利用浏览软件，能够得到更多更快的信息，提高信息传递的效率，增强促销的效果。

对于信息咨询服务来说，网络是一种最好的媒体选择。用户上网的最大诉求就是寻求对自己有用的信息，信息服务正好提供了满足这种需求的机会。通过计算机 Internet 络，消费者可以得到包括法律咨询、医药咨询、金融咨询、股市行情分析在内的咨询服务和包括资料库检索、电子新闻、电子报刊在内的信息服务。

五、网络营销新产品开发

随着科学技术的进步和社会的发展，不断开发新产品成为企业在市场上求得生存和发展的重要条件之一。特别是在网络时代，由于信息与知识的共享、科学技术扩散速度的加快，企业的竞争从原来的简单依靠产品的竞争转为拥有不断开发新产品能力的竞争。但是，由于激烈竞争而导致市场不断分裂，市场细分越来越细化，每个产品只能获得较低的销售额和利润额。另外，绿色产品的发展、产品开发完成时间的缩短和产品生命周期的缩短、消费要求个性化的发展等，都对网络时期新产品的开发提出了新的要求。所以，在开发新产品时必须首先研究在电子商务时代消费者的消费行为与消费要求的特点，进而确定网络营销新产品的定位和新产品的开发。

新产品的界定

市场营销意义上的新产品含义很广，除包含因科学技术在某一领域的重大发现所产生的新产品外，还包括：在生产销售方面，只要产品在功能或形态上发生改变，与原来的产品产生差异，甚至只是产品从原有市场进入新的市场，都可视为新产品；在消费者方面，则是指能进入市场给消费者提供新的利益或新的效用而被消费者认可的产品。按产品研究开发过程，新产品可分为全新产品、模仿型新产品、改进型新产品、形成系列型新产品、降低成本型新产品和重新定位型新产品。

资料来源：百度百科

（一）网络营销新产品开发

1. 网络时代新产品开发面临挑战

新产品开发是许多企业市场取胜的法宝。但 Internet 的发展，使得在今后获得新产品开发成功的难度增大，其原因有以下几个方面。

1）在某些领域内缺乏重要的新产品构思。

2）不断分裂的市场。激烈的竞争正在导致市场不断分裂，Internet 的发展加剧了这种趋势，市场主导地位正从企业主导转为消费者主导，个性化消费成为主流，未来的细分市场必将是以个体为基准的。

3）社会和政府的限制。网络时代强调的是绿色发展，新产品必须以满足公众利益

为准则，诸如消费者安全和生态平衡等。

4）新产品开发过程中的昂贵代价。

5）新产品开发完成的时限缩短。

6）成功产品的生命周期缩短。当一种新产品成功后，竞争对手立即就会对之进行模仿，从而使新产品的生命周期大为缩短。

网络时代，特别是 Internet 的发展带来的新产品开发的困难，对企业来说既是机遇也是挑战。企业开发的新产品如果能适应市场需要，可以在很短时间内占领市场，打败其他竞争对手。

2. 网络时代新产品开发策略

不断研究和开发新产品，是使企业永葆竞争活力的关键所在。我国古代兵法主张在战争中要“出奇制胜”，这个思想移植到商战中就是要不断创新，做到“人无我有，人有我廉，人廉我新，人新我转”。网络营销新产品开发策略主要有以下几种类型。

1）全新产品策略，即开发一个全新市场的产品。这种策略一般主要应用于创新型公司。进入网络时代，市场要求发生了根本性的变化，消费者的需求和消费心理也发生了重大变化。在产品开发的过程中，如果有很好的产品构思和服务概念，就可以凭借这些产品构思和服务概念开发新产品获得成功。这种策略是网络时代中最有效的策略。

2）新产品线策略，即公司首次进入现有市场的新产品。Internet 的技术扩散速度非常快，利用 Internet 迅速模仿和研制开发出已有产品是一条捷径。但由于在网络时代新产品开发速度的加快和产品寿命周期的缩短等因素的影响，这种策略只能作为一种对抗的防御性策略。

3）现有产品线外新增加的产品，即补充公司现有产品线的新产品。由于在网络时代市场需求差异性加大，市场分工越来越细化，每种新产品只能对准较小的细分市场，这种策略不但能满足不同层次的差异性需求，而且还能以较低风险进行新产品开发。

4）对现有产品的更新换代，即提供改善功能或较大感知价值并且能替换现有产品的新产品。在网络营销市场中，消费者挑选商品的范围、权利与传统市场营销相比大大增加。所以，企业为了满足消费者的需求，就必须不断改进现有产品和进行更新换代，否则就会被市场淘汰。目前，产品的信息化、智能化和网络化是必须考虑的，如电视机的数字化和上网功能等。

5）降低产品的成本，即提供同样功能但成本较低的新产品。网络时代，消费者虽然注意个性化消费，但消费者的消费行为将变得更加理智，可以对商品的价格进行精心比较，消费者更强调产品给消费者带来的价值，同时包括所花费的代价，因此，提供相同功能的但成本更低的产品更能满足日益成熟的市场需求。

总之，以上产品开发策略各有其优势和特点，企业可以根据自己的实际情况在产品策略中选取具体的新产品开发方式，以利于在激烈的市场竞争中取胜。

企业网络营销产品策略中采取哪一种具体的新产品开发方式，可以根据企业的实际情况决定。但结合网络营销市场特点和 Internet 特点，开发新市场的新产品是企业竞争

的核心。对于相对成熟的企业采用后面几种新产品策略也是一种短期较稳妥策略，但不能作为企业长期的新产品开发策略。

（二）网络营销新产品开发数据库系统

网络营销新产品开发的首要前提是要有新产品构思和概念的形成。在每一个历史阶段，都有一些伟大发明推动技术革命和产业革命，各个时期的新产品构思和概念形成主要是依靠科研人员的创造性推动的。

新产品的构思可以有多种来源，可以是顾客、科学家、竞争者、公司销售人员、中间商和高层管理者，但最主要还是依靠顾客来引导产品的构思。网络营销的一个最重要特性就是与顾客的交互性，它通过信息技术和网络技术来记录、评价和控制营销活动，来掌握市场需求情况。网络营销通过其网络数据库系统处理营销活动中的数据，并用来指导企业营销策略的制定和营销活动的开展。

网络营销新产品开发数据库系统一般要记录下列几方面信息：

1. 客户都作为一个单独记录存储起来

在营销数据库中每个现在或潜在客户都要作为一个单独记录存储起来，只有了解每个个体的信息才能细分市场，并可通过汇总数据发现市场总体特征。

2. 客户需求和需求特点记录全面

每个客户记录不但要包含顾客一般的信息如姓名、地址、电话等，还要包含一定范围的市场营销信息，即顾客需求和需求特点，以及有关的人口统计和心理测试统计信息。

3. 客户与公司或竞争对手的交易信息

每个客户记录还要包含有顾客是否能接触到针对特定市场开展的营销活动信息，以及客户与公司或竞争对手的交易信息。

4. 客户的反馈信息

数据库中应包含顾客对公司采取的营销活动或销售活动所作的反馈信息。

数据库存储的信息有助于营销策略制定者制定营销策略，如针对目标市场或细分市场提供何种合适的产品或服务，以及每个产品在目标市场中采用何种营销策略组合。

在对顾客推销产品时，数据库可以用来保证与顾客进行协调一致的业务关系发展。数据库建设好后可以代替市场研究，无须通过专门的市场调研来测试顾客对所进行的营销活动的响应程度。

随着大型数据库可以自动记录顾客信息和自动控制与顾客的交易，自动营销管理已成为可能，但这要求有处理大批量数据的能力，在发现市场机会的同时对市场威胁提出分析和警告。大型数据库提供的高质量信息使得高级经理能有效进行市场决策和合理分配有限的资源。

利用网络营销数据库，企业可以很快发现顾客的现实需求和潜在需求，从而形成产

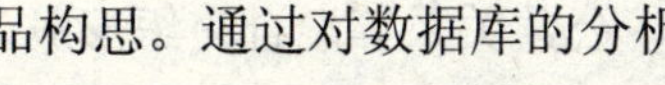

品构思。通过对数据库的分析，可以对产品构思进行筛选，并形成产品的概念。

（三）网络营销新产品研制

与过去新产品研制与试销不一样，顾客可以全程参加概念形成后的产品研制和开发工作。顾客参与新产品研制与开发不再是简单的被动接收测试和表达感受，而是主动参与和协助产品的研制与开发工作。与此同时，与企业关联的供应商和经销商也可以直接参与新产品的研制与开发，因为网络时代企业之间的关系主流是合作，只有通过合作才可能增强企业竞争能力，才能在激烈的市场竞争中站稳脚跟。通过 Internet，企业可以与供应商、经销商和顾客进行双向沟通和交流，可以最大限度提高新产品研制与开发速度。

值得关注的是，许多产品并不能直接提供给顾客使用，它需要许多企业共同配合才有可能满足顾客的最终需要，这就更需要在新产品开发的同时加强与以产品为纽带的协作企业的合作。

（四）网络营销新产品试销与上市

网络市场作为新兴市场，消费群体一般具有很强的好奇心和消费领导性，比较愿意尝试新的产品。因此，通过网络营销来推动新产品试销与上市，是比较好的策略和方式。但需注意的是，网上市场群体还有一定的局限性，目前的消费意向比较单一，所以并不是任何一种新产品都适合在网上试销和推广的。一般对于与技术相关的新产品，在网上试销和推广效果比较理想，这种方式一方面可以比较有效地覆盖目标市场，另一方面可以利用网络与顾客直接进行沟通和交互，有利于顾客了解新产品的性能，还可以帮助企业对新产品进行改进。

利用 Internet 作为新产品营销渠道时，要注意新产品能满足顾客的个性化需求的特性，即同一企业能针对网上市场不同顾客需求生产出功能相同但又能满足个性需求的产品，这就要求在开发和设计新产品时要考虑到产品式样和顾客需求的差异性。如 Dell 计算机公司在推出计算机新产品时，允许顾客根据自己的需要自行设计和挑选配件来组装自己满意的产品，Dell 公司可以通过 Internet 直接将顾客订单送给生产部门，生产部门根据个性化需求组装计算机。因此，网络营销产品的设计和开发要能体现产品的个性化特征，适合进行柔性化的大规模生产，否则再好概念的产品也很难在市场上让消费者满意。

六、网络营销品牌策略

（一）网上市场品牌的内涵

1. 网上市场品牌

在传统中国的商业世界，品牌的概念就类似于“金字招牌”；但在现代西方的营销领域，品牌是一种企业资产，涵盖的意义比表象的正字标记或是注册商标更胜一筹。品

牌是一种信誉，由产品品质、商标、企业标志、广告口号、公共关系等混合交织形成。

根据市场研究公司 Opinion Research International 在 1998 年针对 5000 万名美国民众所作的调查，AOL、Yahoo、Netscape、Amazon.com、Priceline.com、Infoseek 和 Excite 称得上是网上七大超级品牌。而另外一家市场研究公司 Intelliquest 则以随机抽样的方式，请一万名美国网友就几项产品进行品牌的自由联想，结果有一半的受访人士一看到书籍，脑中就首先浮现出 Amazon.com 的品牌，三分之一的人看到计算机软件，立刻想到微软，五分之一的网友看到计算机硬件就想到戴尔计算机。

2. 网上品牌的特征

网上品牌与传统品牌有着很大不同，传统优势品牌不一定是网上优势品牌，网上优势品牌的创立需要重新进行规划和投资。美国著名咨询公司 Forrester Research 公司在 1999 年 11 月份发表了题为"Branding For A Net Generation"的调查报告，该报告指出："知名品牌与网站访问量之间没有必然的联系。"该调查报告还指出，"通过对年龄为 16 至 22 岁的青年人的品牌选择倾向和他们的上网行为进行比较，研究人员发现了一个似是而非的现象。尽管可口可乐、耐克等品牌仍然受到广大青少年的青睐，但是这些公司网站的访问量却并不高。既然知名品牌与网站访问量之间没有必然的联系，那么公司到底要不要建设网站就是一个值得考虑的问题。从另一角度看，这个结果也意味着公司要在网上取得成功，绝不能指望依赖传统的品牌优势。"

（二）企业域名品牌内涵

1. Internet 域名的商业作用

Internet 的商业应用将传统的以物质交换为基础的交易带入以信息交换替代物质交换的虚拟交易世界，实施媒体由原来的具体物理层次上的物质交换上升为基于数据通信的逻辑层次上的信息交换。这种基于信息交换的网上虚拟市场同样需要交易双方进行协商和参与，同样需要双方选择交易对方，因此网上虚拟市场的交易主体双方选择和协商等行为依然存在，只是实施的媒体发生变化，减少双方选择和协商的交易成本而已。随着 Internet 上的商业增长，交易双方识别和选择范围增大，交易概率随之减少，因此 Internet 上同样存在一个如何提高被识别和选择概率的问题，以及如何提高选择者忠诚度的问题。

传统的解决问题的办法是借助各种媒体树立企业形象，提高品牌知名度，通过在消费者中树立企业形象来促使消费者购买企业产品，企业的品牌就是顾客识别和选择的对象。

企业上 Internet 后进行商业活动，同样存在被识别和选择的问题，由于域名是企业站点联系地址，是企业被识别和选择的对象，因此提高域名的知名度，也就是提高企业站点的知名度，也就是提高企业被识别和选择的概率，域名在 Internet 上可以说是企业形象化身，是在网上虚拟市场环境中商业活动的标识。所以，必须将域名作为一种商业资源来管理和使用。

也正因为域名具有商标特性，与商标一样具有“域名效应”，使得某些域名已具有潜在价值。如以 IBM 作为域名，使用者很自然联想到 IBM 公司，联想到该站点提供的服务或产品同样具有 IBM 公司一贯承诺的品质和价值，如果被人抢先注册，注册者可以很自然地利用该域名所附带的一些属性和价值，对被伤害企业而言，不但丧失商业利润，还冒着品牌形象受到无形损害的风险。

2. 商标的界定与域名商标

根据美国市场营销协会（AMA）定义，商标是一名字、术语、标志、符号、设计或者它们的组合体，用来识别某一销售者或组织所营销的产品或服务，以区别于其他竞争者。商标从本质上说是用来识别销售者或生产者的一个标识，依据商标法，商标拥有者享有独占权，单独承担使用商标的权利和义务。另一方面商标还携带一些附加属性，它可以给消费者传递使用该商标的产品所具有的品质，是企业形象在消费者心理定位的具体依据，可以说商标是企业形象的化身，是企业品质的保证和承诺。

（1）商标的定义与域名的商标特性

对比商标的定义，域名则是由个人、企业或组织申请的独占使用的 Internet 上标识，并对提供的服务或产品的品质进行承诺和提供信息交换或交易的虚拟地址。域名不但具有商标的一般功能，还提供 Internet 上进行信息交换和交易的虚拟地址。虽然目前的域名申请规则和法律没有明文规定域名的法律地位和商标特性，但从域名的内涵和商标的范畴来看，可以将域名定义为从以物质交换为基础的实体环境下延伸到以信息交换为基础的网上市场虚拟环境下的一种商标，是商标功能在新的虚拟交易环境中的一种新形式和变种，是企业商标外延的拓展和内涵的延伸，是适应新的商业环境的需要而产生的。重新认识域名在商业环境中的商业价值和法律地位，对企业的发展是刻不容缓的事情。

（2）域名命名与企业名称和商标的相关性

目前许多商业机构纷纷上网，虽然大多数企业还未能从中获取商业利润，但考虑到网络作为未来的重要商业模式和具有的战略意义，这些企业审时度势依然投资上网，并对上网注册尤其重视，考虑企业现在的发展和未来的机遇，有的企业为获取一个好的名字不惜代价，大多数商业机构注册域名与企业商标或名称有关，如微软公司、IBM 公司、可口可乐等，根据对 Internet 域名数据库网上信息中心的 28 8873 个商业域名进行分析，有直接对应关系的占 58%，有间接关系的也占很大比例，因此可见，在实践中，许多企业已经意识到域名的商标特性，为适应企业的现代发展，才采取这种命名策略。

3. 域名商标的商业价值

Internet 上的明星企业网景公司（Netscape）和雅虎公司（Yahoo），由于其提供的 WWW 浏览工具和检索工具享有极高的市场占有率和市场影响力，公司成为网上用户访问最多的站点之一，使其域名成为网上最著名的域名之一，由于域名和公司名称的一致性，公司的形象在用户中的定位和知名度是水到渠成，甚至超过公司的专门形象策略和计划。因此，域名的知名度和访问率就是公司形象在 Internet 商业环境中的具体体现，公司商标的知名度和域名知名度在 Internet 上是统一和一致的，域名从作为计算机网上

通讯的识别提升为从商业角度考虑的企业的商标资源，与企业商标一样，它的商业价值是不言而喻的。

1995 年微软公司为宣传其品牌 Windows 95 曾投入巨大资金达 50 亿美元之多，使其成为世界上家喻户晓的品牌；而同时期刚刚起步的网景公司借助 Internet 以放弃收费为代价，使其 Netscape 浏览器不费吹灰之力就占领市场达 70%，由于公司品牌的知名度和潜在价值，公司股票上市当天就从 28 美元狂升到 75 美元，四个月后达到 171 美元，公司的创始人也在短短时间内成为名义的亿万富翁。可见，由于 Internet 市场容量非常规增长，消费者群的聚集，域名商标的潜在价值是很难以往常的模式进行预测的。传统营销联系是基于一对多的模式，企业只是借助媒体提供信息、传播信息，消费者只能凭借片面宣传和消费尝试建立对企业的形象；而 Internet 的交互性和超文本链接、多媒体以及操作的简易性，使在网上进行宣传更具操作性和可信性，更易建立品牌形象和加强与顾客沟通，加强品牌忠诚度。

4. 域名抢注问题

在 Internet 上日益深化的商业化过程中，域名作为企业组织的标识作用日显突出，虽然目前还不能从中获取商业利润，但越来越多企业纷纷注册上网。据统计，目前在顶级域名.COM 下注册的企业占注册总数 65.2%之多，可见域名的商业作用和识别功能已引起注重战略发展企业的重视。

Internet 域名管理机构没有赋予域名以法律上的意义，域名与任何公司名、商标名没有直接关系，但由于域名的唯一性，因此任何一家公司注册在先，其他公司就无法再注册同样的域名，因此域名已具有商标、名称类似意义。由于世界上著名公司大部分直接以其著名产品名命名域名，域名因此在网上市场营销中同样具有商标特性，加之大多数使用者对专业知识知之甚少，很容易被一些有名的域名所吸引，因此一些显眼的域名很容易博得用户的青睐，如美国著名打火机公司域名为 www.lighter.com。正因域名的潜在商业价值，许多不法之徒抢先注册一些著名域名，用一些著名公司的商标或名称作为自己的域名注册，并向这些公司索取高额转让费，由此引起法律纠纷，如美国的 Dennis Toppen 抢注域名案，以及英国的首宗域名抢注案。

出现如此严重的域名抢注问题，一方面是一些谋取不当利益者利用这方面法律真空和规章制度不健全钻空子，更主要的是企业还未能认识到域名在未来的网上市场商业模式中类似商标的作用，域名不仅仅是 Internet 交换信息的唯一标识，还是企业在网上市场中进行交易时被交易方识别的标识，企业必须将其纳入企业商标资源进行定位设计和管理使用。

七、网络销售产品时应注意的问题

在 Internet 上进行市场营销的产品可以是任何产品或者任何服务项目。但是，网上销售则不然。因为不同的产品适合利用不同的销售渠道，有些产品在网上大兴其市，有些产品却迟迟得不到开张，其原因是因为没有选好产品的定位。首先，产品或服务的目

标应与 Internet 用户一致。因为在 Internet 上购买产品或服务的消费者首先是 Internet 的用户，他们比较年轻，收入中等以上，教育水平也高于平均水平，他们喜欢创新，对新产品和新技术情有独钟。所以，如果在 Internet 上销售的产品或服务具有这些特点，那么就很可能获得成功。

在运用网络销售产品时应注意以下几个问题。

（一）产品或服务是否与计算机有关

产品或服务如果与计算机有关，那么在网上销售就很可能获得成功。

（二）产品或服务是否需要尝试或观察

如果在作出购买决策之前产品或服务需要尝试或观察，那么这种产品或服务在网络上销售成功的可能性就不大；如果在购买决策前无须观察或尝试，那么就适合用 Internet 进行市场营销。

（三）产品或服务的性质

知识产权通常比有形产品更适合在网络上进行营销；同样，无形服务比有形服务更易于在网络上销售。

（四）产品或服务是否属于信息高科技

信息高科技产品或服务更易于在网络上进行市场营销，如一些软件产品就很适合在网上销售。

（五）产品或服务是否具有国际性

Internet 是国际性的媒体，具有同样性质的产品或服务更容易获得成功。虽然不是所有的产品都适合于网上销售，但事实上，大多数产品都可以在网上进行销售前期的营销活动，可以利用网络扩大品牌的宣传、增强品牌的认知、开展网上顾客服务、建立品牌忠诚等，以此来扩大本企业产品的影响，促进产品的销售。

八、网上新产品试销

（一）实例描述

如果能让消费者不花钱就能得到名牌大厂的最新产品，而生产厂商则能够收集到最具针对性的新品情报。这种各取所需的模式在网络上适用吗？

（二）解决方案

试用网（www.itry.cn）就是这样一家网站。试用网是中国首家体验营销门户网站。

试用网通过为消费者提供产品试用、评论分享、折扣优惠等体验应用的同时，实现为商家提供品牌推广、获取销售线索、市场调研、建立用户俱乐部等全方位的营销推广服务。

（三）操作过程

在地址栏中输入试用网的网址进入网站，如图 8.1 所示。

图 8.1　试用网首页

如图 8.2 所示，点击网页最下方的“新试客，30 秒玩转试用网”进入试用网的用户指南页面。在用户指南中详细说明了新用户注册，选购试用品，等待审批，获得试用品，试用成功等步骤，如图 8.3 所示。

据该网站称，“试用网成立于 2006 年 1 月，上线仅 68 天就得到美国著名风险投资公司 IDG-VC 的投资，2006 年年底又经国内著名移动商务服务商亿美软通公司的再次注资扩大发展。”请大家参考该网站的用户指南，实际提交一份试用申请，并在试用成功或失败后从两个方面进行反思：一是从消费者角度来看该网站营销的亮点何在，二是从企业经营者的视角分析它为何能吸引到美国著名风险投资公司的投资。

图 8.2　试用网首页下的“新试客，30 秒玩转试用网”链接

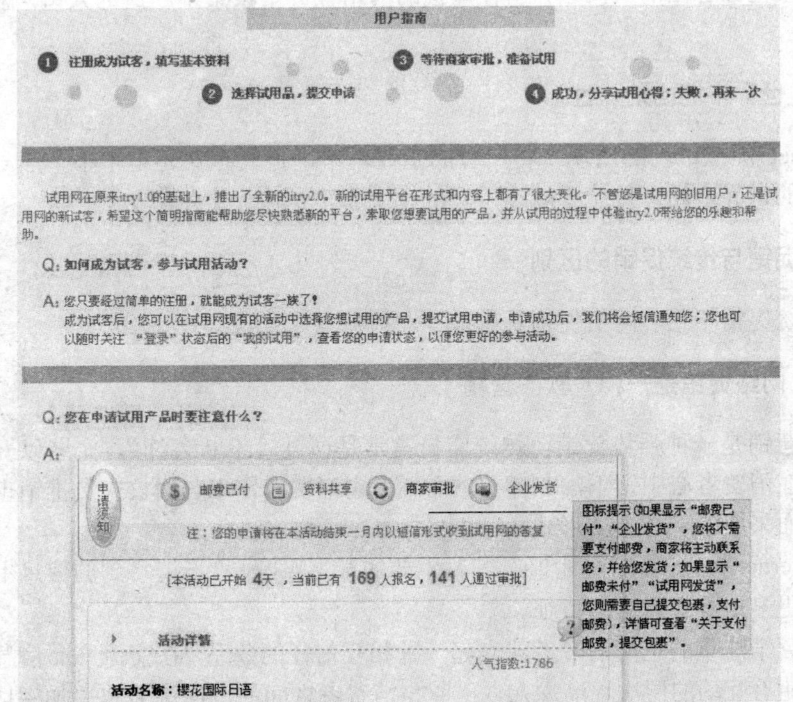

图 8.3　试用网用户指南页面

第三节　网络促销策划

一、网络促销的定义

网络促销是指利用计算机及网络技术向虚拟市场传递有关商品和劳务的信息，以引发消费者需求，唤起购买欲望和促成购买行为的各种活动。它突出地表现为以下三个明显的特点。

（一）网络促销手段的先进性

网络促销是通过网络技术传递产品和服务的存在、性能、功效及特征等信息的。它是建立在现代计算机与通讯技术基础之上的，并且随着计算机和网络技术的不断改进而改进。

（二）网络促销市场的虚拟性

网络促销是在虚拟市场上进行的，这个虚拟市场就是 Internet。Internet 是一个媒体，是一个连接世界各国的大网络，它在虚拟的网络社会中聚集了广泛的人口，融合了多种文化。

（三）世界市场的统一性

Internet 虚拟市场的出现，将所有的企业，不论是大企业还是中小企业，都推向了一个统一的世界市场。传统区域性市场的小圈子正在被一步步打破。

二、网络促销与传统促销的区别

与传统促销相比，网络促销具有如下一些特点。

（一）网络促销是一种“软”营销

传统营销是一种强势营销。传统广告常常是通过“不断轰炸”，企图以一种信息灌输的方式在消费者心中留下深刻印象，而不考虑消费者需求与否。人员推销也是不经消费者允许而采取的一种主动形式。

而 Internet 有它的“网络礼仪”，其最重要的基本原则是“不请自到的信息不受欢迎”。网络营销更多地具有软营销特征。

网络营销注重的是与消费者建立起一种相互信任的关系，在交流产品信息的同时交流感情。随着互动的层次逐渐深入，厂商与消费者之间的双向沟通也更加密切，为进一步营销奠定了牢固的基础。通过加强与消费者的沟通和交流来达到营销目的。

（二）网络促销活动具有互动性

传统营销观念中的促销策略是以面向大众为主的，是单一型的、以宣传式劝说为主要方式的。例如，媒体广告以其单一的内容向广大消费者传递着同样的信息，人员推销也是面向不同的消费者推销着相同的产品，甚至说着同样的推销辞令。而网络营销中的促销策略则具有针对性强、消费者选择余地大、信息传递与反馈快捷、信息覆盖面全而又廉价等特点。传统促销方式中的人员促销，在网络营销中已逐渐失去了往日的重要地位。相反，广告的作用不再仅仅是引起消费者的注意和令消费者知晓该产品。由于网上广告信息容量大、费用低，营销人员可以尽可能详细地向消费者提供关于产品的特色和性能等方面的信息，消费者在接到该信息的同时，可以有选择地关注某些信息，进行仔细阅读，并可依据某些方面提出问题，反馈给营销人员，营销人员再通过网络及时为消费者解答问题。这样，网络营销的促销活动就打破了传统营销以宣传式说服为主的方式，而形成了互动性、知识性、具有较强逻辑说服力的促销形式。

（三）网络促销活动具有针对性

网络促销具有一对一与消费者需求导向的特色，这一特色也使其成为发掘潜在消费者的最佳途径，使企业的促销方式和手段更加具有针对性和时效性。

Internet 为企业促销提供了新的载体，它利用多媒体技术，可以同时以声音、图像、图形、文字和动画等形式传播产品信息。企业只要在 Internet 上建立网站或主页即可进行各种广告宣传活动，它改变了过去消费者被动接受广告的局面，消费者可以根据自身需求主动搜索广告，大大提高了针对性，加强了企业与消费者的沟通和联系，而且 Internet 上的广告费用远远低于其他媒体。网络促销充分利用计算机技术，对大量消费者的信息进行加工处理，反映出消费者的不同需求，网络广告也根据细微的个人差别对消费者进行分类，制作传送定制的产品信息，进行针对性促销。

（四）网络促销具有无限的空间

网络促销与传统促销方式相比，网络促销在时间和空间概念上、在信息传播模式上以及在消费者参与程度上都发生了较大的变化。

Internet 和传统媒体相比的最大的优势是具有无限而廉价的空间，打破了原有的地域界限，网络使时空得到了大大的拓展，订货和购买可以在任何时间、任何地点进行。独有的、双向的、快捷的、互不见面的信息传播模式，为网络促销提供了更加丰富多彩的表现形式。企业在 Internet 中只需要很少的费用就可以把与企业及其产品有关的信息刊登出来，一旦在网上发布广告，不用增加任何额外费用，产品和服务信息就会传遍全球，潜在的宣传效应巨大。

（五）网络促销占用的时间是有价的

传统营销中，时间同空间一样也是昂贵而有限的。网络促销的时间是由消费者所花费的，是有价值的商品，因此上网需要付费而且在选择一家网站的同时就不能访问其他网站，为了使消费者感到他们为获得信息所付出的费用是物有所值的，就必须满足两点：一是关于商品或服务的促销信息展示方式必须具有吸引力；二是信息必须确实能够使消费者获得真正的价值。

企业可以直接在企业网站上，通过文字、图像、声音等多媒体技术，全面详尽地发布企业信息，有效地宣传自己，树立企业的品牌形象和信誉。还可以在其他网站或传统媒体（广播、电视、报纸等）上宣传企业网站，以吸引更多的访问者。以 Internet 为主，综合利用各种媒体，极大地提高了网络营销的成功性和企业的市场占有率。

三、网络促销的形式

传统营销的促销形式主要有四种，即广告、销售促进、宣传推广和人员推销。

网络促销是在网上市场开展的促销活动，相应形式也有四种，分别是网络广告、销售促进、站点推广和关系营销。其中网络广告和站点促销是主要的网络营销促销形式。网络广告已经形成了一个很有影响力的产业市场，因此企业的首选促销形式就是网络广告。

网络广告和站点推广在前面已经详述，这里再简单介绍一下销售促进和关系营销。

（一）网上销售促进

销售促进主要是用来进行短期性的刺激销售。Internet 作为新兴的网上市场，网上的交易额不断上涨。网上销售促进就是在网上市场利用销售促进工具刺激顾客对产品的购买和消费使用。一般网上销售促进主要有下面几种形式。

1. 有奖促销

在进行有奖促销时，提供的奖品要能吸引促销目标市场的注意。同时，要会充分利用 Internet 的交互功能，充分掌握参与促销活动群体的特征和消费习惯，以及对产品的评价。

2. 拍卖促销

网上拍卖市场是新兴的市场，由于快捷方便，所以能够吸引大量用户参与网上拍卖活动。我国的许多电子商务公司也纷纷提供拍卖服务。拍卖促销就是将产品不限制价格在网上拍卖，如前面介绍的 Compaq 公司与网易合作，通过网上拍卖计算机，获得很好的收效。

3. 免费促销

免费资源促销，主要目的是推广网站。所谓“免费资源促销”就是通过为访问者无偿提供访问者感兴趣的各类资源，吸引访问者访问，提高站点流量，并从中获取收益。目前利用提供免费资源获取收益比较成功的站点很多，有提供某一类信息服务的，如提供搜索引擎服务的 Yahoo 和中国的 Sohu。

利用免费资源促销要注意以下几个问题。首先要考虑提供免费资源的目的是什么，有的是为形成媒体作用，有的是为扩大访问量形成品牌效应；其次要考虑提供什么样的免费资源，目前网上免费资源非常丰富，只有提供有特色的服务才可能成功，否则成为追随者，则永远不可能吸引访问者，因为网上的信息是开放的，要访问肯定是访问最好的，这就是“网上赢家通吃”原则；最后要考虑你的收益是什么，世上没有免费的午餐，只要在允许的范围之内，访问者是愿意付出一点的，当然不能是金钱，因此你的收益可能是通过访问者访问从广告主获取收益，或者通过访问者访问扩大你的品牌知名度，或者通过访问者访问扩大你的电子商务收入。当然利益有短期和长期之分，有现金和无形之分，这都是需要综合考虑的，毕竟免费资源对站点来说不是免费的。

（二）网上公共关系

公共关系是一种重要的促销工具，它通过与企业利益相关者包括供应商、顾客、雇员、股东、社会团体等建立良好的合作关系，为企业的经营管理营造良好的环境。网络公共关系与传统公共关系功能类似，只不过是借助 Internet 作为媒体和沟通渠道。网络公共关系较传统公共关系更具有一些优势，所以网络公共关系越来越被企业一些决策层所重视和利用。一般说来，企业网络公共关系要开展下列公关活动，来营造良好的网上营销环境。

1. 企业要与网络新闻媒体合作

网络新闻媒体一般有两大类，一类是传统媒体上网，通过 Internet 发布媒体信息。其主要模式是将在传统媒体播放的节目进行数字化，转换成能在网上下载和浏览的格式，用户不用依靠传统渠道就可以直接通过 Internet 了解媒体报道的信息。另一类媒体，是新兴的真正的网上媒体，他们没有传统媒体的依托。

不管是哪一类媒体，Internet 出现后，企业与新闻媒体的合作可以更加密切了，可以充分利用 Internet 的信息交互特点，更好进行沟通。为加强与媒体合作，企业可以定期或不定期将企业的信息和有新闻价值的资料通过 Internet 直接发给媒体，与媒体保持紧密合作关系。企业也可以通过媒体的网站直接了解媒体关注的热点和报道重点，及时提供信息与媒体合作。

2. 宣传和推广产品

宣传和推广产品是网络公共关系的重要职能之一。Internet 最初是作为信息交流和沟通渠道的，因此 Internet 上建设有许多类似社区性质的新闻组和公告栏。企业在利用一些直接促销工具的同时，采用一些软性的工具如讨论、介绍、展示等方法来宣传推广产品，其效果可能更好。在利用新闻组和公告栏宣传和推广产品时，要注意“有礼有节”。

3. 建立沟通渠道

企业的网络营销站点的一个重要功能就是为企业与企业相关者建立沟通渠道。在前面分析网站建设的主要功能和设计架构时，其中的一个重要因素是网站是否具有交互功

能。通过网站的交互功能，企业可以与目标顾客直接进行沟通，了解顾客对产品的评价和顾客提出的还没有得到满足的需求，保持与顾客的紧密关系，维系顾客的忠诚度。同时，企业通过网站对企业自身以及产品、服务的介绍，让对企业感兴趣的群体可以充分认识和了解企业，提高企业在公众中的透明度。

四、网络促销的作用

（一）信息发布

网络促销能够把企业的产品、服务、价格等信息传递给目标公众，引起顾客的注意。

（二）说服作用

网络促销的目的在于通过各种有效的方式，解除公众对产品的疑虑，说服目标公众坚定购买信心。例如，在同类产品中，各个企业的产品往往差别不大，企业通过网络促销活动，宣传产品的特点，使用户认识到企业的产品可能带来特殊的效用和利益，从而选择该企业的产品。

（三）反馈作用

网络促销活动能够通过电子邮件收集到顾客的信息和意见，迅速反映给企业管理层。由于网络促销所收集到的信息基本上都是文字信息，信息准确，可靠性强，能给企业制定经营管理决策带来很大的参考价值。

（四）引发需求

好的网络促销活动不仅能够诱导需求，往往还能创造需求，发掘潜在的顾客，扩大销售量。

注意

网上卖扫帚12万把

浙江省的孙某白天砍毛竹、扎扫帚，晚上敲键盘做生意；他没什么文化，但硬是运用 Internet，把山里的扫帚卖向了全中国。去年一年，他通过网络卖掉了12万把扫帚，今年春节后，又卖掉了5000把，另外还接下了5000把扫帚的订单。最近，有国外客商表示想与他合作做生意。

与普通老农不同的是，孙某善于接受新鲜事物。十多年前，城里人家的计算机普及率还很低时，孙某便咬咬牙买回了一台计算机。

“网上做生意就是这样，不怕卖不完，只怕拿不出。”孙某网上做生意利润还挺高，原来每把扫帚2.8元，现在3.8元还有人抢着要，一年能赚好多钱。最近还有位老外想把他的扫帚卖到国外去。

（五）稳定销售

由于某些原因，一个企业的产品销售量可能会时高时低，波动不定。这是产品市场地位不稳的反应。企业通过网络促销活动，树立良好的产品形象和企业形象，往往有可能改变顾客对企业产品的认识，使更多的用户形成对企业产品的偏爱，从而稳定企业的销售额。

五、网络促销的实施

目前对于任何企业来说，如何实施网络促销都是一个新问题。促销是刺激消费者或中间商迅速或大量购买某一特定产品的许许多多激励工具，促销具有信息沟通、刺激和诱导三个明显特征。目前全球有几百万个站点都争着想引起用户的注意，因此每个营销人员都必须摆正自己的位置，深入了解产品信息在网络上传播的特点，分析网络信息的接收对象，设定合理的网络促销目标，通过科学的实施程序，打开网络促销的新局面。所以，网络促销的实施程序主要有以下六个方面。

（一）明确网络促销对象

现代顾客需要的是个性化服务，网络为顾客服务提供了全新概念的工具，全天候、即时、互动这些性质迎合了现代顾客个性化的需求特征。但要使产品的销售真正得以实现，首先就必须分析市场，确定本企业产品的目标消费者、选择网络促销对象。所谓“网络促销对象”，就是在网络虚拟市场上能产生购买行为的消费者群体。这一群体主要包括以下三部分人员，分别为产品的使用者、产品购买的决策者和产品购买的影响者。

1. 产品的使用者

产品的使用者是指商品的实际使用者或消费者。这些顾客购买商品是为了满足实际需求，所以企业一定要抓住这部分消费者，他们是企业促销对象的重要组成部分。

2. 产品购买的决策者

产品购买的决策者是指实际决策购买商品的人。在许多情况下，商品的使用者与购买者是一致的，特别是在网络虚拟市场上更是如此。但在另外一些情况下，产品的使用者与决策者都是分离的。例如，中小学生在网络光盘市场上看到富有挑战性的游戏，非常希望购买，但是实际对购买行为做出决策的是学生的父母。婴幼儿的用品更是如此。所以，网络促销同样应把对购买决策者的研究放在重要的位置。

3. 产品购买的影响者

产品购买的影响者是指其看法或建议对最终购买决策可以产生一定影响的人。由于耐用消费品购买者在选购时比较谨慎，所以产品购买影响者的影响力大；而在低价、易耗日用品的购买决策中，产品购买影响者的影响力较小。

（二）设计网络促销内容

消费者购买商品的过程是一个复杂的、多阶段的过程，在设计网络促销内容时，应根据购买者目前所处的购买决策过程的不同阶段以及产品所处生命周期的不同阶段来决定。一般来讲，一种产品从投入市场开始到退出市场为止，要经历四个阶段，即投入期、成长期、成熟期和衰退期，应根据产品所处生命同期的不同阶段的特点，来设计网络促销的内容。在产品刚刚投入市场时，由于消费者对该产品还不十分了解，所以促销的内容应侧重于宣传产品的特点，以引起消费者的注意；在成长期，该产品在市场上已经有了一定的影响力，消费者已逐步认识和了解该产品，那么促销活动的内容应具有唤起消费者购买欲望的作用；而当产品进入成熟期后，市场竞争将变得十分激烈，促销活动的内容除了对产品本身进行宣传外，还应对企业的形象做大量的宣传工作，以树立消费者对企业的信心；在产品的衰退阶段，主要是要进一步加强与消费者之间的感情沟通，并通过让利促销，延长产品的生命周期。

（三）选择网络促销组合方式

促销组合是一个非常复杂的问题。网络促销活动主要是通过网络广告促销和网络站点促销两种促销方法展开。但是不同的产品种类、销售对象和促销方法将会产生不同的网络促销组合方式。企业应结合实际，根据网络广告促销和网络站点促销两种方法的特点和优势，扬长避短，合理组合，以达到最佳促销效果。

一般来说，日用消费品，如化妆品、食品饮料、医药制品、家用电器等，网络广告促销的效果比较好；而大型机械产品、专用品则采用网络站点促销的方法比较有效。在产品的成长期，应侧重于网络广告促销；而在产品的成熟期，则应加强自身站点的建设。所以企业应根据自身网络促销能力，选择不同的网络促销组合方式。

（四）制定网络促销预算方案

制定网络促销预算方案是企业在网络促销实施过程中所面临的一个最困难的问题。因为运用 Internet 技术进行促销是一种新生事物，对所有的价格、条件都需要在实践中做比较、学习和体会，只有这样，才能利用有限的资金收到尽可能好的效果。制定网络促销方案应首先处理好以下三个方面的问题。

1. 必须明确网上促销的方法及组合的方法

因为不同的信息服务商，宣传的价格可能悬殊极大。所以，企业应在认真比较所选站点的服务质量和服务价格的基础上，选择适合于本企业产品质量和价格的信息服务站点。

2. 要明确网络促销的目标

企业进行网络促销的目的可能是为了宣传产品，也可能是宣传售后服务，或者可能是为了树立企业的形象。只有明确了网络促销的目标后，才能据此策划投入内容的多少、投放时间的长短、频率和密度的高低、广告宣传的位置、内容更换的时间间隔以及效果检测的方法等。这些环节是预算整体投资数额的主要依据。

3. 要明确网络促销的影响对象

制定网络促销方案时需要明确该企业的产品信息希望传递给哪个群体、哪个层次、哪个范围，因为不同的站点有不同的服务对象、不同的服务费用。一般来讲，侧重于学术交流的站点其服务费用较低，专门从事产品推销的站点其服务费用较高，而某些综合性的网络站点的服务费用最高。企业的促销人员应熟知自己产品的销售对象和销售范围，根据自己的产品选择适当的促销形式。

（五）评价网络促销效果

网络促销的实施过程进展到了一定的阶段，就必须对已经执行的促销内容进行评价，衡量促销的实际效果是否达到了预期的促销目标。对促销效果的评价主要依赖于两个方面的数据，一方面，要充分利用 Internet 上的统计软件，及时对促销活动的好坏做出统计，例如主页访问人次、点击次数、千人广告成本等。利用这些统计数据可以了解自己在网上的优势和不足，以便对网络促销方式和方法进行调整。另一方面，可以通过销售量、利润、促销成本的变化，判断促销决策的正确性。同时，还应注意促销对象、促销内容、促销组合等方面与促销目标之间因果关系的分析，以便对整个促销工作做出正确的决策。

（六）加强网络促销过程的综合管理

因为网络促销是一种新生事物，要想在这个领域取得成功，就必须实行科学管理，不断进行信息的沟通与协调，并对偏离预期促销目标的活动及时进行调整，以保证促销活动取得最佳效果。

六、网络促销的策略

根据促销对象的不同，网上促销策略可分为消费者促销、中间商促销和零售商促销等。本文主要针对消费者的网上促销策略进行介绍。

（一）网上折价促销

折价亦称“打折”、“折扣”，是目前网上最常用的一种促销方式。因为目前网民在网上购物的热情远低于在商场、超市等传统购物场所购物的热情，因此网上商品的价格一般都要比传统方式销售时要低，以吸引人们购买。由于网上销售商品不能给人全面、直观的印象，也不可试用、触摸等原因，再加上配送成本和付款方式的复杂性，造成消费者网上购物和订货的积极性下降。而幅度比较大的折扣可以促使消费者进行网上购物的尝试并做出购买决定。

目前大部分网上销售商品都有不同程度的价格折扣，如 8848、当当书店等。

折价券是直接价格打折的一种变化形式，有些商品因在网上直接销售有一定的困

难，便结合传统营销方式，可从网上下载、打印折价券或直接填写优惠表单，到指定地点购买商品时可享受一定优惠。

（二）网上变相折价促销

变相折价促销是指在不提高或稍微增加价格的前提下，提高产品或服务的品质数量，较大幅度地增加产品或服务的附加值，让消费者感到物有所值。由于网上直接价格折扣容易造成品质降低的怀疑，所以利用增加商品附加值的促销方法会更容易获得消费者的信任。

（三）网上赠品促销

赠品促销目前在网上的应用不算太多，一般情况下，在新产品推出试用、产品更新、对抗竞争品牌、开辟新市场情况下利用赠品促销可以达到比较好的促销效果。

赠品促销的优点有以下几个方面：一是可以提升品牌和网站的知名度；二是鼓励人们经常访问网站以获得更多的优惠信息；三是能根据消费者索取增品的热情程度而总结分析营销效果和产品本身的反应情况等。赠品促销在选择赠品时应注意以下几个方面。

1. 不要选择次品、劣质品作为赠品

若选择次品、劣质品作为赠品，这样做只会起到适得其反的作用，会给企业带来不良影响，反而让人怀疑企业的产品质量不好，从而影响销售。

2. 选择适当的能够吸引消费者的产品或服务

企业促销要明确促销目的，选择适当的能够吸引消费者的产品或服务，恰到好处，点到为止。

3. 注意赠品的时间性

注意赠品赠送的时间和时机，如冬季不能赠送只在夏季才能用的物品，另外在危急公关等情况下也可考虑不计成本的赠品活动以挽回公关危急。

4. 注意预算和市场需求

注意预算和市场需求，就是说赠品要在能接受的预算内，不可过度赠送赠品而造成营销困境。

（四）网上抽奖促销

抽奖促销是网上应用较广泛的促销形式之一，是大部分网站乐意采用的促销方式。抽奖促销是以一个人或数人获得超出参加活动成本的奖品为手段进行商品或服务的促销，网上抽奖活动主要附加于调查、产品销售、扩大用户群、庆典、推广某项活动等。消费者或访问者通过填写问卷、注册、购买产品或参加网上活动等方式获得抽奖机会。

网上抽奖促销活动应注意以下几点：首先，奖品要有诱惑力，可考虑大额超值的产

品吸引人们参加；其次，活动参加方式要简单化，因为目前上网费偏高，网络速度不够快，以及浏览者兴趣不同等原因，网上抽奖活动要策划的有趣味性和容易参加，太过复杂和难度太大的活动较难吸引匆匆的访客；最后，抽奖结果的公正公平性，由于网络的虚拟性和参加者的地域广泛性，对抽奖结果的真实性要有一定的保证，应该及时请公证人员进行全程公证，并及时通过 E-mail、公告等形式向参加者通告活动进度和结果。

（五）积分促销

积分促销在网络上的应用比起传统营销方式要简单和容易操作。网上积分活动很容易通过编程和数据库等来实现，并且结果可信度很高，操作起来相对较为简便。积分促销一般设置价值较高的奖品，消费者通过多次购买或多次参加某项活动来增加积分以获得奖品。

积分促销可以增加上网者访问网站和参加某项活动的次数，可以增加上网者对网站的忠诚度，也可以提高活动的知名度等。

现在不少电子商务网站“发行”的“虚拟货币”应该是积分促销的另一种体现，如 8848 的“e 元”、酷必得的“酷币”等。网站通过举办活动来使会员“挣钱”，同时可以用仅能在网站使用的“虚拟货币”来购买本站的商品，实际上是给会员购买者相应的优惠。

（六）网上联合促销

由不同商家联合进行的促销活动称为联合促销，联合促销的产品或服务可以起到一定的优势互补、互相提升自身价值等效应。如果应用得当，联合促销可起到相当好的促销效果，如网络公司可以和传统商家联合，以提供在网络上无法实现的服务；再如网上售汽车和润滑油公司联合等。

以上六种是网上促销活动中比较常见又较重要的方式，其他如节假日的促销、事件促销等都可对以上几种促销方式进行综合应用。但要想使促销活动达到良好的效果，必须事先进行市场分析、竞争对手分析以及网络上活动实施的可行性分析，与整体营销计划结合，有创意地组织实施促销活动，使促销活动新奇、富有销售力和影响力。

七、网络促销实例

（一）实例描述

网上促销的方式多种多样，到底采用哪种方式更能以较低的价格吸引大量的消费者驻足浏览以至于掏钱购买呢？

（二）解决方案

网上团购是近期悄然兴起的一种促销方式，这有点像传统的批发。利用网上联络方便的特点，在特定期限中召集起一部分人联合购买某种商品，而享受很低的购买价格。深圳团购网（www.szgo.com）就是这样一家网站。

（三）操作过程

在地址栏中输入深圳团购网的网址进入网站，如图 8.4 所示。

首页下按购买热度分为“建材频道”、“电器频道”、“汽车频道”、“婚纱摄影”、“打折商户”等。在首页的中下部，有详细的说明，介绍如何参加网上团购和团购的常见问题，如图 8.5 所示。

图 8.4　深圳团购网首页

图 8.5　团购的 FAQ 和参加方法帮助

第四节　网络营销渠道策划

一、网络营销渠道概述

（一）网络营销渠道功能

与传统营销渠道一样，以 Internet 作为支撑的网络营销渠道也应具备传统营销渠道的功能。营销渠道是指与提供产品或服务以供使用或消费这一过程有关的一整套相互依存的机构，它涉及到信息沟通、资金转移和事物转移等。一个完善的网上销售渠道应有三大功能，即订货功能、结算功能和配送功能。

1. 订货系统

它为消费者提供产品信息，同时方便厂家获取消费者的需求信息，以求达到供求平衡。一个完善的订货系统，可以最大限度降低库存，减少销售费用。

2. 结算系统

消费者在购买产品后，可以有多种方式方便地进行付款，因此厂家（商家）应有多种结算方式。目前国外流行的几种方式有信用卡、电子货币、网上划款等。而国内付款结算方式主要有邮局汇款、货到付款、信用卡等。

3. 配送系统

一般来说，产品分为有形产品和无形产品，对于无形产品如服务、软件、音乐等产品可以直接通过网上进行配送，对于有形产品的配送，要涉及到运输和仓储问题。国外已经形成了专业的配送公司，如著名的美国联邦快递公司（www.fedex.com），其首页如图 8.6 所示。它的业务覆盖全球，实现全球快速的专递服务，以至于从事网上直销的 Dell 公司将美国货物的配送业务都交给它完成。因此，专业配送公司的存在是国外网上商店发展较为迅速的一个原因所在，在美国就有良好的专业配送服务体系作为网络营销的支撑。

（二）网络营销渠道的特点

在传统营销渠道中，中间商是其重要的组成部分。中间商之所以在营销渠道中占有重要地位，是因为利用中间商能够在广泛提供产品和进入目标市场方面发挥最高的效率。营销中间商凭借其业务往来关系、经验、专业化和规模经营，提供给公司的利润通常高于自营商店所能获取的利润。但 Internet 的发展和商业应用，使得传统营销中间商凭借地缘原因获取的优势被 Internet 的虚拟性所取代，同时 Internet 高效率的信息交换，改变了过去传统营销渠道的诸多环节，将错综复杂的关系简化为单一关系。Internet 的发展改变了营销渠道的结构。

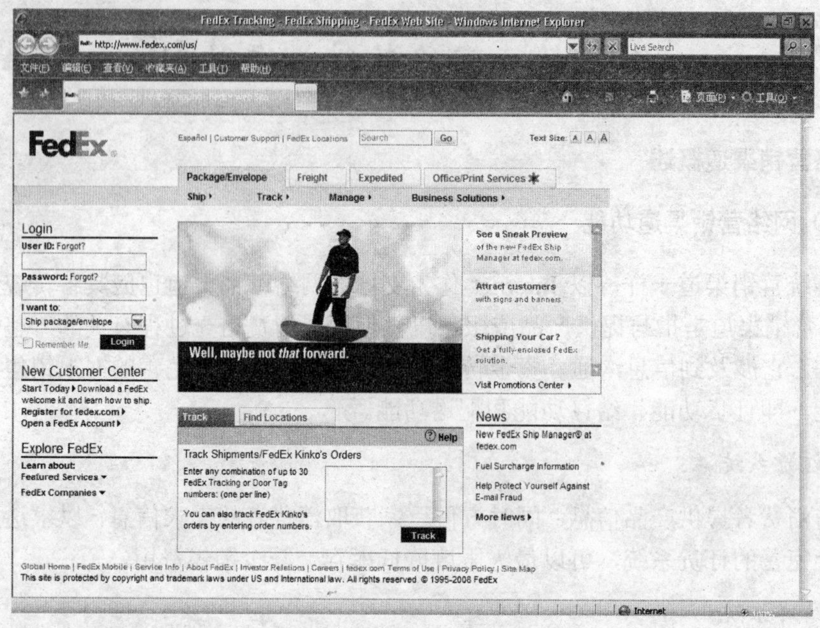

图 8.6　美国联邦快递公司首页

利用 Internet 的信息交互特点，网上直销市场得到大力发展。因此，网络营销渠道可以分为两大类，一类是通过 Internet 实现的从生产者到消费（使用）者的网络直接营销渠道（简称“网上直销”），这时传统中间商的职能发生了改变，由过去传统营销环节的中间力量变成为直销渠道提供服务的中介机构，如提供货物运输配送服务的专业配送公司，提供货款网上结算服务的网上银行，以及提供产品信息发布和网站建设的 ISP 和电子商务服务商。网上直销渠道的建立，使得生产者和最终消费者直接连接和沟通。

另一类网络营销渠道，是通过融入 Internet 技术后的中间商机构提供网络间接营销渠道。传统中间商由于融合了 Internet 技术，大大提高了中间商的交易效率、专门化程度和规模经济效益。同时，新兴的中间商也对传统中间商产生了冲击，如美国零售业巨头 Wal-Mart 为抵抗 Internet 对其零售市场的侵蚀，在 2000 年元月份开始在 Internet 上开设网上商店。基于 Internet 的新型网络间接营销渠道与传统间接分销渠道有着很大不同，传统间接分销渠道可能有多个中间环节，如一级批发商、二级批发商、零售商等，而网络间接营销渠道只需要一个中间环节。

（三）网络营销渠道建设

由于网上销售对象不同，因此，针对不同销售对象的网上销售渠道是有很大区别的。一般来说网上销售主要有两种方式，一种是 B2B，即企业对企业的模式，这种模式每次交易量很大、交易次数较少，并且购买方比较集中，因此网上销售渠道的建设关键是建设好订货系统，方便购买企业进行选择；由于企业一般信用较好，通过网上结算实现付款比较简单；另一方面，由于量大次数少，因此配送时可以进行专门运送，既可以保证速度也可以保证质量，减少中间环节造成损伤。第二种方式是B2C，即企业对消费者模式，这种模式的每次交易量小、交易次数多，而且购买者非常分散，因此网上渠道建设的关键是结算系统和配送系统，这也是目前网上购物必须面对的门槛。由于国内的消费者信用机制还没有建立起来，加之缺少专业配送系统，因此开展网上购物活动时，特别是面对大众购物时必须解决好这两个环节，这样才有可能获得成功。

在选择网络销售渠道时还要注意产品的特性，比如，有些产品易于数字化，可以直接通过 Internet 传输；而对大多数有形产品，还必须依靠传统配送渠道来实现货物的空间移动；对于部分产品依赖的渠道，可以通过对 Internet 进行改造以最大限度提高渠道的效率，减少渠道运营中的人为失误和时间耽误造成的损失。

在具体建设网络营销渠道时，还要考虑到以下几个方面。

首先，要从消费者角度设计渠道。只有采用消费者比较放心、容易接受的方式才有可能吸引消费者使用网上购物，以克服网上购物的“虚”的感觉。如在中国，目前采用货到付款方式比较让人认可。

其次，设计订货系统时，要简单明了，不要让消费者填写太多信息，而应该采用现在流行的“购物车”方式模拟超市，让消费者一边看物品比较选择，一边进行选购。在购物结束后，一次性进行结算。另外，订货系统还应该提供商品搜索和分类查找功能，以便消费者在最短时间内找到需要的商品，同时还应对商品提供消费者想了解的信息，如性能、外形、品牌等重要信息。

再次，在选择结算方式时，应考虑到目前实际发展的状况，应尽量提供多种方式方便消费者选择，同时还要考虑网上结算的安全性，对于不安全的直接结算方式，应换成间接的安全方式，如 8848 网站将其信用卡号和账号公开，消费者可以自己通过信用卡终端自行转账，避免了网上输入账号和密码丢失的风险。

最后，关键是建立完善的配送系统。消费者只有看到购买的商品到家后，才真正感到踏实，因此建设快速有效的配送服务系统是非常重要的。在现阶段，我国配送体系还不成熟，在进行网上销售时要考虑到该产品是否适合于目前的配送体系，正因如此，目前网上销售的商品大多是价值较小的不易损坏的商品，如图书、小件电子类产品等。

二、网上直销

（一）网上直销概述

网上直销与传统直接分销渠道一样，都是没有营销中间商。网上直销渠道一样也要具有上面营销渠道中的订货功能、支付功能和配送功能。网上直销与传统直接分销渠道不一样的是，生产企业可以通过建设网络营销站点，让顾客可以直接从网站进行订货。通过与一些电子商务服务机构如网上银行合作，可以通过网站直接提供支付结算功能，简化了过去资金流转的问题。关于配送方面，网上直销渠道可以利用 Internet 技术来构

造有效的物流系统，也可以通过 Internet 与一些专业物流公司进行合作，建立有效的物流体系。

与传统分销渠道相比，不管是网上直接营销渠道还是间接营销渠道，网上营销渠道有许多更具竞争优势的地方。

首先，利用 Internet 的交互特性，网上营销渠道从过去单向信息沟通变成双向直接信息沟通，增强了生产者与消费者的直接连接。

其次，网上营销渠道可以提供更加便捷的相关服务。一是生产者可以通过 Internet 提供支付服务，顾客可以直接在网上订货和付款，然后就等着送货上门，这一切大大方便了顾客的需要。二是生产者可以通过网上营销渠道为客户提供售后服务和技术支持，特别是对于一些技术性比较强的行业如 IT 业，提供网上远程技术支持和培训服务，既方便顾客，同时生产者可以以最小成本为顾客服务。

再次，网上营销渠道的高效性，可以大大减少过去传统分销渠道中的流通环节，有效降低成本。对于网上直接营销渠道，生产者可以根据顾客的订单按需生产，做到实现零库存管理。同时网上直接销售还可以减少过去依靠推销员上门推销的高昂的销售费用，最大限度控制营销成本。对于网上间接营销渠道，通过信息化的网络营销中间商，可以进一步扩大规模实现更大的规模经济，提高专业化水平；通过与生产者的网络连接，可以提高信息透明度，最大限度控制库存，实现高效物流运转，降低物流运转成本。

（二）物流管理与控制

著名的营销学家菲利浦·科特勒在《市场营销管理》（亚洲版）中对物流的定义为：“物流是指计划、执行与控制原材料和最终产品从产地到使用地点的实际流程，并在盈利的基础上满足顾客的需求。”物流的作用是管理供应链，即从供应商到最终用户的价值增加的流程。因此，物流管理者的任务是协调供应商、采购代理、市场营销人员、渠道成员和顾客之间的关系。

对于开展网上直销的生产企业而言，可以有两种途径管理和控制物流。一种是利用自己的力量建设自己的物流系统，如 IBM 公司的蓝色快车拥有自己的“e 物流”。在物流方面全部准备好，靠的是严密的管理和组织，包括新的运作方法、新的经营理念。从货物的管理、货物的分发、货物的跟踪，蓝色快车有一套完整的信息系统，可以确定货物上的是第几次列车，什么时候可以到达这个城市，谁可以签收，是否签收，等等。IBM 之所以重视货物的派送，是在为未来网上营销的竞争打下基础，因为物流方面的服务已经成为竞争的“瓶颈”。

另一种方式，是通过选择合作伙伴，利用专业的物流公司为网上直销提供物流服务。这是大多数企业的发展趋势。美国的 Dell 计算机公司就与美国的联邦快递公司合作，利用联邦快递的物流系统为 Dell 公司配送计算机给客户，Dell 公司只需要将要配送的计算机的客户地址和计算机的装备厂址通过 Internet 传输给联邦快递，联邦快递直接根据送货单将货物从生产地送到客户家里。作为专业化的物流服务公司，联邦快递拥有自己最

先进的InterNetShip物流管理系统，客户可以通过Internet直接送货、查货、收货，客户足不出户就可以完成一切货物配送。

为配合网上直销的顺利实施，不管是依靠自己的物流系统，还是利用外部的专业物流服务公司，基于Internet技术的现代物流系统一般具有下面一些特点。

1. 顾客直接驱动

对于专业性公司，物流系统中的物流启动和运转都是围绕服务顾客而进行的。物流的启动是顾客的送货订单，顾客的需求是及时将货物送上门。所以现在的物流系统，都采用现代化的信息系统技术来保证物流中信息畅通，提高物流效率。

2. 全面服务性

随着产品的复杂和使用的专业性，需要在物流服务内涵上进行扩展。以前货物只送到门口，现在要延展到桌面。特别是对于电子产品，很多客户需要安装。此外，还有代收款服务。

3. 可跟踪性

顾客控制货物送货进度，需要了解货物最近送达的地方，以及什么时候送到目的地。因此，现在的物流系统通过Internet技术，允许顾客直接通过Internet了解产品的送货过程。如前面网络营销服务策略中介绍的，联邦快递公司允许顾客在Internet上输入货物编号就可以查询货物最近到达的地方，以及在什么时候收货人能收到货物。

三、网络时代的新型中间商

（一）电子中间商的类型

由于网络的信息资源丰富、信息处理速度快，基于网络的服务可以便于搜索产品，但在产品（信息、软件产品除外）实体分销方面却难以胜任。目前出现许多基于网络（现阶段为 Internet）的提供信息服务中介功能的新型中间商，可称之为电子中间商。下面分类介绍这种以信息服务为核心的电子中间商。

1. 目录服务

利用Internet上目录化的Web站点提供菜单驱动进行搜索，现在这种服务是免费的，将来可能收取一定的费用。现在有三种目录服务，一种是通用目录（如 Yahoo），可以对各种不同站点进行检索，所包含的站点分类按层次组织在一起；另一种是商业目录（如Internet商店目录），提供各种商业Web站点的索引，类似于印刷出版的工业指南手册；最后一种是专业目录，针对某个领域或主题建立 Web 站点。目录服务的收入主要来源于为客户提供Internet广告服务。

2. 搜索服务

与目录不同，搜索站点（如Lycos、Infoseek）为用户提供基于关键词的检索服务，

站点利用大型数据库分类存储各种站点介绍和页面内容。搜索站点不允许用户直接浏览数据库，但允许用户向数据库添加条目。

3. 虚拟商业街

虚拟商业街（virtual malls）是指在一个站点内连接两个或两个以上的商业站点。虚拟商业街与目录服务的区别是，虚拟商业街定位某一地理位置和某一特定类型的生产者和零售商，在虚拟商业街销售各种商品、提供不同服务。站点的主要收入来源依靠其他商业站点对其的租用。如我国的新浪网开设的电子商务服务中，就提供网上专卖店店面出租。

4. 网上出版

由于网络信息传输及时而且具有交互性，网络出版 Web 站点可以提供大量有趣和有用的信息给消费者，目前出现的联机报纸、联机杂志属于此类型。由于内容丰富而且基本上免费，此类站点访问量特别大，因此出版商利用站点做 Internet 广告或提供产品目录，并以广告访问次数进行收费，如 ICP 属于此类型。

5. 虚拟零售店（网上商店）

虚拟零售店不同于虚拟商业街，虚拟零售店拥有自己货物清单和直接销售产品给消费者。通常这些虚拟零售店是专业性的，定位于某类产品，它们直接从生产者进货，然后折扣销售给消费者（如 Amazon 网上书店）。目前网上商店主要有三种类型，第一种是电子零售型（e-retailers），这种网上商店直接在网上设立网站，网站中提供一类或几类产品的信息供选择购买；第二种是电子拍卖型（e-auction），这种网上商店提供商品信息，但不确定商品的价格，商品价格通过拍卖形式由会员在网上相互叫价确定，价高者就可以购买该商品；第三种是电子直销型（e-sale），这类站点是由生产型企业开通的网上直销站点，它绕过传统的中间商环节，直接让最终消费者从网上选择购买。

6. 站点评估

消费者在访问生产者站点时，由于内容繁多站点庞杂，往往显得束手无策不知该访问哪一个站点。提供站点评估的站点，可以帮助消费者根据以往数据和评估等级，选择合适站点访问。通常一些目录和搜索站点也提供一些站点评估服务。

7. 电子支付

电子商务要求能在网上交易的同时，实现买方和卖方之间的授权支付。现在授权支付系统主要是信用卡，如 Visa、Mastercard，电子等价物如填写的支票，现金支付如数字现金，或通过安全电子邮件授权支付。这些电子支付手段，通常对每笔交易收取一定佣金以减少现金流动风险和维持运转。目前，我国的商业银行也纷纷上网提供电子支付服务。

8. 虚拟市场和交换网络

虚拟市场提供一虚拟场所，任何符合条件的产品都可以在虚拟市场站点内进行展示和销售，消费者可以在站点中任意选择和购买，站点主持者收取一定的管理费用。当人们交换产品或服务时，实行等价交换而不用现金，交换网络就可以提供此以货易货的虚拟市场。

9. 智能代理

随着 Internet 的飞速发展，用户在纷繁复杂的 Internet 站点中难以选择。智能代理是这样一种软件，它根据消费者偏好和要求预先为用户自动进行初次搜索，软件在搜索时还可以根据用户自己的喜好和别人的搜索经验自动学习优化搜索标准。用户可以根据自己的需要选择合适的智能代理站点为自己提供服务，同时支付一定的费用。

（二）电子中间商功能

与传统中间商一样，电子中间商起着连接生产者和消费者的桥梁作用，同样帮助消费者制定购买决策和满足需求，帮助生产者掌握产品销售状况，降低生产者为达成与消费者交易的成本费用。但电子中间商与传统的中间商存在着很大区别。

1. 存在前提不同

传统中间商是因为生产者和消费者直接达成交易成本较高；而电子中间商是对传统直销的替代，是中间商职能和功效在新领域的发展和延伸。

2. 交易主体不同

传统中间商是要直接参加生产者和消费者交易活动的，而且是交易的轴心和驱动力；而电子中间商作为一个独立主体存在，它不直接参与生产者和消费者的交易活动，但它提供一个媒体和场所，同时为消费者提供大量的产品和服务信息，为生产者传递产品服务信息和需求购买信息，高效促成生产者和消费者的具体交易实现。

3. 交易内容不同

传统中间商参与交易活动，需要承担物质、信息、资金等交换活动，而且这些交换活动是伴随交易同时发生的；而电子中间商作为交易的一种媒体，它主要提供的是信息交换场所，具体的物质、资金交换等实体交易活动则由生产者和消费者直接进行，因此交易中间的信息交换与实体交换是分离的。

4. 交易方式不同

传统中间商承担的是具体实体交换，包括实物、资金等；而电子中间商主要是进行信息交换，属于虚拟交换，它可以代替部分不必要的实体交换。

5. 交易效率不同

通过传统中间商达成生产者和消费者之间的交易需要两次，而中间的信息交换特别不畅通，造成生产者和消费者之间缺乏直接沟通；而电子中间商提供信息交换可以帮助消除生产者和消费者之间的信息不对称，在有交易意愿的前提下才实现具体实体交换，可以极大减少中间因信息不对称造成无效交换和破坏性交换的可能性，最大限度降低交易成本，提高交易效率和质量。

善于经营的企业，不仅要努力开发适销对路的产品，制定具有竞争力的价格，选择合适的分销渠道，而且还要及时、有效地将产品或劳务的信息传播给目标顾客，沟通生产者、经营者和消费者之间的关系，制定相应的营销促销策略。

第五节 网络营销定价策划

价格是市场的杠杆，是古典经济学中的“看不见的手”，是营销策略中最活跃的因素。无论是传统营销还是网络营销，价格策略都是最富有灵活性、艺术性和竞争性的策略，是企业营销组合策略中的重要组成部分。

然而，网络营销中的定价策略，在很大程度上却不同于传统营销。随着 Internet 的普及和网络营销的发展，网络营销中的价格具有了许多新的特点和内涵。因此，重新审视和研究网络营销中价格理念的变化和发展，重新认识网络营销价格的特点和优势，才能更好地运用网络营销中的价格策略取得骄人的业绩。

一、网络营销定价的重要性

价格是市场营销组合中唯一为企业提供收益的因素，同时价格又是市场竞争的一种重要手段，定价是否恰当将直接关系产品的销售量和企业的利润额。价格对消费心理始终有着重要影响，只要价格超过消费者的心理界限，消费者难免会怦然心动地改变既定的购物原则。因此，如何为产品制定适当的价格，已成为各类企业经营者面临的具有现实意义的重大决策课题。

二、网络营销的定价目标和定价基础

企业的定价目标一般与企业的战略目标、市场定位和产品特性相关。企业价格的制定要从市场整体来考虑，它取决于需求方的需求强弱程度和价值接受程度，还有来自同类或替代性产品竞争压力的程度；需求方接受价格的依据则是商品的使用价值和商品的稀缺程度，以及可替代品的机会成本。企业的定价目标一般有生存定价、获取当前最高利润定价、获取当前最高收入定价、销售额增长最大量定价、最大市场占有率定价和最优异产品质量定价等几种取向。对于消费者大众市场，企业面对这个市场时必须采用相对低价的定价策略来占领市场；对于工业组织市场，企业在这个网络市场上的定价可以采用双赢的定价策略。

至于企业的定价基础，在网络营销战略中，可以从降低营销及相关业务管理成本费用和降低销售成本费用两个方面分析网络营销对企业成本的控制和节约。

1）降低采购成本费用：通过 Internet 可以减少人为因素和信息不畅通的问题，在最大限度上降低采购成本。

2）降低库存：利用 Internet 将生产信息、库存信息和采购系统连接在一起，可以实现实时订购，企业可以根据需要订购，最大限度降低库存，实现“零库存”管理。

3）生产成本控制：利用 Internet 可以节省大量生产成本，首先利用 Internet 可以实现远程虚拟生产，在全球范围寻求最适宜生产厂家生产产品，另外，利用 Internet 可以大大节省生产周期，提高生产效率。

三、网络营销定价的特点

（一）全球性

网络营销市场面对的是开放的和全球化的市场，用户可以在世界各地直接通过网站进行购买，而不用考虑网站是属于哪一个国家或者地区的。这种目标市场从过去受地理位置限制的局部市场，一下拓展到范围广泛的全球性市场，这使得网络营销产品定价时必须考虑目标市场范围的变化给定价带来的影响。

如果产品的来源地和销售目的地与传统市场渠道类似，则可以采用原来的定价方法。如果产品的来源地和销售目的地与原来传统市场渠道差距非常大，定价时就必须考虑这种地理位置差异带来的影响。如 Amazon 网上商店的产品来自美国，购买者也是美国，那么产品定价可以按照原定价方法进行折扣定价，定价也比较简单。如果购买者是中国或者其他国家消费者，那么采用针对美国本土的定价方法就很难面对全球化的市场，反而会影响网络市场全球性作用的发挥。为解决这些问题，可采用本地化方法，准备在不同市场的国家建立地区性网站，以适应地区市场消费者需求的变化。

因此，企业面对的是全球性网上市场，但企业不能以统一市场策略来面对这个差异性极大的全球性市场，必须采用全球化和本地化相结合原则进行定价。

（二）低价位定价

Internet 是由科学研究应用发展而来的，因此 Internet 使用者的主导观念是网上的信息产品是免费的、开放的、自由的。在早期 Internet 开展商业应用时，许多网站采用收费方式想直接从 Internet 盈利，结果证明是失败的。成功的 Yahoo 公司是通过为网上用户提供免费的检索站点起步，逐步拓展为门户站点，到现在拓展到电子商务领域，一步一步获得成功的，它成功的主要原因是它遵循了 Internet 的免费原则和间接收益原则。

网上产品定价较传统定价要低，要以成本费降低为基础。在上面，我们分析了 Internet 发展可以从诸多方面来帮助企业降低成本费用，从而使企业有更大的降价空间来满足顾客的需求。因此，如果在网上产品的定价过高或者降价空间有限，在现阶段最好不要在消费者市场上销售。如果面对的是工业、组织市场，或者产品是高新技术的新产品，网上顾客对产品的价格不太敏感，主要是考虑方便、新潮，这类产品就不一定要考虑低价位定价的策略了。

（三）顾客主导定价

所谓顾客主导定价，是指为满足顾客的需求，顾客通过充分市场信息来选择购买或者定制生产自己满意的产品或服务，同时以最小代价（产品价格、购买费用等）获得这些产品或服务。简单地说，就是顾客的价值最大化，顾客以最小成本获得最大收益。

顾客主导定价的策略主要有顾客定制生产定价和拍卖市场定价。这两种主要定价策略将在下面详细分析。根据调查分析，由顾客主导定价的产品并不比企业主导定价获取利润低，根据国外拍卖网站 eBay.com 的分析统计，在网上拍卖定价产品，只有 20%产品拍卖价格低于卖者的预期价格，50%产品拍卖价格略高于卖者的预期价格，剩下 30%产品拍卖价格与卖者预期价格相吻合，在所有拍卖成交产品中有 95%的产品成交价格卖主比较满意。因此，顾客主导定价是一种双赢的发展策略，既能更好满足顾客的需求，同时企业的收益又不受到影响，而且可以对目标市场了解得更充分，企业的经营生产和产品研制开始于顾客。

四、网络营销定价方法

（一）成本导向定价法

成本导向定价，即以产品成本为依据，加上期望得到的利润来确定所卖东西的价格。比如一件衣服的成本是 30 元，厂家想赚 10 元，那就定价 40 元。当然，如果网站平台有一些收费项目，那么在计算成本时应把登录费、成交费等也考虑进去。

（二）需求导向定价法

需求导向定价，即按照想买厂家东西的买家们的承受能力来确定价格。这是厂家最希望采用的定价方法了，前提是所销售的产品或比较独特，或同质性不强，或领先进入销售，等等。

（三）竞争导向定价法

竞争导向定价，即参考销售同类产品的厂家定价来确定自己的定价。当然，这里还要考虑到信用度、好评率也就是个人品牌以及售后服务、运费等因素的影响。

五、网络营销的具体定价策略

网络营销价格是指企业在网络营销过程中买卖双方成交的价格。网络营销价格的形成是极其复杂的，它受到多种因素的影响和制约。企业在进行网络营销决策时必须对各种因素进行综合考虑，从而采用相应的定价策略。很多传统营销的定价策略在网络营销中得到应用同时也得到了创新。根据影响营销价格因素的不同，网络定价策略分可为如下几种类型。

（一）竞争定价策略

通过顾客跟踪系统（customer tracking）经常关注顾客的需求，时刻注意潜在顾客的需求变化，才能保持网站向顾客需要的方向发展。在大多数网上购物网站上，经常会将网站的服务体系和价格等信息公开申明，这就为了解竞争对手的价格策略提供方便。随时掌握竞争者的价格变动，调整自己的竞争策略，时刻保持同类产品的相对价格优势。

（二）个性化定价策略

消费者往往对产品外观、颜色、样式等方面有具体的内在个性化需求，个性化定价策略就是利用网络互动性和消费者的个性化需求特征，来确定商品价格的一种策略。网络的互动性能能够即时获得消费者的需求，使个性化营销成为可能，也将使个性化定价策略有可能成为网络营销的一个重要策略。这种个性化服务是网络产生后营销方式的一种创新。

（三）自动调价、议价策略

根据季节变动、市场供求状况、竞争状况及其他因素，在计算收益的基础上，设立自动调价系统，自动进行价格调整。同时，建立与消费者直接在网上协商价格的集体议价系统，使价格具有灵活性和多样性，从而形成创新的价格。目前，这种集体议价策略已在一些中外网站中采用。

（四）特有产品特殊价格策略

这种价格策略需要根据产品在网上的需求来确定产品的价格。当某种产品有它很特殊的需求时，不用更多的考虑其他竞争者，只要去制定自己最满意的价格就可以。这种策略往往分为两种类型，一种是创意独特的新产品（“炒新”），它是利用网络沟通的广泛性、便利性，满足了那些品味独特、需求特殊的顾客的 “先睹为快”的心理。另一种是纪念物等有特殊收藏价值的商品（“炒旧”），如古董、纪念物或是其他有收藏价值的商品，在网络上，世界各地的人都能有幸在网上一睹其“芳容”，这无形中增加了许多商机。

（五）捆绑销售的策略

捆绑销售这一概念在很早以前就已经出现，但是引起人们关注的原因是由于 1980 年代美国快餐业的广泛应用。麦当劳通过这种销售形式促进了食品的购买量。这种传统策略已经被许多精明的网上企业所应用。网上销售完全可以通过 ShoppingCart 或者其他

形式巧妙运用捆绑手段，使顾客对所购买的产品价格感觉更满意。采用这种方式，企业会突破网上产品的最低价格限制，利用合理、有效的手段，减小顾客对价格的敏感程度。

（六）折扣定价策略

折扣定价策略是指销售者为回报或鼓励购买者的某些行为，如批量购买、提前付款、淡季购买等，将其产品基本价格调低，给购买者一定比例的价格优惠。具体办法有数量折扣、现金折扣、功能折扣和季节性折扣等。在网络市场中这也是经常采用的一种价格策略。

Amazon 就是采用比一般书店更大的折扣作为促销手段来吸引顾客的，其销售的大部分图书都有 5%到 40%的折扣。由于不需要自己的店面，基本没有库存商品。较低的运营成本使 Amazon 有能力将节省的费用，通过折扣的形式转移到顾客身上，让顾客充分领略到网上购物的优越性，而成为 Amazon 的常客。高额的折扣当然会影响企业的短期效益，但在目前网络市场尚处发育期的情况下，为了培育和完善这个市场，这是一种十分有效的投资行为。

优惠卡也是网络营销中常用的折扣方式。优惠卡也称“折扣卡”，是一种可以以低于商品或服务价格进行消费的凭证。传统的促销方式中，常常使用一次性的优惠券，但在网络营销中，很难多次给某些顾客寄赠优惠券，因此网上商店大多采用电子优惠卡的办法。消费者可凭此卡获得购买商品或享受服务的价格优惠。优惠卡的折扣率一般从 5%到 60%不等。优惠卡的适用范围可由网上商店规定，如可以是一个特定的商品或服务，也可以是同一品牌的系列商品，甚至可以是商家所有商品；有效期可以是几个月、一年或更长时间。

我国的中国酒店预订网就是采用了优惠卡的促销方法。消费者可以通过网络参加这一酒店预订系统，登记注册后，在该系统内的所有酒店住宿均可享受 4～6 折的优惠。

还有的网上商店为了培养忠实顾客，对每一位有意消费的顾客发放一张积分优惠卡，该优惠卡按消费者在网上消费金额的多少打分，再按分数的多少赠送礼品。这样做不仅可以把消费者牢牢吸引在自己的网站上，而且还可以加深网上商店与消费者之间的情感。

在实际营销过程中，网上商品可采用传统的折扣价格策略，主要有如下几种形式：

1. 数量折扣策略

企业在网上确定商品价格时，可根据消费者购买商品所达到的数量标准，给予不同的折扣。购买量越多，折扣可越多。在实际应用中，其折扣可采取累积和非累积数量折扣策略。

2. 现金折扣策略

在 B2B 方式的电子商务中，由于目前网上支付的缺欠，为了鼓励买主用现金购买或提前付款，常常在定价时给予一定的现金折扣。例如，某项商品的成交价为 360 元，

交易条款注明“3 / 20 净价 30”，意思是如果在成交后 20 天内付款可享受 3%的现金折扣，但最后应在 30 日内付清全部货款。随着，网上支付体系和安全体系的健全，这种定价策略将逐步消失。

此外，还包括同业折扣、季节折扣等技巧。如为了鼓励中间商淡季进货，或激励消费者淡季购买，也可采取季节折扣策略。

沃尔玛能够迅速发展就得益于其首创的“折价销售”策略。每家沃尔玛商店都帖有“天天廉价”的大标语。同一种商品在沃尔玛比其他商店要便宜。沃尔玛提倡低成本、低费用结构、低价格的经营思想，主张把更多的利益让给消费者，“为顾客节省每一美元”是他们的目标。沃尔玛的利润通常在 30%左右，而其他零售商如凯马特的利润率都在 45%左右。公司每星期六早上举行经理人员会议，如果有分店报告某商品在其他商店比沃尔玛低，可立即决定降价。低廉的价格、可靠的质量是沃尔玛的一大竞争优势，吸引了一批又一批的顾客。

（七）心理定价策略

心理定价策略是指企业在定价时，考虑消费者购买时的心理因素，有意地将产品价格定得高些或低些，以诱导消费者的购买来扩大市场销售量的一种定价策略，它是定价的科学和艺术的结合。企业根据适当的定价方法确定基本价格，但这个价格并不一定能够符合消费者的心理，那么就应针对不同的消费心理，对基本价格进行修改，从而制定出不但令企业满意，而且让消费者易于接受的合理价格。因此了解消费者的心理，灵活地运用心理定价策略，在企业定价中就显得尤为重要。当然，不同的企业，不同的消费者群，应该有不同的心理定价策略。

1. 尾数定价策略

尾数定价是指在商品定价时，取尾数而不取整数的定价方法，使消费者购买时在心理上产生大为便宜的感觉。采用尾数定价的产品能让消费者产生一种感觉，认为这种商品的价格是商家经过认真的成本核算制定的，可信度较高。根据经济学家的调查表明，价格尾数的微小差别，往往会给人以不同的效果。顾客通常认为 199 元的商品比 200 元钱的商品便宜很多，而 201 元的商品太贵，实际上只差 1 元钱。

尾数定价策略之所以能取得较好的实践效果，主要因为其具有如下两种心理功能。第一，它能给消费者造成价格偏低的感觉，如果某种商品定价为 98 元，虽然比 100 元只少了 2 元钱，但人们会习惯地认为这是几十元钱的开支，比较便宜。而同一商品若是价格定为 100 元，人们就会认为是上百元的开支，贵了很多。第二，它容易给消费者留下一种数字中意的感觉，在不同的国家、地区或不同的消费群体中，由于民族风俗习惯、文化传统和信仰的影响，往往存在对某些数字的偏爱或忌讳，例如，我国人民一般喜欢“8”和“6”，认为“8”代表发财，“6”代表六六大顺，吉祥如意；美国人则讨厌“5”和“13”，认为这些数字不吉利。

2. 声望定价策略

声望定价指在定价时，把在顾客中有声望的商店、企业的商品价格定得比一般的商品要高，是根据消费者对某些商品、某些商店或企业的信任心理而使用的价格策略。与尾数定价策略迎合消费者的求廉心理相反，声望定价策略迎合了消费者的高价显示心理。这是消费者受相关群体、所属阶层、地位、身份等外部刺激影响而对某些特殊商品愿意花高价购买的心理反应，以达到显示身份、地位、实现自我价值的目的。

这种定价策略通常适用于以下两种情况，第一，在消费者心中有声望的名牌商品，即使在市场上有同质同类的商品，顾客也宁愿支付较高的价格购买这种商品。那些顾客单凭简单的眼观、鼻闻、品尝、触摸没有办法鉴别和比较质量的商品最适合采用这种策略。因为一般的顾客尤其是年轻人都有崇尚名牌的心理，他们往往以价格高低作为衡量质量优劣的标准，认为价高就是质优。第二，为了适应一些特殊消费群体，尤其是高收入阶层的爱慕虚荣和追求时尚的心理，商家通常会把一些价值不大的商品价格定得很高，首饰、化妆品和古玩等就是如此。有调查表明，这类商品定价太低反而卖不出去，相应的抬高价位之后，销量反倒增多了。

但是，声望价格策略的运用必须慎重。声望价格既然是相对于那些无名的商品而存在的，价格中的一部分是为虚名付的款，因而这种价格也不是越高越有利，一旦价格高得“离谱”，很可能适得其反，使消费者心目中存在的“价高质必优”的信念产生动摇。

3. 招徕定价策略

招徕定价策略是指多品种经营的企业中，对某些商品定价很低，以吸引顾客，目的是招徕顾客购买低价商品时，也购买其他商品，从而带动其他商品的销售。

招徕定价策略适用于以经营日用消费品为主的大型零售企业，因为它们出售的商品种类繁多，容易吸引顾客购买低价品以外的商品。另外，这些低价的“牺牲品”最好选择需求弹性较大的商品，以便用增加的销售量来弥补低价的损失。

采用招徕定价策略时，必须注意以下几点：

1）降价的商品应是消费者常用的，最好是适合于每一个家庭应用的物品，否则没有吸引力。

2）实行招徕定价的企业，经营的品种要多，以便使顾客有较多的选购机会。

3）降价商品的降低幅度要大，一般应接近成本或者低于成本。只有这样，才能引起消费者的注意和兴趣，才能激起消费者的购买动机。

4）降价品的数量要适当，数量太多商店亏损太大，数量太少容易引起消费者的反感。

5）降价品应与因伤残而削价的商品明显区别开来。

4. 参照定价策略

参照定价策略是指对一个将要陈列在一个更高价格的同一商标或竞争商标产品旁边的特殊产品确定一个适中的，而不是低廉的价格。这个策略以所谓的“孤立效应”为基础。孤立效应认为，一个商品如果紧挨着一个价格更高的替代商品出现，将比它单独出现更有吸引力。西方经销商在货物价目表中常常使用这种策略。他们在商品目录中标明参照价格，零售店有时还标明大削价价格，想方设法给消费者一个价格便宜的暗示。比如，卖玩具的商店，同时出售进口和国产的玩具时，可以把国产的玩具抬价很高。顾客发现进口的玩具比国产的还便宜，便竞相购买；后来店老板又把国产的玩具降价回原来的价位上，顾客发现原来要价很高的玩具现在那么便宜，于是一购而空。

（八）品牌定价策略

产品的品牌和质量会成为影响价格的主要因素，它能够对顾客产生很大的影响。如果产品具有良好的品牌形象，那么产品的价格将会产生很大的品牌增值效应。名牌商品采用“优质高价”策略，既增加了盈利，又让消费者在心理上感到满足。对于这种本身具有很大品牌效应的产品，由于得到人们的认可，在网站产品的定价中，完全可以对品牌效应进行扩展和延伸，利用网络宣传与传统销售的结合，产生整合效应。

（九）撇脂定价和渗透定价

产品的市场价格受很多因素的影响，生产成本、供应量、市场需求量以及竞争环境，都是要考虑的因素，而且在不同的时期，例如，产品开发期、导入期、增长期、成熟期、衰退期都会发生变化，定价的标准也不太唯一。其中，比较出名的是撇脂定价与渗透定价。

撇脂定价法就是企业在产品开发之初设定高价，在最短的时间内收回开发成本，然后再从市场中一层一层地撇取收益，成本回收之后剩下的就是利润的经营期，这种定价方法对于市场价格经常变动的风险有很大的适应能力。相反，价格定于较低水平，以求迅速开拓市场，抑制竞争者的渗入，称为渗透定价。

撇脂定价法在一定的条件下才具有合理性。第一，产品的质量和形象必须能够支持产品的高价格，并且有足够的购买者想要这个价格的产品。第二，生产较小数量产品的成本不能够高到抵消设定高价格所取得的好处。最后，竞争对手不能够轻易进入该产品市场和压下高价。缺少了这三个条件，撇脂定价法只是空想而已，例如软件行业，它的更新换代周期特别短，所以要在新产品推出市场之前，尽快把成本回收，这样才能在竞争中立于不败之地。但是有的企业并不是利用撇脂定价法撇取较小但利润丰厚的细分市场，而是采用渗透定价法来获取大的客户优势。渗透定价法和撇脂定价法恰好相反，企业将产品投入市场之初设定最初低价，以便迅速占领市场，从而“快速吸引来大量的购买者，赢得较大的市场份额”。

同样渗透定价法也有自己的适用范围，以下几个条件有利于设定低价格。第一，市场必须对价格高度敏感，以便使低价格促进市场的增长。第二，生产和销售成本必须随销售量的增加而减少。最后，低价能帮助排除竞争，否则价格优势只能是暂时的。这一点在零售业中尤其明显，沃马特、加乐福就是采用了渗透定价法。它们以低价格来换取高销售量，高销售量导致更低的成本。这就是所谓的“薄利多销”吧。

这两个定价方法各有各的适用范围，不能说哪个好，哪个劣，对于不同的产品在不同的形势下，只要运用得当，就会达到很好的效果。

举例来说，美国柯达公司生产的彩色胶片在上世纪 70 年代初突然宣布降价，立刻吸引了众多的消费者，挤垮了其他国家的同行企业，柯达公司甚至垄断了彩色胶片市场的 90%。到了 80 年代中期，日本胶片市场被“富士”所垄断，“富士”胶片压倒了“柯达”胶片。对此，柯达公司进行了细心的研究，发现日本人对商品普遍存在重质而不重价的倾向，于是制定高价政策打响牌子，保护名誉，进而实施与“富士”竞争的策略。他们在日本发展了贸易合资企业，专门以高出“富士”1/2 的价格推销“柯达”胶片。经过 5 年的努力和竞争，“柯达”终于被日本人接受，走进了日本市场，并成为与“富士”平起平坐的企业，销售额也直线上升。

（十）竞价策略

网络使日用品也普遍能采用拍卖的方式销售。厂家可以只规定一个底价，然后让消费者竞价。厂家所花费用极低，甚至免费。除销售单件商品外，也可销售多件商品。目前，我国已有多家网上拍卖站点提供此类服务，如雅宝、易趣等。

（十一）集体砍价策略

这是网上出现的一种新业务，当销售量达到不同数量时，厂家定不同的价格，销售量越大，价格越低。目前，国内的“酷必得”站点就提供集体砍价服务。

（十二）免费定价策略

在网络营销中，一些企业通过实施免费策略来达到营销的目的。在网上，人们普遍使用“免费电子邮件”，获得各种“免费软件”、“免费电子报刊”等，这并不是传统市场中商家使用的那种“买一赠一”的销售手法，而是实实在在的经营行为，因此不妨将其称为“零价格策略”。这看来有悖常理的举措，却是企业在网上进行商务活动的策略之一。

有人说，在网上最稀缺的资源是人们的注意力。因此要吸引住顾客，提供免费产品和服务可能是最直接和最有效的手段。这种方法会产生对某种产品和功能的需求，进而挖掘其潜在的市场。例如，某个网站用提供免费电子邮件吸引用户，在积累了一定用户的具体资料后，其经营者便可将这些资料有偿提供给需要这些资料的厂商，以此来获利。从 1994 年开始发展，至今已成为世界著名的信息服务企业的 Yahoo 正是沿着这样一条道路成长的。作为一个 ICP，Yahoo 提供各种免费的信息和免费电子邮件吸引浏览者，以此换取访问人数的增加，扩大自己网站的宣传效果。当它成为 Internet 上的重要网站时，Yahoo 便开始寻找广告商和资助人，并以此来促进企业的发展壮大，如今 Yahoo 网站以其日均 600 万人次的访问量，在网络市场中获得了与 IBM、DIGITAL 等商业巨头合作的筹码。同样，拥有 1000 多万用户的 AOL 公司的发展，在很大程度上也得益于其推出的一系列免费服务，如今其巨大的客户资源为众多的广告商所看中，由此广告费就会滚滚而来。1998 年，微软收购了 Hotmail 站点，看中的当然不是 Hotmail 的免费电子邮件系统，而是它的1000万用户。

什么是ICP?

ICP是Internet content provider的英文缩写，就是Internet内容提供商。ICP通过Internet，向上网用户有偿提供信息或者网页制作等服务活动。经营性ICP，经营的内容主要是网上广告、代制作网页、有偿提供特定信息内容、电子商务及其他网上应用服务。

资料来源：iask.sina.com.cn

不仅是网络商，对于软件制造商来说，通过免费下载和试用来吸引用户，等后者了解和熟悉了该软件的功能或尝到一些实用后，进一步的使用就需要向软件制造商支付费用了。这就是软件产品最独特的“锁定用户”作用。有的软件制造商还以极低的注册费在网上推销客户端软件，又以相当高的价格向硬件供应商、系统集成商或网站建立者销售他们的服务端软件，从而达到获利的目的。比尔·盖茨网上盈利战略的主要手段就是将自己的Internet浏览器与其他软件组合到一起，再附带一些免费的信息吸引上网者，以此达到击败竞争者的目的。网景公司当初如果不是免费送出网景浏览器（navigater）软件，就不会拥有强大的市场占有率。

免费也能赚钱，尤其是先免费，后赚钱，这或许正是网络营销独特的价格策略之一。

（十三）产品循环周期阶段定价策略

这种网上定价是沿袭了传统的营销理论，即每一产品在某一市场上通常会经历介绍、成长、成熟和衰退四个阶段，产品的价格在各个阶段通常要有相应反映。网上进行销售的产品也可以参照经济学关于产品价格的基本规律，并且由于对产品价格的统一管理，能够对产品的循环周期进行及时的反映，可以更好伴随循环周期进行变动。根据阶段的不同，寻求投资回收、利润、市场占有的平衡。

六、网络营销定价实例

（一）实例描述

网上售卖的产品非常丰富，定价的方式也是多种多样。那么电子商务网站上都有哪些比较特殊的定价方式呢？

（二）解决方案

淘宝网（www.taobao.com）是阿里巴巴网旗下的一家子公司，目前已成为中国最大也是功能最全、日访问量最大、日成交量最大的中国C2C网站。淘宝网经营灵活，定价方式多元化，为个人网上商务活动提供了高质量的交易平台。

（三）操作过程

在地址栏中输入淘宝网的网址进入淘宝网的主页，如图8.7所示。

图 8.7 淘宝网首页

在首页中使用“搜索宝贝”进行检索，关键词为“nike”，类别选择为“运动、健身、运动明星”，单击“搜索”按钮进行搜索，结果如图 8.8 所示。

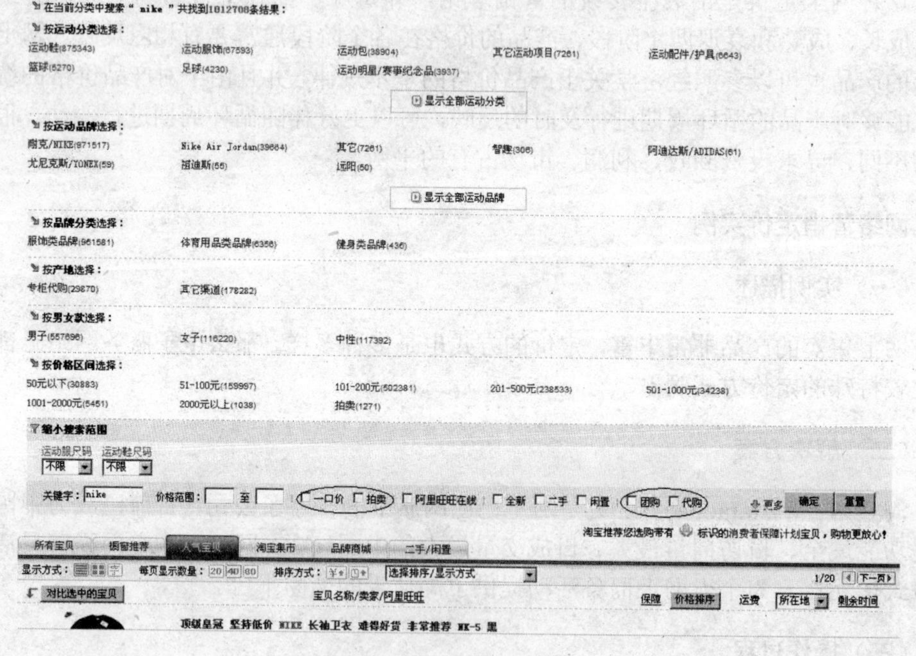

图 8.8 淘宝搜索内容界面

请大家注意，在缩小搜索范围下有两类比较特殊的内容，一是“一口价”和“拍卖”，二是“团购”和“代购”。“一口价”是指卖家对所卖商品设立固定价格，成交价即为当前价。“拍卖”则是卖家给出一个极低的底价，然后在制定的售卖期限内，由买家对底价加价，到拍卖结束时谁出的价最高，该商品就以该价格成交。“团购”是指购买该商品至少要一次买多个，买的越多越便宜。“代购”是最近出现的极受女性喜爱的一种方式，多为名贵品牌服装厂的职工或销售人员以内部价替人购买指定型号的服饰，从中收取一定的费用。这四种方式，定价最低的是“拍卖”，一般从几分钱或几毛钱开拍，这种方式在国外比较受欢迎。“一口价”定价方式较为刚性，没有价格回旋余地，在中国很受欢迎。“团购”和“代购”的定价比较低，没有固定价格，随不同商品品种而不同，但一般是商品原价的五折或六折这样的定价形式。

小　结

本章主要介绍了以下内容：

网络营销组合策略、网络营销组合的基本内容、网上商品销售策划的方式和方法，网络促销的形式和策略、销售促进。

站点推广和关系营销网络促销的策略主要有网上折价促销、网上变相折价促销、网上赠品促销、网上抽奖促销、积分促销和网上联合促销；网络营销渠道策划、网上直销和新型的电子商务中间商；网络营销的定价目标和定价基础，网络营销定价的特点。

网络营销的具体定价策略有竞争定价策略、个性化定价策略、自动调价、议价策略、特有产品特殊价格策略、捆绑销售的策略、折扣定价策略、心理定价策略、品牌定价策略、撇脂定价和渗透定价、竞价策略、集体砍价策略、免费定价策略和产品循环周期阶段定价策略等。

案例分析

案例一：网上辣椒分外红

2006年7月3日，这是一个不平常的日子，陕西省兴平市汤坊乡果菜脱水厂的副厂长彭海云登上了飞往马来西亚的航班，这个首次出国的辣椒经销商带上了新买的录像机，边走边拍，到达马来西亚后，他发现了来自陕西省兴平市的辣椒在马来西亚的市场上销量非常好，很受消费者欢迎，每500克的售价在4.5马币，在吉隆坡街头，看着宽阔的街道，他感慨地对马来西亚的辣椒进出口商荣盛有限公司的许建源经理说：“兴平辣椒能卖到马来西亚，这多亏了中国农业部的‘一站通’，是它让我们网上相识，网上成交，今年的成交额就有380万元人民币”。

资料来源：huxian.sxny.gov.cn

案例思考

1. 网络营销帮助陕西省兴平市汤坊乡果菜脱水厂发现了什么?
2. 网络营销给陕西省兴平市汤坊乡果菜脱水厂带来了什么?

案例二：兴平大蒜出口韩国

2006年6月16日下午，兴平市赵村镇小田村的村民正在忙着整理大田中收获的大蒜，两位韩国客商来到这个关中小村。陪同韩国客商考察的是兴平市雅虎酱菜厂的厂长何为，两天来的考察，韩国客商在村民家中采取了大蒜样品和雅虎酱菜厂生产的盐渍蒜米样品。

一个星期后韩国客商发来传真，要采购小田村的盐渍大蒜米200吨，价格每吨达4500元，成交额达70万元，直发韩国釜山和任川，喜讯传来，村民奔走相告。这多亏了网络促销，原来兴平市雅虎酱菜厂内设了一个农村信息服务站，群众查询信息方便了，厂子固定专人在农业部的一站通、省农业厅的网上展厅里发布信息，终于引来了韩国客商。当年6月25日，兴平市农业信息中心通过查询中国大蒜网、山东农业信息网等网站，发现大蒜的市场价格呈逐步上扬的趋势，信息中心在报送主管领导审签后，立即将此信息编写成短信通过兴平联通和兴平移动的形式发布给兴平市农产品保鲜贮藏协会的成员，成员得知这一信息后，增加了收购网点，收购数量稳步上升，使兴平的大蒜价格由上市初期的每斤0.8元上升到1.2元，为大蒜种植户增收1440万元，同时收购大蒜的成员也取得了可观的经济效益，达到了广大种植户与经营户成员的双赢。

资料来源：阿里巴巴网站

案例思考

1. 小田村的村民种植的大蒜靠什么引来了韩国客商?
2. 大蒜的网络促销给小田村的村民带来了什么?

思考题

1. 网络营销组合有哪几个方面的内容?
2. 网络营销中产品的特点是什么?与网下营销有何不同?
3. 现代顾客的需求层次是什么?
4. 简述网络营销产品服务的分类。
5. 网上营销渠道的特点是什么?
6. 简述网络促销与传统促销的区别。
7. 网上促销的策略有哪些?
8. 网络营销定价的特点是什么?
9. 简述网络营销的具体定价策略。

实训项目

1．分别进入淘宝网和易趣网（www.ebay.com），比较同一种电子产品（比如手机）在网上的定价方式，试试您能发现几种不同方式。

2．登录中国服装批发网（www.efp8.com）和当当网（www.dangdang.com），比较网上批发与零售渠道的不同。

第9章

企业网站建设基础

1. 能理解企业网站建设对网络营销的重要意义；
2. 熟知 Internet 域名系统；
3. 会进行域名构思；
4. 有网络营销网站建设思路。

知识点：公司网页与网站对营销的意义，常用网页制作工具，Internet 域名系统，企业网站设计的基本内容，企业网站推广的主要方法。

技能点：能根据域名识别不同类型的网站，知道制作网页的工具，理解网页与网站的关系，理解中文域名的意义、命名规则和企业网站建设的基本流程。

网络营销使中国企业走出国门

说到美洲大蠊，很多人可能还不知道此为何物，其实它就是蟑螂的一种。和其他蟑螂品种一样，美洲大蠊在过去一直被人们视为害虫。但近年来随着现代医药技术的迅速发展，科研人员对美洲大蠊的药用价值进行了开发利用，同时也兴起了对美洲大蠊的人工养殖，并迅速成为了一个新的致富项目。云南昆明的刘先生就是它的受益者，不仅如此，他的美洲大蠊还通过新型的网络营销方式走出过门，登录日本市场。

据了解，刘先生所在的公司，自 1996 年成立以来，一直从事美洲大蠊的人工养殖，并通过先进的养殖技术，使得美洲大蠊的药用价值大大提高。公司规模不断扩大，美洲大蠊的销路也越来越广。5 月初，有位日本客户通过刘先生公司的网站，了解到该公司的美洲大蠊养殖情况，当即跟刘先生取得联系，双方最终达成协议，这位日本客户将作为刘先生公司在日本的代理商。刘先生公司的美洲大蠊及其系列保健产品将于 2007 年 10 月正式进入日本市场。

说到这次成功打开日本市场的原因，刘先生坦言，公司的网站起到了非常大的作用。“这位日本客户在网上看到了我们非常详细全面的产品信息，最先是对我们的网站很感兴趣。他很惊讶，说没想到像我们这样的小型企业也能建设一个自己的网络营销网站。”刘先生自豪地告诉记者。通过这个案例，你可以看到企业建网站的作用了吧。

资料来源：www.enet.com.cn

第一节　企业网页与常用网页制作工具

一、在 Internet 上发布网页的意义

网页作为企业、政府或个人在 Internet 上展示自己的窗口，在宣传和传播信息方面起着越来越大的作用，网页制作和网站建设是电子商务的基础。制作网页的意义在于以下五个方面。

（一）对于大公司来说，可以在网页上开展电子商务

对于大公司来说，它可以在网页上开展电子商务，推销产品，发布有关产品的技术支持，在公司与客户之间架起联系的桥梁。如美国著名的 Dell 计算机公司，已取消了所

有产品代理商，其产品完全在网络上销售。对于大公司来说，一个网页发布后所起的作用，比上千个技术、销售人员全球满天飞的作用还大。

（二）对于小公司来说，为企业、产品做广告

对于小公司来说，制作网页的主要目的是为企业、产品做广告。网页由于不受时间、地域的限制，其广告作用非常大，有人形容网上广告为“永不落幕的交易会”。

（三）对于政府机构来说，实行电子政务

对于政府机构来说，网页有增加政府形象，提高政府办事透明度，增强社会对政府的监督，以及提供政策、法规的发布说明等优点。

（四）对于教育部门来说，可以进行远程教育

对于教育部门来说，网页可以进行远程教育、模拟考试、网上辅导，对提高整个国民的素质水平有很大帮助，而且节省了大量教育经费。

（五）对于个人来说，可以宣传介绍自己

对于个人来说，可以通过网页介绍自己，结交更多的朋友，寻求更好的工作岗位，发表自己的文章、观点、作品等。

二、常用网页制作工具

现在，各种网页制作工具不断呈现，各自的功能特点也不尽相同。这里我们简单介绍几种常用的网页制作工具。

（一）FrontPage 2003 简介

FrontPage 是由 Microsoft 公司推出的新一代 Web 网页制作工具。它使用户能够更加方便、快捷地创建和发布网页。FrontPage 的特点是具有直观的网页制作和管理方法，简化了大量的技术工作。它的界面和编辑方式与 Office 软件相似，为使用者带来了极大的方便。因此 FrontPage 除了适合于非专业的网页编写人员使用外，对于有经验的 Web 站点开发人员来说，则便于处理那些导入、导出、删除、更名问题和进行故障诊断以找出失效链接等。

FrontPage 具有以下四个特性：

1. 站点管理形象直观

FrontPage 主要用于站点管理和主页创作两部分内容。这两部分实现了 Web 站点的创建、维护和 Web 页制作的全部功能。利用 FrontPage，用户可以创建、组织、管理和发布 Web 站点，可以创建和编辑 Web 页。FrontPage 具有出色的图形界面设计和智能化管理特色，不管是站点管理还是网页编辑，都是在直观形象的方式下进行的。

2. 具有向导和模板功能

FrontPage 提供了模板和向导功能，使用它们只需通过一步步的选择和确认便能完成网站和网页主体结构的创作。如果用户以前已经用其他工具建好了一个网站，而现在要利用 FrontPage 来管理和维护它，那么可以利用站点导入功能，启动 Web 站点向导，只需要几个步骤，就可将该站点的主页、图像、组成文件导入到 FrontPage 中，并保持原有的全部网站结构和超链接。

3. 智能化管理

FrontPage 具有很多智能化管理工具。当改变一个文件的文件名，或是将此文件夹移到另外一个文件夹时，FrontPage 会自动修改网站中所有指向该文件的超链接；当拖动一个新页面到导航视图中，或是从导航视图中删去一个页面时，网站中所有相关页面的导航条都会自动更新。另外，FrontPage 在多用户环境中能够自动检测由其他用户所做的修改，以解决不同制作人员之间的冲突。

4. 主页制作功能灵活

FrontPage 提供了一个“所见即所得”的主页编辑方式。FrontPage 还具有类似 Word 的界面来编辑主页上的图形、文字和表格，FrontPage 还可以在浏览器中将它们以“所见即所得”的方式显示，并且还能将它们自动转换成 HTML 代码。FrontPage 支持几乎所有的高级页面特性，如框架、表格、CGI、Java Applet、JavaScript、ActiveX 控件以及动态 HTML 等。此外，FrontPage 还提供了一些 FrontPage 组件，用以实现表单域处理、网站索引、计数器等复杂功能。

（二）Dreamweaver MX 简介

Dreamweaver MX 是进行专业网页设计、网站管理和网页可视化编辑的软件。用它可以制作出非常好的站点，可以快速提升网页制作效率，它与 Flash、Fireworks 合称为“梦幻组合”（即通常所称的“网页三剑客”）。

Dreamweaver MX 是美国 MacroMedia 公司开发的集网页制作和网站管理于一身的“所见即所得”网页编辑器。它是针对专业网页设计师特别开发的视觉化网页开发工具。利用它可以轻而易举地制作出跨越平台限制和跨越浏览器限制的充满动感的网页。该软件具有以下几个特点。

1. 最佳制作效率

Dreamweaver MX 可以用最快速的方式将 Fireworks、FreeHand 或 Photoshop 等文件移至网页上，使用检色吸管工具选择荧幕上的颜色，可设定最接近的网页安全色。对于选单，快捷键与格式控制，都只要一个简单步骤便可完成。Dreamweaver MX 能与常见的设计工具，如 Playback－Flash、Shockwave 和外挂模块等搭配，不需离开 Dreamweaver

MX 便可完成，整体运用流程自然顺畅。除此之外，只要单击便可使 Dreamweaver MX 自动开启 Firework 或 Photoshop 来进行编辑与设定，使图档最佳化。

2. 网站管理

使用网站地图可以快速制作网站雏形，设计、更新和重组网页。改变网页位置或档案名称时，Dreamweaver MX 会自动更新所有链接。使用支援文字、HTML 码、HTML 属性标签和一般语法的搜寻及置换功能可以使复杂的网站更新变得迅速又简单。

3. 无可比拟的控制能力

Dreamweaver MX 是唯一提供视觉化编辑、原始码编辑以及视觉原始码同步编辑的设计工具。它包含 HomeSite 和 BBEdit 等主流文字编辑器，帧（Frames）和表格的制作速度非常理想。进阶表格编辑功能使用户能简单地选择单格、行、栏，甚至可以排序或格式化表格群组。Dreamweaver MX 支持精准定位，可轻易转换表格的图层以拖拉置放的方式进行版面配置。

4. 所见即所得

Dreamweaver MX 成功整合动态式视觉编辑及电子商务功能，提供超强的支援能力给第三方厂商。正使用 Dreamweaver MX 设计动态网页时，“所见即所得”的功能，让用户不需要通过浏览器就能预览网页。

5. 梦幻模版

Dreamweaver MX 将内容与设计分开，适用于快速网页更新和团队合作网页编辑，可以建立网页外观的模版，指定可编辑或不可编辑的部分，内容提供者可直接编辑以样式为主的内容却不会不小心改变既定样式。

6. 全方位的呈现

利用 Dreamweaver MX 设计的网页，可以全方位地呈现在任何平台的热门浏览器上。对于 Cascading Style Sheets 的动态 HTML 支援和鼠标换图效果，声音和动画的 HTML 效果，可在 Netscape 和 Microsoft 浏览器上执行。使用不同浏览器检示功能，Dreamweaver MX 可告知在不同浏览器上执行的成效如何。当有新的浏览器上市时，只要从 Dreamweaver MX 的网站上下载它的描述文件，便可得知详尽的效果报告。

7. 强大的数据库支持能力

Dreamweaver MX 提供了强大的数据库支持能力，可以制作出功能强大的动态网页。

网页制作工具软件种类繁多

网页制作工具软件种类繁多，功能各异，层出不穷，更新迅速，请同学们不要拘泥于本单元介绍的内容，更多地借助 Internet，发现和查找更多、更新的业界信息。

第二节　企业网站域名构思

一、Internet 域名系统

（一）域名简介

就像现实生活中开公司要起公司名一样，域名是企业在网上发布信息、业务往来的基础，是企业在 Internet 上的商标。全球任何一个 Internet 用户只要知道企业的域名，就可以立即访问该企业网站，所以说域名又是企业在 Internet 上的门牌号码。

通俗来讲，域名（domain name）就是企业在网上的门牌号码。现在有数以亿万计的计算机连接在 Internet 上，要想使其他人在网上找到你，就必须要告知你的网站所在的计算机的地址。这地址就是 IP 地址，前面我们已经描述过，但是，对普通人而言，这地址既不形象，也不易记。所以，我们就用域名来代替 IP 地址，通过域名解析服务器 DNS，将域名翻译成计算机能识别的 IP 地址。域名和 IP 地址之间是一对一或多对一的关系，因为一个企业网站只有一个 IP 地址，但是可以有多个域名。对于大多数人而言，只要有了域名，无需知道 IP 地址就可以访问你的网站。

（二）域名的分类

1. 一级域名（顶级域名、国际域名）

顶级域名一般由域名关键词和域名类别两部分组成，中间由点号分隔开。右边的词称为顶级域名。在实际使用时，前面我们一般要加上万维网的标记 WWW 或再加上 HTTP 协议，这样，就构成了我们常见的格式，如 http：//www.cctv.com。表 9.1 是常见的国际域名类别。由于一级域名资源有限，后缀正日渐增多。

表 9.1　一级域名属性分类

域　名	类　别	域　名	类　别
Com（commerce）	工商、金融企业	Biz（business）	工商企业
Edu（education）	教育机构	Info（information）	信息相关机构
Gov（government）	政府组织	Cc（commerce company）	商业公司
Mil（military）	军事部门	US（united states）	美国
Net（network）	网络相关机构	Tv（television）	电视媒体
Org（organization）	非盈利性组织	Sh（shop）	商店
Cn（china）	中国	name	姓名

2. 二级域名

顶级域名的下一级，就是我们所说的二级域名。域名靠左边的部分就是所谓的二级域名，在 cctv.com 中，cctv 就是顶级域名.com 下的二级域名，二级域名有两种组成方式，第一种方式是在进行域名解析时，根据需要，在一级域名的基础上，再根据一定的类别

进行解析。比如我们刚才提到的 CCTV，如果将所有的新闻都进行解析，那么 news.cctv.com 就称为二级域名。

二级域名的第二种方式是国家代码。国家代码是由两个字母组成的顶级域名，如.cn、.uk、.de 和.jp 等。以国家代码分类的二级域名也称为国家代码顶级域名，其中.cn 是中国专用的顶级域名，其注册权归中国 Internet 络信息中心（CNNIC）管理。以.cn 结尾的二级域名我们简称为国内域名。注册国家代码顶级域名下的二级域名的规则和政策与不同国家的规定有关。

2014 年 1 月，中国互联网络信息中心（CNNIC）发布《第 33 次中国互联网络发展状况统计报告》。数据显示，截至 2013 年 12 月 31 日，我国域名总数达到 1844 万个，同比增长 37.5%，增长的主要动力来自国家顶级域名.CN，CN 域名数量已达到 1082.95 万个，同比增长 44.2%。截至 2013 年 12 月 31 日，中国网站数量已达到 320 万个。如图 9.1 所示为 CNNIC 第 33 次调查的中国网站数量图。

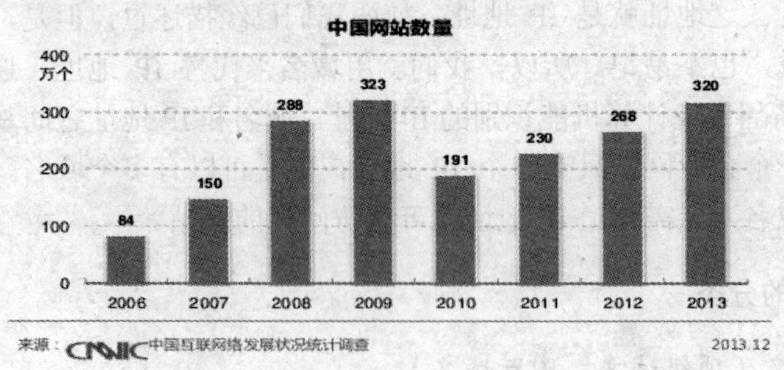

图 9.1　中国网站数量图

整体而言，中国 CN 下注册域名数增长势头强劲。随着中国 Internet 的提速发展，社会对域名的需求和应用大幅提升。国家域名.CN 顶级节点的启用提升了社会各界对 CN 域名安全性能、服务质量的认可，围绕 CN 的应用也越来越多种多样，使 CN 域名崛起为主流域名，注册量快速攀升，中国 Internet 步入 CN 时代。

3. 中文域名

中文通用域名是 CNNIC 推出的以“.cn”、“.中国”、“.公司”和“.网络”为后缀的中文域名，如“龙.cn”、“龙 .中国”、“中国频道 .公司”和“中国频道网络”等。

注册的中文域名至少需要含有一个中文文字，不能是纯英文或数字域名；您可以选择中文、字母（A～Z，a～z，大小写等价）、数字（0～9）或符号（-）命名您的中文域名，但最多不超过 20 个字符；首尾不能有非法字符如＋、@、＆等；不得含有危害国家及政府的文字；汉字中文通用域名兼容简体与繁体，无需重复注册。目前有“CN”、“中国”、“公司”、“网络”四种类型的中文域名供您注册。

中文通用域名具有很鲜明的中国特色，方便了华语地区的用户，使用户能在网上建立更为完整的企业或组织形象，但目前中文通用域名使用程度偏低。如图 9.2 所示为中国 Internet 信息中心历次调查 CN 下注册的域名数。

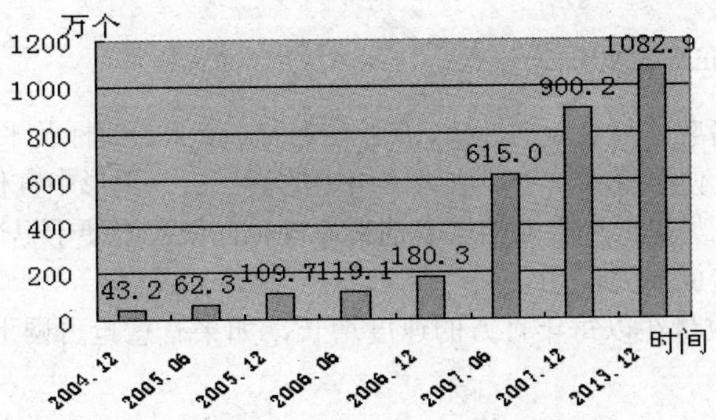

图 9.2　历次调查 CN 下注册的域名数

以上信息为 2014 年 1 月最新提供。由于域名注册服务商变化较多较快，请随时关注 www.cnnic.cn，以 CNNIC 发布的最新信息为准。

（三）通用网址与网络实名

通用网址是 CNNIC 开发的一种新兴的网络名称访问技术，带有半官方性质，它是通过建立通用网址与网站地址 URL 的对应关系，实现浏览器访问的一种便捷方式。用户只需要使用熟悉的语言告诉浏览器要去的通用网址即可。

通用网址、域名、网站地址三者是不同的概念，最基础的是域名。所以，注册一个通用网址，必须先要注册域名，如 abc.com.cn，然后将通用网址，如“宇宙”指向基于域名的网站地址，如 www.abc.com.cn（或 abc.com.cn），将通用网址和域名一起提交给注册商，这样在浏览器中输入“宇宙”，就可以打开网站 www .abc.com.cn。

网络实名是 3721 网站开发的技术，其影响比通用网址大，而且开发时间短。对用户而言，二者使用方法基本一样。如果注册了网络实名“人民日报”，那么在浏览器栏只要输入“人民日报”，浏览器就会自动打开人民日报网站 www.peopledaily.com，如果没有注册网络实名，那么网络实名服务系统将其转到相应的搜索引擎中进行处理，用户得到的将是一个搜索结果而不是一个具体的网站。

二、域名构思原则

域名不仅是企业的网络商标，也是人们在网上查找的依据之一，可以说，拥有一个好的域名，就意味着成功了一半。如何选择一个好的域名呢？一般应遵循以下两个原则。

（一）域名要简短、切题、易记

选择一个切题易记的域名是网站成功的重要因素，域名就是网络商标，是用户访问网站的第一通道。一个简短易记、反映站点性质的响亮域名往往会给用户留下深刻的印象，域名不宜太长，否则难记忆。

（二）域名与企业密切相关

一个好的域名应该与企业的性质、企业的名称、企业的商标及平时的企业宣传一致，这样的域名易记，便于查找，也能成为网络中的活广告，无形中宣传了企业的形象，保护了企业的利益。如果一个企业的域名选得不规范，就会不便于记忆、查找，这会在一定程度上给公司造成损失。

目前，域名数量在以每年百万的速度增长，如果有意抢占网上先机，就应该赶快注册。

三、域名注册机构

进行域名注册必须通过 CNNIC 的域名注册代理机构进行。目前国内比较知名的代理服务商有以下几个：

（一）CN 域名注册服务机构

新网数码　www.xinnet.com
中国万网　www.net.cn
易名中国　www.ename.cn

（二）中文域名注册服务机构

铭万网　www.mainone.com
中企动力　www.ce.net.cn

（三）2006 最佳通用网址区域服务机构

智佳科技　www.cqhot.cn
中国商贸网　www.ctnic.cn

第三节　企业网站建设简介

一、企业网站设计的工作内容

（一）站点的体系结构设计

站点的体系结构设计包括分层目录结构和网络结构、信息的存取路径以及文件和图像设计。

（二）制定企业网站设计规范

通用的方法是建立遵守设计规范的若干个模板，然后应用这些模板建立特定的应用。设计规范一般对以下三个方面进行约束。

1. 页面的布局

页面布局对访问者而言非常重要，网页应具有方便访问者迅速了解页面信息、掌握操作方向的功能。否则，访问者会很快离开。

布局网格是描述页面的模板。所有页面主要部分的形式应该很相似，必须考虑的元素包括商标、广告和赞助、导航、页标题、顶端图形、脚标及版权。商标在页面中起到重要作用，一般放在页面的左上角；广告和赞助可以用多种方式结合在一起。

2. 网页设计的有关技巧

1）界面应符合用户的要求：用户界面应符合用户的要求，尽早揭示网站的互动性内容，如搜索、查询、讨论、游戏、竞赛、免费礼品、免费下载等内容。

2）简明的导航和快速下载：简明的导航和快速下载是最重要的。要减少不必要的图片和图像，控制页面下载时间绝不超过 20 秒。

3）使用图片或图像要小些：使用图片或图像，尽量越小越好。如需展示较大图片，建议在页面提供大图链接。即使是较大图片，建议不宜超过 6KB，且不要置于页面顶端或文字之前。

4）变化频率高的内容尽量采用文字:变化频率高的内容，应采用文字，以便于修改。

5）提供简单的浏览指南：在页面提供一些简单的浏览指南，为首次访问者提供方便。

6）提供导航条：每个页面均提供导航条，以便浏览者找到所需内容。

7）页面语言简练：页面要做到语言简练，切忌在页面上出现无用的长篇大论。

8）发布企业的法律责任条款：网站应发布企业的法律责任条款，以明确买卖双方的法律责任。

9）所有导航条上均应放置购物车按钮：所有导航条上均应放置购物车按钮，以便顾客随时购买。

10）务必提供确认订单的页面：顾客网上订购后，服务器处理订单完毕，务必立即提供确认订单的页面。

11）公布联系方式：如实公布企业业务情况、各种联系方式如电话、传真、客服电邮、通讯地址等，以加强访问者对企业的信任感。

12）给客户建立留言簿：建立留言簿，方便与客户交流。

13）保证通用的不同语言版本：基于 Internet 的全球性特点，根据需要保证网站的不同语言版本。

3. 导航

导航系统可分为全局导航系统和局部导航系统。全局导航系统出现在网站的每个页面，通过全局导航将网站的各主要部分联系起来，使访问者清楚网站的结构；局部导航系统可实现相关页面间跳转、同一页面内跳转。图 9.3 所示为“猪猪猫”网址导航主页。

一个良好的导航的标准是直观、界面友好、一致、有效。导航分为站点导航和页面导航。站点导航有文本导航、图形导航、工具导航条、基于框架的导航、站点索引导航和搜索引擎等。页面导航有一节中的内容表、不同内容表的链接等。导航工具条位置应尽量固定，局部导航系统可根据内容有所变化，但应尽可能保持一致。

确定网站的导航系统，就是在对网站内容和功能确立、分类的基础上，将内容、功能之间的逻辑联系通过导航工具连接起来。导航系统常用的设计术语是外国投资和书签。

4. 标准

包括命名规则、客户端性能、语言和工具以及图像的标准定义。

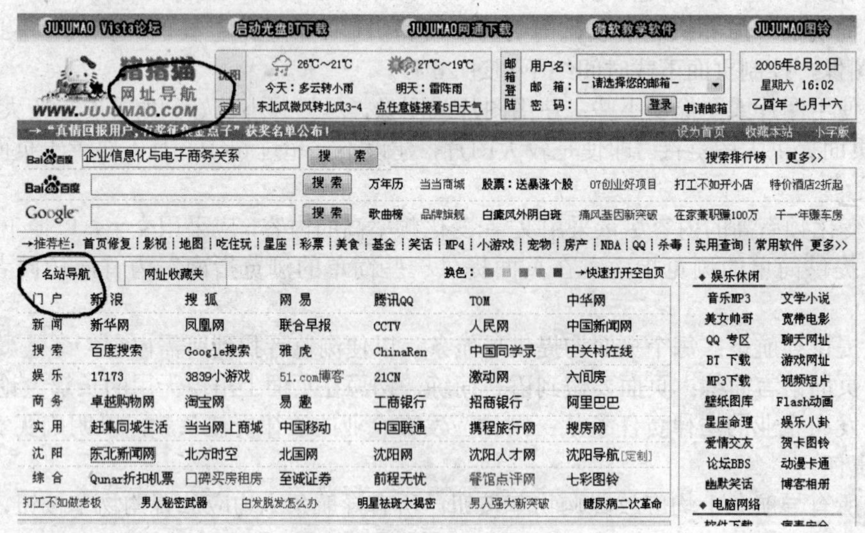

图 9.3 “猪猪猫”网址导航主页

（三）网站内容和功能设计

1. 站点的内容

站点的内容可以划分为静态内容和动态内容两类。静态内容主要是常规性的基本信息，如公司历史、文化、所属行业、交易规则等；动态内容则对应于企业产品、价格、功能、促销等信息的发布与交互。

2. 站点的功能

站点的内容在功能设计中必须要区分主要功能和辅助功能，切忌以辅代主。一般来说，信息发布和在线交易是电子商务网站的两大主要功能。

同时注意，在内容、功能的完善与技术的可行之间进行权衡，要放弃复杂、华而不实的内容和功能。

确定内容和功能还意味着对它们进行分类和整理，确定众多内容之间的联系，并按这一联系进行分组和标记。根据标记，构筑站点具体框架的草图，然后在相应页面实现所需功能。

（四）网站装饰风格设计

网站内容与功能的实现，依赖于网站的装饰风格。

一般来说，网站有三种装饰风格，一是组织性装饰风格，按小组、系统或组织的结构安排站点的内容与功能；二是功能性装饰风格，对相似的功能任务提供相同的装饰风格；三是可视性装饰风格，主要基于人们所熟悉的各种常用图形元素。

（五）网站模板设计

1. 网站的框架设计

目的在于建立网站统一的整体结构和整体外观，包括网站的功能布局、图形的尺寸及风格。设计网站的框架应与网站结构、装饰风格相结合。

2. 网站的页面模型设计

一种方法是用比较顺手的图形软件建立网站的框架，在布局网格的不同部分之间复制和粘贴组件；另一种方法是使用 HTML 做页面模型，把设计框架的组件作为图形。图 9.4 所示为搜狐网站主页风格。图 9.5 所示网易网站主页风格。

图 9.4　搜狐网站主页风格

图 9.5 网易网站主页风格

（六）企业网站的营销技术构成

从实现营销功能的技术角度而言，任何一个企业的商务网站都必须有技术部门的支持，包括为访问者信息获取、传播和存储信息而设计的访问计数器、意见反馈单或各类商务单证、动画及广告模式、电子邮件、商贸论坛、导航器及搜索引擎、菜单以及数据库等。

1. 访问计数器

设计访问计数器，其积累的数据通常用于企业对市场和消费趋势的分析。

2. 电子邮件

采用电子邮件可以方便地传送、收发报文和交易信息。

3. 动画和图像界面

采用动画和图像界面用于突出宣传企业的最新产品、最新服务或特色产品、特色服务。

4. 数据库

数据库存储的信息能为企业经营分析提供服务。

二、企业商务站点建设与维护简介

（一）选择搭建 Web 服务器的方式

企业搭建 Web 服务器，有两种方式可以选择，一是自行建立网站，选购所需硬件设备及软件，拥有全部产权的 Web 服务器；二是租用虚拟主机。前者需要投入大量资金，需要专业人员进行维护与管理，较适合于资金、技术实力雄厚的大型企业；后者仅需一定的租金和必要的费用，对中小企业十分适合。

采用虚拟主机方式搭建 Web 服务器，要特别谨慎地选择服务供应商。

（二）申请注册域名

如今，域名注册的观念已经深入人心，企业注册域名的行为已由最初的赶时髦、走形式，发展到现在的争先抢注，变化不可谓不大，令人欣喜。但是冷静地加以细致观察后，我们却可以发现“繁荣”背后的一些不正常现象。对某一事物的认同，并不代表对它的内涵也真正了解了，更不意味着掌握了对它的正确应用。域名也不例外，企业对域名的“误解”主要表现在域名的注册量虽然节节攀升，但其中相当一部分企业把域名看作是一个电子化的行政登记备案行为，不了解域名的完整内涵及如何准确设计好自己的域名。他们仅仅是把企业名称生硬地转译成汉语拼音或英文单词而已，这样的域名通常无法给人留下深刻印象，达到吸引商业访问的目的，甚至还会影响企业网站的顺利发展。

域名注册申请的基本流程如下：

1. 设计定义企业域名

对于一个想通过 Internet 开展业务的企业而言，域名是作为在虚拟世界中唯一可供交易双方互相识别的信息标志，具有无可替代的“通行”作用，其重要性就如同企业绝不会把生产的商品随便安个“代号”就推向市场那样。因此，企业必须把域名当成是代表企业 CI 标识系统的重要组成部分，绝对不可轻视。

域名注册要与企业的整体形象和企业特色的服务或产品特征结合起来。这样做才会为企业带来最佳宣传效果，比如像中国工商银行，www.icbc.com.cn 完整地代表了企业网上经营的品牌形象，但是它在推出 95588 特殊客服电话业务的时候，又注册了 www.95588.com 的新域名。两者既不重复又不冲突，www.icbc.com.cn 反映的是工行的战略定位，庄重、准确；www.95588.com 则体现了工行的服务特色，易于记忆，方便查询。

2. 查重域名

申请域名前必须确认要申请的域名是唯一的，没有被人注册过。

3. 注册域名

通过注册服务机构申请注册，注册后的域名才不会轻易被别人侵犯，有效得到法律保护。但选择注册服务机构时应注意鉴别其资质，国内域名的注册服务机构必须持有CNNIC 认证资质，国际域名的注册服务机构必须持有 InterNIC 认证资质。相关认证资质可登录 CNNIC 或 InterNIC 网站查询。

（三）建立 Web 服务器

按照拟定的搭建方式，由 ISP 或自行安装、配置 Web 服务器。工作内容包括：

1）将服务器与内网、外网连接。内联网（Intranet）也叫企业内部网，是指利用 Internet 技术构建的一个企业、组织或者部门内部的提供综合性服务的计算机网络。

补充知识

什么是 ISP？

ISP 的英文是 Internet Service Provider，翻译为 Internet 服务提供商，即向广大用户综合提供 Internet 接入业务、信息业务和增值业务的电信运营商。ISP 是经国家主管部门批准的正式运营企业，享受国家法律保护。

资料来源：百度百科

如果一个公共网络连接了两个或两个以上的贸易伙伴，一般被称为企业的外联网（Extranet），也可以这样表述——外联网是企业与其合作伙伴之间管理信息系统的网络，外联网是内联网的一种延伸。

外联网这个概念是随着防火墙的出现而产生的。为了保证企业内部的数据安全，一个企业通常要建立防火墙，由此提出了外联网的概念。将服务器与内网、外网连接起来才能与贸易伙伴形成信息与交易网络。

2）安装服务器工作平台。典型企业服务器工作平台，一般来说包括防火墙、交换机、数据库服务器、应用服务器、邮件服务器和存储设备等。企业网站的架构需要根据企业网站的规模、提供的应用服务、安全需求进行相应的设计和安装。

3）配置网络软件。配置网络软件包括通信软件、IP 地址分配方式、域名系统以及接入软件等，调试服务器与内网、外网的通信连接。

4）安装、配置、调试 Web 服务器软件。

5）安装、配置、调试数据库服务器

（四）企业站点测试

系统建成之后，必须进行全面、细致的测试。测试的主要内容包括：

1. 网络连接测试

无论是内网还是外网，在权限允许的前提下，各主机和工作站之间都应实现可靠的网络连接。一般可通过运行“ping”命令测试 TCP/IP 连接是否正常。

2. 网页测试

网页是公众浏览的窗口，应进行反复、细致的测试。主要测试各级链 网页的可读性、下载速度、网页内容的正确性、客户浏览的方便性、交互性、关键性、 性等。

3. 网站功能测试

对于电子商务应用系统，重点要测试其所特有的网上交易与支付功能、安全性、网页与数据库系统的接口、网页与其他管理系统的接口功能是否达到系统要求以及有无错误等。

（五）企业站点发布

站点的发布即将设计、测试无误的网页存放到 Web 服务器，供用户浏览使用。网页的发布一般可分为三种形式，分别为 FTP、WWW 和 E-mail。站点发布后，应首先自行浏览一遍，并检查所有链接的有效性。

（六）企业站点维护

企业网站创建后，所应做的大量日常性工作就是站点的维护，其主要任务有以下几个方面。

1. 发现并及时修改失效链接

在我们浏览网站的时候，一定都遇到过页面上带红叉的无效图片或者“无法找到网页”的提示，出现如此现象一般都是因为链接文件的位置发生变化、被误删除或者文件名的拼写错误造成的。

为了避免出现无效链接的尴尬，树立良好的网站形象，当我们完成一个网站的设计制作后，一定要认真检查是否存在失效链接，要及时修改，否则无效链接会影响访问者的耐心和情绪。

2. 及时更换信息

企业网站的信息要及时更换，给人以新鲜、动态的感觉，如果长时间不更换信息，会让访问者失去访问的兴趣，从而不愿登录企业的网站。

3. 确保页面内容和拼写的正确性

页面误拼和错误会影响阅读，并可能导致搜索引擎错误地索引企业站点。

4. 维持与访问者的良好关系

维持与访问者的良好关系就是要及时用 E-mail 回复访问者提出的问题，对访问者有一个良好的服务与关注。

（七）企业网站推广

在 Internet 的数以亿计的网页中，必须要想方设法将本企业站点的页面展现在用户要推广本企业网站。常用的网站推广方式有以下几种：

眼前，用搜索引擎进行推广。

利用广告联盟。

）利用电子邮件。

4）参加相关论坛。

5）建立网络联盟。

6）运用传统媒体。

通常评价站点推广效果的指标有访问量、在线交易的金额与数量、请求主页连接的数量、网络广告的买主以及媒体关注率等。企业在进行站点推广中，应经常比较这些指标以及时调整网站内容和推广策略。

第四节 中国互联网络信息中心

中国互联网络信息中心（China Internet Network Information Center，CNNIC）是于1997年6月3日成立的非营利性管理与服务机构，担负着国家互联网络信息中心的职责。CNNIC 在业务上接受信息产业部领导，在行政上接受中国科学院领导。中国科学院计算机网络信息中心承担 CNNIC 的运行和管理工作。由国内知名专家、各大互联网络单位代表组成的 CNNIC 工作委员会，对 CNNIC 的建设、运行和管理进行监督和评定，如图 9.6 所示是中国互联网络信息中心的首页。

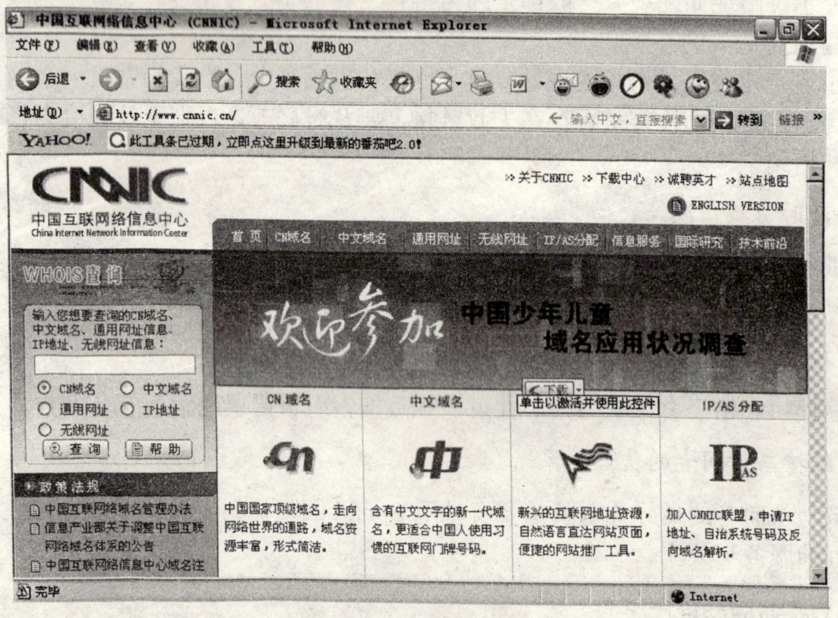

图 9.6 CNNIC 首页

一、CNNIC 承担的主要职责

（一）域名注册管理

根据国家主管部门的授权，CNNIC 作为我国域名注册管理机构，负责运行和管理国家顶级域名 CN 和中文域名系统。

（二）IP 地址、AS 号分配与管理

作为亚太互联网络信息中心（APNIC）的国家互联网络注册机构会员（NIR），CNNIC 成立了以 CNNIC 为召集单位的 IP 地址分配联盟，负责为我国的网络服务商（ISP）和网络用户提供 IP 地址和 AS 号码的申请服务。

（三）目录数据库服务

CNNIC 负责建立并维护全国最高层次的网络目录数据库，提供对联网用户、网络地址、域名和自治系统号等方面信息的查询服务。

（四）Internet 寻址技术研发

为跟踪互联网络寻址技术的最新发展，CNNIC 基于对传统 Internet 络寻址技术的管理和研发经验，承担相关研发工作和国家有关科研项目。

（五）Internet 调查与相关信息服务

CNNIC 自成立以来，积极开展多项公益性 Internet 络信息资源统计调查工作。CNNIC 的统计调查，其权威性和客观性已被国内外广泛认可，部分指标已经纳入国家信息化指标体系。此外，CNNIC 还基于自身技术优势向社会提供 Internet 络技术咨询、认证培训和网站流量认证等服务。

（六）国际交流与政策调研

作为国家级的互联网络信息中心，CNNIC 与相关国际组织，以及其他国家和地区的互联网络信息中心进行着业务协调与合作。

（七）承担中国 Internet 协会政策与资源工作委员会秘书处的工作

该委员会的宗旨是站在 Internet 发展前沿，积极参与我国 Internet 行业发展及管理政策的调查研究，为中国 Internet 健康、有序发展提供政策保障和立法建议；积极推动 Internet 地址等资源的技术研发与应用，探讨 Internet 资源的使用与管理模式；推动我国 Internet 信息资源的统计调查和相关信息服务的发展；团结我国 Internet 社区，开展 Internet 地址技术与管理政策方面的国际交流与合作。

CNNIC 的一项主要工作是定期公布中国 Internet 发展状况统计报告，可以使我们对中国的 Internet 发展有一总体印象。

二、中国 Internet 发展概况

（一）网民人数

中国互联网第 33 次网民调查显示，截至 2013 年 12 月末，中国的网民总数为 6.18 亿人，比 2012 年底提升了 3.7 个百分点，互联网普及率为 45.8%。手机网民达到 5 亿，年增长率为 19.1%。可以看出，越来越多的居民认识到互联网的便捷作用，随着上网设备成本的下降和居民收入水平的提高，互联网用户正逐步上升。

从中国互联网第 33 次调查结果可知，2013 年年末手机上网网民数已达到 5 亿人。6.18 亿网民中，用台式电脑上网的占 28.7%，笔记本电脑上网的占 16.9%，手机上网的占 73.3%。手机上网以其特有的便捷性，在中国发展迅速。

（二）中国网民结构

中国网民总数的快速增长已被世界所瞩目。截至 2013 年 12 月，高中及以上学历人群中互联网普及率已达到较高水平，未来进一步增长空间有限。2013 年，小学及以下学历人群的占比为 11.9%，相比 2012 年有所上升，保持增长趋势，中国网民继续向低学历人群扩散。如图 9.7 所示为网民学历结构。

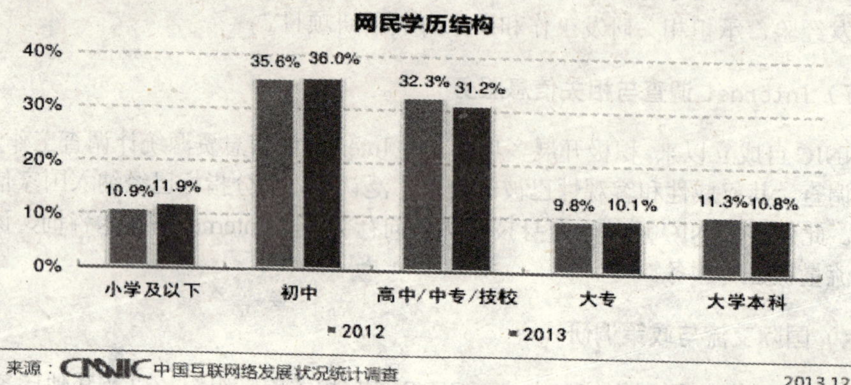

图 9.7 网民学历结构

CNNIC 第 33 次调查显示，从职业构成看，学生依然是中国网民中最大的群体，占比 25.5%，互联网普及率在该群体中已经处于高位。个体户/自由职业者构成网民第二大群体，占比 18.6%。企业公司中管理人员占比为 2.5%，一般职员占比为 11.4%。如图 9.8 所示为 2013 年 12 月末中国网民职业结构。

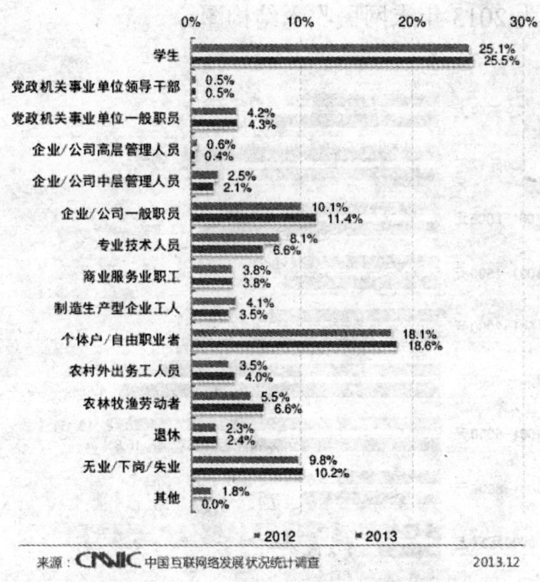

图 9.8　中国网民职业结构

CNNIC 第 22 次调查显示，网民规模居于第二位的企事业单位工作人员，比例占到 25.5%。此外，本报告中网民中的自由职业者比例占到了网民总数的 19.7%。图 9.9 所示为第 22 次调查的中国网民单位性质结构。

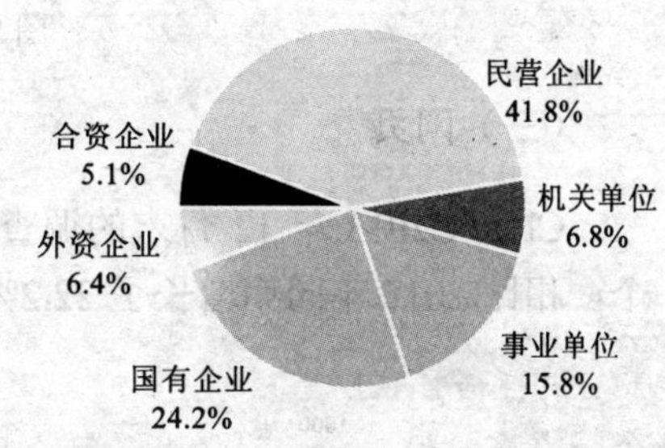

图 9.9　中国网民单位性质结构

CNNIC 第 33 次调查显示，截至 2013 年 12 月，中国网民男女比例为 56∶44，与 2012 年情况基本保持一致。庞大的网民基数影响下中国网民性别比例保持基本稳定。图 9.10 所示为 2013 年 12 月末的中国网民性别结构。

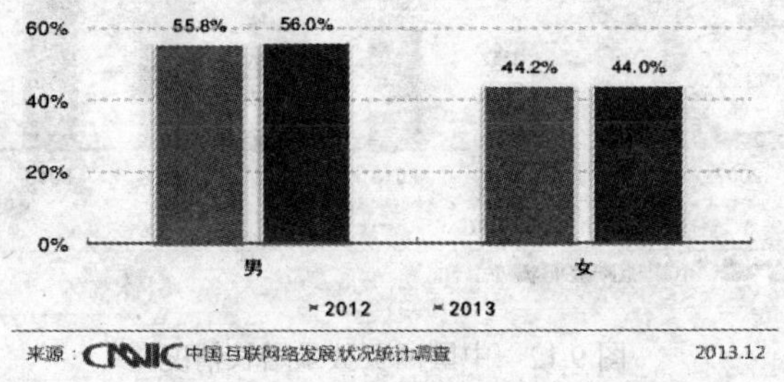

图 9.10　中国网民性别结构

CNNIC 第 33 次调查显示，月收入为 2001～3000 元和 3001～5000 元的上网群体规模最大，在总体网民中占比分别为 17.8%和 15.8%。500 元以下及无收入人群占比为

20.8%。图 9.11 所示为 2013 年末网民收入结构图。

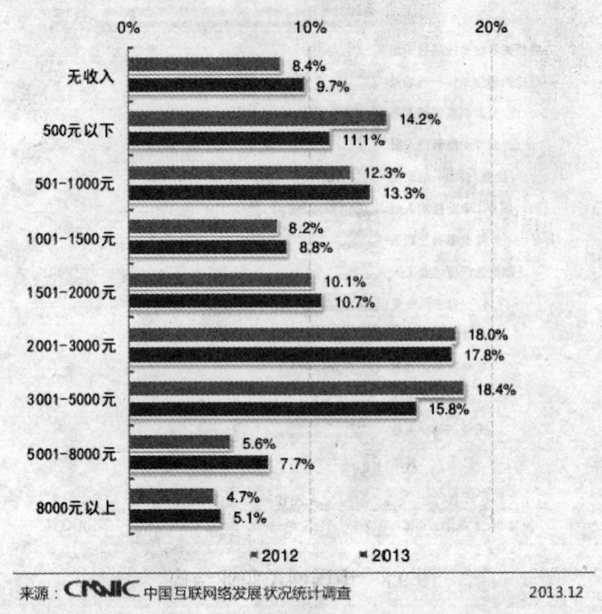

图 9.11　网民收入结构对比

（三）网页

CNNIC2013 年 12 月末的调查显示，截至 2013 年 12 月，中国网页数量为 1500 亿个，相比 2012 年同期增长了 22.2%。如图 9.12 所示。

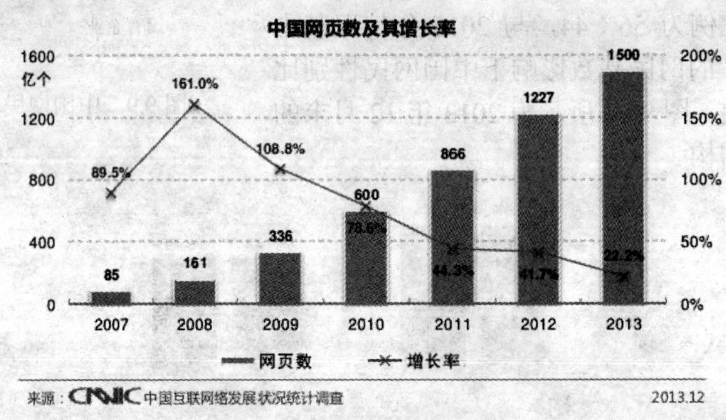

图 9.12　中国网页数量增长情况

（四）E-mail 应用

CNNIC 第 22 次调查显示，E-mail 的使用率有所提升，使用率为 62.6%，2008 年上半年用户增长量较高。根据中国互联网络信息中心（CNNIC）的研究，E-mail 的使用率也与网民的学历密切相关。网民学历越高，E-mail 使用率越高。大学本科及以上学历的网民中，E-mail 使用率超过 87%。

E-mail 使用与学历密切相关。学历越高，E-mail 使用率越高。从职业上看，管理人员、从事第三产业者和学生使用 E-mail 的较多，生产一线的工人、无固定职业者和自由职业者使用 E-mail 的较少，如图 9.13 所示。

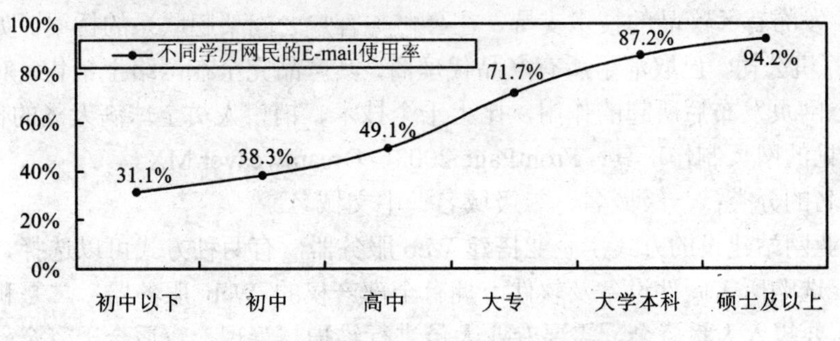

图 9.13　不同学历的网民 E-mail 使用率

（五）网上购物用户与网上支付用户增加

CNNIC 第 33 次调查显示，网络购物是互联网作为网民实用性工具的重要体现，随着中国整体网络购物环境的改善，网络购物市场的增长趋势明显，网络购物用户人数已经达到 3.02 亿人，较 2012 年增加 5987 万，增长率 24.7%，跻身十大网络应用之列。

网上支付和网上银行是与网络购物密切关联的两个网络应用。在网络购物、尤其是 C2C 网络购物中，网上支付手段的使用已经较为普遍，B2C 网络购物在网上支付手段方面也逐渐丰富，这两项网络应用的发展可以促进网络购物的发展。

网上支付和网上银行的发展都较为迅速，网民对两者的使用率分别达到 22.5%和 23.4%。尤其是网上支付，半年用户增量达到 2379 万人，半年增长率达到 71.7%，如图 9.14 所示。

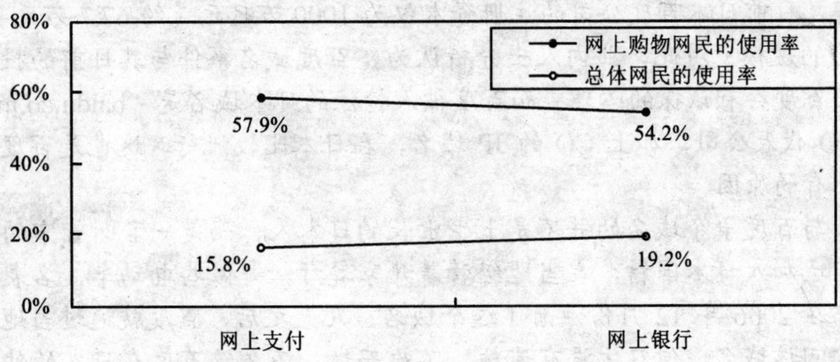

图 9.14　网上购物用户与总体网民网上金融使用率对比

小　结

本章主要介绍了以下内容：

1）在 Internet 上发布网页的意义：对于大公司而言，可以在网页上开展电子商务、推销产品，发布有关产品的技术支持，在公司与客户之间架起联系的桥梁。如美国著名的 Dell 计算机公司，已取消了所有产品代理商，其产品完全在网络上销售。对于大公司来说，一个网页发布后所起的作用，比上千个技术、销售人员全球满天飞的作用还大。

2）常见的网页制作工具：FrontPage 2003、Dreamweaver MX。

3）域名的分类：一级域名、二级域名、中文域名。

4）企业网站建设的方式：企业搭建 Web 服务器，有两种方式可以选择，一是自行建立网站，选购所需硬件设备及软件，拥有全部产权的 Web 服务器；二是租用虚拟主机。前者需要投入大量资金，需要专业人员进行维护与管理，较适合于资金、技术实力雄厚的大型企业；后者仅需一定的租金和必要的费用，对中小企业十分适合。

5）企业网站设计的基本内容：站点的体系结构设计，制定企业网站设计规范，网站导航系统设计，网站装饰风格设计，网站内容和功能设计以及网站模板设计。

案例分析

百度日本域名遭抢注案官司，百度胜诉

据悉，日本地方法院已受理百度的日本域名遭到抢注案这起域名注册官司，其立案时间是 2007 年 4 月 1 日愚人节。众所周知，百度刚宣布在日本设立公司一事，其百度日本的域名就被人抢注，在没有更好解决办法的情况下，百度与域名拥有者打起了官司。据百度发言人称，由于一直坚持在中文搜索领域，因此，百度在其他市场上并未投入太多精力。但该争回来的域名，我们会争到底。

据了解，目前日本百度公司的注册资本仅为 1000 万日元（约 67.7 万元），只是一个小型公司的规模。对此，业内人士分析认为，百度域名事件与其目前的投入相关，其中可看出百度存有试探的心理。而百度被人抢注的日本域名是“baidu.co.jp”。JP 代表日本，CO 代表公司，加上 CO 的 JP 域名，在日本比较流行，这也是百度不愿此域名被他人拥有的原因。

据称，与百度争夺域名的并不是土生土长的日本人，而是一名叫曾宁的中国香港人，他目前已加入日本国籍，在当地经营着几家餐厅，并做些电动车、名表等贸易生意。而曾宁在 2006 年 12 月份注册了这个域名。几天之后，百度就通过当地代理人找到他，想拿回该域名，但双方没有谈拢，不欢而散。不久，百度在日本的仲裁机构提出域名异议，仲裁机构认为曾宁属抢注行为，该域名判给百度。曾宁不服，随即提出上诉。因此，该域名最终会判给谁？目前还是未知数。

据介绍，百度在日本唯一的域名“baidu.jp”，早在 2003 年 9 月份就已注册，百度

在日本设立公司一事已酝酿了 4 年之久，但却遗忘了对其他域名进行保护，如今等到被人抢注，才想起打官司。

类似的例子还有百度日本的另一域名被一性服务店使用，百度欧洲域名被人抢注，类似的搜索网站已上线经营。相比之下，其对手 Google 为了保护自身权益，甚至一口气把相关的域名、商标都早早注册，防止被人钻空子。

资料来源：www.domain.cn

案例思考

1. 百度是哪国的公司？百度的域名为什么会被人注册？
2. 通过这个域名抢注案，你认为抢注者的行为是否合理合法？
3. 企业应如何保护与本企业品牌相关的名称被别人抢注成域名？

思考题

1．网页制作对于电子商务的意义是什么？
2．常见的网页制作工具有哪些？
3．何谓域名？何谓通用网址？何谓网络实名？它们之间有何关系？
4．域名的分类系统是如何构成的？
5．中文域名的意义是什么？其命名规则如何？
6．企业网站建设的基本流程如何？
7．企业网站设计的基本内容包括哪些？
8．网页设计的技巧有哪些？

实训项目

1．利用 CNNIC 平台，进行域名、通用网址或 IP 地址的查询。

2．在网络中查找 2014 年 7 月《第 34 次中国互联网络发展状况统计报告》全文并下载阅读，写出读后感。

3．利用 CNNIC 平台，查阅《中国互联网络域名管理办法》、《中国互联网络信息中心域名注册实施细则》、《通用网址注册办法》等政策法规，熟悉域名及通用网址的注册流程。

4．熟悉一个开展电子商务服务的网站，写出分析报告（报告内容可以是该网站的全面介绍，也可以是针对该网站某一特色方面展开的分析）。

5．登录 www.thomasglobal.cn，免费注册会员后，寻找一种你完全不熟悉的工业品，查看该产品的供应情况（如有多少生产企业，有多少家企业提供产品目录或网站，多少家企业提供在线订购服务，多少家企业可提供传真材料等）。写一份 400 字左右的报告，总结你对这种产品的了解及该产品在 WWW 网上的情况。

第10章

网络营销效果评价与分析

学习目标

1. 理解网络营销的意义；
2. 熟知网络营销评价指标体系；
3. 会进行网络营销评价；
4. 能注意网站流量分析的问题。

知识点：网络营销评价的意义，网络营销评价指标体系，网络营销评价的实施途径与指标分析以及网站流量分析中要注意的问题。

技能点：会进行商业网站竞争力分析、商业网站世界排名和网站流量分析。

网站商业竞争力分析

联邦快递公司（www.fdxcorp.com，简称 FedEx 或 FDX）是一家全球快运业巨擘。她仅用 25 年时间，从零起步，在联合包裹服务公司（UPS）和美国运通公司等同行巨头的前后夹击下迅速成长壮大起来，发展为现有 130 多亿美元、在小件包裹速递、普通递送、非整车运输、集成化调运管理系统等领域占据大量市场份额的行业领袖，并跃入世界 500 强。

FedEx 能在短期内速度崛起，自有多个原因，其中之一是它网站商业竞争力。近两年来，FedEx 的竞争力就体现在它在 Internet 上构建的智能化运输管理系统，其核心威力是对企业用户和对个体用户的吸引力上。

对于企业用户，FedEx 的智能系统能与用户企业网无缝连接，或通过 Web 页面直接介入到用户物资运输中去，使用户各种待运物资在送抵目的地总体等待时间最短、或最实时的解决方案。

FedEx 有独特吸引力，深受各类企业欢迎，大小公司趋之若鹜。如一家全球性女装零售商兼家居饰品商打算自己做产品的存储和批发业务，它请求使用 FedEx 的系统来跟踪本企业的订单、检查库存、安排运货时间等。结果，FedEx 通过网络，使其实现了所有接单送货均在 48 小时内完成。

FedEx 的成功杰作之一，是其向计算机直销巨头 Dell 公司提供的“全球一体化运输解决方案”。它将 Dell 在马来西亚和美国本土总部分为两大整机及零部件制造与供应中心，对于世界任何一地、任何单位数量的零件或整机需求，均由 InterNetShip 系统排出总体成本最低、最快捷的优化递送方案。

对于个人用户，FedEx 网站的规范化作业流能使他们方便地进行自我服务，可以接发订单、提交运输业务、跟踪包裹、收集信息和开账单等。

该网站每月有 300 多万次的访问，所有数据都同时进入公司内部网。由于约 2/3 的运输都是通过该系统自动处理，极大地降低了用户向 FedEx 电话应答中心的巨额查询费用，从而为其节省了数百万美元，成本的降低就意味着竞争力的增强。

公众现在已经把“交给联邦快递”这句话同遵守诺言等同起来。这一成果来之不易，诚如 FedEx 电子贸易营销经理布朗称：“无论顾客是通过电话、亲自上门，还是通过国际 Internet，我们的目标都是要保持百分之百的顾客满意。”

资料来源：tieba.baidu.com

第一节 网络营销效果评价

企业开展网络营销，有成功，也有失败，为此企业需要重新分析与判断网络企业的价值，探索新市场、新模式与新理念，如何从中汲取经验和教训，需要对企业网络营销做出正确的评价。对于消费者而言，在 Internet 上有成千上万家从事各种网络营销活动的网站，如何才能找到最佳的网站，获得最好的服务，这也需要对企业的网络营销进行评价。

网络营销效果评价是借助一套定量化和定性化的指标，对开展网络营销活动的各个方面（如网站访问量、客户服务和产品价格等）进行评价，以期总结和改善企业的网络营销活动，达到增加网络销售效益及提高网站管理水平的目的。

网络营销效果评价是网络营销必不可少的一项工作，可以分为事后评价和过程控制。事后评价反映了网络营销活动的综合效果，过程控制则是网络营销目标得以实现的保证。因此，网络营销评价应该将事后评价与过程控制相结合。

一、网络营销效果评价的起步

目前，开展网络营销的企业迅猛增加，不少企业投入一定的人力、物力、财力来开展网络营销，但企业开展网络营销，究竟对于企业的发展战略、产品开发与销售、收益等有无影响，或影响程度如何，都需要对网络营销做出客观而公正的评价。

传统的营销经过长期的发展，已经形成了一种比较科学的、公认的评价体系，有的已成为行业的标准，有的方法虽然在科学性方面有所欠缺，但却一直在采用。而网络营销的发展也就是近些年来的事，网络营销与传统营销的手段差别很大，因此到现在尚未有一个标准的或公认的网络营销评价方案。

企业出于不同的评价动机和目的，自身开展网络营销评价的方法和指标也是千差万别。不同的企业，或同一企业在不同时期，其具体的评价方法和过程也各不相同，因此得到的结果也各有不同。一般而言，在网络营销评价领域，比较有影响力的是第三方评价。第三方评价服务机构的评价内容较为广泛，但其评价对象以网上购物类和网上交易类网站为主，而对网上信息服务类网站评价的较少，其评价结果的社会认可程度也较高。第三方评价服务机构的运作机制也不尽相同，有的采用会员制，有的采用企业申请、行业权威机构受理的机制，有的专门为特定的公司进行网络营销评价服务。

网络营销评价在中国还处在起步阶段，专门的网络营销评价机构已经出现，但其所能提供的服务还十分有限。国内对网络营销进行的评价一般是由管理咨询公司来具体实施，而且都是进行个案研究。

我国具有权威性的评价网站有中国互联网信息中心（www.cnnic.com ）在国内提供网站流量的第三方认证。目前国内另一家提供网站测试认证及多项咨询服务的知名网站是世界网络网（www.linkwan.com）。

在美国主要的专业网络营销评价网站主要有 BizRate.com 公司和 Forrester－PowerRankina 公司。

BizRate.com（www.BizRate.com）公司成立于 1996 年，号称是第一电子商务门户网站。BizRate 从数以百万计的网上购物者中不断收集直接反馈信息，因此掌握哪些商店好，好在什么地方以及每天的服务如何变化等信息，可以根据消费者的特殊需求找出最适合的网站。而且，如果注册为会员，从 BizRate 网站进入所有链接的商店，还可以获得特殊服务的机会，如最高达 25%的折扣。对于参与评价的企业网站则可以根据需要免费使用顾客的意见,免费出现在 BizRate．CnYY1 的列表中，每月赠送一期详细的网站市场研究等。因此，BizRate。com 在网站评价领域大获成功。

Forrester PowerRanking（www.forresterpowerranking.com）是一个独立的研究咨询公司，通过在线用户调查与专家分析，为企业网站提供了一个全面的评价。PowerRanking 为消费者提供客观研究调查以帮助他们为选择较好的网站提供依据，对于商务网站来说，得到了对其市场地位的公正评价。

二、网络营销效果评价的意义

（一）帮助企业更好地开展网络营销

任何一个管理活动都要有反馈，网络营销也需要评价与反馈。企业为开展网络营销，制定了战略，做出了规划，投入了资金与人力，并且根据市场动态，实施种种促销手段。企业所做出的努力，其成效如何，产生了多少效益，有哪些经验教训，所有这些都依赖于对网络营销的评价。只有对所做的工作正确、客观地评价，肯定其成绩，找出其不足，才能改进现在的工作，为以后的营销活动打下良好的基础。通过网络营销评价，企业能够知道制定和实施的营销战略与策略是否恰当，为企业带来什么样的影响与效益。相对于传统营销而言，网络营销是一件新事物，其中包含了大量有待探索的领域，从这一点来讲，网络营销的评价更具意义，同时也有利于企业整个营销工作的开展。

（二）提高企业的服务水平

网络营销评价中的原始数据，有很大一部分是从消费者那里反馈回来的，这些信息直接反映了消费者的愿望，能够反映消费者的需求。例如，在网络营销评价中，用户在产品与服务的反馈中提出的意见和用户之间的讨论意见等，使企业能够提高服务水平。这就为企业指明了开展网络营销的方向，对企业确定网络营销战略，制定网络营销计划，指导企业对营销策略的调整具有重要意义。

（三）提高企业知名度

在现代社会中，企业的宣传对提高企业知名度具有不可低估的作用。企业开展网络

营销的目的之一就是宣传企业，在世界范围内提高企业的知名度。通过在知名的专业营销评价网站的评价，企业若能获得靠前的排名，可以树立企业的良好形象，提高企业的知名度。借助于第三方机构的力量来宣传企业，能收到广告宣传所达不到的效果。

三、取得顾客反馈信息的方法

从顾客那里得到有价值的反馈信息，可以促进企业业务的发展。下面是取得顾客反馈信息的常用方法。

（一）定期发布调查表

可以通过多种途径发布调查表，如发布在企业网站、电子刊物、新闻通讯，以及放置在产品包装箱内等，也可以张贴在网上公告栏、电子邮件列表或新闻　组中。

（二）为顾客创建在线社区

在线社区包括论坛、聊天室、讨论组等。相关人员可以作为主持人定期了解顾客对业务的谈论和看法，进而了解顾客的潜在需求。

（三）向顾客分发产品

通过这种方式请顾客使用并评论企业的产品，请顾客将评论表寄给企业，有的顾客会填写企业调查表，也有的顾客将不会回馈信息，但只要是反馈回来的信息大都很有价值。

（四）为网站访问者提供免费在线产品和服务

这些产品可以是电子书籍、搜索引擎登记、E-mail咨询、虚拟空间等，作为回报，请需求者填写一个关于企业的网站、产品或服务、顾客服务等方面的简短的调查表，获得顾客信息。

（五）创建顾客服务中心小组

邀请10～12个最忠诚的顾客定期会面，他们会提供改进顾客服务的意见，可以付给他们酬劳，请他们吃饭或者提供免费产品。

（六）定期与顾客保持联系

为顾客订阅免费的电子刊物，询问顾客企业网站更新时是否用E-mail通知他们，每次购买之后，继续了解顾客对购买是否满意。

为忠实顾客发送礼物以示感谢。在顾客的生日或假日，通过E-mail发送问候卡，打电话亲自祝贺顾客节日愉快，借此机会可以询问他们对企业的服务是否满意。

（七）方便顾客联系

提供尽可能多的联系方式，允许顾客通过 E-mail 联系，把 E-mail 地址做超级链接设置，免得顾客重新输入地址，提供免费电话、传真、即时通讯工具（MSN、OICQ）号码，这样方便顾客表达意见，更方便及时地对客户意见做出反馈。

（八）邀请顾客参加活动

为顾客创造特别的参与机会，如晚会、野餐、舞会等，在这些活动中公司员工与顾客可以相互交流，可以得到对公司业务有价值的反馈信息。

当然，有效的方法不止以上八种，营销人员还可以提出更好的、具有独创意义的方法。

四、网络营销效果评价的原则

（一）建立网络营销评价指标体系的原则

1. 科学性原则

网络营销评价指标体系的建立，要具有科学性。在评价指标数学模型的建立，评价资料的收集、统计、分析等各个环节上，都要按照客观规律进行，充分考虑网络营销本身的特性和影响因素之间的关系。

2. 系统性原则

网络营销评价指标体系所包含的指标要能反映网络营销的各个主要方面。

3. 可操作原则

出于不同的目的，评价网络营销的指标可以有很多，有些理想化的指标从理论上能准确反映网络营销的特点，但由于受诸多条件的限制，这些指标可能无法收集。在实际操作中，应选取可操作的、接近客观实际的指标。

4. 简洁明确原则

网络营销评价指标体系中包含的指标要简洁明确，易于理解，能够量化计算和统计分析。

5. 定性与定量相结合原则

尽可能地采用定量指标，对于一些定性的指标也尽可能地转化成定量的指标。但如用户的反馈意见、专家的评论等这些不能定量的信息在网络营销评价中，依然是不可忽视的。

（二）网络营销评价的实施原则

在实施网络营销的评价过程中，应该遵循以下几项原则：

1. 目的明确、目标单一

应该明确网络营销评价的目的是什么，是测评营销网站，还是了解网络营销的收益。而且每次仅对一个目标进行评价，太多的评价目标，其指标体系会变得很复杂，各种因素相互影响，评价的工作量将会增大。如网络营销产品和网络营销服务的评价指标不同的，应当分别评价。

2. 符合统计学原理

在网络营销评价中，样本的采集要符合统计学上的采样标准，要确保评价测试的数量足够多，样本足够大，以便在统计中能得出有效数字。

3. 精心组织测试题

对于采用网上调查问卷或电子邮件方式向用户发布的评价测试题，要精心组织、设计，测试内容中要避免"可能"式回答，应是"是"或"不是"的回答，题目的数量也要经过仔细地考虑，太多的题目数量，会使被测试者不愿回答或回答不完。

4. 评价的内容应有明显的差别

不要评价测试那些差别不大的东西，如评价产品销售时，不要评价那些功能差不多、价格接近、企业促销手段相似的产品，因为得到的结果不能说明什么问题。

五、网络营销的评价指标体系

网络营销评价指标体系的建立，目前主要从营销网站活动评价和企业网络营销效益评价两个方面进行。社会效益与企业内部由网络营销而产生的间接效益等，由于难以量化，暂时未纳入评价指标体系，而只作为评价参考。下面分别介绍网站活动评价指标与网络营销成本效益指标。

（一）网站活动评价指标

目前，可用于网站活动评价的量化指标并不多，即使对于最有可能量化监控的网络广告，除了 CPM（每千人成本）或 CPC（每点击成本）的费用之外，也难以计算网络广告的效果。尽管不能说明某些指标与网络营销效果之间的必然联系，还是有必要建立起相应的评价指标体系和标准。这些指标应该包括网站设计、网站推广、网站流量等方面。

1. 网站设计指标

不同类型的营销网站，从企业自身开展网络营销的目标出发，功能、风格和视觉效果等方面都不相同。因此，网站设计的评价指标有很多，不同的出发点，有不同的评价指标，如注重设计艺术的指标，注重信息内容的指标，注重网站结构的指标等。但在网站的设计上，仍可以找到一些通用的指标，主要有主页下载时间、有无死链接和拼写错误、不同浏览器的适应性以及对搜索引擎的友好程度等。关于对这些指标的评价，除了自己进行测试外，还可以参照第三方提供的测试结果。一些第三方的测评网站也可以根据这些指标提供测评，检测的综合结果分为四个等级，分别为优、好、一般、差，也可以量化评分。

作为优秀的商业站点，必须具有充分的商业意义和丰富的内容。使网站真正能为商业活动提供帮助。另外，在设计上必须要体现商业站点的特点，结构完整，规划完善。为了让更多的人了解网站，优秀的企业网站还应该具备一定的搜索引擎查询功能和必要的安全保证。

建立网站测试指标时应注意的的问题

商业网站测试的指标体系设计要注意如下问题:

1）拼写检查指标问题，由于现在的电子词典大都没有收录新出现的 Internet 专业词汇，对于诸如 chinabyte，marketingman 等由几个单词组合而成的词汇同样视作拼写错误，由此导致这项指标并不能反映实际情况。

2）浏览器兼容性差的问题，因为不同版本浏览器、不同的网络连接方式，下载网页的速度都有所不同，老版本的浏览器对现在 Internet 上许多新的标准和技术都不支持，所以会出现浏览器兼容性差的问题。在建立网站设计指标时，必须确定测试的标准工具，如网页下载速度的测试工具，应根据主流用户所采用的网络连接方式及普遍使用的浏览器版本选择确定。

2. 网站推广指标

网站推广指标是指企业在经过网站推广之后，有多少网民知晓，能否被搜索引擎检索到。网站推广的力度在一定程度上说明了网络营销人员为之付出劳动的多少，而且可以进行量化，主要有如下几个指标。

1）建立互惠链接的数量。在其他网站链接的数量越多，对搜索结果排名越有利。实践证明，交换链接的意义实际上已经超出了是否可以直接增加访问量这一具体效果，获得搜索引擎排名优势，获得合作伙伴的认知和认可，为用户提供延伸服务，同样是一个网站品牌价值的体现。如果企业网站被其他网站链接的数量越多，为用户知晓的可能性也就越大，而且访问者还可以直接通过链接进入企业的网站。但有的网站因为版权等原因，不愿意让其他网站链接。

2）注册用户数量。注册用户数量是网站价值的最重要指标之一，在一定程度上反映了网站内容对用户的价值，决定了网站通过注册用户最终获得的收益。注册用户越多，也就越能反映出网站受欢迎的程度，也就越能反映网络营销的成果。而且，注册用户数量一般就是潜在的顾客数量。

3）网站的实际知名度。网站的知名度越高表明网站推广的效果越好，它在某种程度上反映了企业网站的地位和企业的影响度。用传统营销方式推广企业的网站，也同样可以扩大网站的知名度。这种网站实际知名度的获取可以通过在其他网站上或传统的报

纸上发布调查问卷表的方式进行。

4）登记搜索引擎的数量和排名。多数网民了解一个新的网站地址，主要是通过搜索引擎。一般来说，登记的搜索引擎越多，对网站的知晓程度也就越高。但目前搜索引擎企业经过竞争、发展，用户常用的也就是著名的几种，企业一般也只是在那些著名的搜索引擎上登记，因此登记搜索引擎的数量，只能供参考。此外，搜索引擎的排名也很重要，虽然在搜索引擎登记了，但排名太靠后，用户没有耐心翻阅到载有企业网址的那一屏，同样不起作用。

3. 网站流量指标

通常所说的网站流量（traffic）是指网站的访问量，主要用来描述访问一个网站的用户数量以及用户所浏览的网页数量等指标，常用的统计指标包括网站的独立用户数量、总用户数量（含重复访问者）、网页浏览数量、每个用户的页面浏览数量、用户在网站的平均停留时间等。此外，网站流量还有一层意思，就是一个网站服务器所传送的数据量的大小（数据流量常用字节数/千字节数等指标来描述），在网络营销中所说的网站流量一般与网站的实际数据流量没有一一对应关系。网站流量统计分析的基础是获取网站流量的基本数据，这些数据大致可以分为三类，每类包含若干数量的统计指标。

1）网站流量指标。网站流量统计指标常用来对网站效果进行评价，主要指标包括独立访问者数量（unique visitors）、重复访问者数量（repeat visitors）、页面浏览数（page views）、每个访问者的页面浏览数（page viewsper user）以及某些具体文件/页面的统计指标，如页面显示次数、文件下载次数等。

2）用户行为指标。用户行为指标主要反映用户是如何来到网站的、在网站上停留了多长时间、访问了哪些页面等，主要的统计指标包括用户在网站的停留时间、用户来源网站、用户所使用的搜索引擎及其关键词以及在不同时段的用户访问量情况等。

3）用户浏览网站的方式，主要包括用户上网设备类型、用户浏览器的名称和版本、访问者计算机分辨率显示模式、用户所使用的操作系统名称和版本以及用户所在地理区域分布状况等。

除了要分析自己网站的访问情况之外，专业的网站访问分析还应该包括对竞争者网站的分析评价等内容。

（二）网络营销成本效益指标

虽然有些网站的网络营销效益能以货币的方式进行核算，但更多网站的网络营销是无法用数字进行量化计算的。传统的企业，一方面仍用传统的营销方式，另一方面开展网络营销，这给消费者提供了另一种消费方式，即接受网上的宣传、公关、服务，但在网下购买。因此有关网络营销的成本效益指标也是比较难建立的，可以按传统广告效益核算的方法，把开展网络营销期间的销售量或利润与未开展网络营销期间的历史数据进行对比，但这样的对比仍存在许多问题，因此不能够完全按传统营销的收益分析法来分析网络营销产生的收益。而对于完全开展网络营销的企业，如 MY8848 等，没有传统营销的因素干扰，因此可以参照传统营销的收益分析方法建立成本效益指标。

1. 成本核算指标

1）网站建设成本。成本核算一律采用货币表现形式，包括办公设施占用费、办公用品开支、购买或租用软硬件费用、软件开发费用、用户培训费用、日常维护费用、网络费用和人员工资等。其中，办公设施占用费包括房租、水电费和电话通信费等；软件开发费用不要与人员工资重复计算。

2）网络营销成本。包括广告费用、产品促销费用、公关费用、网上调查费用以及网络客户服务费用等。其中广告费用包括广告的创意、制作、发布等费用；产品促销费用包括折扣、赠品等费用；网上调查费用包括调查问卷设计、发布、分析评估等费用。

2. 网络营销的成本效益评价指标

根据所开展的营销活动，确定一个标准的技术与服务水平，在此基础上合理地进行成本核算。如一项促销活动，企业投入了一定的费用，在促销活动期间，产品的销售量、产值、利润等有无增加，网站的访问人数有无增加等，是衡量网络营销成败的直观指标。相同的技术与服务水平条件下，成本越高，网络营销的效果越差；成本越低，网络营销的效果越好。但网络营销在实施过程中，有较强的时间性，一项网络营销策略一般只在一定时期内有效。

（三）其他评价指标

网络营销产生的直接效益难于统计，企业开展网络营销更多的是在于提升服务，增加顾客满意度，树立企业形象，而这些都是企业的无形资产，因此可以参照无形资产的评估方法，制定出网络营销的评价指标。

企业的营销环境还包括了竞争环境、法律环境、社会文化环境、政治经济环境以及技术环境等，在制定网络营销评价指标时，还应考虑这些影响因素，适当选用这些评价指标。

六、网络营销效果的综合评价

正确评价一个项目的前提是要有合理的评价指标体系，由于网络营销还处于初级阶段，理论和方法体系都在不断发展之中，建立一种完善的网络营销评价机制并非易事。网络营销可以量化的评价指标有时并不容易获得，即使对于一些可以量化的指标，也不一定能够直接反映经营业绩。例如，网络营销对于销售额的贡献率是多少？对于品牌形象的提升产生了多大效果？某个网络广告的访问者或者点击数最终产生了多少效益？这些都是难以量化的，仍然很难评估。因此，应该有综合评价网络营销效果的思想。

网络营销效果综合评价是对一个时期网络营销活动的总结，也为制定下一阶段网络营销策略提供了依据，同时，通过对网站访问统计数据的分析，也可以提供很多有助于增强网络营销效果的信息。对网络营销效果的综合评价体系主要包含下列四个评估指标，分别为网站设计评估指标、网站推广评估指标、网站使用评估指标和网站品牌价值评估指标。

1. 网站设计评估指标

首先，网站的设计应当人性化。足够的人性化设计是对顾客尊重的标志，彻底考虑顾客的使用简捷方便，多从顾客的角度考虑，使功能、布局等处处为顾客着想。其次，网站设计的安全性和可扩展性，即必要的信息安全保障和足够的功能模块扩充能力。第三，网站使用的适应性，例如，不同类型用户在不同条件下访问的响应速度、有无死链接和拼写错误、不同浏览器的适应性以及对搜索引擎的友好程度（META 标签合理与否）等。

2. 网站推广评估指标

1）网站知名度。网站知名度即网站在网络营销目标人群中知晓的比例。

2）网站在搜索引擎中的地位，包括登录引擎数量及排名位置，这对增加网站新的访问量有着重要作用。

3）与相关重要网站的链接，其主要对象是潜在目标用户集中的有关网站。

3. 网站使用评估指标

网站访问量指标可根据网站流量统计报告获得，其中最有价值的指标包括独立访问者数量、页面浏览数量、注册用户数量、用户访问量的变化情况和访问网站的时间分布、访问者来自哪些网站/URL、访问者来自哪些搜索引擎以及用户使用哪些关键词检索等。一份有价值的网站流量分析报告不仅仅是网站访问日志的汇总，还应该包括详细的数据分析和预测。通过网站流量分析获得的顾客行为资料，可以用以调整网站设计和运营，改善网络营销活动效果，更好地为顾客服务，提高收益。所有这些原始资料都存在于网站日志中，但如果不借助网站流量分析工具，将很难组织这些资料。使用流量分析工具有两种方法，一种是通过在自己的网站服务器端安装统计分析软件来进行网站流量监测；另一种是采用第三方提供的网站流量分析服务。

这两种方法各有利弊，采用第一种方法可以方便地获得详细的网站统计信息，除了访问统计软件的费用之外无需其他直接费用。但由于这些资料在自己的服务器上，因此在向第三方提供有关数据时缺乏说服力；第二种方法则正好具有这种优势，但通常要为这种服务付费。具体采取哪种形式，或者哪些形式的组合，可根据网络营销的实际需要决定。在网站发布初期，可以每天查看一次网站访问统计数据，并且每周进行一次汇总和分析；此后应保持至少每周查看一次（最近 7 天的访问数据），每月对当月网站访问统计数据进行汇总，并对最近 3 个月的访问统计信息进行对比分析。

4. 网站品牌价值评估指标

网站品牌是否能取得顾客的认可，是能否战胜竞争对手的关键。网站品牌的主要衡量标准有品牌价值、域名价值、品牌延伸机会及客户评价等。网络品牌必须具有可认知的、在网上存在的表现形式，如域名、网站（网站名称和网站内容）、电子邮箱、网络实名和通用网址等。网络品牌通过一定的手段和方式向用户传递信息并获得忠诚顾客，这种价值的转化过程是网络品牌建设中最重要的环节之一。顾客的评价是品牌发展过程中的重要参考意见。

通过从以上四个方面对网络营销效果进行综合评估，可以针对网络营销策略进行调整和改善，持续改进顾客服务质量。

第二节　网络营销评价的统计分析基础

建立了网络营销评价指标体系后，就应该按分析评价指标收集数据。如何收集数据，则根据网络营销评价的目的、指标体系的不同而不同。

一、网络营销的评价方法

根据评价的目的不同，可以采用不同的评价方法。

（一）网上客户调查

直接向网上客户调查。在网站上发布调查问卷表，或向客户发送调查问卷的电子邮件，询问他们对某个商务网站的看法，听取他们的意见，如网上信息的真实性、购物的方便程度、客户服务与企业沟通等，可以对企业网络营销总体进行调查，也可以针对某个营销活动，如对某个广告、某次促销活动进行评价，对于如网站的排名、受欢迎的程度等信息进行简单评价，也可以采用投票的方式，直接采集数字信息。

向客户调查，可以掌握第一手资料，了解消费者需求。因为客户在亲身体验中，对于遇到的各种问题，往往感受很深，在调查中一般能较为真实地反映出来，但在向客户调查中，应该注意以下几个问题。

1. 调查的样本选择

调查时，如在调查购物方便程度时，应该选择在企业网站上购过物的客户，向他们发送电子邮件，进行询问。

2. 要根据评价指标精心组织调查问卷的题目

调查时，要根据评价指标设计调查问卷的题目，每一个所要调查的问题要科学合理地反映网上客户的意见。

3. 调查问题准确，便于回答

这种调查方式不要涉及客户不掌握的内容，或无法客观回答的内容。如企业营销网站的结构布局是否合理等这类问题，因为客户的专业水平及观点不同，对网站总体布局并不十分了解，即使回答，其真实性、可靠性也不高。

4. 要防止舞弊行为

采用投票方式采集数据时，要防止舞弊行为的发生。

（二）专家评审

消费者一般只能回答与他有关的、亲身经历过的问题，对于较为专业性的问题，由于消费者并不掌握专业知识和相关的数据，无法给予回答。专家评审可以从专业的角度，对企业网络营销做出一个专业的评价。

在专家评审中，企业要提供有关的数据，或请专家采集数据，通过一定的数学方式，对数据进行处理分析，得出结论。

（三）客户与专家评审相结合

这种方式可以更为全面地评价企业的网络营销，将客户调查与专家评审中的优势相结合，取长补短，可以更为真实地反映企业网络营销的现状。

二、网络营销评价的指标体系

（一）网站设计指标

可以采用专门的测试软件，测试网页中是否存在无效的链接，网页下载的速度的大小以及程序有无错误等。对于导航系统、布局的合理性等则需请专家进行打分评定，如表 11.1 所示。表 11.1 中的评分项目根据网站评价的要求确定，通常为百分制，按项目确定评分标准和比率。标准要明确，且具有可操作性，而不能凭印象给分，对评分的项目应写出简要的评语。

表 11.1　网站设计质量指标表

1.设计特征					2.信息特征					3.网络特征			
色彩搭配	网站布局	网站导航	网站类型	互动性	有效性	可靠性	分类搜索	媒体	数据库	网页下载速度	链接	网站安全	得分

Gomez 网站积分卡评价方法

积分卡用于测量电子商务网站的质量，覆盖一个行业满足最低服务标准的所有公司（通常依据产品的深度和广度以及实用性）。积分卡的评价指标体系由 150 多项标准组成，这些标准由 Gomez 专家制订，用来获取某个领域 Internet 货物配送以及服务方面的信息。

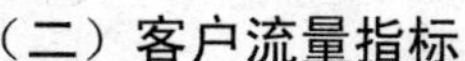

（二）客户流量指标

最简单的用户数量统计可以在网页上安装一个计数器，只要用户浏览网页，就可自动计数。但这种方式并不可靠，容易被人作弊。现在大多采用一些专门的流量统计分析软件，这种软件安装在 Web 服务器上，可以自动跟踪、记录用户的活动。例如，访问站点的网民数量，在什么时间段中访问该站点的人数最多，服务器何时出现过错误或警告信息，访问该站点的用户在各个国家的人数比例等。通常是通过 Cook 论或令牌来区分一个单独访问者，而不是通过 IP 地址来区分。还可以用日志来跟踪消费者。还可以统计出用户下载了哪些文件，下载率最高的是些什么文件，哪些页面查看的人数最多，用户经过多少链接才找到所需的信息，有多少用户只浏览了第二个页面就离开了，有多少搜索引擎程序光顾了该站点，平均每个用户在该站点停留了多长时间等。

（三）收集用户反馈信息指标

用户的反馈信息可以通过电子邮件、调查问卷表等获取。为鼓励用户参与，可以向用户提供奖品、免费软件或某项服务。

在网络营销网站上设立电子公告牌、聊天室、网上论坛，用户可以在线进行交流，通过这种在线交流，收集有用的信息。除了这些网络方式外，在网站上还可留下联系电话，特别是 800 免费电话，或地址、邮编等，让用户以打电话、写信的方式，来发表自己的观点。这些方式能分别适用于不同兴趣的用户，再加上一些鼓励措施，用户反馈的信息在某种程度上说既有数量，又有质量。

（四）投资收益统计

通过企业的营销系统和财务系统，查阅有关报表，可以收集到销售数据、网络营销的成本、订单履行的成本、产品和服务的成本等数据，从而可以掌握企业为建立网络营销网站的投资额，了解为开展网上促销活动所花费的资金，了解企业在网络广告、信息发布、网络公关等方面投入的资金。可统计每个月、季度或年度在 Internet 上的销售量、订货量，传统营销渠道的销售量等。结合客户流量等指标，可以综合分析评价企业网络营销的效益。

第三节　网络营销效果分析

一、网络营销评价的指标分析

由于企业开展网络营销的出发点不同，对网络营销认识程度不一，建立的网站也是各不相同，因此对网络营销指标的组合评价也不一致，而且目前尚无一个统一的评价标准，这里我们提供一个简单的组合对比表（如表 11.2 所示）。

表 11.2 网络营销指标组合对比表

营销类型	网站设计指标	网站推广指标	网站流量指标	网络营销成本效益指标
入门型网络营销	低	低	低	低
初级网络营销	低	中	中	低
中级网络营销	高	高	中	中
高级网络营销	高	高	高	高

（一）入门型网络营销分析

企业对网络营销的认识不深，没有足够的重视，仅仅是随大流，看到别的企业有了网站，自己也就建一个，至于建立网站的目的是什么，可能都不清楚，只是“有”了网站。这样的网站一般只有几个页面，少的甚至只有一个页面。其功能主要为介绍、宣传企业及产品，首页上多为企业介绍、总经理（或厂长）致词，信息量有限，且更新慢。在网站推广上，只是在某个搜索引擎上注册了事，有的甚至都没有在搜索引擎上登记。

（二）初级网络营销分析

企业对网络营销有一定的了解，但由于技术力量、资金等因素的影响，网站比较粗糙，从布局、链接、功能模块到色彩搭配、文字风格等存在不同程度的问题。这些企业的网站包含了基本的网络营销模块，如信息发布、客户服务等，与顾客的交互沟通主要通过电话或电子邮件。在网站推广上，只在一两个搜索引擎上注册，并且用一些传统的媒介宣传网址。

（三）中级网络营销分析

企业为开展网络营销投入了相当的人力和资金，有技术人员负责网站的建设与管理。网站设计、建设等方面较好，在网站推广方面做了一定的工作。但由于企业自身的原因，如品牌知名度、产品、经营范围等，或网站功能模块方面的不足，如缺乏网上购物、论坛等功能，因此网站的用户流量并不十分理想，成本效益指标也不高。这些中级的网络营销，在网站建设上、推广宣传上花了很大的精力，但网站的内容、功能较弱，没有从顾客的角度考虑，这是这类网站在今后发展中要注意的地方。

（四）高级网络营销分析

企业对网络营销有较深的了解，技术力量较强，网站设计、制作水平较高，体现了人性化的设计理念，处处考虑顾客的需求，树立企业的品牌和形象，扩大知名度，因此网站流量、成本收益等指标较高，有的企业网络营销可有较大的盈利。企业的内部结构、业务流程也都作了相应的调整，以适应网络营销的开展。

二、网站流量分析要注意的问题

在企业网站流量的数据采集中，由于受一些因素的干扰，会造成数据的准确性下降，降低指标评价分析的准确性，从而导致错误的决策。这些要注意的问题主要有以下几个方面。

（一）缓存问题

为了提高网页下载的速度，有的企业把网页放到另一台计算机的缓存中，这样就大大缩短了计算机响应的时间，但如果有多个用户访问这台计算机缓存中的网页时，系统的跟踪报告将只显示一个访问者，即网页下载到缓存中的这台计 算机。

为了解决这个问题，一个简单的方法是为每个网页生成一个动态生成网页，使网页不断更新，或者可以在 HTML 代码中设置一个 Meta Program 标志以使网页尽快失效，从而强制缓存重新调用更新的网页。

（二）防火墙的过滤

如果企业内部的计算机通过防火墙访问其他网站，则防火墙可将企业内部计算机的真实地址给过滤掉，大多数防火墙只显示其防火墙的地址，而不是某一个确定的访问者。Cookie 回避大多数的防火墙，URL 令牌回避几乎所有的防火墙。这一点，在分析流量指标时要尽可能加以适当的考虑。

（三）不同的地理位置

有的企业可能在不同的国家或地区拥有多个服务器，如不同语言的网站，各自统计网站的流量，要想获得企业网站的总流量，必须将它们汇总起来。

（四）网页计数器的缺陷

在企业的网页中放一个计数器是十分简单的，但计数器的数据可以被修改，这样会给企业提供误导性的结果，而且如果网页上计数器显示的数字太小，给人的印象是企业的网页访问者不多，企业不怎么样；如果计数器上的数字太大，无疑是提醒了企业的竞争对手，让他们发现企业的想法和做法十分有效。

而且网站计数器使得企业网站看起来像个人网站，因此最好是将计数器程序置于网页中，页面上不要显示出来。

小　结

本章主要介绍了以下内容。

1）网络营销评价的意义：提高企业知名度，提高企业的服务水平以及帮助企业更

好地开展网络营销。

2）网络营销信息反馈的方法：向顾客分发产品，为顾客创建在线社区，定期发布调查表，邀请顾客参加活动，方便顾客联系以及定期与顾客保持联系

3）网络营销的评价方法：网上客户调查、专家评审、客户与专家评审相结合。

4）网络营销评价的指标体系：投资收益统计、收集用户反馈信息指标、客户流量指标和网站设计指标。

5）网络营销评价的指标分析：从四方面进行，分别为入门型网络营销分析、初级网络营销分析、中级网络营销分析和高级网络营销分析。

6）网站流量分析要注意的问题：缓存问题、防火墙的过滤、不同的地理位置以及网页计数器的缺陷。

案例分析

网易网站的评价

1. 网站的背景

网易公司是中国领先的Internet技术公司，自1997年6月创立以来，凭借先进的技术和优质的服务，网易深受广大网民的欢迎。在开发Internet应用、服务及其他技术方面，网易始终保持国内业界的领先地位，并取得了中国Internet业的多项第一，如第一家中文全文检索，第一个大容量免费个人主页基地，第一个免费电子贺卡站，第一个网上虚拟社区，第一个网上拍卖平台，等等。目前，网易的日平均页面浏览量超过了3.7亿人次，曾多次被中国Internet络信息中心（CNNIC）评选为中国十佳网站之首。

网易开发、组织并推出了18个各具特色的网上内容频道（16个内容频道及广东和上海2个地方特色频道），为用户提供国内国际时事、财经报道、生活资讯、流行时尚、影视动态、环保话题、体坛赛事等信息。同国内外100多家网上内容供应商建立了合作关系，以确保网上内容的丰富性和独特性。网易的45种免费电子杂志，目前拥有超过3千万份的订阅量。网易是中国第一家能让用户根据自己的兴趣和爱好创建“个性窗口”的网站，这一服务也叫“在线个性化服务”。同时，网易还是中国第一家免费为用户提供主页空间的网站。

网易是中国首家提供在线互动式社区服务的Internet公司。虚拟社区提供了1800个论坛，主题包罗万象，大到时事评论，小到厨艺交流，人们可以根据自己的兴趣，张贴信息和文章，发表意见，并对别人的意见做出评价。网易还提供了多种类型的社区聊天室，最高峰时有6000余人同时在线进行聊天。

2000年11月份，网易推出网易商城，它为电子交易商务供应商和传统企业客户提供了在线电子商务平台。网易也是中国首家提供在线拍卖业务的Internet公司，支持各种形式的网上支付，包括网上信用卡和记账卡，用户还可以用支票支付或选择现金快递支付。

2. 网站设计的质量指标

网易网站在设计建设中，充分为用户着想，网站建有完善的导航系统和搜索引擎，有良好的交互性，用户在访问网站时，能够以最少的点击次数，到达所要浏览的页面。为方便用户访问，网易提供了 www.163.com 和 www.neteast.com 两个域名。我们选取 2003 年 8 月 14 日的网易网站进行了一次简单的测试，网站基本上没有无效链接，网页下载速度快，在 56kb/s 调制解调器拨号上网方式中，一般不超过 10 秒。主页大小只有 88KB，在主页的 1 531 行代码中，只有 31 处属性方面的小错误，如多余的字体标签、空标签等，这些错误不影响网页的运行。

网易网站的信息量大，时效性好，分类清晰，搜索功能强，与客户的交互性好，在主页下方有客户服务、联系方法、意见反馈、帮助等，提供多种客户服务的手段和方法。

不足之处主要有主页过长，需要翻屏 6 次，才能浏览完整个主页；弹出广告前后有 4 个之多，令用户感到有点烦；在退出网易通行证之后，用户名不能自动从用户名的文本框中清除。

3. 收益

网易网站 2003 年第二季度收入总额达 1.36 亿人民币（1650 万美元），较截至 2003 年 3 月 31 日的上一季度的 1.18 亿人民币（1420 万美元）增长了 5.5%，较 2002 年同期的 3 848 万人民币（465 万美元）增长 253.8%。广告收入达 2080 万人民币（250 万美元），按年增长 159.3%。电子商务及其他服务收入达 1.15 亿人民币（1390 万美元），按年增长 280.2%。收入继续增长，毛利率达到 78.9%。营业利润达 7790 万人民币（940 万美元），净利润达 7580 万人民币（920 万美元）。

资料来源：www.163.com

要求：请根据所给的资料（不足的资料可上网查询），从以下几方面对网易网站进行一下评价。

1. 网易的业务开展得如何？
2. 网易的下载速度、网站的访问量和搜狐、新浪相比如何？
3. 网易的效益如何？请具体用指标说明。

1. 为什么要对网络营销进行评价？
2. 如何建立网络营销评价指标体系？

3．获得顾客反馈信息的方法有哪些？

4．如何实施网络营销评价？

5．网站流量分析时要注意些什么问题？

实训项目

利用排名查询网站，对商业网站的访问量进行分析。

完成下述练习后，提交 1000 字左右的书面（或电子）报告一份，阐述如何使用排名查询网站对企业网站进行评价，如何提升企业网站的世界排名，扩大企业知名度，推广企业网络营销。

1．下载安装 Alexa 工具，查询至少三个商业网站世界排名和网站流量，分析对比三个网站之间的网站访问数量、流量排名和人均页面浏览量，并可点击不同时间段查看相应时段的曲线变化。按照不同国家查询网站排名。

2．使用中文网站“世界网络网（www.linkwan.com）”查询网站排名。利用“多站对比查询”功能，浏览搜狐和新浪网站在 Alexa 上的流量（Rank）排名信息对比。

3．阅读下列资料回答问题。

深圳市容大节能科技有限公司是致力于新材料开发应用的高科技企业，并专业致力于节能、环保产品的开发、生产和销售。和国内外纳米研究机构、汽车工程研究部门、环保部门、内燃机生产厂商等有着广泛的研发合作和技术交流。

该公司在节能这一块算是做得有名气的公司，也建有公司的网站，但由于没有重视网络推广，公司网站访问量少，影响了公司网络营销的发展。经过分析发现，公司的网站流量很低，一直没有做起来。现在是 Internet 的时代了，他们也想尝试做一下网络推广，提高公司的网站流量，后来通过别人的介绍知道了天助公司的中国商机发布引擎，他们就尝试性地做了，现在效果非常好，网站的流量也快速上升，现在 Internet 上一些知名的推广平台几乎都有他们容大节能的产品信息。比如说“环保燃气节能器”、“环保型汽车节油器”、“深圳燃气节能器”等，在百度，谷歌等搜索引擎上都能出现在首页。

问题：

（1）企业商务网站建成后，网站流量的多少对企业网经营销有什么影响？

（2）你如何对网站流量作分析？（可自己查找资料）

学 习 大 纲

"网络营销"课程学习大纲（一）

一、适用范围

本大纲适用于高职高专市场营销专业学生学习。

二、课程任务

通过学习本课程学习要求同学们了解网络营销的基本内容和方法；会运用网络营销的常用工具，了解网络营销网站建设相关内容，能够正确了解网络营销在经济交易中的应用，培养学生的网络营销的操作能力，从而能够顺利的完成网络营销工作，提高网上营销的能力，提高学生的素质，更好地开展营销工作。

三、理论及实践教学时间分配表（供参考）

序　号	课　题	课　时	课时分配			
			讲　授	上　机	案　例	实　训
1	网络营销概述	4	4			
2	网上市场营销信息的搜索与整理	8	4		2	2
3	网上客户购买行为分析	8	4	2		2
4	网络目标市场	6	4		2	
5	网络营销的方法	8	4	2		2
6	网络社区营销方法	6	2	2	2	
7	网络营销宣传策划方法	6	4			2
8	网络营销组合方法	8	4		2	2
9	企业网络营销网站建设基础	6	2	2	2	
10	网络营销效果评价与分析	4	4			
	总学时	64	36	8	10	10

四、几点说明

（一）本大纲是根据"市场营销"课程教学计划统一要求部分制订的。

（二）教学法建议。

1．本课时安排是64学时，根据具体要求可对相关内容进行删减。

2．讲授时注意理论联系实际，结合案例分析，以加深学生对所学内容的理解。

“网络营销”课程学习大纲（二）

一、适用范围

本大纲适用于高职高专电子商务专业学生学习。

二、课程任务

通过学习本课程学习要求同学们了解网络营销的基本内容和方法；会运用网络营销的常用工具和制定网上交易策略；掌握网络营销网站建设相关内容，能够正确了解网络营销在B2B、B2C、C2C中的应用，培养学生的网络营销操作的能力，从而能够顺利的完成电子商务营销工作，提高网络营销服务的质量，提高学生的素质，更好地为客户服务。

三、理论及实践教学时间分配表（供参考）

序　号	课　题	课　时	课时分配			
			讲　授	上　机	案　例	实　训
1	网络营销概述	4	4			
2	网上市场营销信息的搜索与整理	8	4		2	2
3	网上客户购买行为分析	8	4	2		2
4	网络目标市场	6	4		2	
5	网络营销的方法	10	6	2		2
6	网络社区营销方法	6	2	2	2	
7	网络营销宣传策划方法	4	2			2
8	网络营销组合方法	10	6		2	2
9	企业网络营销网站建设基础	4	2		2	
10	网络营销效果评价与分析	4	4			
总学时		64	38	6	10	10

四、几点说明

（一）本大纲是根据“电子商务”课程教学计划统一要求部分制订的。

（二）教学法建议。

1．本课时安排是64学时，根据具体要求可对相关内容进行删减。

2．讲授时注意理论联系实际，结合案例分析，以加深学生对所学内容的理解。

参 考 文 献

常青．2007．把企业搬到博客上．北京：清华大学出版社

褚福灵．2007．网络营销与策划．北京：经济科学出版社

段建，王雁．2006．网络营销技术基础．北京：机械工业出版社

段建．2006．网络营销导向的网站策划与网站建设．北京：机械工业出版社

冯文辉．2006．电子商务案例分析．重庆：重庆大学出版社

胡国胜．2006．网络营销与安全实训指导．北京：清华大学出版社

李纲，张天俊，吴恒．2006．网络营销教程．武汉：武汉大学出版社

李玉清．2005．网络营销实训指导．北京：中国财政经济出版社

李玉清．2007．网络营销．北京：清华大学出版社

李玉清．2008．网络营销．大连：东北财经大学出版社

彭纯宪．2008．网络营销学习指导与练习．北京：高等教育出版社

屈云波，靳丽敏，刘笔剑．2006．网络营销．北京：企业管理出版社

瞿聪，2008．网络营销．李艳，高凯，李彩云译．北京：科学出版社

宋文官．2008．网络营销．北京：高等教育出版社

王汝林．2006．网络营销实战技巧．重庆：重庆大学出版社

魏亚萍，陈峥嵘．2007．网络营销．北京：机械工业出版社

颜炳荣．2007．口碑营销．北京：中国纺织出版社

www.tinlu.com

www.marketingman.net

www.tomx.com

share.yoao.com